Les chevaux de Saint-Marc

Du même auteur

Aux éditions Denoël

Chez Lipp
*Les Dames du Faubourg**
*Le Lit d'acajou***
*Le Génie de la Bastille****
Les Violons du Roi
Rétro-Rimes (poèmes)

Aux éditions Fayard

Hôtel recommandé (roman)
En collaboration avec Jacqueline Michel :
De briques et de brocs
Drôles de numéros

Aux éditions Albin Michel

Si vous avez manqué le début

Aux éditions Philippe Lebaud

En collaboration avec Irène Karsenty :
Le Livre du cochon

Aux éditions Flammarion

Au temps où la Joconde parlait
L'Empereur
Les Dîners de Calpurnia
La Fontainière du Roy
Les Ombrelles de Versailles

Jean Diwo

Les chevaux
de Saint-Marc

roman

Flammarion

ISBN : 2-08-067930-9

*Maudite soit la marche du conquérant qui foule aux pieds
des cœurs nobles et libres.*

Thomas Moore

À la mémoire de Louis

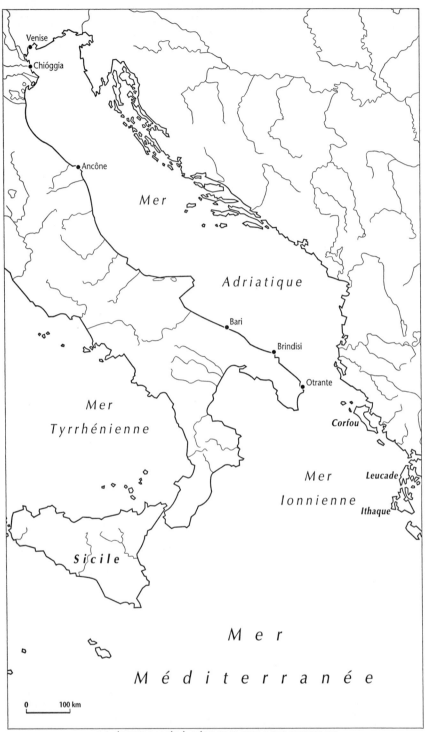

Mer
Adriatique

Venise
Chióggia

Ancône

Bari

Brindisi

Otrante

Corfou

Mer
Tyrrhénienne

Mer
Ionnienne

Leucade

Ithaque

Sicile

Mer
Méditerranée

0   100 km

LA MÉDITERRANÉE À l'ÉPOQUE DE LA IVᵉ CROISADE

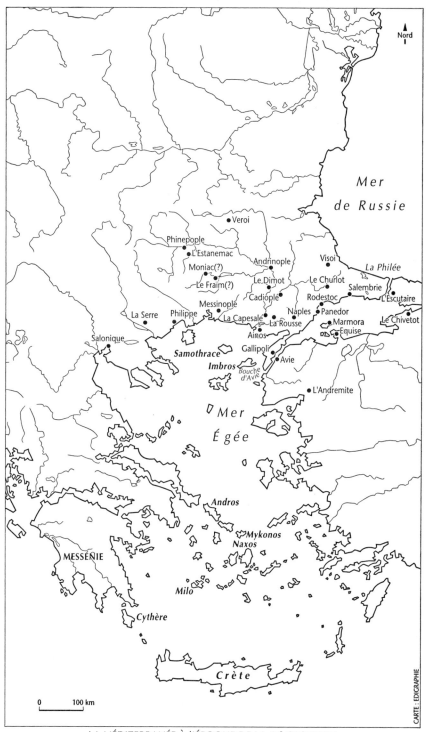

LA MÉDITERRANÉE À l'ÉPOQUE DE LA IVᵉ CROISADE

Chapitre 1

Le tournoyeur

Lorsqu'il se réveilla, Guillaume d'Amiens, preux chevalier et prince des tournoyeurs, ne songea qu'à l'épreuve de l'après-dîner, son quatre-vingt-dix-neuvième tournoi, qu'il allait disputer dans la plaine de Lagny.

En attendant de s'enharnacher de son haubert de mailles, de son pourpoint rembourré de coton et doublé de cuir dur, Guillaume, après s'être fait raser, enfila l'une de ses chemises les plus fines et le confortable bliaud[1] bordé d'hermine qui témoignait de son opulence. Puis il se mit à table. Son second écuyer avait disposé sur une nappe brodée à ses armes l'assiette d'argent, le gobelet, la cuiller et le couteau composant le couvert qui suivait Guillaume dans ses déplacements. Un poulet rôti, une galantine de pigeon, une salade de mauve et de houblon, un plat de fèves et des compotes constituaient son repas du matin et celui de la mi-journée car il n'était pas question de se charger l'estomac avant de revêtir la pesante armure, pénible prélude à une bataille qui pouvait durer plusieurs heures.

Guillaume s'occupa ensuite de ses chevaux : deux destriers blancs qui seraient tout à l'heure harnachés d'un chanfrein protecteur métallique et d'un poitrail de cottes de mailles avant de gagner le champ ouvert du combat. Guillaume monterait Germain qu'il appréciait comme instrument de travail indispensable mais qui était surtout pour lui un compagnon, un ami qu'il pleurerait s'il devait mourir un

---

1. Tunique courte.

jour, touché par le trait d'un archer. Son premier écuyer le suivrait dans les étriers de Vénérable, le cheval de rechange, un second écuyer chargé de porter les armes chevaucherait, lui, un palefroi solide mais moins rapide. Guillaume caressa ses bêtes, leur parla doucement et dit à son second qu'il passerait l'équipe en revue et endosserait son armure lorsque le héraut lancerait le premier appel de cor. La consigne faisait partie du rituel mais était inutile : chacun dans le clan de Guillaume d'Amiens savait parfaitement ce qu'il devait faire, quels gestes il avait à accomplir dans les heures qui précédaient le tournoi.

La veille, les chevaliers qui désiraient participer à la lutte opposant, selon la règle, deux camps constitués spécialement pour l'occasion avaient choisi le leur. Guillaume d'Amiens, lui, combattrait comme à l'accoutumée avec ses hommes dans le groupe de Philippe de Flandre.

À Lagny, la zone d'affrontement, une aire très vaste, sans limites, située non loin de la ville mais en pleine campagne, avait été choisie parce qu'elle comportait des accidents, des bosquets, des monticules, des meules de foin demeurées en place depuis la moisson et même un petit cours d'eau qui permettaient les manœuvres, les embuscades et assuraient des refuges contre les charges. L'écuyer avait donné à Guillaume sa lance et son bouclier rectangulaire plus lourd mais plus efficace que le disque rond ou ovale utilisé au siècle précédent[1].

Au cinquième appel de cor du héraut, la plaine s'emplit d'un flot de cavaliers qui forma une sorte de mosaïque mouvante d'armures étincelantes, d'écus armoriés, de bannières chamarrées. Ce chatoiement accompagnait le cliquetis des armes et le hennissement des chevaux. Tout, sous le soleil d'automne, vibrait comme un appel à la fête.

Sans hâte, les deux camps se formaient. Dans celui de Philippe de Flandre, les hommes de Guillaume, douze en tout, portaient sur l'armure le tabard[2] décoré à ses couleurs.

---

1. Les signes de reconnaissance peints sur le bouclier sont à l'origine du blason.

2. Sorte de camisole en étoffe légère, à la fois signe de reconnaissance et protection contre le soleil difficilement supportable dans la cage de métal. C'était aussi un moyen tactique pour dissimuler les jointures de l'armure, points particulièrement vulnérables.

De chaque côté, les chevaliers menaient leur monture au trot, comme à la promenade, esquissaient parfois un galop et revenaient vite sur leurs pas. Le tournoi à mêlée ne débutait pas en effet par un engagement massif. Il était précédé par les « commençailles » ponctuées de clameurs et de défis oraux. Dans un endroit en retrait, les « bachelers », jeunes apprentis tournoyeurs, s'affrontaient dans des joutes sous les cris d'un public exalté mais prêt à déguerpir hors du champ dès que la vraie bataille s'engagerait.

Le héraut sonna pour indiquer que le temps des préliminaires était dépassé et, soudain, le plateau s'anima. Quelques charges se lançaient vers la droite tandis qu'au centre les deux camps s'avançaient lentement comme pour retarder le contact. Guillaume, fidèle à une tactique qui lui avait toujours réussi, attendait que le tournoi soit bien lancé pour engager pleinement son équipe. Il lui était plus facile alors de surprendre des adversaires déjà fatigués, de les capturer et de rafler gloire et butin.

Guillaume enfin jugea opportun le moment d'intervenir dans la mêlée. D'un simple regard, il entraîna sa troupe vers un bois où il avait remarqué des hommes qui cherchaient sans doute un abri pour s'y reposer. En un clin d'œil le bosquet fut cerné et, surpris, les chevaliers qui portaient les couleurs de Robert Guiscar n'opposèrent aux lances de Guillaume qu'une défense de principe. Quatre chevaux bais furent confisqués avec leurs harnachements. Ils étaient beaux car Guiscar était un riche baron. Bon prince, Guillaume laissa leurs armures à ses adversaires malheureux. Elles n'étaient pas, il est vrai, de la meilleure qualité. Il prit seulement les casques et leur dit qu'ils étaient hors jeu et qu'ils devaient quitter les lieux de la bataille.

Il savait pourtant que rien n'était joué. Robert Guiscar n'allait pas sans riposter laisser ses chevaliers se faire désarçonner et abandonner à l'adversaire certains de ses chevaux parmi les plus talentueux. En effet, alors que Guillaume demandait à ses aides de mettre le butin en lieu sûr, le chevalier Étienne de Longchamp, l'un de ses plus fidèles lieutenants, dont il disait qu'il était le seul tournoyeur capable de lui succéder lorsqu'il abandonnerait les combats de plaisance, arriva au galop pour annoncer que le baron progressait sur l'aile droite avec une troupe importante et qu'il n'allait sûrement pas tarder à charger.

— Par la lance de Saint-Georges ! s'écria Guillaume. Il cherche le duel. Voilà le grand enjeu de la partie. Il y aura d'autres combats au hasard de ce tournoi mais le seul qui compte sur un échiquier, c'est la rencontre des deux rois. Guiscar va utiliser tous les moyens pour m'approcher et me contraindre à lutter corps à corps mais il n'est pas de mon rang. C'est moi qui lui ferai lâcher lance et bouclier. Pour le moment, il faut faire semblant de rompre, le temps de rassembler notre équipe, pour empêcher cet impertinent de m'isoler et de me provoquer.

Un quart d'heure plus tard, le champ voué jusque-là à la tactique du leurre et de la dissimulation s'anima brusquement. Les chevaliers des deux camps, entourés de leurs gens de pied, cherchaient le contact par des combats singuliers ou par mêlées. Le tournoi entrait dans sa phase capitale, celle qu'attendaient les combattants pressés de servir leur gloire dans le jeu difficile de l'escrime cavalière.

Un peu en arrière, protégé par un remblai, Guillaume regardait, amusé et connaisseur, les voltes fulgurantes, les jeux de passe et les estocades auxquels se livraient quelques-uns de ses équipiers contre ceux de Guiscar. Ce dernier, il avait vu clair dans son jeu, s'approchait noyé dans un peloton de cavaliers.

— Il se cache pour m'approcher mais je l'ai assez rencontré pour connaître ses ruses. C'est moi qui vais le surprendre ! cria-t-il à Étienne de Longchamp. Couvrez-moi à gauche !

Le roi des tournoyeurs fit un signe de croix, éperonna Germain qui bondit, devançant tout le reste de la cavalerie. Crinière au vent, la Blanche traversa comme une flèche le rideau des équipiers adverses, renversant les sergents[1], foulant de ses sabots les gens de pied, et s'arrêta, les jambes avant raidies, à dix pas de Guiscar qui souleva un instant la visière de son heaume pour s'assurer qu'il ne rêvait pas.

Guillaume l'imita et les regards se croisèrent. Il fallait,

_____

1. Officiers subalternes, auxiliaires des chevaliers.

pour l'honneur et pour le bon ordre du spectacle, que les deux hommes s'affrontassent. Ils reculèrent en même temps que les équipiers. Quand ils furent à cinquante mètres l'un de l'autre, les deux champions calèrent leur lance sous l'aisselle droite et serrèrent le bouclier de la main gauche. En guise de prélude, ils firent exécuter quelques pas de côté à leur monture et, soudain, Guiscar s'élança, dirigeant d'une main de fer sa lance en direction de la gauche de la tête de Germain. Guillaume ne broncha pas. Lance tendue lui aussi, il attendait le choc. Il avait deviné l'endroit où l'adversaire voulait l'atteindre et semblait préparer à résister à l'attaque. En fait, il portait toute son attention et la puissance de ses muscles sur son bouclier, décidé à tenter contre Guiscar une passe qu'il avait inventée et qu'il était le seul à utiliser dans une charge frontale. Tout l'art consistait à attendre, fermement, l'instant précis où l'arme de l'adversaire toucherait le bouclier et, au lieu de résister, d'incliner brusquement celui-ci à gauche pour y faire déraper la lance. Si le coup était réussi – avec Guillaume il l'était presque toujours –, l'arme s'enfonçait dans le vide en déstabilisant l'attaquant.

Et le baron s'effondra à la fin de sa charge dans le fracas de son armure disloquée. Quasiment invincible à cheval, le chevalier n'est plus qu'un pantin de fer lorsqu'il est désarçonné Il doit compter sur ses aides pour être relevé et pouvoir faire quelques pas si les jointures de sa cuirasse le permettent. Il lui est en tout cas difficile de bouger dans une armure qui pèse une soixantaine de livres[1].

Guillaume revint au pas près de son adversaire. Il ne craignait rien car les règles du tournoi ne permettaient pas aux gens d'un chevalier désarçonné de venger leur maître ni de poursuivre le combat. Un « temps mort » était admis et c'est courtoisement que Guillaume s'adressa à son adversaire qui tentait de se relever.

---

1. La littérature du temps fait pourtant souvent allusion à des chevaliers désarçonnés qui, durant une guerre, poursuivent le combat en piétons, à l'épée ou à la hache. À la fin du XIVe siècle, messire Jean Le Maingre, dit Boucicaut, affirmera même qu'il était capable, grâce à un entraînement physique intense (il montait une échelle à la force d'un seul bras), de sauter à cheval tout armé.

— Messire Guiscar, je vous ai battu et souhaite que vous ne soyez pas blessé. Je vous laisse votre liberté, sans rançon, et vous prie de vous mettre en rapport ce soir avec mon second, Étienne de Longchamp, pour fixer la nature et le montant de vos devoirs de perdant.

Il salua et partit tranquillement retrouver son équipe qui l'accueillit en héros. Ses cavaliers prirent encore trois chevaux et des armements avant que le cor n'annonce la fin du tournoi. Un seul d'entre eux était sérieusement blessé au genou, les autres n'avaient à soigner que quelques plaies et bosses. Il était temps de rentrer à la maison louée en bordure de la ville avec son pré pour y établir le cantonnement de l'équipe. Sur le chemin, Guillaume fut acclamé avec ses hommes qui avaient bien du mal à porter le butin de la journée.

Enfin arrivé, Raymond, son valet, le libéra de l'armure qui le meurtrissait et le vainqueur s'allongea sur son lit. Il était las, un peu désabusé, et se remémorait cette journée pareille à toutes celles qui lui avaient en quelques années apporté la gloire et la fortune. Ce simulacre de bataille où l'on pouvait tout de même perdre la vie lui paraissait soudain dérisoire. Allait-il encore longtemps tournoyer d'une province à l'autre à la recherche d'un plaisir douteux ? L'habitude avait succédé à la passion, et la gloire n'était plus qu'orgueil.

Lorsqu'il fut un peu reposé, Guillaume s'habilla comme le matin et décida de faire un tour sur le champ de foire. La place du marché était noire de monde, un monde coloré et bavard où marchands français, flamands, italiens et normands vendaient, achetaient et discutaient de leurs affaires. C'était la plus importante des foires du comté de Champagne, celle où s'effectuaient une grande part du commerce et des règlements financiers en l'Occident. Moins ancienne que la foire du Lendit créée à Saint-Denis par Dagobert, elle bouleversait chaque année les habitudes de toute la région. En marge du centre d'échanges commerciaux, la foire attirait une foule de gens des environs désireux de participer aux nombreuses animations, fêtes, jeux, processions, spectacles qui s'y déroulaient. Pour Guillaume, une escapade dans cet univers marchand et ludique était un moyen de se délasser, d'oublier les périls du tournoi, de calmer cette tension de l'âme qui le poursuivait souvent après chaque engagement. Pour n'être pas reconnu, il avait abaissé le capuchon de son manteau mais il aurait aussi fallu qu'il se bouchât les oreilles. Dans la foule, il n'était question que du tournoi de l'après-midi et de son héros qui, une nouvelle fois, s'était imposé dans la mêlée en s'emparant d'un nombre fabuleux de chevaux qui grossissait à mesure que le débat se passionnait. À en croire ses admirateurs les plus zélés, Guillaume allait s'en retourner à la tête d'une véritable cavalerie. Une fois de plus, il fut touché par cet élan populaire et dut convenir qu'il en éprouvait un certain plaisir. Et il s'amusa en écoutant un villageois hâbleur raconter un de ses exploits devenu légendaire : à Eu, il avait pris un jour dix chevaliers et douze chevaux, sans compter les harnachements, armes et armures ni quelques roncins et palefrois qu'il avait donnés à ses hommes.

C'est dans cette atmosphère surchauffée par les discussions et les setiers de vin absorbés depuis le matin que Guillaume fut attiré par un rassemblement qui prenait à chaque minute plus d'importance. Juché sur un tonneau, entre deux baraques de jeux d'adresse, un religieux aux traits émaciés, vêtu d'un manteau rapiécé, commençait à prêcher. Sa voix n'était pas très forte mais – et on pouvait y voir l'aide de Dieu – elle réussit tout de suite à dominer puis à réduire au silence les clameurs de la foule. Guillaume, dissimulé derrière le chariot d'un marchand de sabots, regardait et écoutait avec étonnement le prédicateur dont la voix s'enflait à mesure qu'il prenait possession de son auditoire.

— Savez-vous qui parle ? lui demanda une jeune fille au visage agréable et à la taille élancée qu'il n'avait pas remarquée à côté de lui.

Une bourgeoise aisée, sans doute, comme l'indiquait sa mise. Il la regarda, surpris, et répondit :

— Non, mais il a une voix chaude et sûrement persuasive.

— C'est maître Foulques qui quête et enrôle pour la quatrième croisade lui glissa à l'oreille la jeune fille qui, à l'évidence, avait reconnu le héros de la journée et avait trouvé un prétexte pour engager la conversation.

Attentif à son charme et au tempérament de cet étrange

prédicateur qui fustigeait, au nom du pape disait-il, l'orgueil inconsidéré des nobles et le manque de foi des chevaliers qui tardaient à se croiser, il se laissa prendre au jeu et entraîna la fille un peu plus loin pour bavarder.

— Qui est donc ce Foulques que vous semblez connaître ? demanda-t-il.

— Oh ! dans la région, tout le monde parle de lui. On dit qu'il a eu une jeunesse agitée et qu'il s'est converti tardivement avant de devenir curé d'une paroisse de l'évêché de Paris, Neuilly-sur-Marne, où il n'a cessé de fustiger les usuriers et a aidé les prostituées à se racheter. Il a si bien fait que le pape Innocent II a entendu parler de lui et l'a chargé de prêcher la nouvelle croisade, d'engager les barons à se croiser et de rassembler l'argent qui permettra aux pauvres de participer au pèlerinage.

— Ah, oui ! J'ai appris que plusieurs participants au tournoi se sont croisés hier.

— Vous n'avez pas envie de les imiter ? Foulques ne vous a pas convaincu ?

Guillaume sourit :

— Je vous avoue que non. L'idée de partir au-delà des mers pour délivrer Jérusalem ne m'a pas effleuré l'esprit. Un jour peut-être...

— Vous savez que le pape offre à ceux qui prennent la croix la remise des peines dues pour leurs péchés. Peut-être que vous n'en avez pas à vous faire pardonner ?

— Que si, belle enfant on ne passe pas sa vie à parcourir le pays en livrant des tournois à mêlées dont le but est de vaincre pour la gloire et pour le gain sans offenser un peu Dieu.

— Alors, parlez-moi des tournois. Vous savez que j'ai tremblé pour vous ? J'étais invité au spectacle par les petites châtelaines de Coucy mais l'échafaud était monté trop loin de l'action et nous n'avons assisté qu'à des mêlées confuses. Heureusement, nous avons pu vous voir au moment où vous avez désarçonné M. de Guiscar !

— Et cela vous intéresse d'en savoir davantage sur ces nobles chevaliers qui gagnent leur vie en la risquant dans des combats qui ne sont pas la guerre mais qui y ressemblent ?

— C'est vrai, de vous j'aimerais savoir...

— Eh bien ! le métier de chevalier est de faire la guerre, et quand il n'y a pas la guerre, de s'y entraîner. Le tournoi est à cet égard une bonne école.

— Mais c'est aussi, vous me l'avez dit, une manière de gagner de l'argent. On dit que les tournois ont fait de vous un homme riche.

— Parce que je suis le meilleur. La plupart des tournoyeurs ne font pas fortune. Il est vrai que c'est un métier de briller, d'enthousiasmer les spectateurs, de faire plaisir au seigneur qui vous paye pour que vous combattiez sous ses couleurs. Ces affrontements armés réels ont aussi pour but de capturer le plus grand nombre d'adversaires pour devenir, c'est la règle, propriétaire de leurs armes, de leurs chevaux et mêmes de leurs armures.

— En somme, vous ne cherchez qu'à gagner de l'argent, comme au tripot, dans ces combats violents et pleins de haine !

— Des combats dont le spectacle vous enchante, gentille demoiselle. La partie est organisée sans aucun motif de haine ou de vengeance. Le rôle de chevalier tournant n'est pas d'anéantir ou de tuer l'adversaire mais de l'encercler avec l'aide de ses compagnons pour le désarçonner et de prendre tout ce qu'il possède sur lui ce jour-là. Il est votre prisonnier et vous pouvez lui rendre la liberté contre rançon, mais je n'aime pas cela. Vous savez, je me suis rendu pauvre d'argent, d'armes et de cheval à mon premier tournoi. Au quatrième, je suis reparti avec cinq chevaux pour moi, des roncins, des palefrois pour mes écuyers et suffisamment d'argent pour qu'on me considère. En dix mois, cette année, j'ai pris une centaine de chevaliers avec leurs montures et harnachements. Mais je suis assez fortuné pour me montrer généreux : j'ai rendu la moitié de ce butin aux adversaires malheureux dont l'équipement était le seul bien.

— Et il n'y a jamais de morts dans ces combats ?

— Cela arrive parfois. Geoffroi III Plantagenêt, duc de Bretagne, a été mortellement blessé il y a une dizaine d'années dans un tournoi. Mais il s'agit d'accidents que chaque camp déplore. L'adversaire n'est pas un ennemi. C'est un joueur, comme vous, qui défend sa chance. Les tournoyeurs se respectent entre eux[1] ! Mais assez parlé de tournois. Vous savez maintenant tout de moi et je ne sais rien de vous.

— Oh ! ma personne n'a rien de très intéressant. Vous êtes un chevalier admiré, connu, recherché par tout le monde. Moi je ne suis que la fille d'un marchand, un roturier qui, en ce moment, vend et achète à la foire de Lagny. Il a du bien, plus que les barons d'à l'entour, et il ne connaît de l'Orient que les capitaines venus de Tripoli ou d'Antioche lui livrer des cargaisons de soieries, de brocarts et d'épices. C'est un homme tranquille et plutôt généreux. Il aime, cela va vous plaire, le spectacle des tournois mais il n'y a pas de risque qu'il y participe un jour.

— Chacun son métier. Il n'est pas chevalier et, pour faire fortune, les champs de foire sont moins dangereux que les champs de tournois.

— Mais on n'y gagne pas la renommée !

— C'est vrai, je vous ai répondu sottement. Ne m'en voulez pas mais, ce soir, je suis un peu fatigué et vais rentrer au camp. Avant de vous quitter, je veux vous dire que vous êtes jolie et que votre conversation m'a changé de celles que j'entretiens habituellement avec mes écuyers et mes chevaux. J'aurais aimé vous revoir mais nous repartons demain. Je passerai quelques jours au château auprès de ma mère et gagnerai le lieu de notre prochaine rencontre. Elle aura lieu dans quinze jours, pas loin d'ici, à Meaux.

— Quelle chance ! Je viendrai vous voir !

Elle avait dit cela spontanément et, confuse, ajouta aussitôt :

— Si vous le souhaitez, naturellement.

— Bien sûr, vous serez la bienvenue au camp après le tournoi. Je ne sais pas où nous nous installerons mais vous trouverez facilement l'antre du cruel Guillaume d'Amiens, tournoyeur de son état. Mais, au fait, vous ne m'avez pas dit comment vous vous appelez.

— Mon nom est Marie. Au revoir, preux chevalier !

———————

1. Les tournois à deux chevaliers, tels que l'imagerie les a toujours montrés, ne remplaceront que deux siècles plus tard les tournois à mêlées.

« Marie pleine de grâce », murmura-t-il en la regardant se fondre dans la foule.

*

* *

Comme chaque fois, Guillaume retrouva avec émotion le château de la famille. Son frère Charles gérait la seigneurie, percevait les redevances et évitait de trop pressurer ceux qui cultivaient ses terres. Sa mère, elle, veuve depuis plus de dix ans, regardait passer les saisons entre les meneaux de pierre de la baie de sa chambre qui donnait à perte de vue sur la campagne amiénoise. Le château avait été longtemps une position de défense contre l'envahisseur normand. Il en restait une massive construction de pierre avec un donjon carré aménagé pour la résidence du seigneur, entouré d'une enceinte flanquée de trois tours crénelées et de mâchicoulis. Ce n'était pas l'une des plus belles demeures fortifiées de la haute Picardie mais elle tenait son rang grâce à Guillaume qui consacrait une part de l'argent gagné dans les tournois à son entretien. Comme dans tous les châteaux on y gelait l'hiver et quand le tournoyeur y séjournait, il croisait le fer avec son frère pour se réchauffer.

Guillaume n'avait pas oublié la jeune fille délurée qui l'avait abordé à la foire de Lagny. Il y pensait en préparant son attirail pour le prochain tournoi et cette souvenance le surprenait car Marie était plus charmante que belle et son pouvoir de séduction à première vue bien frêle face à celui des dames des châteaux qui l'assaillaient à la fin des rencontres. Marie n'était pourtant pas le principal objet de ses pensées. À mesure que la date du tournoi approchait, il se concentrait sur les détails de la rencontre, la valeur des équipes qu'il aurait à affronter et l'état physique des compagnons qui lutteraient à ses côtés. Avec eux, il se livrait à des exercices de combat, entretenait ses muscles et faisait courir les chevaux. Il s'agissait d'être prêt, d'avoir tous les atouts en main lorsque sonnerait le cor du héraut d'armes.

Le grand jour arriva, chaque épreuve était un grand jour, et le soleil brillait comme à Lagny sur les chaumes de la

Grande Place, sorte de camp retranché situé dans un méandre de la Marne et lieu idéal pour tournoyer.

Guillaume se sentait bien, calé dans ses étriers, à l'aise dans son armure aux jointures bien huilées. Avant d'engager son équipe dans le combat, il eut un regard instinctif vers la tour de bois montée en bordure de rivière et réservée aux spectateurs. Marie se trouvait-elle dans cette foule qui clamait le nom de ses favoris ? Mais ces futilités n'avaient plus d'importance au moment où la première charge s'engageait. Il abaissa le ventail de son heaume et lança Germain à la conquête de quelque chevalier imprudent.

Les adversaires, patronnés par le baron Gislebert de Champagne, étaient d'une autre trempe que ceux rassemblés à Lagny par Guiscar. Tout de suite Guillaume sentit que la lutte serait chaude, ce qui n'était pas pour lui déplaire :

— Ouvre l'œil ! cria-t-il à Étienne de Longchamp. Nous n'avons pas affaire aujourd'hui à des bachelers !

Le chevalier leva sa lance en signe d'acquiescement et rassembla ses hommes, attendant le signal de son chef pour intervenir. Enfin la lutte s'engagea, acharnée mais loyale. Les hommes de Guillaume tentèrent en vain d'isoler deux cavaliers qui traînaient derrière leur escadron, ils eurent de la peine à résister à des charges à lance couchée et de nombreux duels à deux n'aboutirent pas. Oui, le combat était rude et l'équipe n'avait pris que deux adversaires avec leurs chevaux quand le cor annonça que le tournoi touchait à sa fin. Devant ce mince succès, Guillaume dit à Geoffroi, son second écuyer, de rassembler l'équipe et de se préparer à quitter le terrain.

C'est alors qu'il constata que Longchamp n'était plus à ses côtés.

— Où est Étienne ? demanda-t-il. Cherchez-le.

Lui même partit dans un galop appuyé vers un groupe qui s'était formé sur la droite. Il n'y aperçut pas la bannière qui ornait la lance de son ami et éprouva le pressentiment d'un malheur.

Arrivé à hauteur du rassemblement, il sauta de cheval, bouscula quelques hommes à pied et tomba sur un chevalier qui combattait ce jour-là dans le camp adverse mais qui avait souvent lutté à ses côtés.

— Que se passe-t-il, Enguerran ?

— Un drame. C'est l'un des tiens qui est touché.

Guillaume s'approcha. Des hommes essayaient d'enlever son heaume à Étienne de Longchamp qui gisait, prisonnier de son armure.

— Respire-t-il encore ? demanda Guillaume.

— Non, dit un chevalier. Longchamp est mort sur le coup.

— Comment cela est-il arrivé ? cria Guillaume en proie à une subite colère. Plusieurs de mes compagnons ont été blessés mais jamais l'un d'eux n'est mort en tournoi ! Et voilà Étienne, le meilleur d'entre nous, qui vient de périr !

Il avait jeté son casque, ôté rageusement sa cotte de mailles et s'était agenouillé auprès du corps de son ami. Des larmes coulaient sur son visage marqué par la fatigue et la douleur. Il pria, longtemps, et remarqua en se relevant, non loin de là, un homme qui portait les couleurs de Gislebert de Champagne et qu'il ne connaissait pas. Il était assis à terre, tenait sa tête entre les mains et ne bougeait pas.

— C'est lui ? demanda Guillaume en le désignant.

Un chevalier acquiesça d'un mouvement de tête puis expliqua :

— C'est Geoffroi Tuelasne, un preux d'une rare droiture. Il rentrait vers les siens quand Longchamp l'a défié, sans doute dans l'espoir de terminer le tournoi par un exploit. Lançant leurs chevaux, ils se sont rencontrés de face avec une grande violence. Tuelasne a pu éviter la lance de votre compagnon mais celui-ci a manqué son esquive et reçu le plat de l'arme adverse au bas de la poitrine à un endroit sans doute mal protégé. La pointe s'est enfoncée si profondément que le chevalier de Longchamp s'est effondré sous sa monture. Nous nous sommes précipités mais il était mort, sur le coup. Le baron a été prévenu. Il va sans doute arriver d'un instant à l'autre.

Guillaume avait écouté en silence le récit de la mort d'Étienne, puis il s'était dirigé vers l'auteur du drame, toujours prostré, et s'était assis à son côté :

— Remettez-vous, chevalier, lui dit-il d'un ton calme. La mort d'Étienne de Longchamp vous poursuivra sans doute longtemps mais vous n'en êtes pas responsable. Vous auriez pu aussi bien être la victime de ce combat malheureux. C'est un accident qui ne met pas en cause votre honneur de tournoyeur. Mais y a-t-il vraiment un honneur de tournoyeur ?

Le baron Gislebert arriva peu après, s'inclina devant le corps du chevalier abandonné par son étoile que l'on avait enfin débarrassé de sa chape de fer et de cuir avant de l'allonger à côté de sa lance, le corps recouvert de l'écharpe aux couleurs bleues et vertes de l'équipe.

— Chevalier Guillaume d'Amiens, dit-il, votre deuil sera le nôtre. Vous savez que nous déplorons ce terrible accident. J'ai fait prévenir un prêtre pour qu'il administre les sacrements à votre ami. Malgré les multiples décisions conciliaires, j'espère que l'archevêque ne fera pas de difficulté pour lui accorder une sépulture chrétienne.

Guillaume était trop affecté pour répondre autre chose qu'une banalité polie. Il erra un moment autour du lieu où le drame s'était déroulé puis commanda à ses hommes de faire conduire le corps de leur compagnon au campement et de détacher tout de suite l'un d'eux auprès de la famille du défunt pour l'informer du malheur. Lui, il n'aspirait qu'à rentrer pour s'abîmer dans sa tristesse. Il confia à un aide sa lance, son haubert et son heaume et enfourcha Germain qui avait peut-être tout compris car il cassa son oreille droite, comme il le faisait, disait Guillaume, lorsqu'il sentait que son maître avait des soucis. Il rentra au pas jusqu'à la ferme où logeait l'équipe, l'esprit absent, l'âme triste, sans même remarquer les gens qui le reconnaissaient et lui criaient un mot gentil au passage. Une fois arrivé, il s'étendit sur son lit de camp, et lui, le guerrier indomptable, le chevalier endurci, le tournoyeur implacable pleura comme un enfant.

Quand il se réveilla, il crut avoir dormi longtemps, vaincu par la fatigue et le chagrin. En fait il ne s'était assoupi qu'une petite heure et Marie était près de lui, sagement assise sur un tabouret.

— Que faites-vous ici ? demanda-t-il d'un ton brusque. Vous ne savez pas que...

— Si, je connais le malheur qui est arrivé et c'est pourquoi je suis venue. J'ai pensé, vous allez me trouver bien naïve, que ma présence pourrait vous aider. Mais si vous ne voulez pas me voir, dites un mot et je m'en irai aussitôt.

Il la regarda, plus étonné que courroucé. Ses idées étaient

un peu confuses après les heures épuisantes et tragiques qu'il venait de vivre. Il avait de la peine à croire à la présence de cette jeune fille fantasque qu'il n'avait fait qu'entrevoir deux semaines auparavant. Marie, un sourire attristé aux lèvres, attendait de savoir si elle devait partir.

La première réaction de Guillaume avait été de l'éconduire, puis, en la voyant, si fragile, battre des paupières, il comprit que cette fraîcheur lui faisait du bien, estompait un peu l'horreur qu'il venait de vivre.

— Puisque vous êtes là, restez, petite demoiselle, faites-moi oublier un instant ce métier sauvage qui vous fascine mais que je hais aujourd'hui. D'abord, dites-moi ce qui vous attire en moi.

— Mais je vous admire ! Je vous trouve fort, courageux et, comme la plupart des femmes, je préfère les prouesses et la vaillance d'un preux chevalier aux occupations sans panache d'un clerc ou d'un marchand. Mettez-vous à la place d'une jeune bourgeoise élevée dans le drap mêlé, la futaine et le camelot et qui découvre l'existence d'un cavalier blanc dont les exploits sont partout célébrés, attirent la louange des hommes, l'admiration et l'amour des femmes ! Finalement je suis comme toutes celles qui vous courent après, subjuguées par vos exploits !

Elle avait dit cela d'une traite, sur un ton presque agressif qui fit sourire Guillaume :

— Non, vous n'êtes pas comme ces femmes à la recherche d'émotions fortes et qui croient les trouver davantage chez un robuste tournoyeur que chez un mari ennuyeux. Remarquez qu'elles n'ont peut-être pas tort... Mais si vous leur ressembliez, je vous aurais déjà chassée. Vous êtes toute finesse, grâce et légèreté. Vous venez consoler le vieil ours et c'est le vieil ours qui a envie de vous prendre dans ses bras pour vous protéger.

— C'est vrai ? Alors, faites-le !

— Tout doux, ma belle ! Il y a les paroles, et puis le reste...

— C'est le reste que je veux ! Mais je dis des bêtises. Oubliez cela et permettez-moi seulement un plaisir innocent.

— Lequel ?

— Laissez-moi vous embrasser. Pour être sûre que je ne rêve pas.

Elle n'attendit pas sa réponse et déposa un rapide baiser sur sa joue gauche, celle griffée d'une profonde cicatrice.

Surpris, Guillaume ne dit rien mais fut soudain étreint d'une immense tristesse. Marie, par sa gentillesse et ses propos de roman courtois, avait détourné son esprit de la douloureuse réalité. Mais on n'oublie pas comme cela un ami de vingt ans mort dans l'après-midi. Une grande bouffée de chagrin l'envahit et il se mit à sangloter.

Désemparée devant cette douleur, la jeune fille hésita. Devait-elle s'éclipser discrètement et le laisser pleurer son frère d'armes ou, au contraire, user des vertus qu'il lui avait reconnues, la douceur et la grâce ?

Marie n'hésita pas longtemps. Elle se rapprocha, lui prit la main et posa sa tête blonde sur son épaule. Il la respira comme un parfum apaisant et retrouva son calme.

— Merci de ne pas m'avoir laissé seul, murmura-t-il en se dégageant doucement. Vous m'aidez à supporter l'insoutenable.

Marie comprit qu'il fallait lui faire quitter quelque peu cet endroit où tout, l'odeur des chevaux que l'on étrillait dans la cour, les conversations des compagnons bouleversés par le drame, la présence dans une pièce voisine du corps sanglant de son ami, était une cause de désespoir :

— Je suis aussi venue vous demander si vous vous vouliez m'accompagner jusqu'à la Grande Place. Foulques doit prêcher ce soir.

L'idée ne déplut pas à Guillaume.

— Pourquoi pas ? Donnez-moi seulement un moment pour me laver et me changer. Attendez-moi dans la cour en regardant soigner les bêtes, c'est toujours un spectacle intéressant de découvrir la connivence qui existe entre le cheval et son maître.

*
* *

La place du marché, plus petite que le champ de foire de Lagny, était encombrée par le chantier de la cathédrale. Le jour était férié et les tailleurs de pierre, les charpentiers, les maçons avaient abandonné leurs échafaudages, leurs chèvres de levage et leurs outils près des deux églises qui n'en feraient un jour qu'une seule. Les murs atteignaient déjà leur sommet, le quatrième étage. La cathédrale avait été commencée trente ans auparavant et il faudrait encore y travailler un siècle, peut-être plus, pour entendre ses cloches sonner l'angélus.

Une foule considérable se pressait devant les élancées de pierre blanche, pour attendre maître Foulques qui devait parler sur une haute estrade dressée par les compagnons charpentiers. Guillaume, embarrassé par sa grande carcasse et le large manteau derrière lequel il se cachait, avait du mal à se frayer un passage. La frêle Marie, heureusement, se faufilait avec adresse vers l'estrade où elle avait remarqué un coin plus tranquille. Ils y parvinrent au moment où le prédicateur montait l'échelle de sa chaire improvisée.

Le silence s'établit aussitôt, seulement rompu parfois par les cris, vite réprimés, d'un ivrogne. Comme à Lagny, Foulques commença à parler sans élever la voix puis, peu à peu, imposa son timbre grave et profond. Il rappela d'abord le concile de Clermont où le pape Urbain II avait lancé devant deux cent cinquante crosses épiscopales l'appel à la première croisade puis annonça la quatrième, celle que le Saint-Père lui avait demandé de prêcher.

Après cette entrée en matière, il en vint tout de suite à l'accident qui avait endeuillé le tournoi de l'après-midi :

— Un chevalier, qu'on disait preux, a perdu la vie tout à l'heure en participant à l'une de ces joutes détestables appelées ordinairement tournois. L'Église, dans sa sagesse, a interdit ce genre de fêtes où les hommes d'armes ont coutume de se rencontrer sur rendez-vous pour se battre témérairement, faire montre de leur force et de leur audace avec parfois pour conséquence mort d'hommes et toujours perte des âmes. Malgré les interdictions prononcées par trois conciles, le dernier étant celui de Latran il y a dix ans, la faveur dont jouissent les tournois ne fait que croître.

« Par la grâce de monseigneur l'archevêque, le chevalier de Longchamp recevra les sacrements mais devra demeurer durant deux mois sans sépulture.

Foulques continua de s'en prendre avec la plus grande véhémence à la dérive de tournois et aux mœurs de tournoyeurs qui, au lieu de mettre leur courage au service de la sainte cause, poursuivent leurs vaines et vaniteuses ambitions.

Guillaume était pâle. Chacun des mots du prédicateur lui faisait mal, et Marie, qui s'aperçut de son trouble, lui prit la main, effleurant de ses doigts fins les cals causés au fil des tournois par le maniement de la lance et du bouclier. Lui ne ressentait rien mais le contact troublait Marie, éveillait sa sensibilité vive et neuve au point qu'elle n'arrivait plus à suivre les exhortations de Foulques. Celui-ci maintenant dressait un parallèle entre les tournois et la croisade qui se formait :

— Que ceux, proférait-il, qui sont habitués à combattre méchamment des fidèles, dans des tournois, se battent contre les infidèles. Que ceux qui ont combattu leurs frères et leurs parents se battent comme ils doivent contre les barbares. Que ceux qui luttent pour des gages sordides gagnent à présent les récompenses éternelles. D'un côté sont les misérables, de l'autre les riches. Ici les ennemis de Dieu, là ses amis. Tournoyeurs et amateurs de ces fêtes où Dieu est absent, engagez-vous sans tarder pour prendre bientôt la route sous la conduite du Seigneur !

Guillaume, le regard fixé sur le prêtre dont la voix prenait un relief saisissant dans un silence devenu assourdissant, ne disait rien. Il ne répondait pas aux questions que lui posait Marie, surprise par ce mutisme soudain. L'homme qui était près d'elle n'était plus celui qu'elle avait vu combattre dans l'ivresse des sons, la griserie des odeurs, le chatoiement des armes et des bannières. Elle se rendait compte que la prédication de Foulques succédant à la mort de Longchamp éveillait chez son chevalier-tournoyeur une ferveur religieuse insoupçonnée. Elle sut alors que rien n'arrêterait Guillaume sur le chemin de l'Éternel.

Foulques en avait terminé. En sueur sous sa robe de bure rapiécée, il descendait avec peine les marches de l'estrade avant de se fondre dans la foule encore trop impressionnée pour renouer sans attendre avec les plaisirs de la fête.

Marie et Guillaume marchèrent un moment et c'est lui qui rompit le silence :

— Il vient de se passer quelque chose de très important pour moi, dit-il d'une voix neutre. Foulques m'a convaincu : je vais vendre la fortune gagnée dans des mêlées sauvages afin de pourvoir aux frais de mon pèlerinage. Je renonce aux prochains tournois et vais préparer mon départ pour Jérusalem. J'ai ouï dire que le rassemblement se fera en Italie, sans doute à Venise. Il faut que je me renseigne.

Marie prit le bras de son compagnon et le pressa :

— Accepterez-vous que je couse la croix sur votre épaule ? Je pleurerai sûrement mais ce sera une grande fierté. Après, vous partirez et il ne me restera qu'à rêver et à prier.

— Mais non. Vous m'oublierez vite, gentille demoiselle... C'est moi qui, au loin, penserai à vous. En attendant, rentrons chez moi, je crois que nous avons à parler.

— De choses graves !

— Pourquoi de choses graves ? Ma décision a été prompte mais elle ne m'engage pas sur une voie d'amertume. Au contraire, elle m'a libéré et mon prochain tournoi au côté de Jésus sera, je le pense, marqué par l'allégresse !

Le camp était en deuil. Les écuyers et leurs aides, toujours si bruyants, finissaient de soigner les chevaux, ceux du maître et ceux qui avaient été pris aux adversaires. À sa place, à côté de Germain, Fidèle, le cheval d'Étienne, mangeait son avoine. Les écuyers lui avaient couvert les flancs d'une couverture noire.

— D'habitude, les soirs de tournois sont gais, dit Guillaume. Les bêtes comme les hommes ont besoin de se défouler. Aujourd'hui, c'est le silence, le silence de la mort. Je ne peux m'empêcher de penser à tous ces soirs de victoire fêtés avec Étienne...

— Je perçois comme un regret dans votre ton. Etes-vous sûr que cette vie dure, dangereuse mais enivrante ne va pas vous manquer ?

— Attention : je ne la quitte pas pour entrer dans un monastère mais pour en vivre une autre, pleine aussi de fureur et d'aventure. Je partirai avec mes chevaux, mes armes et quelques-uns de mes fidèles amis, s'ils veulent m'accompagner...

— Me voilà rassurée. Alors, pour essayer d'oublier le drame, parlons d'autre chose. De vous par exemple. Vous devez avoir une foule de souvenirs palpitants que vous racontez à vos belles amies. Pour un soir, considérez-moi comme l'une d'elles. Laissez-moi me blottir contre vous...

Il sourit, la prit dans ses bras et parla. C'était vrai qu'il connaissait par cœur ces histoires de tournoyeurs qu'il avait racontées cent fois mais qui ne manquaient jamais leur effet. Comme une petite fille sage, elle écouta le récit des plus fantastiques mêlées du siècle, des prouesses guerrières qui avaient apporté la gloire et la fortune à Guillaume d'Amiens.

Soudain, elle lui demanda :

— Mais pourquoi les femmes n'accompagnent-elles pas les croisades ?

— Lors des premières expéditions, certains barons ont emmené leurs femmes. Si Godefroi de Bouillon est parti seul, son frère Baudouin, lui, s'est fait accompagner de la sienne. Raymond de Saint-Gilles a fait de même et son épouse Elvire d'Aragon, apparentée à la famille royale d'Espagne, a partagé avec lui les incertitudes de la route et des combats, comme leur fils qui mourut au cours de l'expédition. Des femmes du peuple, paysannes ou bourgeoises, ont partagé la vie des combattants. Toutes ont tenu un rôle de premier plan en Terre sainte. Dans les circonstances graves, comme au siège d'Antioche par exemple, elles surent se montrer à la hauteur des événements et prirent une part active en ravitaillant en eau les combattants[1]. Et puis, il y a eu Aliénor d'Aquitaine qui accompagna son mari, le roi de France Louis VII, en Terre sainte, mais qui s'y comporta très mal lorsqu'elle retrouva à Antioche son jeune oncle, le beau Raymond de Poitiers, qui avait été le compagnon de son enfance. Le roi son époux en prit ombrage, on le comprend, et il la ramena presque de force à Jérusalem. Ils firent ensuite un voyage de retour en France mouvementé. D'abord ils essuyèrent une tempête qui aurait dû les noyer dix fois puis la reine fut capturée par des pirates byzantins.

---

1. Régine Pernoud, *Les Hommes de la croisade*, Fayard, 1982 — Marabout, 1984.

Il fallut un coup de main audacieux des Normands de Sicile pour la tirer de ce mauvais pas. L'odyssée s'acheva enfin à Tusculum, la ville la plus délicieuse de l'Italie ancienne, si recherchée par les Romains de Rome. Là, le pape Eugène III, fort ému par leur aventure, les accueillit et les réconcilia.

— Voilà une fable qui finit bien, dit Marie qui buvait les paroles de son tournoyeur.

— Pas pour longtemps. La bouillante Aliénor afficha dès son retour une liaison avec le jeune Henri Plantagenêt, duc de Normandie, ce qui lassa définitivement le patient Louis de France et entraîna un divorce prononcé à Beaugency par une assemblée de prélats complaisants.

— Et que devint Aliénor ? demanda Marie.

— Tout simplement reine d'Angleterre quand Plantagenêt devenu son mari, fut couronné.

— Eh bien, la voilà, la fin heureuse !

— Non. Rapidement détachée de son nouveau mari, elle s'installa en Aquitaine où elle tint une cour brillante, protégeant poètes et troubadours. Mais ce n'est pas fini. Henri II qui ne tolérait pas qu'elle s'occupe des affaires du royaume, la fit enfermer à Salisbury. Son fils, Richard Cœur de Lion, la délivrera et, faisant grand cas de son expérience politique, la nommera régente du royaume durant la troisième croisade.

— Comme je vous admire de savoir autant d'histoires et de les raconter si bien ! J'aimerais vieillir en vous écoutant...

— J'ai eu la chance d'appartenir à une famille qui ne possède pas grand bien mais qui aime évoquer les choses du temps et de l'esprit.

— À quoi s'intéresse-t-on dans votre fief en ce moment ?

— À la croisade, naturellement qui excite les jeunes chevaliers tandis que ceux qui se sont croisés en 1189 n'ont de cesse de rappeler leurs exploits.

— Parlez-moi encore de ces femmes qui ont suivi les premiers pèlerinages en Terre sainte.

— Auriez-vous par hasard l'intention d'imiter Ida d'Autriche, beauté célèbre qui prit la croix pour accompagner le duc Welf de Bavière à la deuxième expédition, celle de 1101 ? Malheureusement elle disparut lors de la bataille d'Héraclée. Cela, on en est sûr. Mais faut-il accorder du crédit à la légende qui suit ? On raconte que la belle Ida a fini ses jours dans un harem lointain, celui d'Aq Sonqor, où la margravine d'Autriche aurait donné naissance au futur héros islamiste Zengi, vainqueur d'Édesse[1]. Mais les origines franques de ce grand capitaine musulman sont pour le moins discutables. En tout cas, petite Marie, vous voyez ce que risque une belle dame d'Occident en s'aventurant dans ces pays cruels !

— Bon ! Je resterai une petite bourgeoise sage et stupide !

— Ne vous mésestimez pas. Les femmes d'aujourd'hui, plus encore peut-être dans la bonne bourgeoisie que chez les nobles, savent prendre des responsabilités et sont souvent plus instruites que les hommes. Elles tiennent une place majeure dans la littérature courtoise et lyrique. Tenez, connaissez-vous les lais de Marie de France, qui n'est pas une reine mais une poétesse ?

— Non !... Mais je sais lire et même écrire un peu, ajouta-t-elle aussitôt. Et vous ?

— Moi aussi. Ces connaissances ne sont pas indispensables pour manier la lance et désarçonner un cavalier empêtré dans son armure mais elles procurent quelques plaisirs. Mon oncle est clerc, il m'a obligé à apprendre la langue d'oïl en même temps que le latin. Les causeries en famille, l'hiver, ont fait le reste. Et j'essaie de tirer parti de mes voyages guerriers.

— Je ne vous imaginais pas savant mais j'aime que vous le soyez. Moi, je ne lis pas assez bien pour comprendre les poètes.

— Et pourquoi n'apprenez-vous pas ? Votre père est riche et peut payer un maître qui vous enseignera ce qu'une jeune fille qui entend tenir un certain rang doit savoir. Si vous ne jurez pas de faire cet effort, je ne m'intéresse plus à vous.

— Je le ferai. Lorsque vous rentrerez de Terre sainte, si nous nous revoyons, je vous réciterai tous les lais que j'aurai

---

1. Édesse, première grande cité d'Orient tombée en possession des Francs et reprise par Zengi quarante-six ans plus tard.

appris. Mais que vouliez-vous me dire à propos de cette Marie de France[1] ?

— Cette dame est née en Normandie et vit en Angleterre à la cour d'Henri II Plantagenêt. Elle écrit abondamment, en langue d'oïl, se servant parfois, lorsque les mots français lui manquent, de termes empruntés au latin ou à l'anglo-saxon. Aliénor l'a beaucoup aidée à affirmer son talent. Voici d'elle une histoire qui a fait le tour des châteaux et des tournois. Elle témoigne des rapports entre les dames et la vaillance des chevaliers. Je la connais par cœur.

— Oh, oui ! Racontez.

Il sourit, lui caressa le visage doucement, comme s'il craignait, lui, le rude guerrier, d'effleurer cette peau fine et fragile, puis il commença.

— Quatre chevaliers, preux et courtois, étaient amoureux de la même dame qui, pour sa part, les aimait tous également. Chacun des chevaliers, pour l'emporter dans son cœur, rivalisa de prouesse dans un tournoi. Sous les yeux de la belle qui les observait du haut d'une tour de son château, nos quatre chevaliers firent tant et si bien à la tête de leurs équipes que, le soir du premier jour, ils furent élus, ensemble, les meilleurs de tous. Le deuxième jour, pour s'illustrer plus encore, ils prirent le risque de s'écarter de leur groupe pour charger l'adversaire qui par surprise tua trois d'entre eux. Le désespoir fut général, chez les amis des victimes comme chez leurs adversaires qui n'avaient pas cherché ce dénouement dramatique. Le quatrième aurait du bénéficier des faveurs amoureuses de la dame s'il n'avait pas été, lui-même, gravement blessé entre les cuisses et n'était devenu à jamais invalide.

— Les belles histoires ne sont jamais très gaies, dit Marie, mais je regrette tout de même cette fin horrible. Vous-même, n'avez-vous jamais été blessé ?

---

1. Au début du XIIIe siècle, les chevaliers savaient à peu près tous lire. Il n'en était pas de même des vilains et des bourgeois. À cette époque, les œuvres en langue française se multiplient avec les pièces pour le théâtre, les fabliaux, les romans héroïques et courtois, les poèmes que diffusent les trouvères et les troubadours. La Bible venait d'être traduite en français ainsi qu'Ovide et Virgile.

— Souvent mais heureusement pas à cet endroit !

Il regretta tout de suite d'avoir répondu si directement à la pure et délicate Marie mais celle-ci ne parut pas choquée : elle rit et chercha les lèvres du tournoyeur qui s'écarta :

— Non, Marie ! Ni vous ni moi ne devons tenter le diable en cette journée où Dieu a gagné et où j'ai perdu un ami.

*
* *

Ainsi le champion des tournoyeurs, le chevalier sans peur, prit-il congé de ses frères d'armes qui, pour la plupart, l'avaient suivi depuis le début de sa prodigieuse carrière. Les six chevaliers et la vingtaine de piétons qui composaient la meilleure équipe, et la mieux payée du circuit, pleurèrent. Pas seulement parce qu'ils quittaient une situation enviable mais parce qu'ils admiraient et aimaient leur capitaine. Guillaume pansa leur blessure morale par des cadeaux. Quinze chevaux leur furent offerts et tous reçurent une récompense en livres tournois, la meilleure monnaie de l'époque parce qu'elle était de source royale.

— Mes amis, dit Guillaume à ses compagnons, c'est avec une grande tristesse que je me sépare de vous. Avant de me croiser je dois abandonner la pratique des tournois, ces jeux redoutables qui ont tué Étienne de Longchamp et que, pour notre part, nous avons toujours voulus courtois. Avoir combattu sous les couleurs bleues et vertes de Guillaume d'Amiens sera pour vous un témoignage de courage et de talent : vous n'aurez pas de mal à vous enrôler dans une bonne formation. Je ne puis conserver près de moi que quelques-uns de mes fidèles dont Eustache de Canteleux et Girart de Manchicourt qui ont accepté de se croiser et de m'accompagner sur le chemin des Lieux saints.

Ce n'est pas sans un serrement de cœur que Guillaume quitta le lendemain son dernier camp de tournoyeur en compagnie de ses deux plus chers compagnons. Il n'avait pas revu Marie. Un messager lui apporta seulement, au moment où il s'apprêtait à se mettre en selle, une lettre libellée à son nom d'une écriture malhabile. Elle ne contenait que quelques mots difficilement déchiffrables. Il réussit tout de même à comprendre leur sens : « J'aurais trop de peine à vous dire adieu, je vous écris donc que je vous aime. N'oubliez pas que c'est moi qui dois coudre votre croix. Votre ange gardien, Marie. »

Il serra la lettre dans une poche et se réfugia un instant sous une tente. Il ne voulait pas que ses hommes remarquent son trouble.

Enfin, les trois chevaliers éperonnèrent leur monture tandis que les orphelins de l'équipe bleu et vert, émus, se mettaient à genoux comme des enfants et priaient pour le salut de leur chef.

Guillaume partait retrouver Conon et son frère Guillaume le Roux, avoué d'Arras et seigneur de Béthune. Il allait chercher conseil chez ces alliés de sa famille qui avaient tous deux participé avec leur père à la troisième croisade.

Conon, à cinquante ans, était encore un chevalier plein d'allant, de vigueur et d'entrain. Depuis son retour des Lieux saints il s'ennuyait dans son château fort et regardait couler la Brette en rêvant à de nouvelles aventures. Toute visite était pour lui bienvenue, celle de Guillaume, ami fidèle et célèbre, l'enchanta.

— Chevalier, mon frère, quel heureux hasard vous amène sur mon rocher ? Y aurait-il un tournoi en vue dans les environs ? Vous êtes ici chez vous avec vos compagnons. Mais laissez-moi une seconde : je dois donner des ordres afin qu'un joyeux festin glorifie votre visite.

— Merci. Mais il n'y a plus de tournois pour Guillaume d'Amiens. J'ai tout abandonné, mes guerriers, mes chevaux et mon public pour me croiser. J'attends de vous quelques précieux conseils.

Conon regarda son ami avec stupeur :

— Ai-je bien entendu ? Vous, le champion que l'on achète des fortunes, qui est plus célèbre que les plus grands barons francs, saxons et anglais, vous échangez l'armure du tournoyeur contre celle de soldat de Dieu ? Qui vous a poussé à prendre cette étonnante décision ?

— Foulques, le prédicateur, et aussi, peut-être, une adorable petite bourgeoise de dix-huit ans qui s'est mis dans la tête de me coudre une croix sur l'épaule.

— Les deux motivations semblent un peu discordantes mais nous savons que les voies du Seigneur...

— Je vous expliquerai. En attendant je voudrais que vous me disiez ce que nous devons faire pour mettre notre vie et notre épée au service de Dieu.

— C'est simple. Faites comme moi.

— Quoi ? Vous repartez pour Jérusalem ?

— Oui, pour libérer une deuxième fois les Lieux saints repris depuis déjà treize ans par les Sarrasins de Salâh al-Dîn. Et aussi, il faut l'avouer, afin de retrouver une existence plus exaltante. Si vous le souhaitez, nous partirons ensemble. Tout de même, Guillaume croisé ! Je n'aurais jamais pensé qu'une telle chose fût possible !

— Moi non plus il y trois jours encore.

— Savez-vous que la croisade prochaine ne comprend aucun souverain et que le coût du passage maritime doit être assumé par les barons et les nobles fortunés ? Je vais devoir vendre des terres, emprunter aux abbayes à qui je vais restituer des vieux droits. Et vous, êtes-vous prêt à vous défaire d'une grande partie de votre fortune pour partir et permettre aux plus pauvres de faire le grand pèlerinage ?

— Oui. Tout cela je le sais. Mais comment s'organise le départ ?

— C'est mon cousin Baudouin, le comte de Flandre et de Hainaut, qui s'occupe de l'affaire. Je dois me croiser à nouveau, avec lui, à Bruges. Voulez-vous, messieurs, vous joindre à tous les comtes, barons, évêques, preux chevaliers, hauts hommes flamands et prud'hommes[1] d'autres pays qui prendront la croix ce jour-là ?

— Ce sera pour nous un grand honneur, dit Eustache de Canteleux.

— Les prêches de Foulques ont-ils déjà suscité des prises de croix ? demanda Guillaume.

— Oui, en Champagne. À l'entrée de l'Avent[2] il y a eu au château d'Écry, près de Rethel, un tournoi à l'issue duquel, par la grâce de Dieu, Thibaud, comte de Champagne et de Brie, prit la croix ainsi que le comte Louis de Blois.

---

1. Prud'hommes : hommes de grande valeur.
2. Le 28 novembre 1199.

D'autres hauts hommes ont suivi les deux neveux du roi de France, dont Simon de Montfort et Renaud de Montmirail. Si vous aviez participé à ce tournoi, vous seriez peut-être déjà croisé.

Conon de Béthune entraîna ses hôtes dans la grande salle du château où un appétissant repas était présenté sur une table vaste comme un terrain de paume. On peut s'apprêter à risquer sa vie pour Dieu et apprécier les plaisirs d'un repas convivial. C'était le cas de nos futurs croisés et du maître de maison, trop heureux de montrer à ses invités les talents de son cuisinier qu'on disait le meilleur de la région. Les mets, présentés sur une nappe brodée dans des plats d'argent, étaient faits pour être sentis avant d'être dégustés :

— J'ai rapporté de la croisade une quantité d'épices, dit Conon. Il m'en reste heureusement assez pour vous faire découvrir des saveurs que vous ne connaissez pas, celles de la noix de muscade, du galega, du cubèbe ou de la girofle par exemple. J'aime les épices qui donnent aux plats des couleurs agréables et variées. Tenez, regardez cette charbonnée de porc au safran : c'est de l'or qui nous attend dans la soupière !

Conon de Béthune devenait lyrique lorsqu'il parlait de bonne chère, sauf durant le carême où il restait quasiment muet et taciturne en observant scrupuleusement l'abstinence et les privations prescrites par l'Église. Mais on n'était pas encore en période de pénitence et les chevaliers s'estimèrent autorisés à se régaler à leur guise. Lorsqu'ils sortirent de table après avoir beaucoup mangé et beaucoup bu, ils n'étaient plus en état d'écouter le troubadour engagé par Conon. Ils dormirent comme des bienheureux, se levèrent tout de même tôt le lendemain pour aller chasser le loup dans la forêt de la Bassée et, après des adieux touchants, se donnèrent rendez-vous le lundi suivant à Bruges chez le comte Baudouin de Flandre.

*
* *

Eustache de Canteleux et Girart de Manchicourt partirent pour régler leurs affaires en vue du départ, l'un dans son domaine de Saint-Pol, l'autre dans le comté d'Ostrevent près de Douai. Guillaume, lui, avant d'aller dans sa famille, près d'Amiens, pour annoncer sa décision, ne put résister au désir de retourner à Meaux pour s'assurer que le camp de l'équipe avait bien été levé. Il s'avoua en galopant que ce motif, s'il répondait à un légitime scrupule, ne pesait pas lourd en face de son envie de revoir Marie. Il faut, pensa-t-il en poussant son brave Germain, que nous trouvions un moyen de la faire venir à Bruges pour la prise de croix.

Au camp, il ne restait plus qu'un chevalier, Hervieu du Castel, qui s'apprêtait à plier bagage, et quelques piétons qui essayaient de vendre ce qui restait du matériel. Ils lui firent un accueil chaleureux et dirent qu'ils attendraient son départ pour s'en aller eux-mêmes, afin de le servir jusqu'au bout. Harassé par le voyage, il s'écroula sur le lit de camp en songeant que Marie, elle, dormait à quelques lieues.

Le lendemain il pleuvait et Guillaume pesta contre ce mauvais temps qui allait compliquer son entreprise. Comment avertir la jeune fille ? Il décida de charger Hervieu du Castel de lui remettre discrètement la lettre qu'il écrivit sur-le-champ :

« Cher ange gardien, je suis revenu au camp pour quelques jours. Il faut absolument que nous nous rencontrions car la prise de croix se précise ainsi que le départ. Dites au chevalier du Castel comment y parvenir. Votre affectionné tournoyeur. »

Guillaume se relut et recommença en supprimant « tournoyeur », puisqu'il ne l'était plus. Il écrivit à la place « croisé », ce qu'il n'était pas encore.

Songeur, il regarda partir dans la bourrasque le cavalier de l'espoir puis, pour calmer son impatience, entama une partie de dés avec Geoffroi, le pilier du « conroi[1] », qui savait serrer comme un poing les joueurs de l'équipe en une formation si compacte qu'un gant jeté en l'air toucherait forcément en retombant un cheval ou un cavalier. Il sourit en pensant à la *Chanson d'Aspremont* : « Entre les lances du conroi ne saurait courir le vent. »

---

1. Groupement serré de l'équipe au moment de la charge.

Hervieu du Castel ne revint que dans l'après-midi, trempé, crotté mais content :

— Mon maître, j'ai réussi à parler quelques instants à la personne hors du regard de ses parents. Je lui ai remis votre message qu'elle a lu devant moi avant de le glisser dans son corsage. « Prévenez le chevalier Guillaume, m'a-t-elle dit, que je me trouverai demain dans la dernière maison, à la sortie de la ville, sur la route de Thorigny, à trois heures. S'il pleuvait trop fort et que je ne puisse quitter la maison, la rencontre se ferait le lendemain à la même heure. »

— Merci, Hervieu. Ce n'est pas le premier service que vous me rendez – rappelez-vous le tournoi de Dijon où vous m'avez tiré d'un bien mauvais pas –, mais celui-ci me tient à cœur. Je regrette que vous ne souhaitiez pas nous accompagner jusqu'à Jérusalem car j'aurais aimé vous avoir près de moi.

— Je regrette aussi de ne pas tenter l'aventure mais j'ai de très mauvaises nouvelles de mon frère aîné et je dois rester pour m'occuper de notre fief.

— Je sais. Rentrez vite dans vos terres et pensez au conroi quelquefois !

Le lendemain, le temps s'était mis au froid mais la pluie avait cessé. « C'est de bon augure », pensa Guillaume en se plongeant dans le baquet d'eau chaude que les piétons lui avaient préparé.

Homme à tout faire de l'équipe, Raymond, qui savait soigner les chevaux et réparer les armures, était accessoirement chargé de mesurer le temps. Avec son ampoulette à sable et une parfaite connaissance de la marche du soleil il était capable de dire l'heure à cinq minutes près[1]. Il faisait partie de l'arrière-garde demeurée sur place et c'est lui qui vint prévenir Guillaume qu'il serait bientôt trois heures. Le tournoyeur était prêt, il enfourcha son cheval.

La maison que lui avait indiquée Marie était reconnaissable par son isolement à bonne distance des autres bâtisses

---

1. Le Moyen Age ne connaît guère, pour mesurer le temps, que l'antique horloge à eau ou à sable. Les premières horloges mécaniques datent du XIVe siècle. À Paris, Charles V possédait trois horloges d'intérieur et en fit installer une sur une tour du Louvre.

du village. C'était une ferme petite mais bien construite avec son ossature de bois et ses murs à pans faits de pisé. Sur la faîtière, une pie bleue à longue queue semblait attendre Guillaume. Elle ne s'envola pas lorsque celui-ci frappa à la porte. Une vieille femme vint lui ouvrir et il pénétra dans la salle commune, la chambre chaude où dans une cheminée de pierre brûlait une grosse bûche. Une table et deux bancs grossièrement taillés dans du chêne, un lit dans un coin, constituaient avec deux coffres tout le mobilier de la pièce.

— Marie ne va pas tarder, dit la femme. Elle veut, je crois, vous entretenir de la croisade qui, dit-on, se prépare. J'espère qu'elle ne s'est pas mis dans la tête de partir pour les Lieux saints. Elle est tellement fantasque !

— Rassurez-vous, madame, il n'est pas question cette fois d'emmener les femmes dans l'aventure. Mais pouvez-vous me dire pourquoi elle m'a désigné ce lieu pour la rencontrer.

— Parce que j'ai été sa nourrice et qu'elle vient souvent me voir dans cette maison qui n'a de ferme que le nom car je n'y abrite guère qu'un cochon et quelques poules. Avec mon jardin et les quelques sous que me donne la famille de Marie, je vis bien. Lorsqu'il y a disette dans la région, la petite ne m'oublie pas et m'apporte de la farine de froment plus que je n'en ai besoin. Tenez, la voilà qui arrive. Je reconnais son pas : elle ne sait que courir.

Marie entra en effet, coiffée en coup de vent, le visage rougi par le froid, et fixa Guillaume de ce regard dont elle connaissait les ressources.

— Je ne pensais plus vous revoir, monsieur le chevalier, dit-elle dans un sourire à damner Foulques lui-même. Je vois que vous avez fait connaissance avec Anne, ma vieille nourrice. C'est une sainte femme qui userait ses dernières forces à me défendre si j'en avais besoin. Je crois que je l'aime plus que ma mère !

La vieille dame sourit, embrassa Marie et sortit sans bruit, avec l'infinie discrétion des gens simples.

— Je suis revenu prendre congé de mes fidèles compagnons demeurés pour lever le camp...

— Et pas pour moi ?

— Je crois, petite Marie, que je n'aurais pas pu partir pour un si long et si lointain voyage sans vous avoir revue.

Elle ne dit rien mais se jeta dans ses bras en criant presque :

— Dites-moi que vous m'aimez, dites-le-moi !

Comme il l'avait fait chez lui lorsqu'elle avait quasiment forcé sa porte, il dut lutter pour refréner la folle envie qu'il avait de la posséder.

— Oui, Marie, je vous aime. Comme je n'ai jamais aimé aucune femme. Mais c'est parce que je vous aime que je me suis juré de vous respecter. On ne peut pas se répéter qu'on est un chevalier et qu'on va se croiser, s'engager dans l'armée du Christ et faillir la veille de son départ aux vertus morales de la chevalerie. Mon ange gardien doit rester pur pour me coudre la croix et veiller de loin sur ma sauvegarde.

Il ne la repoussait pas mais calmait son désir comme il calmait son propre trouble en lui caressant doucement les mèches de cheveux emmêlées par le vent.

— Me comprenez-vous, petite fille ? Imaginez-vous l'effort que je fais pour ne pas vous prendre comme le ferait la soldatesque ?

Des larmes coulaient sur les joues de Marie et elle murmura :

— Oui, je vous comprends, mais qu'il est difficile de ne pas obéir à l'appel de l'amour, du premier amour !

— L'amour vrai n'est pas impatient, Marie. Je me rappelle avoir vu dans l'église des Cordeliers de Nancy, à l'occasion d'un tournoi, le visage de femme le plus émouvant que j'aie jamais rencontré. C'est celui que livre une pierre tombale. La sculpture représente Anne et Hugues de Vaudémont. Elle symbolise pour l'éternité le retour du croisé. On y voit, étroitement enlacés, un croisé en haillons et son épouse qui l'accueille. Hugues de Vaudémont avait été prisonnier en Terre sainte durant quinze ans et avait passé pour mort. Sa femme Anne de Lorraine, pressée par son entourage de se remarier, s'y était obstinément refusée. Et un jour, celui que l'on n'attendait plus est revenu. C'est cet instant qu'a représenté le sculpteur sur le tombeau où, des années plus tard, le chevalier et sa dame furent ensevelis côte à côte.

— L'histoire est très émouvante, Guillaume, mais j'espère que je n'aurai pas à attendre quinze ans votre retour. Et qui sait si, alors, vous voudriez encore de moi ?

— Le contraire m'étonnerait. Mais parlons des choses possibles, ma chérie. Songez-vous toujours à être présente lors de ma prise de croix ?

— Oui, monsieur le chevalier. Je n'ai pas changé d'avis.

— Hélas ! cela ne sera pas aussi facile que vous le pensez car la cérémonie se déroulera à Bruges. Et Bruges, c'est loin. D'abord, est-ce que votre père vous laisserait partir ?

— Avec un chaperon peut-être, et si vous m'emmenez...

— Vous voudriez chevaucher avec nous ? Ma pauvre petite, vous rêvez. Je tiens trop à vous pour prendre une telle responsabilité. Il faut renoncer à votre projet ! C'est ce que je suis venu vous dire aujourd'hui. Je vous promets en revanche de repasser à Lagny avant le départ afin que vos petites mains fixent sur mon épaule la croix que je ne quitterai plus.

Marie poussa un soupir, ses yeux s'emplirent de larmes :

— Je sais que vous avez raison. Ce voyage n'est pas envisageable. C'était un rêve, un beau rêve qui m'aurait permis de ne pas vous quitter jusqu'au départ. Tiendrez-vous votre promesse, reviendrez-vous me dire adieu ?

— J'en fais le serment !

— Alors vous viendrez chez moi. Quand mes parents vous connaîtront, ils comprendront pourquoi je refuserai de me marier.

— C'est presque un engagement que vous me demandez !

— Non. Je vous fais la promesse de vous rester fidèle mais ne vous demande pas la réciproque. Vous partirez libre pour la croisade !

Guillaume la regarda, pensif. Il se demandait s'il avait eu raison de vouloir revoir cette enfant qui cachait sous sa candeur une redoutable force et réussissait à le mener là où elle voulait. Une nouvelle fois le conquérant plia devant l'innocence :

— Je viendrai dans votre famille mais n'en concluez rien. Je ne m'engagerai à aucun prix avant d'aller affronter les dangers qui m'attendent. Et si je vous retrouve mariée à un drapier je vous souhaiterai tout le bonheur que mérite votre grâce.

— Que tout cela est vain et pompeux, dit Marie en riant. Convenons que nous nous aimons et laissons faire Dieu...

Elle se rapprocha de lui pour lui tendre ses lèvres. Il l'embrassa avec passion et fut encore bien près de succomber au diable, mais il se reprit :

— Ne commettons pas le péché. Vous méritez mieux, mon ange, qu'une banale étreinte dans une salle de ferme.

*
* *

Après deux jours de chevauchée, Guillaume d'Amiens rejoignit Conon de Béthune dans son château où logeaient déjà Eustache de Canteleux et Girart de Manchicourt. Après deux jours passés sans pratique excessive de piété, les quatre chevaliers gagnèrent Bruges au petit trot pour arriver à la veille du carême dans la capitale des lainiers, des dentellières et des tailleurs de diamants. La cérémonie de la prise de croix était en effet fixée le jour des cendres dans la grande église Saint-Donat fleurie et décorée pour la circonstance d'oriflammes et de tapisseries.

Après avoir fait allégeance au comte Baudouin de Flandre et de Hainaut reconnu dans la région comme le grand accommodeur de la croisade, Guillaume et ses amis prirent place dans la nef au son de l'orgue. En prières se trouvaient déjà Jean de Nesle, châtelain de Bruges, Jacques d'Avesnes dont le père avait été tué à Acre, Eudes de Ham, Geoffroi du Perche, Rotrou de Montfort, Mathieu de Montmorency, Pierre de Bracieux et son frère, et bien d'autres chevaliers de France et de Flandre, de Champagne et de Bourgogne qui portaient bannière. Depuis la première croisade, un cérémonial avait fini par s'instituer. On chanta donc les psaumes évoquant la captivité de Babylone et le *Veni Creator* avant que Foulques, prédicateur de la croisade, ne fît son sermon. Le vieil homme, que les déplacements de ces derniers mois en Flandre, dans le Brabant, en Normandie, en Picardie, en Champagne avaient épuisé, était pâle et décharné. Il fallut l'aider à monter en chaire, et chacun se demandait comment il allait pouvoir se faire entendre de son noble auditoire. Et le miracle, on lui en attribuait beaucoup, se produisit. Du petit homme au visage émacié sortit la voix puissante et chaude qui rappela aux comtes, aux barons et autres grands prud'hommes la charge sacrée qu'ils avaient à assumer en Terre sainte. Leur nombre et leur valeur témoignaient de la réussite de la mission que le pape lui avait confiée. Lorsqu'il dit « amen », chacun eut l'impression qu'il annonçait son prochain retrait du monde des vivants. On chanta encore le *Vexilla Regis* et c'est un autre prédicateur, Pierre le Chantre, qui imposa les croix sur l'épaule gauche des chevaliers, un simple insigne découpé dans du drap. Il restait aux épouses, aux fiancées, aux mères à le coudre sur la tunique et le manteau. Beaucoup de femmes avaient d'ailleurs confectionné pour leur héros une croix plus élégante. On remarqua ainsi le lendemain que Baudouin de Flandre et de Hainaut en portait une brodée d'or au festin qu'il offrait aux comtes, aux barons et aux preux les plus nobles qui s'étaient croisés. Guillaume faisait partie de cette assemblée dont il connaissait la plupart des membres pour avoir tournoyé avec eux, contre eux ou défendu leur bannière. Sa prise de croix en étonna plus d'un. Qu'un champion de son rang, célèbre même au-delà des frontières, mette ses armes et sa fortune au service de Dieu constituait un événement si inattendu qu'il fut entouré, questionné, et loué d'une autre manière mais aussi chaleureusement qu'après un combat gagné. Cela l'agaça un peu. Il avait agi par humilité et on le flattait comme un héros ! Il se défendit, expliqua que le tournoyeur était mort et qu'il était devenu un croisé, un chevalier qui ne se battrait plus pour la gloire et l'argent mais pour la reconquête des Lieux saints. Il fut entendu et c'est Baudouin lui-même qui lui demanda d'assister au parlement que les barons tiendraient sous peu à Soissons pour décider quand et comment ils voudraient partir.

La réunion se tint la semaine suivante mais les barons ne purent que constater le nombre insuffisant de croisés.

— Continuons de prêcher la croisade, dit Baudouin. Soutenons maître Foulques, attirons vers Dieu non seulement les riches qui pourront payer mais aussi la menue gent des preux dont nous avons besoin.

Et il fut convenu qu'on s'assemblerait un peu plus tard en

parlement à Compiègne. Guillaume y retrouva tous les comtes et barons qui échangèrent maints avis et décidèrent finalement de désigner les meilleurs messagers qu'ils pourraient trouver afin de leur confier entièrement le soin de trouver les moyens maritimes qui leur permettraient de rejoindre la Terre sainte.

Thibaud, le comte de Champagne et de Brie, désigna Geoffroi de Villehardouin[1] et Milon le Brabant ; le comte Louis de Blois Jean de Friaise et Gautier de Gaudonville ; le comte Baudouin Conon de Béthune et, à la grande surprise de l'intéressé, Guillaume d'Amiens.

Les six commissaires des croisés se virent remettre de bonnes chartes à sceau pendant, certifiant que les grands barons tiendraient pour ferme ce qu'ils feraient en tous les ports de mer qu'ils jugeraient bon de visiter pour y chercher des vaisseaux.

Pour Guillaume, la croisade commençait donc avant l'heure. Il en fut content car il craignait les longs mois qui précéderaient le grand départ et s'avoua que ce n'était pas seulement pour assouvir son besoin d'action : il savait, s'il restait vacant, qu'il ne pourrait pas s'empêcher d'aller rejoindre Marie, rencontre qu'il jugeait prudent d'éviter.

Sitôt désignés, les six tombèrent d'accord : c'est à Venise qu'ils avaient le plus de chances de réussir leur mission.

---

1. C'est grâce aux chroniques de Villehardouin que l'on connaîtra les détails de la quatrième croisade.

Chapitre 2

La serenissime

Dans le groupe des plénipotentiaires qui chevauchaient à étapes vers Venise, que seul Milon le Brabant connaissait, Guillaume se sentait à l'aise. Il retrouvait sur la route l'entrain et la saine liberté des tournoyeurs. Aucun de ses compagnons de voyage n'avait participé à la mêlée mais rien ne les distinguait des chevaliers qui l'avaient accompagné durant ses courses. Geoffroi de Villehardouin, le maréchal de Champagne, comme Milon le Brabant, étaient des vétérans de la croisade. Ils avaient pris part au siège d'Acre dix années plus tôt et Guillaume ne se lassait pas d'écouter leurs récits. Les deux hommes étaient très liés dans la vie et la perspective de repartir ensemble à l'aventure les comblait de joie, un enthousiasme qu'ils faisaient partager à Guillaume. Comme lui, ils étaient des cadets de famille qui portaient le nom de la terre où ils étaient nés sans en avoir la seigneurie.

Villehardouin surtout captivait Guillaume. Maréchal de Champagne[1] depuis plus de dix ans, c'était un homme affable et sensible qui portait bien ses cinquante ans. Ses connaissances en tous domaines émerveillaient Guillaume. « J'aimerais bien écrire le récit de notre croisade, dit-il un jour au champion. M'aiderez-vous, le moment venu, à me rappeler les hauts faits de ce pèlerinage ? Je sais qu'à vos

---

1. Charge qui n'a rien à voir avec la dignité militaire d'un maréchal de France. C'était au XIIIe siècle une sorte d'aide de camp d'un haut personnage, Thibaud, comte de Champagne et de Brie, pour Villehardouin.

talents de tournoyeur vous alliez un goût inattendu pour les romans et la poésie. Je suis content de voyager avec vous ! »

De ce jour Guillaume fut intégré dans la fraternité qui unissait Villehardouin à Brabant. Tout en trottant de conserve, il dévoilait plaisamment à ses amis les secrets des tournoyeurs, les surenchères de certains princes ou seigneurs pour s'attacher le service des meilleurs, pourquoi on avait acheté et revendu son nom célèbre, comment il avait lui-même gagné une fortune en désarçonnant d'un tournoi à l'autre une bonne centaine de chevaliers.

Les trois autres émissaires n'étaient pas non plus de peu d'importance. Conon de Béthune, ami de longue date de Guillaume, qui devait jouer un rôle capital dans la croisade, était un sympathique colosse de quarante-cinq ans réputé comme chansonnier[1]. Il avait dans sa jeunesse composé des chansons pour l'amour de la comtesse Marie de Champagne et, au moment de partir pour la croisade d'Acre, il avait chanté les indécisions de son cœur partagé entre l'amour qu'il portait à sa dame et son zèle pour la cause de Dieu. Le soir, à l'étape, il ne se faisait pas prier pour fredonner quelques couplets.

Jean de Friaise, choisi par son suzerain Louis de Blois, était né à sept lieues de Chartres à la frontière du Perche. Il avait lui aussi participé à la troisième croisade. Autre vassal du comte de Blois, Gautier de Gaudonville avait une réputation de bravoure au combat mais, dans la vie, était taciturne et rarement d'humeur à converser.

La route était longue jusqu'à Venise, et la mission des ambassadeurs de la croisade, en tout une quinzaine d'hommes avec les serviteurs et les palefreniers qui s'occupaient des relais, couvrait chaque jour de huit à dix lieues. Le soir les chevaliers trouvaient toujours le gîte et le couvert dans un château ou un monastère. Guillaume savait que l'expédition en Terre sainte ne ressemblerait pas à cette chevauchée de santé mais il était dans son caractère de profiter du bon temps que la Providence lui offrait. À Dijon, on lui avait demandé de participer à un tournoi. Il avait refusé, mais,

---

1. On dirait plutôt poète aujourd'hui.

l'eût-il voulu, il n'avait avec lui ni son armure ni son cheval de bataille.

Ils arrivèrent ainsi à Venise au début de février, pressés de découvrir la ville aux mille canaux, l'étrange cité lacustre qui ne ressemblait à aucune autre. Ils y arrivèrent par mer après avoir laissé leurs montures à Chioggia, et le palais des Doges, derrière lequel se profilaient les trois coupoles de la basilique San Marco, leur parut de plus en plus magnifique à mesure que le navire approchait.

— Regardez, dit Milon le Brabant, heureux de montrer à ses compagnons qu'il était passé par Venise lors de la précédente croisade. La glorieuse basilique et le palais ducal semblent surgis de l'eau comme un rêve lumineux.

C'était bien dit et Conon de Béthune, le poète du groupe, approuva :

— Oui, et ces formes de rêve sont plus émouvantes que je ne l'imaginais.

Le navire avait obliqué légèrement pour accoster au point d'où la vue était la plus belle : entre les deux colonnes de granit oriental. Tout en tenant le gouvernail, le maître de bord expliqua comme il put dans sa langue de marin que les colonnes s'appelaient « Marco » et « Todaro », c'est-à-dire saint Marc et saint Théodore, les deux patrons de la ville. « Elles sont venues de l'Orient », ajouta-t-il.

Le roi de France avait une ambassade auprès de la Sérénissime. C'est là que les chevaliers se rendirent pour demander l'hospitalité et l'aide nécessaire à l'accomplissement de leur mission. L'ambassadeur, le comte Roger de Beaurain, qui vivait à Venise depuis plus de dix ans, connaissait les six sestiers de la ville comme sa bourse, ce qui était d'ailleurs facile car il avoua être pauvre dans la plus riche des villes, le trésor royal oubliant deux fois sur trois de lui envoyer sa lettre de crédit.

— Mon palais est d'or, en vénitien c'est la « Cá[1] d'Oro », à cause de ses décorations extérieures, mais l'argent y est rare. Rassurez-vous, il m'en reste assez pour traiter comme ils le méritent les envoyés des comtes de Flandre, de Champagne et de Blois.

_____

1. *Cá* pour *casa*, maison.

Lorsqu'il eut pris connaissance de la teneur des chartes qu'ils avaient à présenter, le comte de Beaurain dit que leur députation ne pouvait que s'adresser au doge.

— Je vais dès demain faire prévenir le duc de Venise qui vous recevra certainement en présence de la Seigneurie[1].

— Nous sommes un peu émus à l'idée d'être présentés à un personnage aussi illustre que le duc de Venise, dit Guillaume d'Amiens. Se montrera-t-il accueillant ?

— Sans nul doute. Avant d'être élu doge, il y a dix ans, Enrico Dandolo a été un homme d'affaires et il a l'habitude du coudoiement. Il a passé une grande partie de sa vie en Orient et a dirigé deux ambassades à Constantinople où l'empereur Manuel Comnène lui fit brûler les yeux. Il laisse dire qu'il est revenu aveugle mais il a sûrement conservé un soupçon de vision.

— Pourra-t-il au moins lire nos lettres de créance ?

— Non, mais on les lui lira et il écoutera les demandes que vous formulerez. En attendant, si vous le souhaitez, je vous ferai visiter Venise, à commencer par San Marco qui est construite à l'image même de l'église des Douze Apôtres de Constantinople. C'est pourquoi elle ne rappelle en rien les églises d'Occident.

— Pourquoi la basilique se nomme-t-elle San Marco ? demanda Villehardouin.

— Oh, c'est toute un histoire ! Justinien et Théodora avaient fondé au vi[e] siècle l'« Apostoleion », cette église des « Douze Apôtres », et l'on avait trouvé au cours des fondations le corps de l'évangéliste saint Luc. Le doge Partecipazio et son épouse s'assimilèrent si bien au couple impérial romain d'Orient qu'ils désirèrent aussi leur apôtre. Dieu les entendit : le corps de saint Marc apparut miraculeusement à travers un pilier où quelqu'un l'avait muré par crainte des voleurs.

Le lendemain, au cours de leur visite à la basilique, les six chevaliers francs s'attardèrent longtemps à regarder décorer l'un des murs de brique par les maîtres mosaïstes.

---

1. La Seigneurie ou Petit Conseil était composée de six membres. Elle détenait le pouvoir exécutif. Le Grand Conseil était revêtu du pouvoir législatif.

— Les premiers sont venus de Byzance, dit Beaurain mais, aujourd'hui, ce sont les élèves vénitiens qu'ils ont formés qui travaillent.

— Toute l'église sera décorée de mosaïque ? demanda Gaudonville.

— Oh, non ! Cela ne serait pas possible. Mais peu à peu, les murs de brique seront recouverts de marbre.

À côté se dressait la résidence du Prince Sérénissime dont les façades s'inspiraient de celles des monuments de l'Antiquité. Conon fit remarquer que vu de la terre le palais semblait moins imposant que la basilique[1].

C'est seulement deux jours plus tard que Villehardouin et ses compagnons purent découvrir ce que cachait le marbre des murailles d'un des princes les plus secrets de l'Europe. Ils traversèrent une grande cour et montèrent l'escalier monumental qui menait aux chambres où se décidait la politique de la République.

Rien d'intime dans la réception qui leur fut accordée : derrière une lourde porte de chêne ouverte à leur passage ils se retrouvèrent dans une salle carrée bordée de stalles. Sur un trône sculpté de bois sombre se tenait assis le doge Enrico Dandolo vêtu de velours cramoisi, le chef couvert d'un bonnet curieusement cornu. Les six membres du Conseil siégeaient autour de lui. Derrière, une vingtaine de seigneurs occupaient une petite partie des places disponibles. On comprenait qu'ils n'auraient pas à délibérer.

Le doge semblait se ratatiner dans sa robe trop large. Des cheveux blancs pendaient de chaque côté de son bonnet et ses yeux étaient à peine visibles sous ses paupières tombantes. Rien n'indiquait chez ce vieillard la puissance et l'autorité que l'on pouvait attendre de l'un des maîtres du monde. Et puis, il parla pour souhaiter la bienvenue aux chevaliers francs et son visage s'anima, son dos se redressa, toute sa personne prit une allure noble et impressionnante.

Villehardouin répondit par une phrase qu'il avait longuement mûrie et s'avança pour présenter les lettres d'accréditation. Sur un signe du doge, l'un des conseillers présents à

---

1. Le palais sera très vite surélevé, agrandi et, plus tard, ses façades refaites telles que nous les connaissons.

ses côtés fit sauter les cachets de cire et en lut à haute voix le contenu.

Après avoir écouté avec une grande attention, Enrico Dandolo échangea quelques mots avec ses conseillers et reprit la parole :

— En vos lettres, nous avons bien noté que vos seigneurs sont les plus hauts hommes parmi ceux qui ne portent pas couronne. Ils nous mandent d'avoir confiance en ce que vous nous direz et de tenir pour ferme ce que vous ferez. Dites donc ce qu'il vous plaira.

— Seigneur, répondit Villehardouin au nom de ses compagnons, nous sommes venus à vous de la part des hauts barons de France qui ont pris le signe de la croix pour venger la honte de Jésus-Christ et pour délivrer Jérusalem si Dieu veut le souffrir. Et parce qu'ils savent que personne n'a aussi grand pouvoir que vous et vos gens, ils vous prient d'examiner comment ils pourraient avoir des vaisseaux et une flotte[1].

— En quelle manière ? demanda le duc.

— En toutes les manières que vous saurez recommander pourvu qu'ils puissent le supporter. Voici consigné l'essentiel des désirs exprimés par les hauts barons francs.

— Certes, c'est une grande chose qu'ils nous demandent et il semble bien qu'ils visent à une haute affaire, dit le doge. Et nous vous répondrons d'aujourd'hui en huit jours. Le terme est lointain mais il convient de beaucoup réfléchir à une si grande entreprise.

Au terme du délai fixé, les six messagers revinrent au palais pour écouter la réponse du duc :

— Si nous pouvons amener notre Grand Conseil et le commun du pays à l'approuver, nous ferons des huissiers[2] pour passer quatre mille cinq cents chevaux et neuf mille écuyers. Et des nefs pour quatre mille cinq cents chevaliers et vingt mille sergents à pied. Pour tous ces gens et ces chevaux les vaisseaux porteront des vivres pour neuf mois.

---

1. D'après la traduction d'Edmond Faral de *La Conquête de Constantinople* de Geoffroi de Villehardouin.

2. Navires munis d'un dispositif de portes (huis) et de passerelles destinées à faciliter l'embarquement et le débarquement des chevaux.

Voilà ce que nous ferons au moins pour vous sur la base de quatre marcs par cheval et deux par homme.

« Nous tiendrons ces conventions pendant un an à partir du jour où nous quitterons le port de Venise pour faire le service de Dieu et de la chrétienté en quelque lieu que ce soit. Le total de la dépense se monte à cent mille marcs.

« Enfin, nous fournirons en sus, pour l'amour de Dieu, cinquante galées armées pour emmener avec moi la moitié de tous les Vénitiens capables de naviguer et de combattre, à cette condition que tout au long de notre association, de toutes les conquêtes que nous ferons par mer ou par terre, nous aurons la moitié et vous l'autre. Examinez maintenant si vous le pourrez faire et le supporter.

Une nuit durant, les messagers de France discutèrent, réfléchirent, hésitèrent devant l'importance de cette affaire qui mettait en jeu des sommes fabuleuses. Si seulement ils avaient pu en référer à leurs seigneurs ! Mais ils devaient donner une réponse le lendemain au duc, et cette réponse dont dépendait le sort de la croisade, il était inimaginable, compte tenu de la nature de leur mission, qu'elle fût négative. Ils tombèrent donc d'accord pour accepter la proposition vénitienne, non sans tenter d'en faire baisser le montant. Après tout, les Vénitiens, à commencer par le doge, étaient habitués au mercantilisme, et cette demande ne pouvait les choquer.

C'est ainsi que, le lendemain, les Français conclurent le marché pour quatre-vingt-sept mille marcs. Le doge en parut content et dit qu'il lui restait à en parler au Conseil et au peuple.

Il n'eut guère de peine à convaincre les quarante Sages du Grand Conseil puis, comme il voulait obtenir l'aval du peuple, il assembla en l'église Saint-Marc autant de gens qu'elle pouvait en contenir[1].

— Entendons la messe du Saint-Esprit, leur dit-il, puis priez Dieu de nous conseiller au sujet de la demande faite par les messagers de France. Que ceux-ci nous rejoignent dans le chœur.

Les messagers francs suscitèrent dans l'assistance une

---

1. Dix mille personnes selon Villehardouin.

grande curiosité. Il y eut un léger brouhaha puis on écouta dans le silence Geoffroi de Villehardouin lire le discours que l'ambassadeur avait traduit en vénitien :

— Seigneurs, les plus hauts barons de France nous ont envoyés à vous pour vous supplier de prendre pitié de Jérusalem qui est en esclavage des Turcs. Ils nous ont demandé de tomber à vos pieds et de ne pas nous relever avant que vous ayez accordé d'avoir pitié de la Terre sainte.

Aussitôt les six messagers s'agenouillèrent et le duc donna le signal d'une grande ovation. Tous les Vénitiens présents s'écrièrent : « Nous l'accordons ! Nous l'accordons ! »

Il y eut encore un grand tumulte et le duc monta au lutrin pour parler au peuple :

— Voyez l'honneur que Dieu vous a fait quand les meilleurs gens du monde ont requis votre compagnie pour faire avec vous aussi haute chose que de secourir Notre Seigneur !

On prit date pour rédiger les chartes et, quand ce fut fait, à la demande du duc, on décida de garder secrète la décision de débarquer à Babylone[1] plutôt qu'en Syrie pour attaquer les Turcs en leur cœur. Enfin il fut entendu que de la Saint-Jean en un an[2] les barons et les pèlerins devaient être à Venise et les vaisseaux prêts à les embarquer.

Lorsque les chartes furent scellées et échangées, les messagers empruntèrent deux mille marcs aux banquiers de la ville et les donnèrent au doge pour commencer la construction de la flotte, puis ils prirent congé pour retourner en France rendre compte de leur mission. Ils chevauchèrent par étapes jusqu'à Plaisance, en Lombardie. Là, les chevaliers se séparèrent. Villehardouin et Guillaume d'Amiens continuèrent vers le Cenis et la frontière tandis que les autres messagers prenaient la route de la vallée de la Trébie dans le but de demander quelle aide les croisés pouvaient attendre de Gêne et de Pise[3].

*
* *

---

1. Babylone d'Égypte, c'est-à-dire Le Caire.
2. An 1200.
3. Leur rivalité avec Venise rendit vaine cette demande.

L'idée de rentrer en France et de partager avec les barons qui les avaient choisis le lourd fardeau des négociations donnait des ailes à Geoffroi et à Guillaume. Les deux hommes apprirent à mieux se connaître, le tournoyeur donnant à son compagnon, médiocre cavalier et modeste guerrier, des conseils qui l'aideraient lors de la croisade, et le maréchal, plus proche de l'esprit courtois entretenu à sa cour par le comte Thibaud que des mœurs combatives de la chevalerie, initiait le rude Guillaume aux plaisirs policés chers à Aliénor d'Aquitaine.

Les deux compagnons arrivèrent enfin à Troyes en Champagne après une dernière étape harassante. Ils se seraient couchés sans souper mais le comte Thibaud, qui somnolait devant la cheminée, se réveilla en sursaut et voulut sans attendre tout savoir de l'ambassade de son maréchal.

Villehardouin trouva son maître pâle et amaigri.

— Seigneur, dites-moi d'abord comment vous vous portez, dit-il. Vous semblez très abattu.

— Si les nouvelles que vous allez m'apprendre sont bonnes, j'irai beaucoup mieux. Avez-vous réussi ?

Il est vrai qu'il retrouva force et gaieté en écoutant Geoffroi lui raconter ce qu'il avait fait avec ses compagnons. Il tiqua un peu à l'énoncé des exigences financières du doge mais il dit que la pitié du Seigneur n'avait pas de prix et que les échéances seraient respectées.

— Nous irons donc surprendre les Turcs ! dit-il. Il faut que je retrouve mes forces et, dès demain, je remonterai à cheval.

Le comte Thibaud, en effet, remonta à cheval mais ce fut pour la dernière fois. Son mal s'aggrava si promptement qu'il dut songer à faire son testament.

— L'argent que j'ai rassemblé pour la croisade, je vais le distribuer aux compagnons qui devaient m'accompagner, dit-il un jour à Geoffroi.

— Mais la croisade ne partira pas sans vous. Vous avez bien le temps de vous remettre avant le rassemblement de Venise.

— Non. Je sais que je mourrai sans avoir pu aider à libérer les Lieux saints. Je vais seulement demander à ceux qui recevront leur part du bien que je destinais à Dieu de jurer sur l'Évangile qu'ils suivront l'armée de Venise ainsi qu'ils l'ont promis lorsqu'ils se sont croisés. L'autre partie de mon argent sera emporté à l'armée pour être utilement employé.

Le comte mourut le 25 mai pour le plus grand chagrin de tous ses gens qui l'aimaient comme un père ou un frère. Blanche, sa femme, l'une des filles du roi de Navarre, resta seule avec sa fille Marie. Elle était grosse d'un enfant qui naquit trois jours trop tard pour être connu de son père. Comte de Champagne à sa naissance, Thibaud IV serait mêlé à tous les conflits qui opposeraient les grands féodaux. Il se révélerait un grand poète. Dante citera les œuvres de celui qui n'était qu'un nouveau-né d'un jour quand on inhuma son père en l'église collégiale de Saint-Étienne de Troyes.

La mort du comte Thibaud de Champagne, l'un des trois chefs du grand pèlerinage, risquait de semer le désarroi parmi ceux qui avaient pris la croix. Sur l'instigation du comte Baudouin de Flandre, les grands barons décidèrent de tenir parlement à Soissons[1]. Là se retrouvèrent le comte Louis de Blois et de Chartrain, le comte Geoffroi du Perche, le comte Hugues de Saint-Pol et maints autres grands prud'-hommes. Geoffroi de Villehardouin leur fit un exposé détaillé de la mission en Vénétie et dit qu'il fallait pourvoir d'urgence au remplacement du comte de Champagne.

Plusieurs noms furent avancés dont celui du duc de Bourgogne.

— Je lui ai demandé de se croiser et de nous rejoindre mais il a refusé, précisa le maréchal, qui ajouta : J'ai pensé à vous conseiller d'appeler le marquis Boniface de Montferrat. Si vous lui mandiez de venir ici, de prendre la place du comte de Champagne et que vous lui donniez la seigneurie de l'ost[2], aussitôt il la prendrait. C'est un preux chevalier réputé pour sa générosité.

Une discussion s'engagea et, finalement, grands et petits se mirent d'accord pour faire porter au marquis une lettre lui offrant le commandement de la croisade et l'invitant à

---

1. Vers le 25 juin 1201.
2. Armée des vassaux levée par le seigneur. En l'occurrence, celle de la croisade.

venir rejoindre les barons. Des messagers élus partirent aussitôt pour la Lombardie et Boniface de Montferrat se rendit à l'appel des croisés. Lorsque ceux-ci apprirent que le marquis arrivait ils allèrent à sa rencontre et lui firent grand honneur. Un parlement fut réuni le lendemain dans les jardins de l'abbaye des bénédictines de Sainte-Marie de Soissons où le comte Baudouin demanda publiquement à Boniface de Montferrat de prendre la croix, le commandement de l'armée et l'argent qu'avait laissé Thibaud de Champagne. Et tous les barons et les gens de moindre importance présents tombèrent aux pieds de leur nouveau chef qui les remercia en pleurant. Ensuite, l'évêque de Soissons, maître Foulques et deux prêtres blancs venus avec lui le conduisirent à l'église Notre-Dame où ils lui attachèrent la croix à l'épaule. Ainsi finit cette journée mémorable.

— Je vous retrouverai tous à Venise ! dit le lendemain le nouveau et illustre croisé en prenant congé des barons. Je dois rentrer pour mettre mes affaires en ordre. Que chacun fasse comme moi et prie pour la pitié du Seigneur !

Sur sa route, le marquis s'arrêta à Cîteaux, en Bourgogne, où se tenait le chapitre de la Sainte-Croix. Il y trouva assemblés un grand nombre de barons, d'abbés et de fidèles venus des autres abbayes de l'ordre qui avait essaimé dans toute la France. Foulques aussi était là, qui continuait à exhorter les chevaliers à se croiser. La présence de Boniface de Montferrat l'aida, et beaucoup d'illustres seigneurs, qui avaient jusque-là hésité, prirent la croix dont Eudes le Champenois de Champlitte, Richard de Dampierre, Guigues, le comte de Forez et l'évêque d'Autun.

*
* *

Au retour de son ambassade et après avoir assisté aux divers parlements où s'était organisée la croisade, Guillaume d'Amiens avait rejoint le fief familial qu'administrait son frère Charles. Après avoir imploré son fils de ne pas partir pour l'outre-mer, sa mère Marguerite, la vieille châtelaine d'Amiens, avait fini par lui donner sa bénédiction. Son mari était mort au cours de la troisième croisade et, malgré sa grande piété, elle ne pouvait voir partir son fils sans émotion :

— J'ai tremblé pour toi durant les longues années où tu as risqué ta vie dans les tournois et voilà que tu t'en vas au bout du monde où le danger est encore plus grand !

— C'est pour le service de Dieu, ma mère. Et c'est parce que j'ai trop oublié le Seigneur durant cette première partie de ma vie que je dois partir.

— Je sais tout cela, dit la mère en pleurant. Et je sais que rien ne t'arrêtera, mais prends soin de toi. Que Dieu te garde !

Avec son ami Conon de Béthune, il avait revu Villehardouin, lequel s'était impliqué totalement dans la préparation de la croisade. Ils s'étaient juré tous les trois de prendre la route ensemble, avec Milon le Brabant lorsque le moment serait venu.

Guillaume avait été tenté plusieurs fois de galoper vers Lagny pour y revoir Marie dont il n'avait pour toutes nouvelles qu'une lettre arrivée lorsqu'il était à Venise. Lettre mouillée de ses larmes, disait-elle ; lettre d'enfant où elle lui disait « je t'aime » entre une multitude de cœurs maladroitement dessinés. Il avait résisté, décidé à ne revoir la jeune fille qu'une seule fois, juste avant de prendre la route, et même lorsqu'il serait déjà en chemin puisque cette visite, qu'il désirait et qu'il appréhendait, ne nécessiterait qu'un léger détour.

Le souvenir de Marie s'était estompé durant le voyage italien mais maintenant, chez lui où il n'avait rien d'autre à faire qu'à fourbir ses armes et à soigner les chevaux qui le mèneraient jusqu'au désert, il ne pouvait s'empêcher de penser à cette fille aux cheveux blonds qui lui avait demandé de coudre la croix sur son manteau. Ramenée à quelques mots, l'affaire était ridicule, mais il savait depuis longtemps qu'il ne débrouillerait pas facilement l'écheveau où sa vie se trouvait emmêlée.

Le temps passait et l'on arrivait à quelques semaines du grand départ. Ses équipiers de mêlée, Eustache de Canteleux et Girart de Manchicourt, qui allaient l'accompagner, l'avaient rejoint au château où l'on faisait et refaisait les bagages, emplissait les besaces et préparait les sacoches de vivres. Ces préparatifs étaient plutôt excitants et faisaient oublier l'appréhension du saut dans l'inconnu. Conon avait bien participé au troisième pèlerinage mais il affirmait que les croisades ne se présentaient jamais de la même manière et que nul ne pouvait prévoir comment se déroulerait la quatrième.

*

* *

Quand la Pâque fut passée, du Brabant à la Bourgogne, les croisés commencèrent à quitter les châteaux, les villes et les bourgs. On pleura beaucoup dans les familles tandis que la fine fleur de la jeune noblesse s'égrenait sur les chemins.

Guillaume était parti deux jours avant ses amis, les servants et les sommiers bâtés, pour passer voir Marie à Lagny. Il n'avait pu prévenir la jeune fille et avait décidé tout simplement, comme elle le lui avait suggéré, d'aller frapper à la porte de la maison de famille où il serait à l'abri des tentations. Il ne lui déplaisait pas d'ailleurs de voir quelle tête avaient le marchand de drap et Mme Dubard, son épouse, que Marie lui avait décrite comme une femme de caractère menant sa maison avec poigne.

C'est elle qui vint lui ouvrir et il se dit que Marie tenait beaucoup de sa mère, une belle femme encore jeune qui lui demanda avec amabilité ce qu'il voulait. Il avait bien sûr préparé son entrée mais, comme un acteur en proie au trac, il dut se faire violence pour ne pas trop bredouiller.

— Madame, je suis Guillaume d'Amiens. J'ai fait fortuitement, il y a quelques mois, la connaissance de votre fille. Nous avons côte à côte écouté prêcher maître Foulques et j'ai décidé ce jour-là de me croiser. Comme vous pouvez le constater par ma tenue, je suis en route pour les Lieux saints et Marie m'a fait promettre de la laisser coudre la croix sur mon manteau. Alors, me voilà...

Il se rendait compte qu'il avait l'air plutôt godiche en face de cette dame souriante qui visiblement n'ignorait rien de sa personne. Que lui avait dit Marie ? Jusqu'où avaient été ses confidences ? Comme il se dandinait d'une botte sur l'autre en se demandant ce qu'il allait bien pouvoir encore dire, Mme Dubard vint à son secours :

— Monsieur, je suis votre servante et je vais prévenir Marie de venir nous rejoindre avec sa trousse de couture. J'ai cru comprendre que les tournois vous ont rendu célèbre. Mon mari, qui se passionne pour ces périlleux divertissements, était tout ébaubi lorsque notre fille lui a dit qu'elle vous connaissait. Moi, je suis honorée qu'un noble chevalier s'intéresse à des bourgeois comme nous, enfin à notre fille.

« Ça y est, se dit Guillaume, la famille Dubard frétille d'aise d'approcher la noblesse. Attention, vieux tournoyeur ! Garde-toi à dextre et à sénestre, ne te laisse pas désarçonner. »

Mais Marie entrait, seule, belle comme une fleur dans sa robe évasée de soie indienne. C'était à se demander si elle l'attendait ! Pour l'instant, la rose se transformait en pivoine.

— Monsieur le chevalier, vous êtes venu, c'est bien, je ne crois pas que j'aurais pu continuer à vivre si vous étiez parti sans ma croix sur votre épaule. Puis-je vous embrasser ? Oh, d'un baiser chaste ! Comme il sied à une petite fille sous le toit de ses parents.

Comme elle s'approchait, il ne put résister, il l'enlaça et prit ses lèvres. Le baiser de petite fille dura longtemps. Enfin il la relâcha et murmura, gêné :

— Pardonnez-moi. Il fallait que j'emporte avec moi le goût de vos lèvres jusqu'aux confins des déserts d'Arabie.

— Arrêtez, je vous en prie ! Sinon je vais éclater en sanglots.

— Vous avez raison, petite Marie, vivons avec retenue et intelligence ces instants de bonheur qui nous sont comptés. Au fait, n'avez-vous pas une tâche importante à accomplir ? Depuis le temps que nous en parlons.

Elle sourit et sortit de son sac de couture une magnifique croix brodée de fils d'or et d'argent.

— Mais elle est bien plus belle que celle du comte Baudouin, le chef de la croisade ! Je ne vais pas oser la porter devant lui. Tout le monde va me demander qui m'a croisé avec autant de goût !

— Et que répondrez-vous ?

— Que c'est une jeune et jolie princesse qui veut ainsi me protéger.

La croix fut cousue d'une main légère et les époux Dubard entrèrent discrètement alors que Guillaume admirait le chef-d'œuvre.

Le drapier était un homme replet, un peu trop bien habillé pour un bourgeois, mais il se devait sans doute de porter les plus belles étoffes de son commerce. Et il était riche, le plus riche de la ville peut-être. Guillaume remarqua l'opulence de la maison à double pignon bâtie en belles pierres blanches, ce qui était rare, avec des dallages aux couleurs ocres, venus d'Italie. Dubard était le type même du bourgeois prospère dont la fille bien dotée pouvait espérer épouser un noble dans la gêne. Cette idée, Guillaume s'efforçait depuis des semaines de l'écarter. D'abord, sa famille n'était pas pauvre et lui-même s'était enrichi en tournoyant. Il pouvait donc envisager une union conventionnelle avec une fille de la haute noblesse. C'est ce qu'il aurait fait si le père Foulques n'était venu prêcher lors du tournoi de Lagny et si Marie ne s'était pas trouvée à côté de lui. Maintenant, il n'avait plus du tout envie d'épouser la jeune châtelaine de Bondues ou la fille de Guillaume Longue Épée, assez laide mais bien titrée et bien dotée. Son départ réglait la question d'un possible mariage avec Marie. C'est libre qu'il partirait... Comme s'il ne savait pas que la croix brodée sur son épaule lui rappellerait souvent les douces mains qui l'avaient cousue.

Toutes ces idées traversaient son esprit tandis que M. Dubard se gonflait d'importance en parlant du chargement de drap feutré et de trentain qu'il attendait dans l'après-midi.

Marie, qui s'impatientait, intervint :

— Père, vous ennuyez M. d'Amiens avec vos histoires. Laissez-moi plutôt lui demander s'il a le temps de partager notre repas de midi. Ma mère serait heureuse si vous acceptiez, dit-elle en regardant Guillaume, ajoutant aussitôt en souriant : Moi aussi.

C'était le sourire qui l'avait séduit à la foire de Lagny, qui l'avait conquis après le tournoi et qui l'avait ensorcelé chez la vieille nourrice. Il accepta en sachant qu'il faisait un pas de plus vers cette famille qui n'avait pour lui plaire qu'une fille adorable.

Guillaume, qui craignait que le repas ne prît des allures de festin de fiançailles, fut agréablement surpris. On lui servit simplement des mets excellents et chauds, ce qui le changeait de la nourriture du château qui arrivait toujours refroidie par des présentations savantes et inutiles. Chapitré par sa fille, M. Dubard ne parla plus de drap ni de soie turque mais questionna Guillaume sur sa carrière de tournoyeur, ce qui permit à celui-ci de briller sans se fatiguer à chercher des sujets de conversation. Puis Madame mère s'enquit des dangers qu'allait devoir affronter son hôte pour déloger les Sarrasins de Jérusalem.

— Je connais, madame, les périls qui me guettent dans un tournoi, répondit Guillaume, mais je ne sais rien de ceux qui m'attendent durant la croisade. Rien que le voyage pour rejoindre la Syrie va être une aventure mais cela ne me déplaît pas.

— Vous penserez à moi ? interrogea Marie, qui s'attira une remarque de sa mère pour poser une question aussi déplacée.

— Mais oui, mademoiselle, je penserai à vous, à ma mère, à mon frère et à tous ceux que je laisse au pays.

Un regard appuyé rassura la jeune fille et M. Dubard affirma que, s'il avait fait partie de la noblesse, il se serait sûrement croisé.

— Mais, monsieur, il n'y a pas que les nobles qui participent aux croisades. Dieu accepte d'où qu'ils viennent les sacrifices consentis à sa gloire.

Le drapier abandonna ce terrain glissant et conclut que, puisqu'il ne partait pas, il souhaitait soutenir la croisade par un don appréciable.

— Le comte Baudouin collecte les sommes qui serviront à payer le transport maritime aux Vénitiens. Notre crainte est grande de ne pouvoir respecter les clauses du contrat que nous avons négocié avec le doge de Venise. Le comte de Flandre et de Hainaut doit quitter son fief demain ou après-demain et je le rejoindrai à Clairvaux. Si cela vous agrée, je puis lui remettre votre don généreux.

Dubard regretta peut-être son offre, il n'entrait pas dans

ses habitudes de laisser circuler son argent sur les routes et d'en charger un inconnu car, après tout, ce tournoyeur hâbleur dont sa fille semblait entichée, il ne le connaissait pas. Mais il lui était difficile de reculer et il dit qu'il allait remettre à Guillaume une lettre de change payable par son notaire de Venise. Il partit et revint avec un rouleau cacheté qu'il tendit à son hôte.

— Voici ma participation à la croisade. Il y a là-dedans cent marcs d'argent. Puisse ce don vous aider à servir la volonté de Dieu.

La somme n'était pas énorme mais elle était correcte. Guillaume remercia le drapier et dit qu'il allait devoir reprendre la route. Il salua Mme Dubard qui essuya une larme et demanda à Marie de reconduire M. d'Amiens jusqu'à la porte.

— Vous ne m'en voulez pas d'avoir demandé à ma mère de vous inviter ? Ce n'était pas un piège. Je voulais seulement vous garder un peu plus longtemps près de moi.

— Mais qu'imaginez-vous, chère Marie ? Le repas était excellent et vos parents sont des gens pleins d'agrément. Je suis content de les connaître. C'est à moi maintenant de vous demander de penser à moi et de continuer d'être mon ange gardien, car je vais partir. C'est la destinée qui décidera de nos vies. J'espère qu'elles se rejoindront un jour. Embrassez-moi comme la première fois, sur la joue à cicatrice, et souhaitez-moi bonne chance. Dès que je le pourrai je vous donnerai des nouvelles. Ah ! Petite Marie, une dernière chose : je crois bien que je vous aime !

La porte se referma dans un bruit sourd. Marie entendit les sabots de Germain frapper le pavé de la cour, et puis plus rien... Le silence l'envahit, la solitude l'étreignit, elle courut se cacher dans sa chambre et pleura son beau tournoyeur parti si loin servir un Dieu qu'elle détesta une seconde avant de lui demander pardon et de prier sa grande pitié.

*
* *

Guillaume partait apaisé. Il avait craint une scène d'adieux pathétique et théâtrale à la façon des romans de chevalerie mais Marie s'était montrée raisonnable. Il ne lui avait fait aucune promesse et elle avait été assez intelligente pour ne pas en implorer. En galopant vers l'aventure, il pensait souvent à Étienne qui lui manquerait longtemps mais se sentait soulagé d'avoir retrouvé sa liberté un temps menacée par les tendres sentiments qui l'avaient rapproché de la jeune fille. « Allons, mon vieux Germain, dit-il à son cheval en palpant de sa main gauche la marque que Marie avait brodée puis cousue sur son épaule, il n'y a pas de place pour la sensiblerie dans la vie d'un chevalier croisé. Il sera temps lorsque je reviendrai au pays de considérer ce qui demeure de cette flamme, une passion ou quelques cendres. »

Guillaume alla grand train et dormit le soir chez un sien cousin dans le Parisis. Le lendemain au soir, il retrouvait à Clairvaux, comme ils en étaient convenus, Canteleux, Manchicourt, les bêtes bâtées et les aides dont Geoffroi-le-pilier qui avait suivi son maître. Villehardouin et Conon de Béthune y étaient attendus mais c'est un cavalier d'humeur joviale qui arriva d'abord à l'hôtellerie de l'abbaye :

— Quel bonheur de vous retrouver, messieurs les chevaliers !

Guillaume, surpris, se précipita. C'était Raymond, l'homme-Protée de l'équipe des tournoyeurs, aussi habile à la lance que pour soigner les chevaux ou mesurer le temps.

— Que fais-tu ici ? demanda Guillaume.

— Je n'ai pas pu me résoudre à vous quitter, mon maître. J'ai pensé que je pourrais vous être utile en voyage comme à la bataille... Ne serait-ce que pour vous donner l'heure, ajouta-t-il en riant. J'ai emporté mon ampoulette ! Voulez-vous de moi ?

— Messieurs, dit Guillaume à ses amis. À part Canteleux et Manchicourt, vous ne connaissez pas Raymond. Il sera avec Geoffroi notre aide le plus précieux. Il a été l'homme indispensable de notre équipe de tournoyeurs, il sera l'irremplaçable génie de notre groupe de croisés ! C'est vraiment une bénédiction qu'il ait choisi de nous accompagner !

— J'ai pensé aussi que j'avais quelques peccadilles à me faire pardonner, dit Raymond. Accepteriez-vous de me croiser, nobles seigneurs ?

Habitué à vivre, à voyager et à combattre en groupe, Guillaume exultait en voyant se constituer autour de lui et de Villehardouin une équipe solidaire et amicale. C'est dans la bonne humeur que, le 20 avril 1202, elle prit le chemin de Venise où tous les croisés, au nombre de quatre mille chevaliers et de cent mille hommes à pied, devaient se retrouver le jour de la Saint-Jean.

Le printemps était doux, la neige avait fondu sur les passages en montagne et la troupe franchit sans difficultés le Cenis pour arriver dans la riche Lombardie où les pèlerins trouvèrent gîte et couvert très hospitaliers aux étapes. Le comte de Flandre et du Hainaut, chef de la croisade, les avait précédés de trois ou quatre journées ; Louis de Blois, autre dignitaire du pèlerinage, suivait. Tout semblait concourir à la réussite du regroupement de la croisade et de son embarquement à bord des vaisseaux de la Sérénissime.

Pourtant, sur la route où les nouvelles se propageaient bon train, des bruits alarmants commençaient à circuler. Une flotte importante était partie de Flandre avec pour capitaines Jean de Nesle, châtelain de Bruges, et Philippe de Flandre. Elle emportait maints chevaliers, un grand nombre de bonnes gens armés escortant des nefs chargées de vêtements et de vivres. Les chefs de la flotte avaient juré sur les Évangiles au comte Baudouin qu'ils passeraient par le détroit du Maroc[1] pour rejoindre l'armée de Venise. Et voilà que ces proches du comte de Flandre s'étaient parjurés et avaient mouillé à Marseille, préférant rallier directement la Terre sainte plutôt que l'Égypte. D'autres avaient décidé d'aller par d'autres chemins dans d'autres ports que Venise. Ces défections étaient graves car elles rompaient l'unité de la croisade et privaient l'armée d'un nombre considérable de seigneurs, d'hommes d'armes et de ravitaillement.

Les compagnons de Villehardouin et Guillaume prirent le même chemin que lors de l'ambassade auprès du doge et arrivèrent enfin à Venise où ils trouvèrent le comte Baudouin fort désappointé.

— Mes amis, après le manquement de notre flotte venue de Flandre, j'apprends que beaucoup de chevaliers et de sergents, arrivés en Lombardie ont renoncé à nous rejoindre à

---

1. Gibraltar.

Venise. De Plaisance, ils sont partis en Pouilles afin de gagner Brindisi[1]. Nous voilà réduits et, pour le moment, dans l'incapacité de tenir nos engagements alors que les Vénitiens, eux, ont tenu les leurs. Ils sont prêts à partir mais nous ne sommes pas prêts à payer le passage. Que Dieu nous vienne en aide puisque c'est pour lui que nous entreprenons cette pieuse affaire !

Diminuée, l'armée de Baudouin était pourtant imposante et, avec l'appoint des troupes vénitiennes, apparemment assez forte pour aller tailler des croupières aux Turcs dans leur retranchement égyptien. Seule manquait une partie de l'argent promis au doge et celui-ci laissait clairement entendre qu'aucun vaisseau ne quitterait Venise avant que le contrat ne soit entièrement respecté

Boniface de Montferrat arriva ainsi avec un certain retard à Venise pour s'apercevoir que l'expédition dont il avait accepté le commandement était menacée avant même d'avoir pris la mer. Pour des raisons d'hygiène et de sécurité, l'armée des croisés avait été contrainte de stationner dans l'île de Saint-Nicolas[2], à moins d'une lieue de la ville. Sur cette interminable bande de sable ouverte sur l'Adriatique, les tentes s'élevèrent, les camps s'organisèrent et l'ennui s'installa. Tous, barons, chevaliers et hommes à pied qui avaient quitté leurs châteaux, leurs villes, leurs champs dans la ferveur et la dévotion, se retrouvaient quasiment prisonniers de leurs alliés, ne pouvant même pas aller contempler le palais et la basilique dont ils apercevaient au loin les contours. Sans la brume de la lagune ils auraient pu distinguer la multitude des nefs, des galées, des huissiers immobilisés devant l'Arsenal.

Montferrat et Baudouin s'activaient pour faire cesser cette situation absurde et désolante. Les plus hauts personnages de la croisade, dont Villehardouin qui amena Guillaume d'Amiens, se réunirent en conseil et délibérèrent de longues heures. Il fut décidé que chacun mettrait de son avoir pour tenter d'arriver à rassembler la somme due aux Vénitiens. Le comte de Flandre donna l'exemple en vidant ses coffres

---

1. Port d'embarquement habituel pour la Terre sainte.
2. Aujourd'hui le Lido.

de la vaisselle d'argent et de tous les objets de valeur qu'il avait emportés. Le marquis l'imita, et le comte Louis, et le comte de Saint-Pol. Il fut aussi convenu que chaque chevalier donnerait quatre marcs plus quatre par cheval, les sergents à cheval deux et les piétons un marc. Quand on eut rassemblé tous ces dons, et que Guillaume d'Amiens, nommé trésorier, eut fait ses comptes, il annonça la mort dans l'âme qu'il manquait trente-quatre mille marcs d'argent à la somme due aux Vénitiens.

Ce soir-là, soir de tristesse, Guillaume et ses amis discutèrent jusqu'à une heure avancée dans leur tente :

— Je ne sais pas ce qui va se passer mais les Vénitiens ne vont pas continuer éternellement à nous nourrir ! dit Conon.

— Non, ils sont avant tout gens d'argent et vont trouver un moyen de nous faire payer notre transport. Nous partirons, j'en suis convaincu, répondit Villehardouin.

À ce moment, Raymond entra et s'adressa à Guillaume.

— Seigneur, je viens de faire un tour dans l'île et j'ai constaté que certains chevaliers, dont beaucoup n'ont pas donné leur avoir, se répandent dans le camp en disant qu'il est impossible de rassembler tant d'argent et qu'il faut abandonner toute idée de prendre la mer. Leur rêve, je vous le dis, est que l'armée se disloque et la croisade avec ! Ces propos m'ont scandalisé et j'ai cru bon de vous les rapporter.

— Combien sont-ils ces lâches qui ne souhaitent que rentrer chez eux ? demanda Guillaume.

— Une dizaine mais ils s'activent pour cent.

— Les chevaux peuvent être prêts dans combien de temps ?

— Une demi-heure si je suis seul, moins si l'on s'y met tous.

— Bon ! dit Guillaume. Canteleux, Manchicourt, et toi, venez avec moi. Nous allons faire taire ces gens de peu de foi.

— Nous venons aussi ! s'écrièrent Villehardouin et Conon de Béthune.

— Non, c'est une affaire de tournoyeurs. Pour un soir, nous allons reformer le conroi et faire entendre à ces gens qu'ils n'ont pas intérêt à vouloir détruire l'armée de Dieu !

Bientôt les quatre cavaliers, qui n'avaient revêtu qu'une

simple cotte de mailles, s'élançaient la lance au poing, sans bouclier, vers la pointe ouest de San Nicolo où Raymond avait repéré les trublions. Ils les débusquèrent dans un camp des croisés du Perche où l'un d'entre eux haranguait un groupe de chevaliers et de sergents pour les persuader de se rebeller et d'exiger un prompt retour au pays.

— En avant, nous les encerclons, commanda Guillaume. Je me réserve le beau parleur !

Saisi de stupeur, celui-ci se retrouva la lance du tournoyeur pointée sur la poitrine.

— Vous êtes indigne de porter la croix ! s'écria Guillaume. Si vous ne cessez pas immédiatement de miner le moral de l'armée de Dieu, mes amis et moi vous le feront payer cher. Dites-moi d'abord votre nom, moi je suis Guillaume d'Amiens.

Comme l'homme ne répondait pas, Guillaume menaça :

— Dois-je pousser plus avant la pointe de ma lance ?

— Non, non, finit par balbutier le traître. Je m'appelle Ponce de Percy, mon père est un vassal loyal du duc de Bourgogne et il m'a commandé de me croiser. Nous étions venus discuter avec ces gens de notre prochain départ.

Ses compagnons, tenus en respect par les trois autres tournoyeurs, n'étaient pas plus farauds et affirmaient avec une véhémence suspecte leur attachement aux chefs de la croisade.

— J'espère, dit enfin Guillaume en abaissant sa lance, que vous aurez une attitude plus digne en face des Turcs ! Maintenant, rentrez vite cacher votre honte dans votre tente.

Lorsqu'ils eurent détalé, les quatre compères éclatèrent de rire, imités par les gens du Perche et de Clermont. Guillaume regarda ces derniers et lâcha, un peu méprisant :

— C'est bien de rire de ces tristes sires mais il eût mieux valu ne pas les écouter et les chasser !

Et il s'en alla suivi de ses amis en disant :

— Cela nous a fait une petite diversion. Ils n'ont pas tout à fait tort, ces gueux de Bourguignons. Cette attente devient insupportable !

Cela, le doge Dandolo l'avait compris et, quelques jours plus tard, il dévoilait en son conseil un projet qui n'était pas exempt de duplicité et servait grandement les intérêts de la république de Venise :

— Seigneurs, ces gens qui se morfondent à San Nicolo ne peuvent nous payer davantage. Ce qu'ils nous ont donné nous appartient en raison de l'engagement qu'ils ne peuvent pas tenir mais le garder en les renvoyant chez eux serait mal perçu et notre pays en recevrait grand blâme. Proposons-leur plutôt un accord.

Le doge laissa un moment les conseillers discuter entre eux puis poursuivit.

— Vous n'avez pas oublié que, dans l'année 1183, le roi de Hongrie nous a enlevé Zara, en Esclavonie[1], l'une des plus fortes places de la région. Jamais nous ne serons en mesure de la recouvrer si nous ne sommes pas aidés. Eh bien, qu'ils nous aident et nous leur accorderons un crédit pour la somme qu'ils nous doivent jusqu'à ce qu'en leur compagnie Dieu nous la laisse conquérir.

Acceptée par le conseil, la proposition fut soumise par le doge lui-même aux chefs de la croisade.

— Seigneurs, l'hiver arrive et nous ne pourrions pas passer outre-mer. Ne revenons pas sur les circonstances qui ont retardé notre départ, parlons plutôt de l'avenir.

Et le duc leur demanda d'aider les Vénitiens à récupérer Zara :

— La cité est proche, riche et fort agréable, et si vous me voulez croire, nous irons nous y installer pour passer l'hiver et préparer notre flotte afin de partir vers Pâques en outre-mer avec l'aide du Seigneur Dieu.

Les barons et les hauts hommes croisés donnèrent leur assentiment et l'accord fut conclu par une grand-messe à Saint-Marc où le doge Dandolo se fit acclamer par le peuple lorsqu'il proposa, en dépit de son grand âge et de sa cécité, de prendre le commandement des troupes vénitiennes qui accompagneraient l'armée de Boniface de Montferrat.

Le marquis assistait à la cérémonie en compagnie de Baudouin, de la plupart des barons croisés, de Villehardouin et de Guillaume. Tandis que Dandolo se faisait placer la croix

---

1. Dalmatie.

sur la corne de son chapeau pour qu'elle se voie mieux, le tournoyeur glissa à l'oreille de son ami :

— Ne pensez-vous pas que ce Dandolo est un malin et que nous faisons un marché de dupes ?

— Peut-être pas. Le marquis et les barons ont pesé le pour et le contre au trébuchet et ont finalement conclu que nous n'avions pas le choix. En attendant de reprendre Jérusalem, nous rendrons donc Zara aux Vénitiens... Ce n'était pas notre volonté lorsque nous nous sommes croisés mais Dieu a décidé qu'avant de servir sa gloire nous devions nous plier aux exigences du duc de Venise. Ces exigences d'ailleurs ne menacent pas l'avenir de notre pèlerinage puisque qu'elles nous apportent les moyens financiers de l'accomplir.

C'est ce qu'expliquèrent les hauts hommes à l'armée tout heureuse de quitter l'île Saint-Nicolas. La flotte était prête à l'Arsenal et il ne fallut que quelques jours pour embarquer dans les trois cents navires construits ou aménagés par la république de Venise. Une à une, les embarcations, commandées par un capitaine, se présentèrent au quai et dans le plus grand ordre s'emplirent d'hommes, de chevaux et de matériel.

Un peu au large, le doge tout vêtu de rouge, arborant sur son bonnet cornu l'emblème des croisés, se tenait sur le château de la galère vermeille qui portait les oriflammes de la République.

— Dandolo voit-il cette fantastique armée s'apprêter à prendre la mer ? demanda Guillaume à Villehardouin qui, comme lui, regardait les croisés de Bourgogne embarquer à bord des nefs qui leur avaient été attribuées des pierriers, des mangonneaux et bien d'autres engins destinés à attaquer les fortifications d'une ville.

— Il voit sûrement très mal mais je pense qu'il voit mieux que ce qu'il fait croire. Le doge est le duc d'un pays de commerce et de finance où l'art de feindre est habituel. Voyez comme il s'intéresse à tous les mouvements du quai. Le ferait-il s'il était aveugle ?

— Oui, j'ai l'impression que nous n'avons pas choisi un allié très accommodant, mais il faut avouer que la flotte qu'il nous loue est magnifique. Regardez ces huissiers. Les destriers y embarquent avec la facilité qu'ils auront pour repasser sur la terre ferme !

CHAPITRE 3

La flotte des croisés avait grande allure. Jamais autant de navires n'avaient été rassemblés pour mener une action de guerre. Lorsqu'ils prirent enfin la mer à l'octave de la fête de Saint-Rémi en l'an de l'Incarnation de Jésus-Christ 1202, le spectacle, admiré de la terre ou depuis les bords, fut grandiose. La galère du doge décorée d'or et de soie vermeille ouvrait la marche du convoi au son de quatre trompettes et de trois cymbales qui faisaient grand bruit au pied du château de proue où, droit comme une statue, se tenait le duc de Venise. Sur chaque navire, les pèlerins avaient fait monter sur le château tous les prêtres qui chantaient *Veni Creator spiritus* tandis qu'une brise longue et régulière permettait aux navires, en jouant de la voile, d'avancer de conserve vers la haute mer.

Conon de Béthune, Guillaume d'Amiens et Girart de Manchicourt riaient et pleuraient à la fois. Villehardouin cachait mieux son émotion et demandait au marquis de Montferrat s'il savait combien durerait le passage de l'armée jusqu'à Zara :

— Les marins disent que c'est la mer qui décidera : entre vingt et quarante jours. J'espère que le vent sera bon et l'Adriatique sage. En tout cas, ceux qui ont préféré une autre route nous ont fait grand tort et ont manqué un grand moment. Ah ! Je souhaite que vous veniez tout à l'heure avec votre ami le chevalier d'Amiens au festin que je donne pour célébrer notre départ.

Guillaume devait sans doute à son prestige de tournoyeur les marques de confiance que les plus hauts hommes de la croisade lui témoignaient. Il avait ainsi été désigné avec ses amis pour naviguer à bord de la nef du chef de la croisade et du comte de Flandre. C'était un honneur et aussi un agrément car le navire, s'il ne pouvait se comparer à celui du doge Dandolo, était le meilleur et le plus confortable de la flotte. C'était une nef à deux mâts soutenant une grand-voile carrée et une voile latine. La vergue de hunier portait haut dans le ciel les armes de Montferrat, celles du comté de Flandre flottaient au mât d'artimon. Homme de la terre, Guillaume découvrait la mer et se passionnait pour la navigation. Il passait de longues heures en compagnie du navarque, le commandante, qui l'initiait aux manières de composer avec l'humeur des vagues et des vents. Il lui contait en retour ses aventures de tournoyeur qui étonnaient le marin à qui les prouesses de la mêlée étaient aussi étrangères que celles des passeurs de montagnes.

Il arrivait souvent à Guillaume de penser à Marie. Il l'imaginait dans cette maison de Lagny belle mais triste, entre le drapier et sa mère bavarde. Apprenait-elle comme elle le lui avait promis à bien lire et écrire la langue d'oïl ? Pensait-elle à lui, prisonnier de la mer, qui aurait payé cher pour pouvoir enfourcher Germain et s'offrir un bon galop dans la campagne ? À vrai dire, Germain était son seul véritable souci. Il avait été embarqué avec ses congénères dans l'un des cent huissiers dont les flancs étaient équipés de portes rabattantes qui s'ouvraient à hauteur voisine de la ligne de flottaison. Le danger était que les chevaux se blessent en cas de mouvements brusques du bateau. Les malheureuses bêtes étaient donc immobilisées, entravées à l'aide de sangles qui les maintenaient sur pied même lorsqu'un fort roulis faisait grincer la coque. Guillaume en était malheureux et se demandait dans quel état il allait retrouver son cher Germain. Il dut bien s'avouer, un jour où une brusque risée avait à moitié couché le navire, qu'il pensait plus à son cheval qu'à Marie.

La flotte des croix toucha à Pirano et un peu plus tard à Trieste et à Pola où l'on ancra pour se ravitailler en eau douce. Guillaume en profita pour partir avec un matelot à bord d'une barque rendre visite à son destrier blanc. Mais comment reconnaître dans cette multitude de vaisseaux l'huissier qui avait l'honneur d'accueillir en ses flancs le che-

val le plus courageux de Flandre et de Bourgogne ? Ils errèrent d'un bord à l'autre avant que Guillaume reconnaisse
sur un pont le valet d'écurie. Il put donc aller voir Germain
que l'on avait débarrassé de ses liens durant la halte et fut
rassuré : son cheval avait bravement supporté cette première
partie de la course, il ne présentait pas de signes d'épuise-
ment ni de meurtrissures.

Enfin, après quarante jours de navigation en longeant à
bonne distance la côte de l'Adriatique, les premières nefs,
dont celles du doge et de Montferrat arrivèrent la veille de
la Saint-Martin devant Zara, en Esclavonie. Guillaume et
ses amis découvrirent que la cité qui semblait riche et magnifique était entourée de longs murs, de hautes tours et d'ouvrages fortifiés qui paraissaient inviolables. En plus, une
lourde chaîne barrait l'entrée du port.

— Dieu seul peut nous aider à prendre une telle ville par
la force, dit le tournoyeur.

— Et pourtant nous le ferons ! répondit Villehardouin
qui avait une bonne expérience de la guerre. Vous voyez, je
préfère être à notre place plutôt qu'à celle des gens de Zara
qui, en ce moment, doivent être frappés de stupeur et de
crainte en voyant arriver devant leur port une aussi grande
escadre. Regardez-les : ils courent dans tous les sens, fer-
ment les portes de la ville en se disant que le ciel va leur
tomber sur la tête.

Le lendemain matin, la journée s'annonçait belle et très
claire : un temps idéal pour engager un siège. Montferrat
envoya une ambassade auprès du doge et d'un commun
accord l'armée de croisés se prépara pour son premier
assaut. Ordre fut donné aux cavaliers de revêtir leur armure
s'ils en possédaient une et de gagner les bateaux où
logeaient leurs chevaux. La moitié des huissiers avaient
mouillé en silence le long des quais. Nul n'aurait pu deviner
que leurs flancs recelaient une cavalerie prête à s'élancer. À
un signal donné, leurs lourdes portes s'abaissèrent en même
temps, formant des passerelles entre les bords et le quai.
Aussitôt chevaliers et sergents surgirent, en armure ou en
cotte de mailles, lance au poing, et envahirent le port tandis
que des hommes à pied rompaient la chaîne, ouvrant le pas-

sage au reste de l'armée qui s'établit devant et derrière le port, au pied des murs d'enceinte.

Les gens de Zara disposaient cependant d'une arme inconnue de l'armée des croisés. Craignant une attaque des Vénitiens, ils avaient obtenu du pape des lettres disant que tous ceux qui les attaqueraient et leur causeraient des dommages seraient excommuniés. Des ambassadeurs de la cité vinrent lire ces lettres au duc et aux pèlerins dont beaucoup ne cachèrent pas leur inquiétude lorsque le doge répondit que l'excommunication du pape ne l'empêcherait pas de se venger des gens de Zara. Simon de Montfort et Enguerran de Bove dirent tout de suite qu'ils n'iraient pas contre le commandement du pape et partirent avec leurs gens pour s'établir tout l'hiver en Hongrie. Ils furent les seuls à quitter l'armée des croisés et de Venise. Tous les autres comtes et barons furent d'accord pour aider le doge à reconquérir Zara.

Le marquis de Montferrat et Baudouin de Flandre voulaient, fût-ce au prix d'une désobéissance au pape, sauvegarder l'unité de la croisade. L'incident pourtant avait jeté un froid dans les relations avec les Vénitiens, et les « tournoyeurs », comme on appelait maintenant les amis de Guillaume, même ceux qui n'avaient jamais participé à une mêlée, en discutèrent longtemps le soir au campement.

Villehardouin s'était trop impliqué dans la croisade pour ne pas donner raison à Montferrat et à Baudouin. Milon le Brabant suivait avec réticence, de même que Canteleux et Manchicourt. Quant à Guillaume, il était contre ceux qui cherchaient par tous les moyens à disloquer l'armée mais il jugeait l'événement avec liberté :

— Avouez tout de même, mes amis, que notre situation est assez cocasse : partis dans une croisade prêchée au nom du pape pour délivrer les Lieux saints, nous nous retrouvons, loin de Jérusalem, à faire le siège d'une ville chrétienne !

— Et excommuniés ! ajouta Conon de sa grosse voix. Prions Dieu que les Zaréens ne résistent pas et empêchent ainsi une effusion de sang !

*
* *

Le 13 novembre au matin, l'armée des croisés s'en alla loger devant les portes de la ville. Guillaume, qui n'avait jamais participé à un siège, regarda avec curiosité les chariots transporter au pied des murailles d'étranges machines. Alors que Villehardouin lui expliquait comment fonctionnaient pierriers, mangonneaux et autres engins perceurs de murailles, les assiégés déroulaient du haut des murs d'immenses banderoles marquées de la croix.

— Nous les intimidons avec notre matériel et ils nous répondent que nous serons excommuniés si nous l'utilisons, dit Guillaume en hochant la tête.

Les hommes du doge et les croisés n'hésitèrent pas à s'en servir. Les pierriers frappèrent de leurs projectiles les portes et les murs puis les sapeurs commencèrent à attaquer le bas des tours. Il y avait près de deux semaines que l'escadre vénitienne était arrivée en vue du port quand les assiégés proposèrent un accord. Ils obtinrent la vie sauve mais leur ville fut livrée à la croisade [1].

Le doge, vrai bénéficiaire de la conquête, proposa à ses alliés de partager la ville en deux parties, l'une allant aux Vénitiens, l'autre aux Francs, et d'attendre Pâques pour bouger :

— L'hiver est commencé et il est raisonnable de s'établir ici, dit-il aux barons. Zara est une cité riche, profitons de ses ressources pour préparer nos futures conquêtes.

Les armées levèrent le camp et s'établirent en ville. Les plus belles maisons furent attribuées aux chefs des serviteurs de Dieu et l'occupation de Zara s'organisa, agrémentée de pillages. Un jour, à l'heure des vêpres, Guillaume, qui était sorti pour visiter la dernière des célèbres fabriques de soieries de la ville encore en fonctionnement, se trouva pris dans une échauffourée opposant un groupe de Vénitiens à des mercenaires francs. Cette bataille entre frères d'armes [2] n'était pas la première et ne l'inquiéta pas. Il se débarrassa

---

1. Du départ de Venise à la capitulation de Zara, sept semaines s'étaient écoulées.

2. Les hommes d'armes de la croisade étaient pour la plupart des mercenaires recrutés par les barons. Ils n'étaient pas des saints. Les Vénitiens du doge non plus.

en trois charges à l'épée de quelques piétons du duc qui lui cherchaient querelle et rentra dans le palais où il logeait avec ses amis. Il rejoignit Eustache de Canteleux, Girart de Manchicourt et Milon le Brabant autour du feu qui brûlait dans la cheminée de la salle d'armes et leur fit le récit de la « margaille [1] ».

— Foutue croisade tout de même où les combattants du Christ s'étripent entre eux, dit Conon de Béthune.

À cet instant, un envoyé de Baudouin, le comte de Flandre, entra dans la salle. Il était porteur d'un message que Guillaume lut à haute voix :

« Au seigneur Geoffroi de Villehardouin et ses compagnons. Une simple échauffourée entre hommes d'armes francs et vénitiens s'est brusquement enflammée en bataille rangée, avec épées, lances, dards et arbalètes. Il y a nombre de blessés et des morts. Je vous demande de vous armer et de venir, à cheval, aider les prud'hommes qui tentent de rompre la mêlée. »

— Où est Villehardouin ? demanda Guillaume.

— Il écrit, je crois.

— Appelez-le, et que ceux qui souhaitent m'accompagner se préparent.

— Tenue de tournoi ? questionna Manchicourt, émoustillé à l'idée d'aller échanger quelques coups de lance.

— Oui, casque et armure. Les Vénitiens ne sont pas des guerriers très redoutables mais ce sont des fourbes : leurs manigances peuvent être dangereuses.

— Non contents de combattre des chrétiens, nous voilà obligés de nous lever contre notre propre armée ! bougonna Milon le Brabant.

Derrière la bannière de Guillaume d'Amiens, ses amis et bien d'autres chevaliers ramassés en chemin parcoururent les rues une partie de la nuit en séparant les bandes rivales plus avinées que combatives. Il y eut malheureusement des victimes des deux côtés, de nombreux blessés et six morts dont Gilles de Landas, un haut homme de Flandre frappé à l'œil d'un coup de lance.

Après cette mêlée ridicule qui avait failli perdre l'armée,

---

1. On appelait ainsi en Flandre les batailles de rue.

il fallait de toute urgence faire la paix. Le duc de Venise et les barons s'y employèrent et, avec l'aide de Dieu, rétablirent, tout au moins pour un temps, l'unité de la croisade.

— On n'a pas le temps de s'ennuyer ici, remarqua Villehardouin en apprenant qu'en ce premier jour de l'an 1203 arrivaient des messagers d'Allemagne appartenant au roi Philippe et au beau-frère de celui-ci, Alexis, prétendant légitime au trône de Constantinople.

Cette noble délégation fut reçue le lendemain par les barons et le doge dans le palais du duc de Venise. Les messagers expliquèrent pourquoi le roi Philippe de Souabe les avait envoyés si loin. Il s'agissait de demander à l'armée des croisés d'aider le jeune Alexis à retrouver le trône et les biens dont il avait été injustement dépouillé par son oncle, le meurtrier de l'empereur de Constantinople, son propre père.

— Alexis est prêt, dirent les messagers, à vous faire la plus généreuse convention si vous l'aidez à se faire couronner à Sainte-Sophie. Il mettra tout d'abord l'empire de Romanie en l'obédience de Rome dont il s'est jadis séparé. Après, il sait que vous n'êtes pas assez riches pour mener votre croisade à son terme, il vous donnera deux cent mille marcs d'argent et des vivres pour toute l'armée. Il vous accompagnera lui-même jusqu'en terre d'Égypte avec dix mille hommes à ses dépens. Et toute sa vie durant il entretiendra cinq cents chevaliers en la terre d'outre-mer. Il viendra dès que vous aurez accepté ses propositions rejoindre la flotte des croisés là où elle se trouvera. L'offre était bienvenue, le retour de l'Église de Constantinople dans le giron de Rome ne pouvait que plaire au pape et l'engager à revenir sur sa sévère mesure d'excommunication. Boniface voyait dans ce plan la possibilité de régler les dettes de la croisade et, pourquoi pas, trouver dans l'aventure un profit personnel. Il ne serait pas le premier qui se fût enrichi la croix sur l'épaule. Enfin, le rusé Dandolo ne portait pas dans son cœur l'usurpateur qui avait repoussé ses offres commerciales et se voyait bien, dominant le fragile Alexis devenu maître de Constantinople.

Il restait à convaincre l'armée qu'il valait mieux enrichir et renforcer la croisade en répondant à l'offre du roi d'Allemagne et d'Alexis plutôt que de s'aventurer sans vivres et sans argent en terre de Syrie. Finalement, sous la pression de leurs chefs le marquis de Montferrat, Baudouin et le comte de Saint-Pol, la grande majorité des croisés acceptèrent de changer d'objectif. Puisque le sort, ou Dieu peut-être, le voulait ainsi, on se referait une santé dans la fabuleuse Byzance avant d'aller par Le Caire ou par la Grèce attaquer enfin les infidèles.

Personne n'en parlait mais l'or de Byzance, ses richesses légendaires, l'image de ses palais fastueux ne quittaient pas la pensée des guerriers impatients qui se morfondaient dans les murs de Zara. Conquête ou reconquête, dans le langage guerrier de l'époque, signifiaient pillage et, chez le dernier bretteur vénitien comme chez le plus haut baron flamand, le même rêve évoquait des montagnes d'or. Villehardouin et ses preux compagnons n'étaient pas sans subir la fascination des trésors qui attendaient les croisés derrière les hauts murs et les tours crénelées de Constantinople. Guillaume, habitué aux prises des tournois, n'était pas choqué à l'idée d'être un jour amené à confisquer quelque objet de valeur à un Grec byzantin. Ne serait-ce que pour l'offrir à Marie. Le souvenir de Marie ne s'était pas évanoui dans les brumes vénitiennes. Il ne poursuivait plus le tournoyeur comme au début du pèlerinage mais il revenait sans s'annoncer à l'occasion d'une rencontre ou d'un événement inattendu. Guillaume trouvait alors agréable de remuer ses souvenirs en se demandant pour la centième fois s'il aurait envie de revoir Marie et de l'épouser.

Ce fut enfin le carême, et l'armée du Christ, privée de l'appui de plusieurs seigneurs, dont Simon de Montfort, qui avaient préféré renoncer et tenter de rejoindre directement la Palestine, apprêta sa flotte afin de lever l'ancre. Le lendemain de Pâques, les nefs étaient chargées et les pèlerins quittèrent la ville pour camper sur le port. Avant d'embarquer, beaucoup d'entre eux, des Vénitiens en particulier, saccagèrent les tours et les remparts en guise d'adieu. Alors les nefs et les huissiers hissèrent leurs voiles et s'éloignèrent majestueusement de Zara abandonnée à panser ses plaies et à tenter d'oublier la funeste visite de ses frères en Jésus-Christ.

La croisade se poursuivait donc, rassérénée par l'arrivée de messagers du pape qui, répondant à une démarche des croisés à Rome, apportait son salut aux pèlerins et aux barons, les absolvant de la prise de Zara et les suppliant de maintenir l'unité de l'armée.

Le duc et le marquis[1] étaient sur le point de quitter le port après le gros de la flotte quand survint Alexis, à qui les croisés avaient promis de rendre le trône de Constantin. On lui fit naturellement grand honneur, le duc lui offrit les galères dont il avait besoin, et les vaisseaux du Christ essaimèrent dans la mer Ionienne en direction de Corfou.

Villehardouin et ses amis avaient un peu traîné sur la crête des flots entre les galées du doge et celle d'Alexis. Quand ils arrivèrent à Corfou, les tentes de l'armée étaient installées devant la ville, les pavillons dressés. Au plein soleil, la croisade ressemblait à une immense kermesse autour de laquelle s'ébattaient les chevaux libérés des huissiers. Guillaume avait hâte de retrouver Germain, confié à Raymond, son premier écuyer. La bonne bête avait vaillamment supporté le voyage. Comme le temps avait été beau et la brise régulière, elle n'avait été que rarement entravée. Elle paissait tranquillement l'herbe rare du rivage quand Guillaume, qui s'était mis à courir dès qu'il l'avait aperçue, siffla les cinq notes de ralliement de l'équipe. Dès la seconde, Germain avait dressé l'oreille, cherché son maître du regard, et il hennissait d'un plaisir que devaient lui envier ses congénères esseulés.

Retrouver son cheval après une longue absence est pour un chevalier une grande émotion. Guillaume ne put retenir une larme en embrassant son vaillant destrier entre les naseaux. Il écouta Raymond lui raconter la traversée, regarda de près la blessure sans gravité que l'animal s'était faite lors du débarquement puis il s'écria :

— Allons, Germain, allons nous dérouiller un peu les jambes.

Il ramassa les guides, puis, d'un saut que salua Raymond d'un geste admiratif, il enfourcha à cru son cher compagnon et s'envola avec lui pour un moment de bonheur.

C'est à Corfou, où l'armée des croisés établit son camp pour trois semaines que Guillaume fit une rencontre riche en conséquences. Le tournoyeur avait pour une fois abandonné Ger-

---

1. Le doge et Montferrat.

main qu'il montait chaque jour afin de visiter l'île et aller voir de près, en barque, un îlot dont la forme rappelait celle d'une nef. Les vagues avaient ciselé à une demi-lieue au nord, dans la roche, une corne puissante et recourbée avec un château où l'on distinguait même un début de colonnade. Les îliens l'appelaient le « vaisseau d'Ulysse ». Guillaume accosta dans une petite baie et escalada le rocher pour atteindre sa pointe qui dessinait dans le ciel bleu le profil d'une poupe. Il s'assit au point le plus haut et se reposa en admirant la mer juste assez agitée pour ourler le rocher d'une frange blanche. Le calme était total, il laissait son esprit vagabonder dans son histoire où, entre deux tournois, apparaissait, mouvant et flou, le visage de Marie. Soudain, il sentit qu'il n'était plus le seul passager du bateau de pierre. Il se retourna et se trouva en face d'un homme d'une trentaine d'années, grand, mince, au nez long et droit coiffé de sourcils épais, qu'il identifia tout de suite, grâce à son vêtement cousu dans une étoffe brodée de soie qu'on ne tisse qu'à Venise.

— Bonjour ! lança l'homme. Vous êtes français, naturellement ?

— Oui, je m'appelle Guillaume d'Amiens et, comme vous, je participe à la croisade.

Le Vénitien parlait un peu français, Guillaume avait appris quelques mots d'italien durant l'hivernage à San Nicolo et tous deux comprenaient le latin. C'était suffisant pour s'entendre.

— Je suis Angelo Zuccari, architecte, et je suis content mais surpris de vous rencontrer sur ce rocher que n'accostent pas plus de dix barques par an. C'est le signe d'un heureux hasard !

— J'en suis sûr. Pour ma part, je suis ravi de pouvoir échanger quelques propos avec un allié. Francs et Italiens, c'est comme cela, ne se rencontrent jamais si ce n'est pour échanger des coups le soir au coin des rues.

— Je ne pense pas que cela nous arrive un jour, dit en riant le Vénitien. Comment trouvez-vous notre île ?

— Ce rocher est curieux, répondit Guillaume. Quand je l'ai aperçu du port, j'ai tout de suite eu envie de le voir de près. On m'a dit qu'on l'appelait le « vaisseau d'Ulysse ». Le divin voyageur aurait-il séjourné dans ces lieux ?

— Ulysse y a fait naufrage et a été accueilli par le roi Aleïenous. Dans Homère, Corfou est nommée Phaecia...

— Quel savoir ! Je suis ébloui.

— Oh ! ma science est récente. C'est l'archiprêtre de Saint-Grégoire qui me l'a appris ce matin. Nous sommes ici dans une ancienne colonie corinthienne qui fut la première cité maritime de l'Adriatique... Mais je vous importune avec toutes ces histoires... Dites-moi plutôt quelles circonstances vous ont amené sur ce bout de rocher. La croisade, allez-vous me dire...

— Je m'étonne souvent moi-même d'avoir choisi de porter la croix et d'avoir suivi cette étrange armée de fidèles qui s'apprête à conquérir Constantinople alors qu'elle devait reprendre Jérusalem. Je pense que je devais commencer à m'ennuyer dans une vie pourtant bien agitée.

— Que faisiez-vous donc, chevalier, dans votre château ? Car tous les Français nobles ont un château, n'est-ce pas ?

— Mais non. Le château d'Amiens est la propriété de ma mère et de mon frère aîné. Je ne suis qu'un cadet, c'est-à-dire un chevalier sans terres. De ville en ville, je combattais dans les tournois avec une certaine réussite. C'est un spectacle qui commence, je crois, à être apprécié en Italie du Nord, comme il l'est en France, en Angleterre anglo-normande et en Allemagne. J'étais, je le dis sans vanité, le meilleur des tournoyeurs. Barons et princes payaient très cher pour que je porte leurs couleurs...

— J'ai en effet entendu parler de ces combats entre groupes de chevaliers. À Venise, nous avons d'autres distractions traditionnelles, dangereuses et populaires mais nous ignorons encore ces tournois réservés ailleurs aux gens fortunés.

— Dans un sens, oui, mais moi, chevalier sans fortune, c'est en participant aux tournois que je me suis enrichi.

Guillaume tint le *signor* Angelo en haleine avec le récit cent fois répété de ses exploits. Il ne s'étendit pas sur les raisons complexes de sa prise de croix et demanda au Vénitien de lui dire ce qu'il faisait dans l'armée du doge.

Angelo sourit.

— À moi de vous étonner : j'accompagne mon grand-oncle...

— Qui est ?

— Enrico Dandolo.

— Le doge ? s'écria Guillaume. Vous plaisantez !

— Mais non, le duc de Venise est bien le frère de mon grand-père. Remarquez, *amico*, que je n'en tire pas gloire. D'ailleurs je profite peu de ce lien de parenté : quelques facilités peut-être dans l'exercice de mon métier d'architecte et cette invitation au voyage qui est survenue fort à propos pour me tirer d'une désagréable affaire avec un mari jaloux.

— Le doge Dandolo est un personnage étonnant. Savez-vous qu'il intrigue tous les barons du camp français ? Avec mes amis, des loyaux compagnons que j'espère bien vous présenter, je pense qu'il s'est fort habilement joué de notre naïveté en nous louant une flotte que nous ne pouvions payer. Il nous mène où il veut en faisant miroiter à nos chefs, marquis et barons, des profits assez déshonorants. Cela dit, on ne peut s'empêcher d'admirer ce vieillard qui, du haut de sa nef, commande la plus grande armée navale qui ait jamais existé. À propos, est-il vraiment aveugle comme on le dit ?

— Ce qui apparaît si net dans sa tête est flou devant ses yeux. Il est exact qu'il ne voit presque pas. Mais où s'arrête sa vision, nul ne le sait vraiment. Il entretient cette incertitude qui met ses interlocuteurs mal à l'aise et lui sert dans les négociations. Et pourquoi je vous parle ainsi ? Vous devez penser que je suis peu charitable envers mon oncle, un grand homme qui n'aura vécu que pour servir la Sérénissime. Mais c'est un fait : si j'apprécie son courage, j'aime moins ses manières.

— Quand a-t-il perdu la vue ?

— Lorsque mon cher grand-oncle était il y a une trentaine d'années ambassadeur de Venise à Constantinople, un différend qui opposait la Sérénissime à l'Empire aboutit à la confiscation des biens vénitiens. Le basileus Manuel Comnène pensa sans doute que la vue de l'ambassadeur en faisait partie et il lui fit brûler les yeux. C'est ainsi qu'Enrico Dandolo rentra à Venise à demi aveugle [1]. Cela ne l'a pas empêché d'être élu doge à plus de quatre-vingts ans et de participer à cette expédition !

---

1. Le basileus était le souverain. L'aveuglement semble avoir été une pratique assez courante chez les Grecs de l'Empire byzantin.

— Je pense que ce supplice diplomatique n'est pas étranger à l'insistance de votre oncle à nous emmener conquérir Constantinople ?

— D'autant plus qu'il a conservé de son séjour à Byzance le souvenir de richesses artistiques fabuleuses qu'il voudrait bien offrir à sa ville avant de mourir. C'est la seule raison de ma présence aux côtés des guerriers de la croisade : le doge compte sur moi pour rapporter *piazza* San Marco les œuvres d'art qu'il a choisies.

— Par exemple ?

— Un quadrige monumental de bronze doré qui, paraît-il, trône à l'entrée de l'hippodrome. S'il vous plaît, ne parlez de ce transfert à personne. Tant que ce trésor, et beaucoup d'autres, ne seront pas à bord d'une nef de la République, le doge entend garder le secret sur ses intentions, en particulier auprès de ses alliés francs. Je vous ai parlé en toute confiance, pouvez-vous me donner votre parole que vous ne divulguerez à personne, pas même à vos amis, les intentions de mon oncle ?

— *Signor* Angelo, vous avez ma parole de chevalier, mieux, celle de tournoyeur. Si je peux un jour vous aider dans votre mission, je le ferai avec grand plaisir. Maintenant, nous sommes déjà en Orient et la nuit tombe vite. Je crois qu'il nous faut quitter le vaisseau d'Ulysse et rejoindre nos nefs respectives. Je suis pour ma part dans celle du maréchal de Champagne Villehardouin, mon ami, mon frère. Elle s'appelle naturellement *Champagne*.

— Et moi dans la galère vermeille de mon grand-oncle.

— Ne la nomme-t-on pas le *Bucentaure* ?

— Oh, non ! Le *Bucentaure* est le navire d'apparat du doge. Il ne sort du bassin de l'Arsenal que le jour de l'Ascension pour célébrer le mariage de Venise avec la mer Adriatique. Il n'a ni mâts ni voiles et ne saurait naviguer en haute mer. Le bateau d'Enrico Dandolo porte simplement le nom de *Venezzia*.

— Eh bien, j'espère que nous aurons l'occasion de nous revoir bientôt, soit à Corfou, soit sur les remparts de Constantinople.

— Vous ne m'y trouverez pas enchâssé dans une armure et l'épée à la main : je n'en possède pas. Mais lorsque vous aurez pris la ville, vous aurez des chances de me rencontrer du côté de l'hippodrome !

Premières étoiles, les fanaux commençaient de s'allumer au loin en haut des mâts. Les deux compagnons d'Ulysse se lancèrent un dernier au revoir et ramèrent dans une mer assoupie vers les quatre cent quatre-vingts vaisseaux de la flotte latine sagement ancrés au fond de la baie.

*
* *

Les barons n'étaient pas complètement isolés dans leurs rêves lointains. Les plus importants avaient leurs messagers qui galopaient à travers la Romanie, l'Italie, la Savoie et la France pour donner des nouvelles à leurs familles. Ils repartaient aussitôt rejoindre la croisade, là où elle se trouvait, porteurs de messages longtemps attendus. Par deux fois, Guillaume avait pu profiter de ces courriers pour écrire à Marie. Il ne désespérait pas de recevoir un jour une réponse mais imaginait les difficultés que devait éprouver la jeune fille à la faire acheminer. Il se pouvait très bien aussi que ses lettres ne lui fussent pas parvenues où qu'elle n'eût pas souhaité lui répondre. Cela ne l'affectait pas trop, et quand il pensait à Marie, dont les traits s'effaçaient lentement de sa mémoire, c'était pour se poser toujours la même question : qu'adviendrait-il de leur brève rencontre lorsqu'il rentrerait ? Ce soir, pourtant, il eut envie de lui faire partager le plaisir qu'il avait éprouvé lors de sa découverte du vaisseau d'Ulysse. Il laissa donc ses amis partir manger dans la ville et sortit son écritoire. Le messager de Baudouin de Flandre devait se mettre en chemin le lendemain. Il lui confierait son récit.

*
* *

Si agréable fût-il, le séjour à Corfou ne pouvait se prolonger indéfiniment. Le départ décidé la veille de la Pentecôte, les galées chargées et les chevaux embarqués dans les huissiers, la flotte à laquelle s'étaient jointes des nefs de marchands désireux de profiter de l'aubaine pour assurer leur sécurité prenait la mer, qui était belle et claire. Le peuple de Corfou, massé sur les remparts, admira l'interminable défilé des nefs et des galées. Comme le vent était doux et léger, les marins laissaient aller les voiles au vent.

À la sortie du port, les vaisseaux naviguaient serrés et, à un moment, *Champagne*, la nef de Guillaume, se trouva bord à bord avec la galère du doge. Le tournoyeur aperçut sur le château Angelo Zuccari qui contemplait le spectacle coloré de la flotte en mouvement. Le Vénitien ne tarda pas à remarquer les gestes que lui faisait son ami. Il descendit en quelques bonds de son perchoir et rejoignit le pont. L'espace entre les deux navires était si faible qu'ils réussirent à se serrer la main.

— *Amico*, lança Angelo, nous nous verrons à la prochaine escale. Je crois que ce sera Nègrepont, une petite île, paraît-il, très agréable que mon oncle verrait bien rattachée à la Sérénissime. J'espère que nous y resterons un peu.

— J'attends avec impatience ce moment où nous nous reverrons ! répondit Guillaume. J'ai beaucoup de choses à vous dire.

— Moi aussi. *Arrivederci*, tournoyeur !

Les navires se quittèrent. Les deux amis aussi. Progressivement, les vaisseaux prirent leur distance et hissèrent, dans le chant des matelots, vergues de hunier et voiles d'artimon. Byzance, ses ors et ses richesses brillaient déjà dans le regard des timoniers.

*
* *

La nef qui transportait les compagnons de Villehardouin et de Guillaume d'Amiens n'était pas la plus belle mais ils l'avaient choisie pour ses flancs rebondis qui laissaient de la place aux occupants, lesquels pouvaient, selon leur humeur, s'isoler ou se joindre au « chapitre ». Ils appelaient ainsi leur communauté rassemblée dans la plus grande pièce habitable du vaisseau qu'ils utilisaient comme salle de réunion, de jeux, de conversation. On trouvait, certes, dans la croisade des féodaux incultes, frustes, turbulents et batailleurs mais le vent nouveau venu d'Aquitaine transformait les cheva-liers, les polissait, les élevait dans l'esprit courtois que la reine Aliénor avait institué à la cour de France.

Guillaume et ses amis ne s'étaient pas réunis par hasard : ils étaient tous gens de savoir, capables d'échanger des idées, de composer des poèmes ou, comme Villehardouin, d'écrire au jour le jour le récit de l'aventure qu'ils vivaient depuis maintenant près de dix-huit mois. Parmi eux, Girart de Man-chicourt se distinguait par ses connaissances historiques et géographiques qu'il enrichissait au cours du pèlerinage. À Venise, à Zara, à Corfou, il s'était enquis de la route qui allait être suivie par la flotte croisée et s'était renseigné sur les cités où elle devait relâcher. Quand Guillaume annonça à ses amis que l'on jetterait l'ancre devant Nègrepont, il exulta :

— Bonne nouvelle : c'est une île de rêve où poussent la vigne, les fruits, les grains... Elle est si riche qu'au cours des âges les Ioniens, les Athéniens, les Spartiates et les Romains s'en emparèrent. Elle s'appelait alors Eubée. Il faudra que je me renseigne pour savoir comment elle est devenue Nègrepont[1]... En tout cas, c'est l'endroit idéal pour se ravi-tailler avant d'atteindre Constantinople.

— Comment avez-vous su qu'on s'arrêterait à Nègre-pont ? demanda Villehardouin. Le comte Baudouin ne le savait pas au départ de Corfou.

— J'ai mon espion sur la galère du doge ! répondit Guil-laume en riant. C'est un charmant Vénitien dont j'ai fait la connaissance sur un rocher au large de Corfou. Je vous le ferai connaître. Il aurait sa place au chapitre. Je suis certain qu'il vous plaira !

— Tant mieux, dit Milon le Brabant, parce que, jusqu'à maintenant, on n'a pas eu souvent l'occasion d'approcher ces Vénitiens qui nous emmènent au bout du monde. Il est au moins marquis...

— Non, architecte.

— Un bâtisseur ? Je croyais plutôt qu'on allait démolir

---

1. L'île, qui fait partie de la Grèce, a repris officiellement au XIXᵉ siècle le nom d'Eubée.

Constantinople ! Que fait-il sur la galère de Dandolo ? demanda Girart de Manchicourt, intrigué.

Sûr de son effet, Guillaume lança distraitement :

— Il est le neveu du doge !

— Comme c'est poétique ! dit Conon de Béthune, en profitant pour fredonner une chanson qui n'avait rien à voir avec Enrico Dandolo, celle qu'il avait jadis écrite pour Marie de Champagne, la dame de ses pensées, qu'il avait perdue en accompagnant son père à la troisième croisade.

Sous son allure martiale, Conon cachait une âme de poète. À cinquante ans, il était resté étonnamment jeune de corps et d'esprit. Guillaume avait de l'affection pour celui qu'il appelait parfois son grand frère et dont il admirait la verdeur. Il se demanda comment il serait, lui qui avait vingt ans de moins, lorsqu'il rentrerait et se présenterait chez Marie, Marie, à laquelle il n'avait pas pensé depuis des jours.

La route était encore longue jusqu'à Constantinople et l'armée parquée dans les nefs qui longeaient interminablement la côte hellade commençait, comme la cavalerie qui piaffait entre les bat-flanc des huissiers, à trouver le temps long.

Guillaume n'avait pas l'habitude de demeurer longtemps inactif ; il rongeait son frein et s'appliquait à entretenir ses muscles comme il le faisait au temps des tournois. Il aurait donné cher pour pouvoir enfourcher Germain et le lancer au galop. Aurait-il le temps à Nègrepont de le sortir de son huissier et de découvrir avec lui les beautés de l'île vantées par Manchicourt ? En attendant, il courait sur le pont, escaladait le mât de misaine, respirait à pleines bouffées le vent venu de terre qui sentait l'eucalyptus. Sans cesse, il demandait à ses amis de l'imiter :

— Vous engraissez, c'est un comble, à manger la viande séchée et le pain de seigle du bord. Vous aurez quelle mine, mon cher Conon, lorsque, devant Constantinople, vous vous apercevrez que vous n'entrez plus dans votre cuirasse ? Allez, venez, je vous provoque à la lutte !

Il s'ensuivait sur le pont un combat acharné entre la puissance de Conon et l'agilité de Guillaume. Tous deux s'arrêtaient rompus, en sueur. Ils sautaient ensemble dans la mer et nageaient dans le sillage de la nef poussée par un zéphyr si doux que ses voiles flottaient dans le ciel. Canteleux et Milon acceptaient volontiers d'exercer leurs muscles mais Villehardouin préférait écrire. Quant à Manchicourt, il passait son temps à suivre la marche du vaisseau en compagnie du *padrone*.

À force d'user les jours, de guetter les faveurs du vent et de se répéter les mêmes histoires, la flotte des croisés finit par arriver en vue de Nègrepont. Une à une, les nefs et les galères s'engagèrent et s'ancrèrent dans l'étroit canal qui séparait l'île du continent.

Pas de remparts, juste une modeste citadelle, Nègrepont semblait s'offrir à qui voulait la prendre. Mais là, les croisés n'étaient pas conquérants et le comte Baudouin de Flandre régla facilement avec les autorités les conditions du séjour de l'armée qui ne devait pas excéder quelques jours. Il fut convenu que les huissiers ne seraient pas déchargés, ce qui navra Guillaume, et que l'armée n'irait à terre que pour assurer le ravitaillement en eau et en vivres.

Le lendemain, les barons profitèrent du mouillage pour tenir conseil dans la citadelle. Villehardouin y fut prié ainsi que Guillaume d'Amiens qui, depuis l'ambassade qui avait préludé à la croisade, figurait au nombre des grands prud'-hommes appelés à siéger dans les assemblées importantes.

Boniface de Montferrat, satisfait du déroulement du voyage, demanda aux présents d'exprimer leur avis. Seuls quelques barons prirent la parole pour dire que l'armée ressoudée était prête à combattre s'il le fallait. Dans le souci de ne plus offenser le Saint-Père, Baudouin proposa de demander aux évêques présents dans la croisade si ce serait un péché de débarquer à Constantinople. Leur réponse fut unanime : non seulement ce ne serait pas un péché mais ce serait au contraire une œuvre de piété puisqu'il s'agissait de permettre au légitime héritier du trône de Constantin de conquérir son droit et de se venger de ses ennemis.

Il ne restait plus qu'à faire jurer sur des reliques au jeune Alexis qu'il exécuterait toutes les promesses qu'il avait faites précédemment et à lever l'ancre. Le doge, qui avait assisté au conseil, n'avait pas jugé utile d'intervenir, les décisions prises allant dans le sens de ses propres intentions. Il fut seulement écouté lorsque, en fin de séance, il conseilla, en tant que responsable de la navigation, de partager la flotte en deux parties, l'une faisant un détour par Andros pour montrer aux habitants leur futur empereur, l'autre gagnant directement Bouche d'Avie, là où le Bras Saint-Georges[1] se jette dans la grande mer. Cette dernière flotte prit port et, comme à Nègrepont, les sergents veillèrent à ce que les gens d'armes ne se livrassent à aucune exaction, se contentant de prendre le blé dont les croisés avaient grand besoin. Le séjour dura une semaine, le temps d'attendre les nefs, les galères et les huissiers qui avaient fait le détour par Andros. Boniface de Montferrat, Baudouin de Flandre, le doge et le jeune prétendant Alexis faisaient partie de ce convoi où figurait aussi la nef de Villehardouin et de ses compagnons. Cette flotte des seigneurs mouilla devant l'île d'Andros et ordre fut donné aux chevaliers de s'armer et d'investir la terre. Manœuvre sans risque car les gens du pays se rendirent aussitôt au fils de l'empereur de Constantinople. Ils y gagnèrent la paix, une paix tout de même achetée par la livraison du ravitaillement nécessaire à la préparation de l'assaut contre Constantinople.

Cette courte chevauchée avait permis aux chevaliers de vérifier l'état de leurs armes et de leur armure que l'air marin aurait pu endommager. Ils avaient aussi retrouvé leur monture. Certains chevaux s'étaient blessés mais Germain avait vaillamment supporté le voyage. Guillaume lui offrit dans les champs de blé fraîchement fauchés une galopade de tournoi. Il venait de le rendre à son écuyer et à l'exiguïté de sa stalle quand Angelo l'appela depuis l'entrée de l'huissier :

— *Amico !* Je vous cherche partout. Comment allez-vous ?

— Je satisfaisais un plaisir longtemps attendu : je piquais un galop avec mon brave Germain, qui, comme moi, a hâte d'aller s'ébrouer du côté de Byzance. Et vous ?

— Oh, loin de moi l'idée de me battre ! Mais je m'ennuie en compagnie de l'entourage du doge, des procurateurs sinistres que mon oncle fait semblant de ne pas voir. De

---

1. Le Bras Saint-Georges était à la fois le nom du détroit des Dardanelles et du Bosphore.

tous, c'est encore le vieux Dandolo qui est le plus... comment dites-vous, le plus *divertente*.

— Vous n'allez pas me dire que le doge peut être drôle ?

— Mais si. Il sait être plaisant quand il raconte l'une des mille aventures qu'il a connues au cours de sa vie. Vous savez qu'il a été un homme d'affaires redoutable avant de commencer, tardivement, une carrière publique. L'oncle a vécu très longtemps en Orient. L'histoire de Constantinople, de ses empereurs qui s'assassinent, des héritiers qui s'entre-déchirent, il connaît. Celle de l'empereur actuel en particulier qui attira son frère, détenteur du trône, dans une partie de chasse et lui creva les yeux avant de le mettre secrètement au cachot et, faisant croire qu'il était mort, se fit couronner à sa place.

— Et notre Alexis que nous ramenons chez lui ?

— C'est le fils du véritable empereur, qui croupit dans sa geôle s'il n'est pas mort.

— Merci. Autant savoir pour qui et pourquoi on se bat puisque ce n'est pas pour Dieu !

— Mais il y a eu pire dans l'histoire de Byzance. Je vous raconterai cela un jour.

— Notre départ est imminent, pourquoi pas ce soir ? Si vous pouvez quitter la galère de votre oncle, venez nous voir à bord. Je vous présenterai à mes amis, tous bons et joyeux chevaliers.

— Je viendrai, *amico* Guglielmo ! *Saluto !*

*
* *

Angelo Zuccari fut accueilli avec curiosité et sympathie par le chapitre. Charmeur, disert malgré des difficultés de langage, il parla de sa ville qui menaçait de s'enfoncer dans les eaux, de son oncle, ce fascinant vieillard qui avait perdu la vue mais conservé une main de fer, des femmes vénitiennes au cœur tendre, des maris riches et trompés, de la place Saint-Marc encore jardin potager lorsqu'il était enfant. Les compagnons de Villehardouin, qui n'avaient pas vu grand-chose de Venise lors des pourparlers qui avaient précédé l'embarquement des croisés, lui posèrent mille questions auxquelles il répondit de bonne grâce, sauf à celles qui concernaient la politique et les projets du doge.

— Un autre jour, disait-il, je vous parlerai de Byzance en vous rapportant les fabuleux récits que m'a faits mon oncle. Mais vous, racontez-moi votre vie de chevaliers francs et les buts de ces croisades qui m'intriguent. L'un de vous a-t-il déjà participé à l'une d'elles ?

— Oui, dit Manchicourt, Conon de Béthune, un impitoyable guerrier qui est aussi un aimable poète, mais il n'aime guère parler de cette expédition qui a coûté au siège de Saint-Jean-d'Acre, il y a dix ans, la vie à son père.

Contre toute attente, Conon, qui avait bu beaucoup de vin en l'honneur d'Angelo, ne se mura pas dans son habituelle réserve :

— Si un récit doit demeurer de l'histoire des croisades, dit-il, c'est bien celui de la prise de Saint-Jean-d'Acre. Il convient d'en mesurer la violence à l'aune de la bataille des Thermopyles ou de la chute de Carthage.

Et il continua dans le silence :

— Imaginez Acre, cette place dite imprenable, cette forteresse inviolable tenue par une puissante garnison musulmane et assiégée en vain depuis des mois par l'armée chrétienne du marquis Conrad de Montferrat. Oui, c'était le frère de notre chef qui se trouvait enserré entre les farouches archers des assiégés et les troupes du plus courageux, du plus juste et du plus généreux des musulmans : le grand Saladin, venu dégager la citadelle. Imaginez dans cet étau tragique l'arrivée inespérée des deux rois les plus puissants de l'Occident, Philippe Auguste et Richard Cœur de Lion, réconciliés pour prendre la croix[1]. Il était temps de venir au secours de Conrad sur le point de se faire écraser avec ses croisés entre les murailles d'Acre et la masse des guerriers de Saladin.

— Et vous étiez là ? demanda Angelo.

— Mon père et moi venions de rejoindre les croisés avec l'armée du roi de France commandée par le comte de Bar, Robert de Dreux, Guy de Dampierre et quelques autres valeureux barons. Les forces étaient ainsi à peu près équilibrées mais le siège qui durait depuis plus d'un an ne pouvait

_____

1. Leur rivalité se réveillera au lendemain de la victoire.

s'éterniser. Philippe Auguste s'attaqua donc tout de suite à la Tour maudite avec un puissant pierrier qui, jour et nuit, frappait la muraille de blocs énormes. Le roi se comportait comme un simple soldat, faisant le coup d'arbalète et aidant à charger les machines de guerre. Tandis que les Anglais, de leur côté, lançaient un furieux assaut, le premier pan de mur s'écroula et Conrad lança ses plus vaillants chevaliers dans la brèche. C'est là que mon père quitta la croisade. Il avait juré de prendre Acre ou de mourir. Hélas, à l'instant où il parvenait en haut de la trouée, l'échelle se brisa !

À cette évocation, une larme coula sur le visage douloureux de Conon. Personne ne rompit le silence jusqu'à ce que Manchicourt enchaînât parce l'atmosphère devenait trop lourde :

— Mais les Francs avaient gagné !

— Pas encore, répondit Conon qui avait retrouvé son air serein habituel. Saladin tenta un effort désespéré contre notre camp mais il fut repoussé. On sentait les assiégés prêts à se rendre, pourtant ils résistaient et il fallut un nouvel assaut pour qu'enfin ils capitulent.

« Une immense clameur monta alors de l'armée victorieuse. Les croix et les oriflammes des Francs se dressèrent sur tous les murs. Nous imaginions Saladin impuissant, obligé d'assister depuis son camp au triomphe de Montferrat entré en brandissant les drapeaux des rois chrétiens. Le marquis en planta un lui-même sur la citadelle, un autre sur le minaret de la grande mosquée à la place des bannières de l'Islam. J'étais alors près de lui et il me tendit le troisième que j'allais poser sur le bord. Je ne sais pas ce que nous réserve cette quatrième croisade mais je doute qu'elle atteigne à un moment quelconque cette intensité.

— Attendez Byzance, mon cher Conon ! Ses murailles sont sans doute aussi résistantes que celles d'Acre et Philippe Auguste ne viendra pas nous aider !

*
* *

Par beau temps et vent favorable, la flotte amirale rejoignit le 8 juin les vaisseaux qui n'avaient pas fait le crochet d'Andros. Un drame, pourtant, avait endeuillé cette navigation aisée : un haut homme de la croisade, Guy, châtelain de Coucy, était mort et son corps avait été jeté à la mer. C'était un preux. Guillaume, qui l'avait connu dans la mêlée car il aimait tournoyer, eut de la peine en apprenant que l'un des premiers croisés ne verrait ni Constantinople ni Jérusalem.

Autour du port de Bouke d'Ave, l'escadre de Dieu formait une grosse grappe bariolée qui bouchait presque l'Hellespont, à cet endroit large d'une demi-lieue. Girart de Manchicourt, qui s'était instruit auprès de l'archimandrite, à Andros, eut tout loisir, tandis que les marins cherchaient une place pour s'ancrer, de faire profiter ses amis de son savoir :

— Nous voilà à Bouke d'Ave, l'ancienne Abydos. Attention, saluez : cette ville accueillante où nous prenons port s'élève sur les ruines de Troie la Grande ! Et c'est d'ici que Xerxès, allant attaquer les Grecs, passa le détroit sur un pont de bateaux !

— Et Constantinople ? demanda Canteleux que ces histoires antiques n'intéressaient pas.

— Eh bien, nous allons trouver Byzance au bout du Bras Saint-Georges ! Dans quelques jours, si Éole daigne nous aider, nous serons en vue de la reine des villes. Il ne nous restera plus qu'à la soumettre, la piller un peu sans doute et à revenir sur nos pas pour tenter de faire ce pour quoi nous sommes partis : délivrer Jérusalem !

Dieu donna du bon temps aux croisés qui demeurèrent encore dix jours à se laisser bercer dans les bras de saint Georges. Angelo fréquentait maintenant assidûment le chapitre, qu'il tînt séance dans la nef ou se retrouvât dans une auberge du port, là où, sous la treille, une aimable Avienne servait du vin frais d'Izmir. La fièvre du départ pour la ville promise gagnait l'armée tout entière. On se hélait d'un bateau à l'autre, on chantait des chansons de marin. Parfois, le soir, un cantique parti du pont d'une galée gagnait, de bord en bord, l'ensemble de l'escadre. Chez les compagnons de Villehardouin, Raymond, l'homme-mécanique [1], la providence du groupe, fourbissait les armes de ses chevaliers,

---

1. Ceux qui travaillaient de leurs mains étaient, quel que soit leur métier, des « hommes-mécaniques ».

graissait les articulations des armures et mettait tout le monde en bonne humeur.

Angelo Zuccari, qui se disait lui-même croisé en « sotto-vèste di séta[1] », commençait à s'intéresser aux choses de la guerre et se renseignait sur la manière dont on allait conquérir Constantinople, cette ville phare sur laquelle le doge lui révélait tant de choses singulières. Le chapitre était friand de ces récits prodigieux et Angelo ne se faisait guère prier pour se transformer en conteur.

Ce jour-là, il proposa de raconter l'entrée solennelle d'un général byzantin victorieux dans la ville gardée de Dieu, en l'occurrence celle de Nicéphore Phocas après qu'il eut pris la Syrie aux Sarrasins[2].

— C'était il y a plus d'un siècle, bien avant que mon oncle ne séjournât à Byzance, mais il a rapporté ce récit écrit portant le sceau d'un témoin, le Grec Catalacon. C'était dans la ville un éblouissement de costumes éclatants, d'uniformes somptueux encadrant le lent cortège de captifs qui serpentait pour rejoindre le grand Forum Augustaion, célèbre place rectangulaire pavée de marbre, ceinte de portiques, dont nous découvrirons bientôt la grandeur au cœur même de Byzance. Là, entre le palais impérial et le sénat, dans un étrange et somptueux décor, au pied de colonnes et de statues d'argent, se déroulait le spectacle que le peuple aimait entre tous : le triomphe d'un vainqueur et de son empereur.

« Tous deux s'assirent sur la plate-forme de marbre surmontée par une grande croix de porphyre ornée de l'inscription "Saint, Saint, Saint" et la place retentit d'interminables ovations. Les captifs de marque, les émirs, les ulémas attendaient en face, prostrés, alignés, chacun tenu par un héros, au milieu des drapeaux conquis.

« Sur un signe du basileus, aux acclamations de la foule, le protonotaire du Drome, sorte de premier commis au gouvernement, s'avança vers les captifs et les fit se ranger au milieu du Forum brûlant sous le soleil. Alors, dans le silence retrouvé, se fit entendre la voix grave du premier soliste

---

1. Gilet de soie.
2. Futur empereur. L'un des plus grands basileus de l'âge d'or de l'Empire d'Orient.

impérial. Sur un rythme lent et cadencé, il entonna l'hymne de victoire des Byzantins, celui que Moïse et les enfants d'Israël chantèrent après la défaite de Pharaon et la délivrance de la terre d'Égypte. Tous les chanteurs palatins et l'assistance répondaient en chœur au soliste : "Chantons l'Éternel qui est ma force et ma louange".

« L'hymne achevé, les hauts fonctionnaires de l'Empire où l'on remarquait le logothète du Drome, les grands archontes de la flotte et les stratigois, gouverneurs des provinces, empoignèrent chacun l'un des plus importants captifs, princes barbares, émirs sarrasins, et les jetèrent au pied de la grande croix. Pour sa part, le protonotaire avait précipité aux pieds du basileus immobile et indifférent le plus considérable des prisonniers, le souverain détrôné de Syrie. C'était le moment le plus attendu, celui où le protonotaire, saisissant le pied droit chaussé de cuir rouge de l'empereur, le posait sans ménagement sur le crâne rasé du malheureux captif tandis que le grand écuyer plaçait sur sa nuque la pointe de la lance que tenait le basileus de sa main droite. Le roi d'hier subissait l'humiliation suprême sous la botte de l'autocrator rayonnant. Les autres captifs subirent aussi leur part de mortification : sur l'ordre de leurs gardiens, ils se précipitèrent à terre le corps dans la poussière, la tête entre les mains.

« De nouveau, le peuple acclama l'irrésistible empereur et les chants reprirent, ceux du soliste comme ceux des chœurs : "Qui est grand comme notre Dieu, notre Dieu qui accomplit des miracles ?" Le peuple répondait en répétant dix et vingt fois : "Kyrie eleison." Les chants s'éteignirent lorsque le basileus retira sa botte du crâne de l'ennemi mais une formidable clameur retentit au-delà de l'Hellespont. L'émir déchu se releva ainsi que les autres captifs souillés de poussière. Tous se retirèrent, lentement, à reculons pour ne pas offenser l'empereur et se rassemblèrent au fond du Forum. "Gloire à Dieu qui a couvert de honte ce cruel émir, ennemi du Christ. Gloire à Dieu, gloire à Dieu." La cérémonie était terminée. »

Angelo rangea le précieux texte intitulé : « Programme des cérémonies à accomplir lors d'un triomphe solennel au

Forum, lorsque le basileus doit fouler aux pieds le prince des Agarènes[1] ».

Une discussion s'engagea aussitôt pour savoir si une telle cruauté était concevable en pays franc ou en Italie. Guillaume dit qu'en France comme en Angleterre les rois coupaient volontiers la tête de ceux qui s'opposaient à leur pouvoir. Villehardouin fit remarquer que la cérémonie byzantine avait besoin de l'éclatant soleil pour montrer une pompe si magnifique dans un cadre oriental qui n'existe nulle part ailleurs.

— Je vois mal le marquis subir l'affront de la botte si nous échouons, dit Conon qui aimait rire. Au fait, ajouta-t-il, ce genre de liesse à la romaine existe-t-il toujours ?

— J'ai posé la question au doge, dit Angelo. Il paraît que oui. N'oubliez pas que le récit des malheurs du roi de Syrie ne date que de cent années !

*
* *

Enfin le grand jour arriva. La galère d'Enrico Dandolo et la nef de Boniface de Montferrat en tête, l'escadre commença sa remontée du Bras Saint-Georges. À part les rameurs, tout le peuple flottant des croisés et des marins était sur les ponts, les châteaux, les hunes et les haubans de misaine pour admirer la multitude des vaisseaux qui, leur bastingage décoré par les boucliers, mêlaient leurs couleurs et leurs chants.

On navigua ainsi un jour et un matin et ce fut le moment où ceux des nefs et des galées qui ouvraient la route commencèrent à apercevoir Byzance, la perle de l'Orient, la rivale de Venise et de Rome qui, si elle avait perdu un peu de sa superbe au cours des derniers siècles, n'en restait pas moins la fabuleuse cité de Constantin le Grand, riche de ses trésors artistiques et de son extraordinaire légende.

— L'archimandrite m'a dit qu'on compte dans la ville plus de cinq cents églises et monastères, annonça Manchi-

---

1. Ou « enfants d'Agar » comme le peuple appelait communément les Sarrasins.

court en regardant briller au soleil du soir les dômes des sanctuaires qui dominaient palais et monuments.

À mesure que les vaisseaux, parés de toutes les étoffes de couleur se trouvant à leur bord, approchaient le cercle magique d'où l'on commençait à découvrir Constantinople, le silence gagnait l'escadre de Dieu. Le regard rivé sur la ville, tous écarquillaient les yeux pour mieux capter son ineffable grandeur, s'en graver la splendeur dans l'esprit afin de pouvoir, un jour, la raconter à ceux qui ne verraient jamais Byzance.

Montés sur les murs et les maisons, ceux de la cité, eux, regardaient avec curiosité cette flotte bariolée au moins trois fois plus importante que toutes celles qui avaient approché jusque-là leurs murailles.

Le 23 juin, les vaisseaux arrivèrent donc à Saint-Étienne, faubourg de Constantinople dominé par son abbaye et, un peu plus loin, par le château des Sept-Tours. Ils s'ancrèrent devant le monastère mais seuls les hauts personnages de la croisade mirent pied à terre afin de tenir parlement. Beaucoup de comtes et de barons prirent la parole mais les choses essentielles furent dites par le duc de Venise qui s'affirma un peu plus encore le maître du grand voyage.

— Vous avez entrepris, vous le savez, l'affaire la plus grande et la plus périlleuse jamais tentée. Aussi conviendrait-il d'opérer prudemment. Si nous allons à la terre ferme, nos gens pauvres et courts de vivres vont chercher à se ravitailler ; mais le pays est grand, bien armé et nous subirons des pertes dommageables pour nos frères et pour la suite de notre mission.

— Alors, que devons-nous faire ? demanda Jacques d'Avesnes, un jeune baron particulièrement actif.

— Il y a près d'ici des îles que vous pouvez apercevoir[1]. Elles sont fournies en blé et en toutes autres ressources. Nous pourrons sans risques y garnir nos navires avant d'aller devant la ville où il serait imprudent de nous hasarder sans vivres de réserve.

Comtes et barons se rangèrent à l'avis du doge Dandolo

---

1. L'archipel des Princes, au sud-est de Constantinople, où les riches Byzantins possédaient des résidences.

et regagnèrent leur bateau pour y passer la nuit. L'escadre ne leva l'ancre que le lendemain, jour de la fête de saint Jean-Baptiste. Que se passa-t-il alors ? On prétendit que Dieu avait renversé la décision de la veille. Le fait est que, dans un bel ensemble, au lieu de se diriger vers les îles, la flotte tira vers la terre ferme au plus droit devant un palais appartenant à l'empereur, face à Constantinople, sur l'autre bord du Bras. Le lieu où s'élevait la maison princière, d'apparence pleine de charme, se nommait Chalcédoine, et Chalcédoine valait bien les îles : les comtes et les barons s'installèrent dans le palais pour y passer la nuit et, le lendemain à l'aube, l'armée les rejoignit à terre.

Les huissiers avaient été amenés à quai et les gens du pays, stupéfaits, assistèrent à un spectacle extraordinaire. Les flancs des navires s'abaissèrent d'un coup et les chevaliers armés, montés sur leurs chevaux caparaçonnés, en surgirent dans le fracas des sabots et des armures. Parmi eux, Guillaume, de franche bonne humeur, caressait l'encolure de Germain avec la perspective d'une longue chevauchée sur la rive parfumée du Bras.

Il ne resta à bord que les matelots, les chevaliers et les hommes d'armes parcourant la campagne pour prendre tout ce dont les troupes avaient besoin avant d'engager une guerre qui, si elle n'était pas certaine, semblait de plus en plus probable. Ils séjournèrent encore une journée au palais et dans ses jardins tandis que les marins relevaient les ancres pour rejoindre les abords de Constantinople. Seuls les hommes à pied avaient rembarqué avec quelques barons et le doge. La cavalerie, elle, allait avancer par terre en longeant la côte.

Le chapitre était en joie. Tous les membres avaient retrouvé leur destrier, leur lance et leur armure. Même les moins aguerris, les moins à l'aise à cheval, partageaient la liesse. Dans un champ fraîchement moissonné, Conon de Béthune et Guillaume d'Amiens s'offrirent même le luxe d'un simulacre de tournoi, fonçant au-devant de l'autre, la lance couchée, le bouclier au poing et s'écartant au dernier moment pour éviter le choc.

Leurs voiles au vent, les vaisseaux remontèrent ainsi le courant jusqu'à une petite lieue au-dessus de Constantinople où se dressait un nouveau palais, une autre résidence impériale nommée l'Escutaire[1]. Les cavaliers les rejoignirent bientôt et prirent logement au palais. Cela plut à Guillaume qui pouvait garder son cher Germain à portée de caresses. Tandis que les bateaux légers amenaient à terre les combattants, les nefs mouillaient plus loin au large, à l'abri des traits.

Les barons installèrent l'armée et attendirent la réaction des gens de Constantinople qui ne pouvaient laisser leur ville sous l'indécise mais criante menace de ces Français et de ces Vénitiens venus d'on ne savait où en nombre considérable. Le basileus ne tarda pas à se manifester : il fit sortir ses guerriers de la ville et, pavillons tendus, les logea en face des envahisseurs. Les deux armées se trouvaient ainsi seulement séparées par le Bras Saint-Georges. L'attente dura neuf jours que les Francs mirent à profit pour se procurer des vivres et du fourrage pour les chevaux.

Le troisième jour, il fut décidé qu'une compagnie de très bonnes gens partirait visiter la contrée afin de s'assurer qu'aucune force ne menaçait de surprendre l'armée sur son arrière. Cette compagnie était composée de quatre-vingts chevaliers et des comtes les plus valeureux comme Eudes de Champlitte, Manassier de l'Isle et Gérard de Lombardie, des vassaux du marquis de Montferrat. Naturellement, les membres du chapitre, à part Villehardouin que Baudouin de Flandre voulait garder près de lui, étaient de la fête. Et, naturellement, Guillaume d'Amiens fut choisi pour prendre le commandement de cette troupe de preux qui aurait constitué en d'autre temps une redoutable équipe de tournoi.

Jamais mesure de prudence ne se révéla aussi nécessaire. Alors qu'ils chevauchaient en plaisantant à trois lieues de l'Escutaire, les Français aperçurent des pavillons au pied d'une petite montagne. C'était le mégaduc de l'empereur avec une armée de cinq cents cavaliers grecs.

Guillaume arrêta sa compagnie et consulta Eudes de Champlitte et Conon, lequel s'apprêtait déjà à abaisser la visière de son casque :

---

1. Aujourd'hui Scutari, sur la rive d'Asie du Bosphore.

— À vue d'œil, nous sommes à un contre dix, dit-il. Vous semble-t-il raisonnable d'aller combattre ces gens ?

— La proportion est bonne, répondit Conon.

— Alors nous y allons ! s'écria Eudes.

La compagnie tout entière reprit : « Nous y allons ! »

Germain hennit et remua l'oreille gauche comme s'il avait compris qu'une grande réjouissance se préparait. En effet, Guillaume excité et déterminé comme au début d'un tournoi, décida :

— Nous allons nous ordonner en quatre corps de bataille et charger de loin comme si nous étions aussi nombreux qu'eux ! N'oubliez pas que nous avons l'insigne honneur de livrer le premier combat de cette croisade !

Un grand cri lui répondit et la compagnie s'élança au petit galop vers les Grecs qui se postaient pour attendre les Français. Quand ceux-ci arrivèrent à portée d'arbalète, une situation critique, Guillaume hurla : « Chargeons ! » et éperonna Germain qui s'envola littéralement. Le choc fut rude mais le tournoyeur sentit tout de suite l'inconsistance de l'adversaire. Après moins de cinq minutes de combat où les lances des Francs firent merveille, les Grecs tournèrent le dos.

— Continuons ! cria Guillaume.

La poursuite dura une grande lieue sur un chemin jonché d'armes, de tentes, de pavillons. De-ci, de-là, des chevaux, des roussins, des mules erraient, que Geoffroi, le pilier de mêlée, capturait et attachait. C'est à la tête de cet attelage hétéroclite que Guillaume fit, le premier, son entrée au camp, suivi des chevaliers porteurs d'un appréciable butin. La compagnie fut accueillie avec enthousiasme et les héros durent répéter jusqu'au soir le récit de la première escarmouche que le doge en personne tint à célébrer.

*
* *

Une surprise attendait Guillaume à l'Escutaire. Raymond, l'homme à tout faire du chapitre, autre rescapé de la mêlée, lui tendait une feuille roulée, salie et déchirée sur les bords :

— Un écrit de France, mon maître ! C'est le messager du marquis qui vient de l'apporter. Il a réussi après un voyage épouvantable à rejoindre Bouke d'Ave et à nous suivre jusqu'ici. C'est le premier courrier qui arrive depuis des mois. Quelle chance vous avez de recevoir des nouvelles de chez nous !

Plus ému qu'il ne le montrait, Guillaume dit :

— Il faut lire pour savoir si c'est une chance. Donne !

L'écriture de l'adresse n'était pas celle de Marie, Marie à laquelle il avait tout de suite pensé quand Raymond lui avait annoncé qu'une lettre venait d'arriver à son nom. Il ne reconnaissait pas non plus les lettres arrondies de son frère ni celles, minuscules, de sa mère. Intrigué, il déroula la feuille et, cette fois, ému, identifia la touchante façon d'écrire de la jeune fille.

La lettre avait dû séjourner au fond de sacoches, dans le bagage mal protégé du messager ou la cale humide de quelque galée : délavée par endroits, elle était difficilement lisible et Guillaume approcha deux chandelles pour déchiffrer ces lettres et ces mots que Marie avait dû avoir tant de peine à choisir et à tracer. Le tournoyeur était plus à l'aise tout à l'heure devant les Grecs si vite bousculés que maintenant le nez sur ce papier taché et déchiré. À force d'attention, il finit tout de même par reconnaître assez de signes pour reconstituer une, puis d'autres phrases, et comprendre ce que Marie avait voulu lui dire. C'était à peu près ceci :

« Guillaume, mon amour lointain, vous remplissez toujours mes pensées. Sans qu'il le sache, il a coûté à mon père beaucoup de pièces de drap pour que je réussisse à trouver le moyen de confier une lettre à un courrier de la croisade puis à obtenir de celui-ci la promesse de vous la porter, aussi loin que vous soyez. Où êtes-vous, d'abord ? Certains vous disent encore à Venise, d'autres en Égypte. Tout le monde se demande pourquoi la croisade tarde à se rendre à Jérusalem pour secourir la Sainte Terre, la Sainte Croix et le Sépulcre. Combattez-vous des Sarrasins là où vous vous trouvez ? Etes-vous vivant ? De grâce, donnez-moi de vos nouvelles. »

Tout cela était insignifiant et laissait Guillaume serein. La fin de la lettre l'était moins :

« Ce que nous craignions arrive : mes parents veulent à tout prix me faire épouser un chevalier du Parisis qui n'est pas sans attraits mais dont je ne veux pas pour mari. À mon père, je dis que je me soumettrai à son ordre quand Bertrand de Limeil, c'est son nom, se croisera et reviendra d'au-delà des mers. Mais, si Dieu le veut, vous serez là avant lui. »

Comme par magie, le visage de Marie, presque effacé de sa mémoire, lui revint, net, régulier, sérieux mais pas triste. C'était celui de la jeune bourgeoise qui l'avait abordé un jour, sur le carreau du marché où Foulques prêchait la croisade. Et il se rendit compte combien ce petit bout de femme, à peine jolie mais tellement attachante, avait eu d'importance dans sa vie, au point de le culpabiliser et de l'engager à se croiser ! En fait, il s'était fait depuis longtemps à l'idée rassurante que son absence ne les séparerait pas et qu'il épouserait, en rentrant des Lieux saints, celle qui l'aurait sagement attendu. Cette certitude lui avait permis jusque-là de vivre heureux et sans états d'âme la pieuse aventure en compagnie de bons amis. Et il fallait, alors que le cliquetis des armes lui apportait une jubilation oubliée depuis les tournois, que ce jeune imbécile de Bertrand de Limeil, un nom sans panache, prétende épouser la fille du riche drapier pour que celle-ci prenne dans ses pensées une place obsédante ! Après avoir pris connaissance de sa lettre – ce « si Dieu le veut » l'exaspérait –, il n'était plus sûr du tout de l'avenir commode qu'il s'était rêvé. Mais, au fait, n'était-ce pas lui qui avait refusé de s'engager ? Il eût été si simple de la trousser quand elle s'offrait à lui, de la marier et de partir l'esprit en paix faire la guerre aux Sarrasins !

Le tournoyeur était-il un amoureux malheureux de plus ? Un banal jaloux ? Il était davantage furieux de constater que Marie occupait dans son cœur une place plus grande qu'il ne l'imaginait. Et surtout qu'elle était sur le point de lui échapper...

C'est alors qu'Angelo Zuccari fit irruption :

— *Amico*, j'apprends que vous êtes le premier héros de la croisade ! On dit partout que vous avez, à la tête d'une compagnie réduite, déconfit toute une armée de l'empereur de Constantinople. Je suis fier de vous compter au nombre de mes amis et, pour fêter l'événement, je vous invite à m'accompagner en ville chez un chambellan du basileus qui a eu la bonne idée de mettre sa femme en sûreté dans sa résidence d'été, de notre côté du Bras. C'est je crois une magnifique maison où j'ai promis d'aller ce soir.

— Mais où diable avez-vous connu cette dame qui, si j'en crois votre goût, doit être belle ?

— Superbe, mon cher. Et elle a une sœur...

— Ah !

— Je les ai rencontrées tout à l'heure, tandis que vous guerroyiez, chez un marchand de soieries et nous avons échangé une agréable conversation.

Guillaume n'hésita pas longtemps. À la pensée que ce bâtard de Limeil banquetait peut-être ce soir chez les Dubard pour célébrer les fiançailles, il se décida :

— Très bien, Angelo. Je vais m'habiller.

— Allez ! Enlevez vos derniers oripeaux de bataille et vêtez-vous d'élégante façon. Nous partirons tout de suite après.

Le Vénitien était vêtu comme s'il se rendait à une fête patricienne dans un hôtel du Grand Canal. Sa veste galonnée, boutonnée jusqu'au cou, retombait en pans plissés sur des chausses étroites soutachées d'or et d'argent. Plus simplement, Guillaume avait choisi la longue tunique bordée de martre qu'il aimait à porter après les tournois pour oublier les meurtrissures de l'armure.

Ils n'eurent guère le temps de parler en chemin. À deux pas de l'Escutaire où ils logeaient, la villa du chambellan étageait, face à Byzance, ses pelouses parcourues d'allées sinueuses couvertes de marbre. Derrière la porte qu'ouvrit devant eux une servante syrienne vêtue de blanc, ils découvrirent un décor qui ne démentait pas la légende de la splendeur byzantine. Partout du marbre et des mosaïques, des banquettes de brèche tigrée de Damas couvertes de riches pelisses du Nord.

— Nous sommes bien à Byzance ! dit Guillaume en pensant à la sévérité de la meilleure salle du château familial où sa mère poursuivait son éternelle tapisserie devant la cheminée qui fumait plus qu'elle ne chauffait.

— C'est que nous sommes, mon cher, chez le glorieux Michel Boutzès, chambellan de l'empereur ! Mais c'est sa jeune et délicieuse épouse que nous reçoit. Et sa sœur, je l'espère pour vous !

— Angelo, soyons sérieux. Vous croyez que...

— Serais-je un neveu de doge si je ne croyais pas ?

Il éclata de rire et se moqua de la retenue manifestée par Guillaume :

— Détendez-vous, preux chevalier ! Ce n'est pas une jolie femme qui va faire trembler le redoutable tournoyeur. Autant qu'au bord des canaux vénitiens, les épouses s'ennuient sur le Bosphore et rêvent de beaux jeunes hommes venus d'ailleurs qui apporteraient quelque fantaisie dans leur vie. Je me suis laissé dire que le chambellan n'était pas un homme commode. L'âge, car il est vieux, ne lui a pas apporté l'esprit fantasque qui plaît aux jeunes femmes. Je le soupçonne de préférer à la volupté de caresser son épouse le plaisir barbare de tonsurer et d'envoyer un haut fonctionnaire en exil, voire de faire aveugler quelque général portant ombrage au basileus.

— Et comment se nomme cette divine ? demanda Guillaume.

— Constance. Et sa sœur Marie.

L'Amiénois tressaillit :

— Marie, dites-vous ?

— Oui, vous n'aimez pas ce nom ?

— Si. Il me rappelle de bons souvenirs...

Angelo, intarissable lorsqu'il parlait des femmes, s'apprêtait à commenter d'abondance la philosophie féminine quand il fut interrompu par la servante qui, d'un geste gracieux, les invita à la suivre.

Dans une pièce plus petite mais aussi richement fleurie de mosaïques, deux femmes souriaient, à moitié allongées sur une fourrure d'ours blanc, leur tête reposant sur un coussin de soie.

— Nous parlons un peu d'italien, pas beaucoup de français mais nos mains nous aideront à nous comprendre, dit en riant à Guillaume celle qu'il devina s'appeler Constance puisqu'elle semblait connaître le Vénitien. Et voici, continua-t-elle, ma sœur Marie, qui est l'épouse d'un général de la garde.

Guillaume ne put s'empêcher de penser à ce qui se passerait si le chambellan et le général avaient l'idée de traverser le Bras pour venir embrasser leurs femmes. Cela l'amusa et il regarda Marie avec plus d'attention.

Le front lisse, les grands yeux en amande, le visage d'un ovale parfait, la jeune femme était la beauté grecque personnifiée. Les premiers mots qu'elle prononça en mêlant de plaisante façon l'italien, le latin et le français indiquèrent qu'elle devait être intelligente :

— Mon mari aurait aimé être présent pour vous recevoir mais il m'a fait prévenir que des événements graves survenus ce matin l'obligeaient à demeurer en alerte avec la garde.

C'était sans doute une façon habile de prouver qu'elle ne trahissait pas son époux en accueillant deux étrangers qu'elle ne croyait d'aucune manière être des ennemis.

— Le grand chambellan vous prie aussi de l'excuser, ajouta Constance. D'ailleurs, s'il était là, il vous aurait déjà entraîné chez lui pour boire un breuvage apporté ce printemps par la flotte de ses marchands russes et nous aurions réintégré le gynécée. C'est comme cela à Constantinople ! Mais si nos maris sont absents, il est l'heure de souper. J'espère que vous aimerez nos plats traditionnels. Approchez, messieurs, asseyez-vous près de nous sur mon ours et vous nous expliquerez ce que votre magnifique flotte est venue faire dans notre Bosphore. Ma sœur et moi sommes ignorantes de ce genre d'affaires.

Angelo et Guillaume se regardèrent. Leurs hôtesses étaient-elles aussi naïves qu'elles voulaient le faire croire ? Mais deux femmes, dont celle qui les avait reçus, apportèrent une table en jonc tressé et dressèrent en un clin d'œil un riche couvert composé d'assiettes, de cuillères d'argent et de verres soufflés à Murano. Elles disposèrent ensuite une quantité de coupes d'argent remplis de brouets divers et de sauces dont les odeurs, se conjuguant, semblèrent curieuses aux deux amis.

— Notre sauce de poisson, surtout, offusque l'odorat des étrangers, dit Constance. Mais le goût en est bon. Vous la mangerez avec le rôti de chevreau que l'on apporte maintenant.

— *Buon appetito*, dit-on chez vous, je crois, ajouta Marie, avec un sourire où Guillaume crut remarquer une certaine malignité.

Le chevreau était si épicé que le Vénitien s'étrangla à moitié. Attentive, Constance lui versa pour le remettre un verre de lourd vin des îles qui faillit lui faire souiller la peau d'ours. Il s'en tira en buvant, comme les femmes, de l'eau parfumée. Guillaume, lui, qui avait préféré la cervoise, dit qu'il trouvait le repas excellent, son estomac de tournoyeur ayant bravement supporté les coups de lance des épices orientales.

Le climat, un peu guindé au début, s'était détendu. Angelo, remis de ses tourments de table, racontait maintenant des histoires d'amours vénitiennes qui faisaient rire aux larmes les deux sœurs. On ne reparla plus des intentions de la flotte venue de l'Occident et on oublia les maris consignés de l'autre côté du Bras. Constance s'était rapprochée d'Angelo et avait posé sa main blanche sur sa cuisse en disant :

— Ne vous méprenez pas. Il s'agit là d'un geste courant chez nous. Les femmes, même si elles sont amoureuses de leur mari, honorent ainsi discrètement l'hôte de marque qui est son voisin de table.

Comme Angelo, surpris et un peu gêné, convenait maladroitement que la coutume lui semblait digne d'être adoptée par les dames de Venise, Constance éclata de rire :

— Le geste, il est vrai, est surtout courant lorsque son voisin est un homme séduisant.

— Un beau Vénitien par exemple ! renchérit Marie en faisant subir à Guillaume le même attouchement délicieusement pervers.

On échangea encore quelques propos badins puis Marie murmura à l'oreille de Guillaume qui commençait à être troublé par cette main sage et brûlante :

— Suivez-moi. Je ne voudrais pas que votre ami et ma sœur soient gênés par notre présence.

Elle lui prit le bras et l'emmena dans une chambre contiguë où coussins de soie et douces fourrures couvraient le sol dans un désordre soigneusement organisé.

— Installez-vous, mettez-vous à l'aise et faisons connaissance. Etes-vous aussi un parent du doge de Venise ?

Guillaume sourit et chercha ses mots dans tous les langages qui s'offraient à sa mémoire pour expliquer :

— Non, je suis un chevalier de France qui vit de son

talent à désarçonner d'autres chevaliers. On appelle cela des tournois. Mon passage à Constantinople est fortuit : mon acte de foi m'engageait à aller combattre les musulmans à Jérusalem ! Mais je ne regrette pas le voyage puisqu'il m'a permis d'approcher la plus belle femme de Byzance !

— Oh, il y a dans la ville des femmes plus jolies que moi, mais si je vous plais...

Marie ôta alors d'un geste gracieux et provocant la tunique de soie qui l'enveloppait tout entière et apparut dans une subtile chemise brodée d'or qui ne cachait pas grand-chose d'un corps fait pour l'amour. Elle s'offrit un instant aux yeux de Guillaume avant de se jeter dans les bras du rude tournoyeur qui avait des mois d'élans passionnels à rattraper. De la salle voisine parvenaient des bruits qui révélaient que le plaisir y était aussi partagé :

— C'est l'ours blanc de Russie qui grogne ! dit Guillaume.

*
* *

Tard dans la nuit, le Vénitien et l'Amiénois, fatigués mais de joyeuse humeur, regagnèrent leur riche cantonnement de l'Escutaire.

— Quelle aventure ! dit Guillaume. Je n'ai jamais gagné un tournoi à mêlée aussi agréable. Dommage que nous ayons dû laisser les otages sur place. J'aurais bien emmené la douce Marie vivre nos futures aventures !

— Faites-moi confiance : il existe bien d'autres Marie au royaume de Byzance !

— Toutes les patriciennes y sont-elles aussi audacieuses ?

— Espérons-le, mon cher, mais vous savez, bien des Vénitiennes leur ressemblent. Le rituel n'est pas le même car les maris sont plus jaloux et méfiants que ces brutes de sérail, mais le célibataire aimable et élégant est très recherché à San Marco... Maintenant, si accueillantes soient-elles, il sera sage de ne pas essayer de revoir les deux sœurs. Pour leur sécurité et pour la nôtre.

— Votre prudence m'étonne.

— C'est que, maintenant, je peux vous le dire, Marie est

la femme du chef de cette chienaille que vous avez mis en fuite ce matin ! Pas plus que sa sœur elle n'était au courant de l'escarmouche et de sa conclusion fâcheuse pour son époux.

— Palsambleu ! Vous auriez pu me dire cela plus tôt !

— Que non, vous ne seriez pas venu ! Avouez tout de même que la situation est plaisante. Vous avez dans la même journée défait le mari et vaincu la femme !

— Mais comment avez-vous appris tout cela ?

— Mon oncle ne serait ni vénitien ni doge s'il n'avait pas d'espions chez l'adversaire. J'étais là lorsqu'on est venu lui raconter votre exploit et la fuite du général Gragasèze. Je peux même vous révéler que ce malchanceux guerrier n'a dû qu'à l'intervention de son beau-frère, le chambellan, de n'avoir pas été aveuglé. Il est tout de même enchaîné dans une prison.

— Sa femme ne va pas, j'espère, être inquiétée ?

— Mais non. Sa sœur y veillera. Et si le malheureux Gragasèze tarde à être gracié par l'empereur, elle lui trouvera sans mal des remplaçants !

Le combat des tournoyeurs contre les Grecs n'eut pas d'autre suite que le partage du butin auquel il fut procédé comme il se devait. Enfin, deux jours après, l'empereur Alexis III[1] se décida à envoyer un messager aux comtes et aux barons. En présence du duc de Venise, ceux-ci se réunirent en parlement dans la grande salle de l'Escutaire, richement décorée des murs au plafond de splendides mosaïques, pour recevoir cet envoyé qui portait, bien qu'il fût de Lombardie, le nom franc de Nicolas Roux.

— L'empereur Alexis de Constantinople m'a chargé de vous saluer en son nom et de vous remettre cette lettre, dit l'envoyé en tendant le pli scellé au marquis Boniface de Montferrat.

Ce dernier la donna à son tour à Villehardouin en le priant de l'ouvrir et d'en lire le contenu devant le conseil.

— La politesse byzantine est un vrai galimatias de banali-

---

1. Son neveu, le protégé des croisés, portait le même nom.

tés, glissa Guillaume à l'oreille de Conon de Béthune invité comme lui à assister au conseil.

En effet, il fallut écouter des paroles de toute sorte et sans intérêt avant que le message n'arrivât à son seul motif : demander aux comtes et aux barons de croire le messager qui avait apporté la lettre.

— Eh bien, beau seigneur, dit le marquis, votre lettre nous prie de vous croire et nous vous croyons. Dites donc ce qu'il vous plaira.

Debout devant l'assemblée, l'envoyé parla :

— Seigneurs, l'empereur Alexis vous mande qu'il sait bien que vous êtes les meilleurs gens qui soient sans couronne[1] et de la meilleure terre qui soit et il se demande avec beaucoup d'étonnement pourquoi et en vue de quoi vous êtes venus en son royaume. Il est chrétien et vous êtes chrétiens et il sait bien que vous êtes partis pour secourir la Sainte Terre d'outre-mer et la Sainte Croix et le Sépulcre. Si vous êtes pauvres et disetteux, il vous donnera volontiers de ses vivres et de son argent. Il ne voudrait pas vous nuire et pourtant il en a les moyens car, seriez-vous vingt fois plus nombreux, que vous ne pourriez vous en aller, s'il voulait vous nuire, sans que vous fussiez tués et mis à mal.

Ce discours irrita fort les barons, les comtes et le duc de Venise qui discutèrent un moment de la conduite à tenir. Finalement, ils chargèrent le comte de Béthune, dont l'éloquence était connue de tous, de répondre au représentant d'Alexis. Conon se leva et, fixant l'envoyé de l'empereur, dit de sa voix grave :

— Beau seigneur, vous nous avez dit que votre maître se demande avec étonnement pourquoi nos seigneurs et nos barons sont entrés en son royaume et en sa terre. Ils ne sont pas entrés en sa terre, car ce royaume, il le tient à tort et par péché contre Dieu et contre la justice. Il est à son neveu, le fils de son frère l'empereur Isaac ! Nous ne voulons nullement de son or et de son argent mais lui demandons de venir en la merci de son neveu en lui rendant la couronne et l'Em-

---

1. C'est-à-dire parmi ceux qui ne sont ni roi ni empereur. Cette ambassade est racontée par Villehardouin dans *La Conquête de Constantinople* et par le chroniqueur Robert de Clary.

pire. Alors, nous prierons celui-ci de lui pardonner et de lui donner assez pour qu'il puisse vivre richement. Ne soyez pas si hardi de revenir si ce n'est pour nous annoncer que notre message a été entendu.

Pâle, le messager dit qu'il avait bien compris et qu'il partait aussitôt auprès de son seigneur.

Le doge ne paraissait pas surpris, il semblait même jubiler sous son bonnet pointu. Il se redressa, écarta les bras en laissant flotter les ailes de sa pèlerine rouge, ce qui lui fit dire à Guillaume qu'il ressemblait à un oiseau de proie, et dit aux barons de sa voix exceptionnellement jeune :

— Seigneurs, ne pensez-vous pas, comme moi, qu'il serait bien qu'on prît dix galères, qu'on mît le jeune homme dans l'une d'elles et qu'on allât, pacifiquement, jusqu'aux rivages de Constantinople pour le montrer aux gens de la cité et leur demander s'ils veulent le reconnaître pour empereur ?

Le marquis de Montferrat parla un moment avec le comte Baudouin de Flandre et consulta du regard les hauts hommes de la croisade avant de répondre :

— Cela ne saurait être que bon !

Le doge cacha son contentement sous une gravité de circonstance et dit qu'alors il fallait se préparer.

— Le chapitre se doit de participer à la promenade, dit Guillaume à Villehardouin. Mais croyez-vous que le jeune Alexis sera bien reçu ?

— Je ne suis pas sûr que l'héritier soit attendu et désiré autant que nous l'espérons. Personne de la ville n'est venu en effet le saluer à l'Escutaire. Mais il est peut-être bon que l'on s'adresse directement au peuple byzantin qui pourra ainsi, échappant à la contrainte, se manifester en faveur d'Alexis le jeune.

Les barons firent sans attendre armer les meilleures galées. Le doge et le marquis, les plus hautes instances de la croisade, s'installèrent dans celle du duc de Venise où l'étendard des Montferrat fut hissé à côté de l'oriflamme au lion d'or. Ils prirent avec eux Alexis pour bien montrer leur volonté d'imposer le fils d'Isaac aux Byzantins. Les barons, les chevaliers et d'autres volontaires occupèrent les autres galères et la parade commença au ras des murailles de Constantinople devant lesquelles la foule s'était amassée pour mieux voir et surtout mieux entendre ces voix venues de si loin.

Alexis le jeune avait été installé sur une sorte de trône en haut du château. Sur tous les navires, les chevaliers choisis pour leur voix puissante répétaient le même discours en désignant le jeune homme :

— Voici votre vrai seigneur ! Et sachez que nous ne sommes pasvenus pour vous nuire mais pour vous protéger et vous défendre si vous faites ce que vous devez. Celui auquel vous obéissez comme à votre seigneur vous dresse à tort et par péché contre Dieu et la justice. Vous savez bien comme il a déloyalement agi envers son frère Isaac auquel il a brûlé les yeux et arraché son empire. Votre véritable maître, le voici : si vous vous rangez à lui, vous ferez votre devoir et servirez vos intérêts. Si vous ne le faites pas, nous vous ferons le pis que nous pourrons !

Cette offre assortie de menace ne fit guère d'effet sur les gens de la ville qui disaient ne pas savoir qui était cet Alexis et qu'ils ne le reconnaissaient pas pour seigneur. Des galères on leur répétait qu'il était le fils de cet Isaac qui avait été empereur mais ils s'en tenaient à leur idée : « Nous n'en savons rien ! » Certains répondaient même par des jets de pierres et des insultes.

Que faire devant cet accueil hostile ? Envoyer la voilure, rebrousser chemin et rentrer au campement de l'autre côté du Bras. C'est ce que décidèrent le duc de Venise et le comte de Flandre après avoir mis leur protégé à l'abri.

On commenta naturellement le soir au chapitre cette opération vexante pour son instigateur :

— Le doge s'est trompé ! dit Milon le Brabant. Cette parade nous a ridiculisés.

— Je n'en suis pas si sûr, répondit Angelo qui ne manquait jamais une occasion de fuir les procurators du doge pour rejoindre la galée de ses amis français. À mon avis, mon cher oncle n'a jamais pensé que la ville accepterait d'emblée de se plier aux volontés de l'armée des croisés. Il a voulu tâter le terrain, reconnaître les lieux et se donner un alibi pour forcer sans scrupules les portes de cette Byzance qu'il rêve de conquérir depuis longtemps. Messires chevaliers, je crois qu'il vous faut vous préparer à revêtir vos armures et à enfourcher vos destriers.

Le Vénitien avait raison. Le lendemain, au petit matin, les hauts hommes de la croisade décidèrent de lever promptement le camp et de gagner les abords de la ville.

Comtes, barons et chevaliers se bardèrent de fer et, après avoir entendu la messe, s'en furent dans la proche campagne pour s'assembler, à cheval, en parlement. Il s'agissait de former les corps de bataille, opération délicate car il convenait de ne froisser aucun de ces nobles et valeureux combattants de la cause de Dieu.

Il y eut force discussions et le conseil finit par arrêter le nombre et la composition des compagnies qui devaient entrer successivement en action. Baudouin de Flandre se vit ainsi confier l'avant-garde parce qu'il disposait d'une grande quantité de sergents, d'archers et d'arbalétriers pour engager la bataille selon la tradition qui voulait qu'une attaque commençât par une préparation à l'arme de jet. Henri, son frère, fut désigné pour conduire le second corps de bataille avec Mathieu de Walincourt. La tierce bataille échut à Hugues de Saint-Pol, la quarte à Louis de Blois, la quinte à Conon de Béthune et à ses amis du chapitre bien décidés à ne pas se quitter alors qu'il allait falloir combattre. Mathieu de Montmorency, Macaire de Sainte-Menehould et d'autres bons chevaliers composèrent la sixte tandis que la septime bataille, constituant l'arrière-garde, revenait au chef de la croisade, le marquis Boniface de Montferrat.

L'assemblée décida encore que l'embarquement dans les vaisseaux se ferait dès le lendemain pour prendre terre le même jour à Constantinople, dussent les Francs vaincre ou mourir. Les évêques et le clergé implorèrent alors tous les croisés de se confesser et de faire leur testament car ils ne pouvaient savoir quand Dieu en ferait son commandement. Des cantiques mirent fin à cette pieuse convenance et l'embarquement commença dans la fièvre[1].

Comme tous les autres corps, les chevaliers du chapitre qui, sur la proposition de son chef Conon de Béthune,

---

1. Le 5 juillet 1203 d'après Villebardouin et les notes de son traducteur Edmond Faral (Les Belles Lettres).

avaient pris pour ralliement les couleurs bleues et vertes des compagnons de Guillaume, entrèrent tout armés, les heaumes lacés, les chevaux garnis et sellés dans l'huissier qu'ils partageaient avec les Champenois de Mathieu de Montmorency. Montmorency était un redoutable tournoyeur qui s'était bien souvent trouvé en face de Guillaume sur le champ. Les deux hommes se touchèrent les gants en signe d'estime :

— Nous voilà dans la même galère, bonne chance ! dit Mathieu.

— Bonne chance aussi à vous ! répondit Guillaume qui ajouta : Nous allons voir si la guerre est vraiment différente de nos mêlées.

— Oui, parce qu'on y joue sa vie ! À bientôt sur les remparts de Byzance !

La matinée était belle. Lorsque les deux cents vaisseaux parés d'oriflammes mirent à la voile vers la cité dont on commençait à apercevoir les tours dans la brume, éclata de la galée du comte de Flandre la première sonnerie des trompettes d'argent et d'airain à laquelle répondirent les uns après les autres les équipages.

C'est dans le vacarme des trompettes et des tambours que l'escadre de Dieu arriva dans les eaux de la capitale de l'Orient. Alertés, les gens de la ville étaient déjà armés. Du haut des tours et des maisons, ils regardaient, interdits, leur mer couverte et bariolée de vaisseaux. À mesure que la flotte des croisés approchait, des hommes de l'empereur sortaient des remparts et s'organisaient pour défendre le rivage. Ils ne purent pourtant empêcher les matelots d'ouvrir les portes des huissiers et de jeter des ponts où s'élancèrent chevaliers montés, sergents, arbalétriers et archers. La bataille allait-elle s'engager sur ce champ étroit ? Les Grecs firent mine un instant de résister mais, dès que l'on en vint à baisser les lances, ils s'enfuirent et refermèrent les portes de la ville, laissant sans combattre le rivage aux assaillants.

— Jamais on ne prit port plus facilement ! dit Guillaume à Conon qui rassemblait ses hommes.

— Le port mais pas la ville ! lança Baudouin de Flandre en arrêtant son cheval à leur hauteur. Ces murs, il faudra les crever pour entrer ! En attendant que chacun chevauche comme il a été entendu pour s'assurer qu'aucun piège ne nous guette.

Les premiers, Guillaume et Conon arrivèrent au galop devant un campement abandonné en hâte. C'était sans doute celui de l'empereur qui avait laissé sur place tentes et pavillons avant de se réfugier à l'intérieur de la ville.

Les barons tinrent conseil dans la plus grande tente, de toute évidence celle d'Alexis, où il furent rejoints par le doge qui venait à son tour de débarquer.

— Les vaisseaux, dit-il, ne peuvent demeurer le long du rivage. Ils ne seront en sûreté que dans le port.

— Mais le port est fermé par une énorme chaîne ! dit Villehardouin.

— Une de nos embarcations a pu s'approcher, continua Dandolo. La chaîne est tendue entre les murailles de la ville et la tour Galata qu'on aperçoit plus loin. Sa défense est renforcée par une suite de galées et de barques rangées bord à bord. Le dispositif est sérieux et pour rompre la chaîne il faudra prendre la tour[1] !

— Le duc de Venise parle sagement, dit Baudouin. Si nous ne pouvons entrer dans le port pour mettre les navires en sûreté, nous serons mal en point. Nous prendrons donc la tour demain après avoir logé près du port.

Le chapitre se retrouva sous la même tente tandis que Raymond, le premier écuyer, s'occupait des chevaux.

— La guerre commence, dit Conon. La tour de Galata est pleine d'archers et d'arbalétriers que vont renforcer des combattants acheminés par barques. Le comte Baudouin nous a heureusement fait bien garder mais je ne dormirai que d'un œil et vous conseille d'en faire autant.

La nuit pourtant fut calme, troublée seulement par le hennissement des chevaux surpris de se retrouver au grand air après un si long séjour dans leur prison flottante.

Ce n'est que le lendemain, à l'heure de tierce[2], qu'une animation inquiétante fut remarquée aux abords de la tour. En effet, de toute la flottille amarrée à la chaîne surgirent

---

1. Une partie de cette chaîne est conservée aujourd'hui à Istanbul près de l'église Sainte-Irène.
2. Neuf heures du matin.

des hommes en armes qui se joignirent à ceux de la tour pour attaquer le corps de bataille le plus proche, celui de Mathieu de Montmorency, qui se retrouva avec sa compagnie dans une mêlée furieuse. Les chevaliers chargèrent et bousculèrent les premiers ennemis engagés. Désarçonné, Jacques d'Avesnes, lui, combattait à pied et devait supporter seul l'attaque de Danois et de Livoniens, nombreux dans la garnison de la tour. Frappé d'une lance au visage, il était en grave péril. Heureusement, Guillaume avait vu la scène de loin. Prompt à l'action, il lança aussitôt Germain, renversa en passant deux Danois qui faisaient mine de vouloir l'arrêter et arriva juste à temps pour transpercer celui qui tenait d'Avesnes à sa merci et se proposait visiblement de l'achever.

— Messire Guillaume, vous semblez aussi à l'aise que sur le champ pacifique de nos exploits, dit Montmorency accouru. Je crois bien que j'arrive trop tard et que, sans vous, notre compagnon Jacques d'Avesnes finissait sa croisade et sa vie devant la tour de Galata.

Le blessé saignait beaucoup mais la blessure n'était pas profonde.

— Merci, monsieur le tournoyeur, eut-il le temps de lancer à Guillaume avant qu'on ne l'emmenât se faire soigner.

Derrière, le cor avait sonné l'alerte et les corps de bataille arrivaient de toutes parts pour rejeter durement les archers de l'empereur vers le château de Galata. Les derniers furent serrés de si près qu'ils ne purent fermer la porte. Ceux qui ne moururent pas furent capturés. Quant aux Grecs qui avaient tenté de regagner les barques, ils furent presque tous noyés. En une demi-heure, la tour qui gardait le port avait été gagnée ! L'armée tout entière poussa un cri de joie lorsque la lourde chaîne s'écroula au fond de la mer, ouvrant l'entrée du port à la flotte des croisés.

Le lendemain, 7 juillet, les nefs, les galées et les huissiers furent tirés à l'intérieur du port à l'abri de toute attaque et les hauts hommes tinrent conseil pour décider comment on allait forcer la ville retranchée derrière ses formidables murailles. Les Vénitiens, qui avaient apporté tout un fourniment d'échelles, de pièces de bois et d'accessoires à monter sur les nefs étaient partisans d'agir depuis les vaisseaux. Les barons, peu habitués aux combats navals, affirmaient qu'ils seraient plus efficaces depuis la terre avec leurs chevaux et leurs armes. Finalement, il fut décidé que les Vénitiens attaqueraient par mer et l'armée des barons par la terre.

La croisade séjourna quatre jours entre le port et les portes ouest de la ville, le temps qu'il fallait pour préparer le siège, mettre en place tous les engins et les échafaudages marins. Le cinquième jour, tout le camp s'arma et la flotte quitta la port pour s'ancrer au pied de l'enceinte.

Les corps de bataille, cavaliers en tête, longèrent le rivage jusqu'à l'embouchure d'un petit fleuve infranchissable car le pont de pierre qui permettait de le traverser avait été coupé par les Grecs. L'armée travailla tout le jour et toute la nuit pour le remettre en état et, comme personne de la cité n'était sorti contre eux, au matin du 11 juillet 1203, les corps de bataille reprirent leur marche pour gagner l'endroit où ils tenteraient de forcer le colossal obstacle que constituait la citadelle byzantine.

Les barons choisirent l'emplacement où logerait l'armée : entre le palais de Blaquerne, l'une des résidences de l'empereur, et le château de Bohémond, un monastère fortifié. Les croisés y dressèrent promptement les tentes et tendirent les pavillons. Le camp, cette fois, n'était pas un lieu d'étape, de ravitaillement, de délassement. Sur la colline que couronnaient les oriflammes se décelaient les signes d'une veillée d'armes, l'excitation du combat proche, la fébrilité de l'attente.

*
* *

Le chapitre trouvait le temps long. Ces préparatifs qui n'en finissaient pas laissaient aux Grecs d'Alexis la possibilité de venir jour et nuit harceler l'armée, obligée de tenir constamment un corps de bataille en alerte pour garder les engins et repousser l'ennemi derrière ses portes. Conon de Béthune, le stratège du groupe, ne cachait pas son inquiétude :

— Le comte de Flandre, disait-il, est de mon avis. Il ne faut pas alarmer la troupe mais notre situation est difficile.

Les assiégés sont au moins quatre fois plus nombreux que nous et nous n'allons pas tarder à manquer de vivres. Il nous reste heureusement assez de farine et des chevaux à abattre.

Le camp, installé en rase campagne, était vulnérable. Les actions de l'ennemi, chaque fois repoussées, usaient les forces de l'armée et retardaient la préparation du siège. Les barons eurent alors l'idée de défendre leur base à la façon des Romains par des palissades et des madriers prélevés dans les ruines d'une forteresse voisine jadis élevée par l'empereur Manuel. La manière s'avéra efficace et les Grecs ne se montrèrent plus.

Le feu, pourtant, couvait derrière les murailles. Un jour où les Bourguignons assuraient la garde, les hommes d'Alexis sortirent par trois portes différentes et, pour la première fois, attaquèrent délibérément le camp où les corps de bataille s'armèrent aussitôt. Ils repoussèrent les assaillants si près de leur mur que plusieurs dizaines de croisés furent touchés par des masses de pierres qu'on leur jetait dessus du haut des courtines. Il y eut des morts, des blessés. Le chevalier Gautier de Neuilly, encore un habile tournoyeur, se couvrit de gloire en prenant, tout monté sur son cheval, un des meilleurs guerriers grecs qui avait nom Constantin l'Ascre. Un autre homme de la croisade s'illustra, Eustache du Marchais, de la suite du comte de Flandre, qui, armé seulement d'un gambison et d'un chapeau de fer de sergent s'employa magnifiquement à ramener l'ennemi[1].

Le chapitre n'était naturellement pas resté inactif durant cette journée, la première de la guerre qui allait longtemps opposer les chrétiens d'Orient aux croisés d'Occident. Tous firent leur devoir et pourchassèrent des heures durant les Grecs qui tentaient de s'approcher du camp. Le moins rompu aux combats, Geoffroi de Villehardouin, fit un prisonnier et Guillaume dit, le soir, qu'il s'était fort distrait en jetant Germain au grand galop sur des groupes de Grecs qui s'égaillaient en hurlant au passage de l'étrange équipage de fer d'où émergeait un écu flamboyant et une lance qui, à

---

1. Le gambison était une cotte rembourrée portée habituellement sous le heaume. Le casque de sergent montre aussi qu'Eustache du Marchais s'était équipé à la hâte pour courir au combat.

cette vitesse, eût pu embrocher dix hommes à la suite. Était-ce l'habitude des tournois ? Guillaume frôlait les ennemis de sa lance, désarçonnait parfois quelque cavalier maladroit mais ne tuait que pour défendre sa vie si un imprudent s'avisait de la menacer. « Germain n'aimerait pas que nous jalonnions de flaques de sang notre passage », disait-il ; ce qui laissait perplexes bien des gens de guerre.

C'est Milon le Brabant qui se fit le plus d'honneur durant cette première journée. Toujours à l'avant-garde, il se partagea les succès avec Pierre de Bracieux, le vassal du comte de Blois, une sorte de géant héroïque qui avait tant contribué à la prise de la tour de Galata.

Pour meurtrière qu'elle fût, cette guerre d'usure n'était qu'un prélude. Les croisés n'étaient pas venus jusqu'au fond du Bosphore pour guerroyer avec les gens de l'empereur Alexis mais pour prendre sa ville. Tandis que cette épreuve énervante et toujours dangereuse se poursuivait, les hauts hommes préparaient l'assaut. Le dixième jour, au matin du 11 juillet, les machines, les échelles et les réserves de projectiles étaient prêtes.

Les Vénitiens avaient de leur côté préparé l'attaque par mer. Le doge, toujours sur la brèche, allait d'un pont à un autre, vérifiant le montage d'engins fort étonnants transportés depuis l'arsenal de Venise dans les cales des nefs et des huissiers. Durant ces dix jours, il avait transformé ses galées en châteaux forts, monté à hauteur de quarante toises des passerelles, des ponts où trois chevaliers armés pouvaient aller de front, protégés par d'épais matelas d'esclavine, sorte de grosse étoffe bourrue, qui les gardaient des carreaux d'arbalètes et des flèches. Chaque huissier, les chevaux débarqués, était armé d'un mangonneau capable de projeter des pierres contre le mur ou dans la ville avec une rapidité stupéfiante.

Les navires vénitiens hautement fortifiés, les pèlerins prêts à dresser les échelles et à charger les pierrières, l'assaut pouvait maintenant être ordonné d'un instant à l'autre. Le comte de Flandre et le marquis de Montferrat décidèrent de dépêcher auprès du duc de Venise pour arrêter les derniers détails. Villehardouin fut choisi pour cette ambassade et il prit avec lui Guillaume, Conon et Milon pour le cas où il ferait une mauvaise rencontre. Terriens curieux de découvrir les dessous d'un combat sur mer, les quatre amis s'armèrent et partirent retrouver la flotte d'Enrico Dandolo.

Ils trouvèrent le doge debout, à l'avant de sa galée, presque enveloppé dans les plis du gonfanon de Saint-Marc que la brise faisait onduler autour de sa silhouette fluette mais droite comme un mât de misaine. Dandolo souhaita la bienvenue aux chevaliers et demanda que l'on appellât son neveu :

— Je sais qu'il est votre ami, dit-il. Il m'a beaucoup parlé du groupe intelligent et valeureux que vous formez dans cette grande armée, un peu disparate je crois. Angelo n'est ni un marin ni un guerrier mais, ainsi qu'il a dû vous le dire, j'ai tenu à ce qu'il m'accompagne en sa qualité d'architecte. Il a été très utile dans les travaux un peu particuliers d'aménagement de nos navires.

Guillaume se garda bien de mentionner la vraie raison de la présence d'Angelo : choisir et rapporter à Venise certains chefs-d'œuvre dont ces chevaux de bronze auxquels Dandolo rêvait depuis qu'il les avait admirés au cours de son ambassade à Constantinople. Il était heureux de retrouver son ami qu'il n'avait pas revu depuis le début de la préparation du siège.

— Quelle surprise ! s'écria le Vénitien en donnant l'accolade aux quatre compagnons du chapitre. Alors, la grande bataille est pour demain ? Les chevaliers sont-ils prêts ? Notre flotte, vous le voyez, est devenue une escadre de citadelles flottantes. Moi qui rechignais à participer à votre expédition guerrière, j'en suis presque devenu enthousiaste depuis que mon oncle m'a confié le soin de calculer jusqu'à quelle hauteur il pouvait, sans craindre le naufrage, transformer une honnête galée en tour infernale.

— Cessez donc, mon neveu, de considérer si légèrement un événement aussi grave. Messieurs, je suis prêt et propose au marquis de Montferrat, seigneur de la croisade, et au comte Baudouin de Flandre, de commencer à donner l'assaut demain, une heure après le lever du soleil. Il nous faudra très peu de temps pour amener nos navires contre la muraille.

— Monseigneur, répondit Villehardouin, c'est la proposi-

tion que je venais vous faire au nom du marquis de Montferrat. Nous aussi sommes prêts à dresser les échelles.

— Alors, tout est bien. Je souhaiterais qu'avant de vous
en retourner vous montiez en haut d'un de nos châteaux.
Vous verrez, c'est impressionnant.

Angelo les conduisit à bord d'une barque jusqu'à une nef
dont la hauteur dépassait de cinq pieds celle des autres navires. Ils grimpèrent par des échelles jusqu'au faîte de ce château branlant d'où l'on dominait une partie de la ville
grouillante d'une foule bariolée. On voyait encore plus nettement les arbalétriers monter la garde sur les remparts.

— Mettez-vous tout de même à l'abri, conseilla Angelo.
On ne sait jamais : s'il prenait fantaisie à ces Grecs ou à ces
Danois ou à ces Anglais – car le monde entier est représenté
dans ces murs –, de décocher quelques flèches... Il serait
dommage de mourir à la veille d'une guerre !

CHAPITRE 4

LA PRISE DE CONSTANTINOPLE

Les choses se passèrent comme il en avait été décidé. Chez les croisés trois corps de bataille commandés par le marquis de Montferrat couvraient le camp tandis que les quatre autres partaient à l'assaut avec le comte Baudouin de Flandre et les chevaliers du chapitre. On n'attaque pas une muraille comme une armée sur un champ de bataille. Des mercenaires danois et anglais défendaient hors les murs et il fallut les réduire avant que les hommes à pied pussent dresser deux échelles contre une barbacane[1]. Tout de suite deux chevaliers du comte de Saint-Pol et deux sergents l'escaladèrent, suivis par une quarantaine d'hommes qui naturellement étaient attendus. Ils se battirent bravement à l'épée contre les Danois armés de leur hache traditionnelle mais furent finalement rejetés au-dehors, laissant deux prisonniers. Ce premier assaut était un échec qui laissait les barons fort irrités. Heureusement, le duc de Venise prit aussitôt l'offensive. Avec lenteur et majesté, il fit approcher ses vaisseaux rangés sur un seul front vers le rivage et les murailles et, lorsqu'il fut à bonne portée, déclencha ses machines de guerre. Les mangonneaux crachèrent leur pierraille depuis les nefs et les huissiers tandis que volaient les carreaux d'arbalètes vers le haut des remparts et même au-delà.

— Ceux du dedans se défendent bien du haut de leurs murs ! dit Guillaume qui regardait de loin la flotte du doge au travail. Nous aurons beaucoup de mal à en venir à bout !

---

1. Fortification avancée.

— Mais nous y parviendrons ! ajouta Conon.

Par endroits, les tours et les échelles des navires approchaient si près que des luttes au corps à corps s'engageaient à coups d'épée et de lance, mais aucun bateau n'osait prendre terre.

— Regardez le doge ! cria Milon le Brabant à ses amis. Il est prodigieux ce vieillard qui, paraît-il, n'y voit goutte.

Enrico Dandolo était en effet tout armé à l'avant de sa galée auprès du gonfanon de Saint-Marc qui flottait dans la tourmente. Il leva la visière de son casque pour crier :

— Mettez ma galère à terre. Je veux aller à terre ! Si vous ne le faites pas tout de suite, je vous ferai justice !

La galée aborda bientôt et les hommes, entourant le doge et brandissant le gonfanon, sautèrent sur le rivage. Voyant leur seigneur prendre terre avant eux, ceux des autres navires se précipitèrent pour le rejoindre et s'engagèrent dans un assaut courageux. Et l'on parlera de miracle : devant cette générosité, les assiégés affolés s'enfuirent, abandonnant les murs aux Vénitiens dont l'armée débarquée s'empara facilement de vingt-cinq des tours, qu'elle occupa aussitôt. Personne ne sut quel téméraire avait hissé sur la plus haute d'entre elles l'oriflamme du saint patron de Venise.

Revenu dans sa galée, le vieil homme s'assit et contempla le spectacle de ses Vénitiens parcourant les chemins de ronde. Il appela Angelo et lui dit :

— Prends un bateau avec deux matelots et va faire savoir aux barons que nous avons vingt-cinq tours et qu'il nous est absolument impossible de les reperdre. Tiens, tu leur apporteras cette lettre de ma part.

Rien ne pouvait faire plus plaisir à Angelo que d'être le messager d'une si bonne nouvelle. La mer était redevenue calme autour du rivage où veillaient des sentinelles. La barque se fraya un passage entre les navires demeurés en place après l'attaque et regagna la terre vers la porte de Blaquerne proche du camp où le conduisit un factionnaire franc.

Pour se faire reconnaître, il avait emporté avec lui le fanion au lion ailé, symbole de Venise, et c'est en le tenant tendu devant lui qu'il franchit la palissade.

— Seigneur, nous apportez-vous de bonnes nouvelles ? demanda le comte de Flandre qui avait plusieurs fois rencontré le neveu du doge lors de ses visites à ses amis du chapitre.

— Très bonnes, messire ! Les Vénitiens sont maîtres de vingt-cinq des tours et Sa Seigneurie, le doge Enrico Dandolo, m'a chargé de vous remettre ce pli qui vous confirmera ce succès.

Baudouin lut le message et remercia Angelo. Il était à la fois heureux que le doge ait pu mener à bien son plan audacieux et vexé de l'échec subi par l'armée. Mais seul comptait le revers de l'empereur Alexis enfermé dans sa ville.

— Venez, monsieur, nous allons annoncer la bonne nouvelle au marquis de Montferrat qui s'inquiétait du sort de la flotte vénitienne.

— Qu'il se rassure. Nous n'avons perdu aucun navire et ne déplorons qu'une dizaine de morts et la capture de deux de nos hommes.

Le marquis dissimula la pique de jalousie qui l'effleurait lui aussi et dit hautement son admiration pour le doge :

— Comment, à son âge, Sa Seigneurie a-t-elle pu mettre en place une opération aussi difficile ?

— Et en assurer le commandement ! Si vous aviez vu le doge debout sur le château de sa galée ordonnant aux hommes de prendre terre et sautant le premier sur le rivage !

— Il a fait cela ?

— Oui. Et comme les procurators qui l'accompagnent lui demandaient de se ménager après un tel effort, il a lancé : « Me ménager ? Mais pourquoi ? Je ne me suis jamais senti aussi jeune ! »

— Dites à Sa Seigneurie le doge que je suis fier de combattre à ses côtés. Notre entreprise n'a pas eu le succès de la sienne mais, submergés par le nombre, nous n'avons pas pu faire mieux. Je vais vous donner une lettre mais précisez bien au doge qu'ils sont tellement nombreux dans ces murs qu'il nous faut craindre une vive réaction et que la bataille de Constantinople est loin d'être gagnée !

Avant de repartir, Angelo alla rendre visite à ses amis. Il trouva le chapitre en grande discussion sous sa tente. Dans un coin, Raymond, l'écuyer de Guillaume, peut-être parce qu'il avait l'habitude de soigner les chevaux, pansait la jambe d'Eustache de Canteleux qui avait été légèrement blessé par une flèche.

Tous, en voyant entrer Angelo, son fanion toujours à la main, s'écrièrent :

— Alors ? Qu'ont fait les Vénitiens ?

— Des miracles ! Vingt-cinq tours sont à nous et il sera difficile de nous les reprendre !

Il dut raconter la journée par le menu et, en vrai Vénitien, ne ménagea pas ses effets. Il joua tour à tour le rôle de son oncle planté sur son pont dans une armure plus lourde que lui et déclenchant les foudres de ses mangonneaux ; des chevaliers escaladant le mur ; d'un sergent plantant le gonfanon de Saint-Marc sur la plus haute tour.

— Et vous ? Où étiez-vous ? demanda, perfidement, Girart de Manchicourt, qui n'aimait pas beaucoup l'Italien.

— Mais derrière mon oncle ! répondit Angelo en souriant. Je faisais mon travail d'architecte : je vérifiais du regard si les antennes utilisées pour soutenir les plates-formes tenaient bon, si les cuirasses de peaux de bœuf qui protégeaient celles-ci n'avaient pas été emportées. Et même je dessinais les scènes les plus dramatiques.

— Cher Angelo, il semblerait que vous ayez succombé à la griserie de la guerre ? dit Guillaume en riant.

— *Un poco, un poco*... Il est vrai que le paisible architecte s'est laissé prendre par la fièvre des combats. Les exploits de mes concitoyens, je dois l'avouer, m'ont fait vibrer.

— Je ne désespère pas de vous voir un jour en armure, chevauchant à mon côté pour aller régler quelque mauvaise affaire ! dit Guillaume.

On rit, on finit le tonnelet de vin grec que Milon avait rapporté d'une mission de reconnaissance dans les terres du Bras Saint-Georges, et Angelo se rappela qu'il lui fallait s'en retourner chez les gens de mer.

— Je vais t'accompagner jusqu'à la barque, dit Guillaume.

C'était la première fois qu'il tutoyait son ami vénitien et il s'en excusa :

— Entre nobles chevaliers on se dit vous mais entre frères on se tutoie. *D'accordo, amico ?*

— *D'accordo, fratèllo !* Tu ou vous, ce sera selon. Mais

j'ai complètement oublié de dire au marquis qu'en prenant les tours nos hommes ont pu pénétrer d'une demi-lieue dans la ville et s'emparer de nombreux chevaux. Prévenez le comte de Flandre que mon oncle lui enverra demain deux cents chevaux et palefrois.

L'allégresse du succès passée, il fallut bien admettre que la guerre n'était pas finie, que le basileus avait encore dans ses murs une armée importante, beaucoup plus nombreuse que celle des croisés et de leurs alliés, et qu'il ne pouvait manquer de l'envoyer contre-attaquer. On se rendait compte aussi sous les tentes du camp franc que ce seraient les corps de bataille des comtes et des barons et non la flotte qui devraient résister à l'assaut des Grecs et de leurs mercenaires. Le doge ne l'ignorait pas qui se gardait bien de tout triomphalisme et disait au marquis qu'il pouvait compter sur l'aide des Vénitiens. Ceux-ci, d'ailleurs, furent les premiers à subir la riposte d'Alexis qui envoya un tel nombre d'hommes contre les tours que les Italiens durent bientôt abandonner leurs prises et reculer vers les navires après avoir allumé un feu entre eux et les gens de l'empereur. Du camp on vit de loin s'élever des flammes et d'épais nuages de fumée. En fait, une partie de la ville fut ce soir-là incendiée.

C'est le lendemain que l'empereur attaqua le camp des pèlerins. Par trois portes différentes une nuée de Grecs se répandit dans la campagne et chevaucha vers le camp. Derrière les palissades, les Francs coururent aux armes et reconstituèrent les corps de bataille, prêts à se battre jusqu'au dernier si l'ennemi parvenait à envahir le camp, hypothèse hélas envisageable vu le nombre des assaillants !

Comment organiser la résistance ? Aller au-devant de l'empereur et attaquer ses gens dans la campagne ? La différence des forces était si grande que les Francs eussent été bientôt submergés et battus. Résister dans l'enceinte ? Les palissades ne constituaient pas un rempart fortifié. Les barons ne se concertèrent pas longtemps pour prendre une décision à la fois sage et héroïque. Les six corps de bataille qui avaient été constitués sortirent et se rangèrent en ordre au long de la palissade, les archers et les arbalétriers devant, les sergents et écuyers à pied derrière la croupe des chevaux des chevaliers, et ils se tinrent ainsi immobiles, face aux Grecs qui avançaient vers eux. Ils arrivèrent si près que l'on commença à tirer de part et d'autre.

Lorsqu'il apprit ce qui se passait, le duc de Venise se comporta en allié fidèle et en homme d'honneur : il dit qu'il voulait vivre ou mourir avec les pèlerins et descendit le premier à terre pour rejoindre, avec une partie de ses hommes, le camp par son arrière.

On attendait le pire, Dieu décida du meilleur. Longtemps les corps de bataille des pèlerins et des Grecs restèrent face à face sans que les chefs de l'Empire osassent attaquer les Francs sur leur position. Et puis, sans que l'on comprît bien ce qui arrivait, on vit soudain l'empereur Alexis reculer avec ses gens vers la ville.

Afin de s'assurer qu'il ne s'agissait pas d'une feinte, Guillaume ; qui bouillait de rester inactif, proposa au marquis de poursuivre, avec ses amis, les Grecs dans leur retraite. Conon, Milon le Brabant, Canteleux et Manchicourt sautèrent en selle de bon cœur et chevauchèrent au pas derrière les derniers traînards. Un petit galop fit fuir ceux-ci comme si le diable les pourchassait. En riant, les chevaliers du chapitre s'en retournèrent au camp où la joie régnait, d'autant que le péril avait été grand. Milon le Brabant fut envoyé aux nouvelles chez le marquis qui venait de donner l'ordre de désarmer et de prendre un repos bien gagné après cette curieuse victoire.

Comme le reste de la croisade, les compagnons de Villehardouin et de Guillaume étaient las. Ils avaient pris, il est vrai, une part majeure à cette interminable chasse aux Grecs qui ressortaient de la ville dès qu'on les y avait repoussés.

— Je me demande bien pourquoi l'armée d'Alexis a soudain arrêté de nous harceler. Nous étions à bout de forces et elle aurait vite réussi à enfoncer la dérisoire palissade du camp ! dit Conon.

— Jamais nous n'avons été en si grand péril ! répondit Guillaume en tendant à Raymond son casque bosselé par le choc d'une flèche tirée de près.

— Seigneur, dit l'écuyer, cela a dû carillonner dans votre tête !

— Le choc m'a réveillé, je m'endormais à poursuivre ces turlupins !

Dans le bruit de ferraille des armures abandonnées avec soulagement on entendit quelques jurons et le silence gagna la tente. Même Conon mangea peu. Le colosse, comme ses compagnons, tomba épuisé sur sa paillasse.

— Et si c'était une feinte ? murmura tout de même Eustache de Canteleux. Nous nous désarmons sans être sûrs que les Grecs ne reviendront pas dans la nuit prendre notre camp sans défense.

— Non, répondit Guillaume déjà à moitié endormi. Nous sommes épuisés mais l'ennemi qui a couru plus que nous l'est davantage. Alors, bonsoir, les amis !

*
* *

Tandis que le camp dormait sous la garde de quelques sentinelles, la ville enclose dans ses murailles s'agitait comme une ruche inquiète. Nombreux étaient les combattants et les proches de l'empereur qui ne comprenaient pas le repli sans gloire ni raison qu'il avait imposé. Le général Arphelipos avait même osé apostropher le basileus :

— Pourquoi, Seigneur, avez-vous retiré nos gens pour les faire rentrer dans la ville ? Pourquoi refuser de défendre la ville gardée de Dieu contre un agresseur bien inférieur en nombre ? Au nom de tous vos officiers, je vous demande de reprendre le combat.

Embarrassé, Alexis répondit :

— Je vous entends, vous et les officiers. Mais il serait déraisonnable d'attaquer l'armée de la croisade en pleine nuit avec un effectif certes important mais épuisé. Alors, je vous le promets : dès demain matin nous attaquerons le marquis Boniface de Montferrat et ses Francs.

Et l'armée et le peuple de la ville, en attendant l'aurore, rejoignirent dans le sommeil ceux du camp, retranchés derrière leurs palissades.

Ce n'est qu'au premier chant du coq, alors que les Grecs

et les mercenaires s'armaient pour courir sus aux Français, que la nouvelle, incroyable, se répandit comme un feu grégeois dans les compagnies : l'Empire n'avait plus de basileus ! Alexis s'était enfui de Constantinople à la première veille. Abandonnant femme et enfants, chargé d'un trésor de mille livres d'or et de pierreries, il avait embarqué avec quelques-uns de ses gens pour une destination inconnue.

Cet événement qui laissait l'armée et les gens de la cité désemparés fut on ne sait comment – par un espion du doge, suggéra Manchicourt –, connu très vite chez les croisés.

— Nous avons gagné sans vraiment combattre, dit Guillaume, mais ce dénouement est tellement surprenant qu'il cache peut-être un danger. Je crois qu'il convient de demeurer sur nos gardes ! Je vais d'ailleurs aux nouvelles.

Il arrivait dans la tente du marquis quand un garde y introduisait un étranger :

— Seigneur, cet homme se dit envoyé par le chef des Grecs et porteur d'un message.

Boniface de Montferrat regarda l'émissaire qui lui tendait un pli clos du sceau de la ville.

— Cela semble authentique, dit-il. Tenez, Conon, ouvrez et dites ce que l'on nous veut.

Le message était laconique mais explicite. Il donnait raison à la stratégie du doge Dandolo :

« Barons et beaux seigneurs, l'empereur Alexis a abandonné son trône et celui-ci va être rendu à son frère l'empereur Sursac qui, infirme et âgé, le laissera à son fils que vous accueillez présentement au sein de votre armée. Dieu en a ainsi décidé de l'avenir du jeune prince. »

— Eh bien, voilà une confirmation des bruits qui circulent dans le camp depuis l'aube, dit le marquis. Je fais mander tout de suite les barons, les grands prud'hommes de la croisade et le futur empereur de Constantinople qui nous devra au moins trois des quatre pieds de son trône ! Mais il convient de rester prudents et de ne pas trop se fier aux Grecs. Nous allons donc nous armer pour attendre la suite des événements. Il est inutile de faire prévenir le duc de Venise, je le vois qui arrive avec sa garde. Nous allons donc tenir conseil avec lui.

En attendant la réunion de tous ces hauts hommes,

Angelo, qui accompagnait son oncle, tomba dans les bras de Guillaume qu'il n'avait pas revu depuis le déclenchement de l'attaque grecque.

— Que s'est-il donc passé chez les Vénitiens qui ont fait, semble-t-il, une bonne besogne ? demanda le Français qui ajouta : Vous voici, mon frère, habillé d'une drôle de façon. Vos amis de San Marco ne vous reconnaîtraient pas dans ce haubert guerrier mais un peu trop grand pour des épaules d'architecte !

— Ne vous moquez pas ! Je ne pouvais décemment regarder ces hommes de fer escalader les murailles vêtu d'un gilet brodé ! Et puis disons que l'artiste pacifique s'est laissé griser par l'enthousiasme des guerriers qu'il n'a pas pu s'empêcher d'admirer lorsqu'ils ont donné violemment l'assaut.

— Mais cette fumée et ces flammes que l'on voyait d'une lieue ?

— Quand nos hommes sont entrés dans la ville, les Grecs les ont pourchassés si nombreux qu'ils ont dû allumer des feux pour se protéger et pouvoir regagner les nefs. Ainsi une partie de la ville a-t-elle été brûlée.

— Cet acte était-il absolument nécessaire ?

— Sans doute. Mon oncle dit que l'incendie n'est pas étranger à la peur qui a fait fuir l'empereur.

Il ne fallut qu'une courte délibération pour décider que l'armée enverrait des messagers afin de demander à l'empereur Sursac de garantir les engagements pris par son fils.

Les émissaires furent désignés : Villehardouin et Guillaume, habitués à ce genre d'ambassade, représenteraient la croisade et deux officiers vénitiens la Sérénissime.

— Armez-vous légèrement, dit le marquis, et prenez une garde à votre convenance pour vous accompagner.

— Nos amis chevaliers feront l'affaire, dit Guillaume.

Les quatre émissaires partirent dans la demi-heure, escortés par le chapitre au complet : Eustache de Canteleux, Girart de Manchicourt, Conon de Béthune, Milon le Brabant et l'écuyer Raymond pour s'occuper des chevaux en cas de besoin. Heureux de pouvoir galoper sans craindre d'être provoqués par les Grecs, les amis couvrirent joyeusement la demi-lieue qui séparait le camp du palais.

La petite troupe était attendue à la porte principale de la

cité. Villehardouin, ses compagnons et les chevaliers vénitiens mirent pied à terre et saluèrent le haut homme du palais qui leur fit grand honneur mais qui demanda à l'escorte d'attendre les émissaires dans la salle des officiers de garde durant le temps où ils accompliraient leur mission auprès de l'empereur Sursac. Seuls Villehardouin, Guillaume et les représentants du doge prirent donc le chemin du château de Blaquerne bordé tout au long par une haie d'Anglais et de Danois armés de leur hache traditionnelle.

— Il y a tout de même de quoi être émus d'entrer de cette manière dans la mythique Byzance ! dit Guillaume.

— Oui, l'inattendu fait le charme de la croisade, répondit simplement Villehardouin dont la réserve fit sourire le tournoyeur.

— Est-ce possible ! murmura-t-il tout de même lorsqu'ils pénétrèrent dans l'immense salle du trône ornée du sol au plafond d'ors et de mosaïques illustrant la prodigieuse histoire de la cité.

Un instant plus tard, ils s'inclinaient devant l'empereur Sursac, étrange statue sans regard, sec, flottant dans ses somptueux habits de basileus retrouvés à la sortie de la geôle où il avait croupi. Pas plus que les Vénitiens les deux Français ne s'attendaient à une réception aussi majestueuse. L'empereur trônait à côté de sa femme Marie, la sœur du roi de Hongrie, qui avait elle aussi retrouvé les honneurs dus à son rang. De nombreux hauts hommes de la cour vêtus avec magnificence et des dames couvertes de soieries et de bijoux entouraient le couple impérial.

L'empereur fit grand honneur aux visiteurs qu'il ne voyait pas et leur dit qu'il était prêt à entendre le message du marquis de Montferrat et du duc de Venise qu'il unissait dans la même admiration. Villehardouin lui répondit par d'autres politesses bien ciselées et exprima le désir de la délégation de lui parler en particulier de la part de son fils, des barons et du duc de Venise. L'empereur acquiesça et demanda que l'on fasse entrer ses hôtes dans une pièce voisine où il se fit lui-même conduire dans la seule compagnie de son épouse et de son chancelier.

Lorsqu'ils furent installés, Villehardouin exposa l'affaire, sobrement mais avec la précision qu'on lui connaissait :

— Seigneur, vous voyez combien nous avons servi votre fils et combien nous avons tenu nos engagements envers lui. Il est aux portes de Constantinople mais il ne pourra entrer que lorsque vous aurez confirmé son engagement envers nous.

— Quels sont ces engagements ? demanda l'empereur qui n'ignorait pas que les barons et le doge avaient présenté son fils à la population en le désignant comme successeur légitime au trône.

— En premier lieu de mettre tout l'empire de Romanie en l'obédience de Rome dont il s'est jadis séparé. Ensuite de donner deux cent mille marcs d'argent à l'armée et des vivres pour un an. De mettre à sa disposition dix mille hommes qui partiront sur ses vaisseaux et que vous entretiendrez à vos dépens durant un an. Enfin d'entretenir à vie en la terre d'outre-mer cinq cents chevaliers qui garderont cette terre. Tels sont les engagements que votre fils a envers nous et qu'il nous a garantis par serment et par chartes à sceau pendant, et par le roi Philippe d'Allemagne qui a votre fille pour femme. Êtes-vous disposé, Seigneur, à nous garantir aussi tous ces engagements ? Voilà la question que vous posent les hauts hommes de l'armée et le duc de Venise.

L'empereur avait écouté avec une grande attention, sa main droite cachant ses yeux sans vie. Il réfléchit un moment et répondit :

— Certes, l'engagement est très grand et je ne vois pas comment il peut être tenu. Mais vous avez tellement servi mon fils que vous mériteriez que l'on vous donnât tout l'empire. Voyons ensemble les détails de notre marché.

On discuta longtemps sous les ors du palais. On reprit maintes fois les termes du contrat. Geoffroi de Villehardouin mieux que Guillaume excellait dans la négociation. Il refusa presque tous les aménagements proposés par Sursac et son chancelier et, finalement, le père accepta de garantir les engagements pris par le fils.

— Que l'on prépare la charte impériale ! commanda-t-il au chancelier. Je la signerai et elle sera scellée à bulle d'or. Ces seigneurs pourront ensuite retourner dire au marquis

Boniface de Montferrat et au comte Baudouin de Flandre qu'ils ont bien accompli leur tâche.

Au camp, les émissaires furent accueillis avec soulagement. Le rouleau de parchemin que Villehardouin tendit au comte Baudouin semblait constituer l'épilogue de la folle aventure qui avait mené les soldats du Christ aux portes de Byzance. Mais était-ce vraiment la fin de l'histoire ? Les fabuleuses richesses de la « ville gardée de Dieu » restaient dans ses murs et les vainqueurs cantonnés au-dehors. Une victoire sans pillage ou au moins sans prélèvements personnels méritait-elle ce titre ? Pas pour la troupe et ses mercenaires en tout cas ! Quant aux barons, leur joie ne pouvait s'affranchir d'un doute. Les engagements du fils, même avalisés par le père, n'étaient que des promesses. Une fois installé sur son trône d'or, le jeune prince tiendrait-il parole ? Le chapitre, après avoir entendu Villehardouin et Guillaume raconter leur ambassade, n'était guère convaincu. Conon de Béthune, avec son gros bon sens, traduisit bien l'opinion de ses amis en disant :

— Le jeune Alexis que nous portons au pouvoir ne me dit rien qui vaille ! Croyez-moi, mes amis, nous n'en avons pas fini avec Byzance et ce n'est pas demain que l'or du basileus nous permettra de délivrer Jérusalem !

Et comme il n'était pas d'un caractère chagrin et que son solide appétit n'avait guère été comblé ces derniers jours, il ajouta :

— Si le jeune homme ne nous paie pas les deux cent mille marcs d'argent, il nous doit bien un banquet !

Il n'y eut pas un banquet mais cent, et même plus, au camp et dans la ville.

Après avoir pris acte de l'engagement de l'empereur Sursac, les barons, en accord avec le doge Dandolo, avaient décidé de conduire leur protégé jusqu'au palais de son père. Le lendemain, les plus hauts hommes de la croisade, auxquels s'étaient joints, comme si cela allait de soi, ceux du chapitre, montèrent à cheval sans s'armer et, entourant le prince Alexis, prirent au petit trot le chemin de la cité.

— C'est un peu comme si on relâchait un prisonnier, dit Girart de Manchicourt à Guillaume.

— Oui, mais il reste à payer la rançon ! Enfin, apprêtons-nous à célébrer le nouvel empereur. Vous allez voir : la population, qui l'a hué lorsque nous le lui avons présenté lors de cette parade navale assez ridicule, va lui faire un triomphe !

Les Grecs ouvrirent la porte et firent en effet grand honneur à leur futur empereur, au doge et aux barons qui gagnèrent le palais sans descendre de cheval, sous l'œil curieux des porteurs de hache qui, visiblement, ne comprenaient pas grand-chose à ce qu'on leur demandait de faire.

Villehardouin et Guillaume se retrouvèrent dans la salle où les avait menés la veille leur ambassade mais, cette fois, elle était pleine d'une foule bigarrée où bruissaient les étoffes de soie et où tintait l'or des bijoux. Les plus riches marchands de la ville et leurs épouses se mêlaient aux seigneurs du palais et aux capitaines galonnés pour assister à un spectacle peu banal où l'ennemi de la veille qui avait incendié un quartier de la ville venait en grande pompe rendre un fils à son père et un basileus à l'empire.

Il y eut un flottement dans le protocole quand Alexis, bousculant quelques hauts personnages, se précipita vers l'empereur Sursac, debout devant son trône, qui ne le vit pas arriver et faillit choir dans la cohue avant de s'écrier :

— C'est bien toi, mon fils ! Comme j'aimerais te regarder après ces longues années où nous avons été séparés ! Gloire à Dieu et merci aux barons qui t'ont mené vers moi et m'ont sorti de mon cachot.

— Gloire à Dieu ! reprit la foule en chœur.

On apporta un siège auprès du trône et Alexis s'y installa en relevant la tête comme pour défier les hauts personnages qui l'entouraient.

— Peut-être ne veut-il pas oublier que tous ces gens qui l'acclament ont laissé sans rien dire le félon Alexis brûler les yeux de son père et s'emparer de son trône ! dit Conon, qui ajouta : Mais il a beau sembler ému, sa tête ne me revient pas !

Le couronnement d'Alexis IV donna lieu dans la ville, où flottaient encore les fumées de l'incendie, à une liesse générale. Partout il y eut des banquets, on festoya dans les palais, on ripailla dans les tavernes. Le chapitre était invité au repas offert au doge et aux barons mais, à la vue des mets, têtes de moutons et œufs de poisson dont on chargeait les tables, Conon de Béthune eut un haut-le-cœur et tonna :

— Mes amis, je propose que nous rentrions célébrer entre nous notre pseudo-victoire. Le camp a été ravitaillé en vivres et Geoffroi va nous préparer un festin de tournoyeurs dont on parlera encore dans cent ans ! À cheval, le chapitre ! Le premier arrivé percera le tonneau que j'ai été saisir ce matin alors qu'on le portait à la tente du marquis !

*
* *

La croisade, éprouvée par les ripailles de la nuit et désorientée par l'inaction de la paix, jouait aux dés et aux osselets en attendant que les barons décident de son avenir. L'avenir était flou pour le marquis et pour le doge. Il n'était pas question de laisser le jeune empereur se griser de son pouvoir et, séduit par les manigances de son entourage, de remettre en question ses engagements. Le nouveau basileus donna d'ailleurs bientôt de ses nouvelles. Dès le lendemain du sacre, un émissaire manda Dandolo, Montferrat et Baudouin au palais. Sursac et Alexis désiraient les remercier et envisager avec eux les conditions du séjour de l'armée qui ne pouvait rester cantonnée dans la plaine.

Les barons hésitèrent. Fallait-il répondre à une invitation qui ressemblait fort à une convocation ? Par respect pour l'âge de l'empereur Sursac et son infirmité, ils décidèrent d'accepter. Le doge, fatigué, chargea l'un de ses dignitaires de le représenter tandis que le marquis et le comte demandaient à Villehardouin et à Guillaume d'Amiens, qui avaient participé à la négociation, de les accompagner.

Reçus avec grand honneur et après les politesses d'usage, ils écoutèrent Alexis, remarquant qu'il avait pris de l'assurance et que son ton avait bien changé depuis le temps où il était l'hôte humble et effacé de la flotte des croisés.

— Je me joins à mon père, dit-il, pour prier les barons et les comtes de loger leur armée de l'autre côté du port, vers l'Estanor. Nous craignons en effet que son installation à l'intérieur de la cité n'entraîne des conflits avec les Grecs.

Devant la surprise et l'attitude réservée des visiteurs, Alexis se fit doucereusement persuasif :

— Seigneurs, vous nous avez déjà servi de tant de maniè-res que vous ne nous refuserez pas d'accéder à notre prière qui n'a qu'un but : assurer la sécurité de vos troupes et la paix dans la ville.

Après avoir consulté ses compagnons, le marquis répondit assez froidement qu'il lui fallait réunir les barons pour déci-der du bien-fondé de la demande et qu'une réponse serait donnée le lendemain à l'empereur Alexis et à son père.

Les hauts hommes de la croisade et de la République vénitienne s'assemblèrent donc en parlement. Après de lon-gues discussions, ils convinrent que l'installation de l'armée dans la ville ne serait pas exempte de danger et qu'il serait répondu favorablement à la demande de l'empereur. Il fut toutefois décidé qu'on laisserait Pierre de Bracieux et ses gens à la garde du palais de Blaquerne, officiellement pour protéger l'empereur, en fait pour parer à une éventuelle révolte. À la demande de Villehardouin, on décréta, tou-jours par précaution, de faire abattre cinquante toises du mur de la ville.

Pierre de Bracieux, vassal de Louis de Blois dans le comté de Clermont, s'était déjà fait remarquer par sa bravoure cha-que fois que l'armée avait dû s'engager, en particulier lors de la prise de Zara et de la tour de Galata où sa gloire avait éclipsé celle de Guillaume et de son chapitre. Les deux hommes se respectaient mais étaient entrés en rivalité dès les premiers combats. Le tournoyeur, peu habitué à voir sa suprématie discutée, supportait difficilement les succès de celui qui serait durant toute la croisade, il le savait, un farou-che concurrent. « Entre lui et moi, le tournoi s'annonce sévère mais nous combattrons ensemble toutes les fois qu'il le faudra », disait-il à ses compagnons. Le choix de Bracieux pour assurer la garde du palais impérial l'avait un peu cha-griné mais il convenait que son concurrent disposait de gens nombreux, ce qui n'était pas son cas. À Conon qui criait à l'injustice, il avait répondu :

— Notre force sera comme en tournoi celle d'un petit groupe solidaire et c'est dans les coups d'audace que nous forgerons notre gloire ! Et avouez que monter une garde, même à Byzance, n'a rien d'exaltant !

L'armée déménagea donc au-delà du port, du côté de la tour de Galata, dans des maisons et des tentes où les guerriers, bien ravitaillés en vivres, coulèrent des jours tranquilles, tout près de leurs navires ancrés devant eux.

Conon avait découvert, pour loger le chapitre, une bâtisse confortable et agréable avec une écurie pour les chevaux et une cuisine où Raymond et Geoffroi passaient leur temps à préparer les plantureux plats de la Flandre, se lamentant lorsqu'ils ne trouvaient pas de queue de bœuf pour cuire le hochepot. Angelo Zuccari, naturellement, était plus souvent en compagnie de ses amis francs qu'en celle des procurators du doge.

Les gens de l'armée, s'ils ne pouvaient loger dans la ville, pouvaient s'y rendre quand ils le voulaient, soit en traversant en barque, soit à cheval en empruntant le pont. Ils avaient enfin la possibilité de découvrir cette Byzance dont on leur avait tant vanté la beauté et la richesse pour les décider à accepter le changement de cap de la croisade.

La ville de Constantin ne les décevait pas. Comment ne pas être ébloui par ces palais magnifiques et ces hautes églises qui dressaient dans le ciel leurs fincs aiguilles ou, comme Sainte-Sophie, faisaient étinceler au soleil leurs coupoles d'or ? Comment résister à ces cours fleuries qui s'ouvraient un peu partout et où se pressait une foule de courtisans vêtus du court et éclatant « skaramangion » ou de la robe à ceinture dorée ? Comment passer sans s'émerveiller devant les tentes faites de poils de rennes où les marchands russes, venus sur leurs barques rustiques le long des cataractes du Dniepr ou des rives de la mer Noire, exposaient leurs somptueuses fourrures, les étoffes de Scythie, les icônes d'or du Caucase ou l'ambre de la Baltique ?

Ce jour-là, Guillaume, Conon et Angelo avaient amarré leur barque à l'embarcadère de Saint-Mamas et flânaient au long de la Corne d'or, surpris ou choqués à chaque pas par un nouveau spectacle. Là c'étaient des jongleurs hindous arrivés par la mer Rouge qui faisaient danser des ours, ici un vieux moine qui rappelait aux chevaliers français maître Foulques. Hâve dans sa robe courte de bure, il prêchait avec ardeur au milieu de quelques curieux. Ses yeux lançaient des flammes tandis qu'il expliquait qu'il venait des confins du Sud où il avait racheté des captifs. Il y retournait et mendiait pour en ramener d'autres dont il décrivait avec passion la situation misérable.

Les trois compagnons avaient déjà pu se rendre compte de la brutalité des mœurs dans cette ville aux allures raffinées. Ils se détournèrent pourtant d'un spectacle qui ne semblait pas émouvoir la foule, dense à cet endroit. Ils se renseignèrent auprès d'un passant qui expliqua que des manglabites[1] frappaient ce fonctionnaire infidèle, un vieillard qui poussait des cris affreux, avant de le conduire dans un monastère où il serait enfermé à vie après avoir été aveuglé avec un fer rouge.

— Ne trouvez-vous pas étonnant, demanda Guillaume à ses amis, que personne ne semble inquiet des événements qui secouent l'empire ? Une armée et une flotte considérables menacent la ville dont un quartier a été brûlé et chacun vaque à ses occupations comme si de rien n'était !

— Oui, c'est assez surprenant, répondit Angelo. Le plus inattendu, ce sont tous ces guerriers, officiers pour la plupart, qui paradent en ville dans des tenues splendides après s'être fait étriller par les croisés ! Eux aussi semblent se désintéresser des dangers qui menacent la cité.

— Ce sont des mercenaires étrangers, dit Conon. Regardez, on reconnaît les blonds Scandinaves, les Arméniens au nez busqué et à la barbe noire, les aventuriers des ports de l'Adriatique... Ce sont eux que nous avons mis en fuite hier !

— Et que nous combattrons peut-être demain.

Au cours de leur promenade, ils rencontrèrent de nombreux groupes de croisés et de Vénitiens bruyants qui se conduisaient grossièrement, abordaient les femmes, juraient et demandaient partout où ils pourraient acheter des reliques. Reliques ! C'était sûrement le mot qui revenait le plus souvent dans la conversation à l'armée. Chacun, quel que soit son grade, voulait rapporter dans son village quelque objet venu d'Orient, souvenir de la vie du Christ ou d'un saint. Des reliques, fausses pour la plupart, il y en avait plus à Constantinople que dans le reste du monde. On en trou-

_____

1. Gardiens chargés de l'ordre.

vait sur les étals des marchés et dans les échoppes du bazar. Clous de la Passion, fragments de la Vraie Croix, épine de la Couronne, chaque croisé achetait selon ses moyens l'objet qui témoignerait de sa piété. Les membres du chapitre ne faisaient pas exception et possédaient tous une petite collection de reliques. Eustache de Canteleux, le plus dévot, avait ainsi acheté un clou qu'il se proposait de faire insérer dans la poignée de son épée.

Parfois, d'un char attelé qui remontait la rue, précédé de deux coureurs manglabites, s'exhalait une odeur de rose et de sérail. Vite, Guillaume et Angelo essayaient de voir quelle belle se cachait à l'intérieur sous son voile de dentelle. Chacun savait ce que l'autre cherchait mais il eût fallu un grand hasard pour qu'ils reconnussent le visage de Marie ou de Constance, leurs maîtresses d'un soir.

— Il faudrait savoir où sont les maris, dit le Vénitien. Si cela se trouve, ils se sont enfuis avec Alexis III et leurs belles épouses se morfondent dans quelque palais de la ville. À moins qu'elles ne soient restées dans leur somptueuse villégiature du Bosphore...

— Vous rêvez, mon ami. Retrouver nos deux sœurs dans cette ville qui peut d'une heure à l'autre devenir un champ de bataille relèverait du miracle.

— Mon cher, les choses de l'amour relèvent toujours du miracle. Je vais demander aux sycophantes de mon bon oncle que sont les maris devenus. Et s'ils peuvent du même coup retrouver leurs femmes, nos nuits byzantines ne manqueront pas de charme. Sinon il nous faudra chercher deux autres patriciennes à ceinture[1].

Conon, qui avait affaire en cuisine où Raymond l'attendait pour rôtir le cochon de lait prélevé chez un paysan avec la bénédiction de Dieu, dit qu'il rentrait au camp et laissa Guillaume et Angelo poursuivre seuls leur promenade.

— Maintenant, allons jusqu'à l'hippodrome. J'ai hâte de découvrir ces fameux chevaux de bronze que mon oncle rêve de voir installés à Venise. Je n'oublie pas que c'est à cause d'eux que je suis ici !

L'hippodrome était facile à trouver derrière Sainte-

---

1. Distinction suprême pour une femme de la haute société.

Sophie : un vaste anneau ovale dont le milieu était empli de monuments. Parmi les statues de marbre et de bronze, les colonnes de porphyre, les stèles et les trophées, se dressait le quadrige doré qui semblait piaffer comme s'il allait s'élancer sur la ville.

— Quelle merveille ! s'écria Angelo. Comme je comprends le doge d'être tombé amoureux de ce chef-d'œuvre...

— Au point d'avoir détourné une sainte croisade pour s'en emparer ! continua Guillaume.

— Vous exagérez, mais il y a du vrai dans ce que vous dites. Mon oncle voulait ces chevaux depuis qu'il les avait vus au cours de son ambassade.

— Depuis combien de temps lèvent-ils la jambe sous le soleil de Byzance ?

— J'ai fait des recherches à la demande de mon oncle. Un auteur anonyme du Xe siècle prétend que nos quatre chevaux dorés ont été rapportés de Chios sous le règne de Théodose II.

— Hé, mon ami, vous croyez que j'ai entendu parler de ce Théodose ?

— Non, moi non plus, avant que le désir du doge de tout savoir sur le quadrige ne m'oblige à fouiller les Procuraties. C'était un empereur d'Orient qui régnait vers l'an 400.

— Une question, *amico* : comment comptez-vous vous y prendre pour ramener ces géants de bronze à Venise ?

— J'avais ma petite idée mais maintenant que je les ai vus, j'avoue que je n'en sais rien.

— Mettez-les dans un huissier ! Tenez, si vous avez besoin d'un écuyer, je les accompagnerais volontiers sur le chemin du retour.

— Vous n'irez pas à Jérusalem ?

— Mon cher, cette croisade, c'est ce qui fait son charme, n'ira jamais à Jérusalem ! Encore une question : connaît-on l'auteur de ce chef-d'œuvre ?

— Non. Comme toujours lorsque l'on ignore le nom de l'artiste qui a sculpté une statue antique, on l'attribue à Phidias.

Les deux amis discutèrent encore longtemps sur la beauté et l'origine des chevaux de Byzance qui prenaient au soleil couchant des teintes mordorées puis retournèrent lentement vers l'embarcadère en souriant aux dames qu'ils croisaient lorsqu'elles étaient jolies.

*
* *

Le commerce établi entre les Grecs et les Français entretenait une cohabitation paisible qui laissait le temps de réfléchir à l'avenir de l'empire. Pour l'heure, celui-ci avait deux basileus, le père qui n'entendait pas renoncer tout de suite au trône et le fils que les barons et le doge souhaitaient voir régner comme il en avait été convenu. Finalement, il fut décidé de couronner le jeune empereur à la fête de Saint-Pierre, au début d'août 1203. L'événement fut célébré avec solennité, comme autrefois chez les Grecs, et le nouveau basileus, qui semblait faire preuve de bonne volonté, commença à honorer ses dettes envers l'armée. Il rendait souvent visite aux barons et leur marquait beaucoup d'honneur, parce qu'il leur devait beaucoup et parce qu'il avait encore besoin d'eux :

— Nombreux sont ceux qui me font bon visage mais qui en réalité ne m'aiment pas, dit-il un jour. Ils ont grand dépit que je vous doive d'être rentré dans mon héritage. Aussi j'appréhende le terme où vous devrez repartir. Votre traité avec les Vénitiens expirera à la Saint-Michel et je ne pourrai en un si court délai remplir mes engagements envers vous. Si vous me laissez, je perdrai ma terre et sans doute la vie.

— Cela serait fort regrettable, répondit le marquis, mais il nous faut accomplir notre devoir envers Dieu.

— Si vous restez encore une année, je prendrai à ma charge les frais de votre flotte et vous donnerai tout ce qui vous sera nécessaire. Dans cet intervalle, j'aurai reçu l'argent de toutes mes terres et serai pourvu de vaisseaux pour vous accompagner en Terre sainte.

Les barons répondirent que la proposition était raisonnable mais qu'ils devaient demander le consentement de toute l'armée. Le lendemain, un parlement fut donc réuni où furent mandés tous les barons, les capitaines de l'armée et la plupart des chevaliers. Comme il fallait s'y attendre, l'offre de l'empereur fut très mal accueillie par tous ceux qui avaient demandé à Corfou la dislocation de l'armée :

— Ce séjour forcé chez un peuple décadent et un peu plus hostile chaque jour dure trop. Restez si vous le voulez mais donnez-nous les vaisseaux ainsi que vous nous l'avez juré car nous voulons partir pour la Syrie !

Les autres ne manquaient pas d'arguments :

— Seigneurs, ne laissons pas perdre l'avantage que Dieu nous a donné. Si nous partons maintenant, nous arriverons en Syrie à l'entrée de l'hiver et ne pourrons guerroyer. L'entreprise tentée pour notre seigneur sera ruinée. Mais si nous attendons le printemps, nous nous en irons riches d'argent et de vivres. Et la terre d'outre-mer pourra alors être conquise !

Avec l'aide de Dieu, le parti des attentistes l'emporta. Les Vénitiens jurèrent de continuer le service de leur flotte pour une année et la concorde revint au sein de l'armée. Mais qu'allait faire cette armée durant une année ?

*
* *

— Qui vient avec moi ? demanda Villehardouin à l'issue d'un repas particulièrement savoureux où le chapitre avait fait honneur au chaudumer[1] préparé par Raymond qui avait des accointances parmi les pêcheurs de l'endroit.

— Et pour aller où ? demanda Conon en vidant un dernier verre de vin d'Arcadiople.

— Au palais avec le comte Baudouin et quelques barons que l'empereur invite à un divertissement. Vous savez qu'Alexis IV apprécie notre compagnie.

À part le pieux Eustache de Canteleux qui devait visiter une église, tous acceptèrent l'invitation et s'habillèrent en conséquence. Les garde-robes s'étaient quelque peu défraîchies ou élimées au cours du voyage et les chevaliers avaient parfois remplacé chemises, gilets et tuniques au hasard des bazars. Cela donnait lieu à des mélanges curieux. Girart de Manchicourt, dont les connaissances étaient on le sait uni-

_____

1. Une matelote.

verselles, avait beau rappeler qu'au temps du roi Clodomir les seigneurs portaient une longue tunique et une toge inspirées du costume byzantin, la manière hétéroclite dont s'était vêtu Milon le Brabant distrayait fort ses compagnons.

Le chapitre se retrouva donc, coloré et jovial, au milieu des mosaïques impériales où le vieil empereur dodelinait de la tête sur son trône doré. Son fils et successeur, lui, allait de groupe en groupe et faisait grand honneur aux barons. Il eut un mot pour Villehardouin que la mort subite de Mathieu de Montmorency, son suzerain et l'un des meilleurs chevaliers de la croisade, avait particulièrement touché ; il félicita le comte de Flandre et du Hainaut d'avoir si promptement rétabli l'unité de son armée et salua Guillaume avant de s'écrier :

— Ah ! voilà mon invité le plus magnifique, un être comme vous n'en rencontrez jamais !

Noir de peau et tout de blanc vêtu, l'homme qui avançait fièrement était marqué au milieu du front d'une croix qui ne pouvait lui avoir été faite qu'au fer rouge.

— C'est la cinquième croisade, murmura Conon à l'oreille de Guillaume.

Alexis fit grande fête au nouveau venu et dit à l'intention des barons :

— Savez-vous qui est cet homme ? C'est un roi qui demeure dans une riche abbaye de la cité dont il sera seigneur et maître aussi longtemps qu'il le voudra.

Il laissa un instant les barons étonnés et continua :

— Et savez-vous qui est ce roi ? C'est le roi de Nubie qui est venu en pèlerinage dans cette ville. Par l'intermédiaire de ses interprètes, il répondra volontiers à vos questions.

— Ou sont vos terres, Seigneur ? demanda le curieux Manchicourt.

— Au moins à cent journées au-delà de Jérusalem où je suis allé en pèlerinage. Soixante hommes de ma terre sont partis avec moi. Il n'en restait plus que dix vivants lorsque nous arrivâmes à Jérusalem. À Constantinople, nous ne sommes plus que deux.

— Allez-vous maintenant, Seigneur, rentrer dans vos terres ?

— Non. Je veux aller à Rome voir le pape puis, si je peux

vivre pour cela, à Saint-Jacques-de-Compostelle. Après, je souhaiterais mourir à Jérusalem.

— Et la croix, sur votre front ? osa Conon.

— Tous ceux de ma terre sont chrétiens et, lorsque l'on baptise un enfant, on lui dépose une croix avec un fer rouge.

— Eh bien, voilà quelqu'un de bien étonnant ! dit Manchicourt.

— Je vais tout de suite écrire son histoire, ajouta Villehardouin qui continuait chaque soir de noter les faits marquants de la journée.

Il eut bientôt à sortir son écritoire pour signaler une nouvelle importante. L'empereur venait de présenter une nouvelle requête aux barons :

— Nobles seigneurs, je suis certes devenu empereur, grâce à Dieu et à votre bonté, mais je ne possède que Constantinople. Mon misérable oncle, qui s'est enfui, est maître de toutes les cités et de toutes les terres qui devraient être miennes. Si vous m'aidiez à les conquérir, je vous donnerais bien volontiers de mon bien.

Au service du Seigneur, le marquis Boniface de Montferrat et le comte de Flandre n'en étaient pas moins soucieux de leurs intérêts et ils acceptèrent d'envoyer une partie de l'armée aider Alexis à soumettre l'empire à sa volonté. Avec l'empereur et son armée qui rongeait son frein derrière les murailles de la ville, partirent donc une partie des barons dont le marquis, le comte Hugues de Saint-Pol, Henri, le frère du comte Baudouin, Guillaume de Champlitte et beaucoup d'autres volontaires. Au camp restèrent le comte de Flandre et de Hainaut, le comte Louis de Blois et le gros des pèlerins.

Le chapitre délibéra longtemps pour savoir si ses membres se joindraient à l'armée d'Alexis. Finalement, il fut décidé que Canteleux, Manchicourt et Milon partiraient avec Villehardouin tandis que Guillaume demeurerait avec Conon de Béthune, Raymond et Geoffroi pour garder la maison. L'aventure en compagnie de l'empereur, qu'il n'aimait pas, ne tentait pas Guillaume qui préféra rester pour profiter des plaisirs de la ville. Conon, lui, aurait trouvé inconvenant d'abandonner la parfaite cuisine du chapitre pour la bouillie de farine noire et la viande séchée des troupes en campagne.

Un soir où les trois tournoyeurs, auxquels s'était joint Angelo, achevaient de souper sous la treille en se félicitant de ne pas courir les chemins de part et d'autre du Bras pour assister au triomphe d'Alexis qui, partout, recevait l'allégeance, une vive lueur rouge envahit le ciel de l'autre côté du port.

— Mon Dieu ! s'écria Conon, c'est la ville qui brûle !

Au bout d'un moment, on distingua nettement les flammes qui montaient à l'assaut des plus hautes églises et des palais.

— Allons voir ! dit Guillaume qui entraîna ses amis vers une barque pour traverser le port.

Du côté de la cité, la fumée et la chaleur empêchaient d'approcher, mais les gens qui fuyaient le brasier racontaient :

— Un conflit a éclaté, comme cela arrive souvent, entre les Grecs et les Latins[1]. Rien de bien grave mais ce soir, on ne sait quels gens malveillants ont incendié la ville. Les maisons en bois ont d'abord brûlé et le feu s'est propagé aux églises et aux palais. L'incendie est si important qu'il est impossible de l'éteindre !

D'autres barons avaient traversé et rejoint ceux du chapitre. Tous se désolaient de voir s'écrouler des rues entières sans pouvoir rien tenter. Le feu, au contraire, s'étendait vers la mer et pénétrait la ville, frôlant Sainte-Sophie et le palais de Blaquerne. Des hommes et des femmes, brûlés, le visage noirci, surgissaient pourtant encore de l'enfer. Beaucoup se jetaient à l'eau pour calmer leurs douleurs. Tous pleuraient.

Le feu dura trois jours et continua de couver encore cinq jours sous les cendres de centaines de bâtiments.

La catastrophe bouleversait la vie de la cité et aussi celle du camp car aucun des Latins établis à Constantinople ne prit le risque de demeurer en ville. Tous, avec femmes et enfants, sauvèrent ce qu'ils purent avant de s'entasser dans des barques pour traverser le port et se mettre sous la protection des pèlerins. Ce n'était pas rien : ils étaient plus de dix mille qui devaient plus tard rendre de grands services

---

1. Il s'agit des nombreux Latins, Génois, Pisans, Vénitiens établis à Constantinople bien avant la venue des croisés.

aux croisés. L'incendie eut une autre incidence : il envenima les relations qui s'étaient établies entre les Grecs et les Francs. On s'en aperçut lorsque l'empereur revint dans sa ville à moitié fâché avec les barons et les pèlerins qui n'avaient pas été payés. Et surtout lorsqu'on constata que ceux de Constantinople avaient profité de la chevauchée d'Alexis pour reconstruire les cinquante toises du mur que les Français avaient fait abattre !

*
* *

Priés à un festin que donnait ce jour-là le marquis de Montferrat, Villehardouin, Conon et Guillaume d'Amiens purent confier leurs soucis au maître de la croisade :

— Alexis, que nous avons fait empereur, dit Villehardouin, ne nous veut pas de bien. Il est, hélas ! mal entouré et prête l'oreille à ceux de sa cour qui lui répètent qu'il nous a déjà donné trop d'argent et qu'au lieu de tenir ses engagements il doit nous chasser de ses terres.

— Cela, le comte de Flandre et moi-même le savons. Nous n'ignorons pas non plus que notre pire ennemi est un nommé Murzulphe, qui était en prison depuis sept ans lorsque le nouvel empereur l'a libéré pour en faire inconsidérément son maître bailli. Son influence sur le faible Alexis est grande et nous pouvons nous attendre au pire de sa part.

— Qu'allons-nous faire ? demanda Guillaume.

— Exiger de l'empereur le paiement de ce qu'il nous doit.

— Sinon ?

— Cela fait deux fois qu'il nous demande un délai mais ne le respecte pas. C'est à moi qu'il doit le plus car j'ai été parmi les plus chauds partisans de son retour en Grèce. C'est encore moi qui viens de l'aider à s'assurer des provinces de son empire. Et c'est toujours moi qui suis allé hier une dernière fois au palais de Blaquerne pour le prier de payer ses dettes. Devant son refus, nous tiendrons parlement avec le duc de Venise et nous lui enverrons des messagers pour lui faire part de la décision des barons.

— Qui seront ces messagers ? demanda Guillaume qui

voyait pointer la perspective d'une ambassade que son anti-
pathie envers Alexis rendait alléchante.

Le marquis sourit :

— Pourquoi pas vous trois, avec Milon le Brabant ? Vous
avez l'habitude. Le duc de Venise désignera les hommes de
son conseil qui se joindront à vous.

C'est ainsi que les messagers, vêtus d'une simple cotte de
mailles, ceints seulement de leur épée, chevauchèrent un
matin de novembre 1203 vers le palais de Blaquerne.

Ils trouvèrent l'empereur Alexis et son père l'empereur
Sursac assis côte à côte sur des trônes. Près d'eux se tenait
l'impératrice qui était la femme du père. Elle était noble,
belle et on la disait bonne. Sur les côtés, de nombreux hauts
personnages, richement vêtus, constituaient la cour brillante
d'un prince apparemment puissant.

D'un accord commun, les messagers avaient chargé
Conon de Béthune, à la carrure imposante et bon orateur,
de parler au nom de la croisade :

— Seigneur, nous sommes venus à vous de la part des
barons de l'armée et du duc de Venise. Sachez qu'ils vous
rappellent le service qu'ils vous ont rendu et qui est patent.
Vous leur avez juré, vous et votre père, d'observer la convention qui vous engage et dont ils ont vos chartes. Vous ne
l'avez pas fait aussi bien que vous le deviez. Ils vous ont
sommé maintes fois et nous vous sommons de par eux,
devant vos barons, de tenir la convention. Si vous le faites,
ils en seront fort aises.

Conon avait parlé de sa voix de basse dans un silence profond qui persista lorsqu'il s'arrêta un court instant pour respirer et toiser l'assistance d'un regard assez insolent. Il
reprit, martelant ses mots :

— Si vous tenez la convention, les barons et le doge en
seront heureux. Mais si vous ne la respectez pas, sachez que
dorénavant ils ne vous tiendront ni pour seigneur ni pour
ami et qu'ils travailleront à s'assurer leur dû de toutes les
manières. Et ils vous mandent qu'ils ne vous feront de mal
ni à vous ni aux autres avant d'avoir porté défi car en leur
pays il n'est pas coutume d'en faire.

Conon se tut durant quelques secondes et conclut,
superbe, en faisant un grand geste du bras :

— Vous avez bien entendu ce que nous vous avons dit. Et vous prendrez la décision qu'il vous plaira.

Le visage de l'empereur blêmit. Il fit un signe et l'un des courtisans, un homme maigre, à barbe noire taillée en pointe et dont les sourcils se rejoignaient sur le front, s'approcha et lui parla à l'oreille.

— C'est Murzulphe ! glissa Villehardouin à Guillaume.

— Sale tête ! J'espère qu'il ne nous réserve pas le rôle peu engageant d'otages. À moins que ce gentil Alexis ne nous brûle les yeux !

Instinctivement, Guillaume, en disant cela, serra la poignée de son épée, décidé à vendre chèrement sa peau de tournoyeur. Mais Murzulphe prit la parole pour répondre au nom de l'empereur. Ses yeux lançaient des flammes quand il dit d'une voix perçante :

— Jamais personne n'a été assez hardi pour oser défier l'empereur de Constantinople dans sa chambre ! Sachez que l'empereur Alexis IV ne paiera nullement les barons ni le doge. Il ne leur a déjà que trop donné. Au contraire, il leur fait dire de s'en aller de sa terre et qu'ils sachent que s'ils ne la vident pas très vite il leur fera du mal.

Les messagers se rapprochèrent les uns des autres comme pour parer à une attaque qu'ils sentaient imminente mais, emmenés par Guillaume qui avait dégainé et pointait son épée vers l'avant, ils gagnèrent sans encombre la porte de la salle du trône puis celle du palais où attendaient leurs montures. Vite à cheval, ils éperonnèrent et foncèrent vers le camp.

— J'ai eu peur ! dit seulement Guillaume.

— Moi aussi, répondit le colosse de Béthune.

Quant aux autres, ils se contentaient de pousser leurs chevaux, bouleversés d'avoir échappé à un grand péril.

Chez les barons, on attendait avec impatience et inquiétude le retour des émissaires. Le marquis et Baudouin sortirent de leur tente dès qu'ils entendirent le galop des chevaux :

— Alors ? demanda le doge Dandolo, qui s'était joint à eux.

— Alexis refuse et nous commande de quitter ses terres, répondit Villehardouin.

— Nous resterons et nous prendrons notre dû ! dit simplement Boniface de Montferrat. Le jeune homme dont nous avons fait la fortune veut la guerre, il l'aura !

— Il l'aura ! s'écrièrent en cœur les barons.

— Nuira qui pourra nuire ! dit Dandolo.

Ainsi commença au cœur de l'hiver, par terre et par mer, la guerre entre les Francs et les Grecs.

CHAPITRE 5

LE DIMANCHE DES PAQUES FLEURIES

Les hostilités commencèrent le premier dimanche de l'Avent, sans risques pour les Grecs qui attaquèrent les malheureux Latins qui n'avaient pas quitté la ville. Bien qu'on fût en décembre, la température était clémente, propice aux préparatifs guerriers. Les charpentiers vénitiens remontaient et consolidaient les tours sur les grandes nefs que les hommes d'armes chargeaient de projectiles. Les corps de bataille partaient chaque jour à la recherche de vivres aussitôt embarqués dans les cales des vaisseaux que les marins lavaient, ponçaient et calfataient de brai. Nul ne savait quand s'engageraient les premiers combats mais les barons avaient décidé d'attendre une attaque des Grecs pour riposter. N'avaient-ils pas dit qu'ils chasseraient les croisés de l'empire ?

Les chevaliers du chapitre, pour leur part, étaient prêts. Les borgnes renforcées, les cottes de mailles vérifiées, les jointures des armures graissées, ils commençaient à s'ennuyer dans cette maison où l'été avait été si agréable et rêvaient d'en découdre avec ces fourbes de Grecs qui ne se révélaient redoutables que par leur nombre.

— Je veux me payer ce bandit de Murzulphe, répétait Guillaume. Ah ! Quelle joie j'aurai de le tenir au bout de ma lance !

On n'en était pas là. À part quelques tentatives de sortie, les Grecs attendirent la fin décembre pour attaquer la flotte des alliés à bord d'embarcations légères. Mal leur en prit car les Vénitiens les repoussèrent aussitôt, passèrent l'eau et s'emparèrent dans le port de plusieurs vaisseaux marchands.

Il fallut attendre le 1er janvier pour que les Grecs mettent sur pied une grande affaire. Dans la nuit, ils avaient empli de bois sec, d'étoupe et de poix dix-sept nefs ancrées dans le port. Là, ils attendirent que le vent soufflât très fort par-devers eux, ce qui se produisit vers minuit. Alors, ils hissèrent les voiles et les laissèrent aller après avoir mis le feu aux nefs devenues d'immenses torches que le vent poussait vers la flotte des croisés. Sitôt l'alerte donnée, les Vénitiens coururent à leurs vaisseaux tandis que le camp prenait les armes et que les corps de bataille se plaçaient dans les champs car on craignait que les Grecs n'attaquent par terre en même temps qu'ils tentaient d'incendier les vaisseaux de la Sérénissime ancrés au fond du port.

Guillaume, sorti avec ses amis, constata qu'aucun coup de force n'était à craindre pour l'instant du côté des champs et entraîna le chapitre vers le port où les flammes semblaient sortir des eaux comme d'un brasier.

— Regardez, dit le tournoyeur en montrant une silhouette qui se détachait sur le ciel lui aussi embrasé. C'est Dandolo qui dirige le sauvetage de sa flotte. Quel personnage ! Et comme nous paraissons ternes, nous autres, chevaliers pourtant valeureux, à côté de ce prodigieux vieillard !

— Il sait, dit Villehardouin, qu'il court un très grand risque. Leur flotte brûlée, les Vénitiens perdraient tout, ne pourraient s'en aller ni par mer ni par terre et seraient à la merci des Grecs.

— Oui, mais voyez comme ils s'emploient à protéger leurs vaisseaux. Quel spectacle ! s'écria Conon, admiratif. Agiles comme des singes, les marins sautaient des galées dans les canots, s'approchaient sans peur des nefs enflammées et les tiraient à l'aide de crocs hors du port, face aux ennemis massés sur la rive. La tâche était périlleuse : il s'agissait d'écarter des navires vénitiens les brûlots flottants et de les amener contre le vent dans le courant qui les entraînait en aval du Bras.

Furieux de voir leurs plans déjoués, les Grecs affluaient sur leur quai, remplissaient sans ordre des chaloupes et ramaient furieusement vers les marins du doge en poussant de grands cris. Leurs flèches touchaient parfois les canots, se plantaient dans la coque des nefs. Certaines touchaient des matelots occupés à éteindre des débuts d'incendie. Plusieurs frôlèrent le chapeau cornu du doge, toujours dressé, imperturbable, sur le château de sa galère.

L'issue du combat aurait pu être fatale aux Vénitiens s'il n'avait été mené dans le désordre et l'improvisation. Un peu plus tard, les archers de Pierre de Bracieux arrivèrent en appui et le port retrouva peu à peu le calme. Ce n'est qu'au clair jour que l'on put juger des pertes. Sur les eaux du port flottaient des centaines de corps, presque tous des Grecs.

— Par la grâce de Dieu, dit le doge Dandolo à Pierre de Bracieux, nous n'avons perdu aucun navire, excepté une nef de Pisans pleine de marchandises qui a été brûlée. Nous ne déplorons que quelques morts et des blessés. L'empereur Alexis est bien puni, qui voulait nous remercier par le feu des services que nous lui avons rendus !

*

* *

Après cette dure empoignade, le froid vint freiner l'ardeur guerrière des Grecs qui se préparèrent à résister aux Francs le jour où ils tenteraient de prendre la ville. Murzuphle fit renforcer les murailles, rehausser les tours et garnir celles-ci de bons cuirs pour résister aux assauts. Les Grecs se persuadèrent alors qu'ils n'avaient plus rien à craindre des Francs et qu'ils devaient chercher un nouvel empereur pour remplacer Alexis IV, coupable à leurs yeux d'avoir entretenu des liens trop familiers avec les croisés et de leur avoir versé des sommes considérables. Ils lui reprochaient aussi, à l'instigation des suppôts de Murzuphle, d'avoir mis à la fonte des vases sacrés pour payer les dettes qu'il avait contractées.

Durant ce temps, l'armée des Francs et du doge se morfondait. Les vivres, à part les biscuits, commençaient à manquer et, dans le camp, la cherté de la vie était si grande que l'on y vendait un setier de vin douze sous et un œuf deux deniers.

On attendait ainsi les beaux jours dans l'impatience quand les barons reçurent la visite d'un étrange émissaire.

L'homme venait de la part de Jean le Valaque, un ancien sergent de l'empereur devenu après d'obscures manigances le maître de la Valachie, terre du domaine de l'empereur passée sous sa tutelle.

— Jean le Valaque sait que vous êtes pauvres et que vous allez avoir besoin d'argent pour la prochaine campagne contre les Grecs. Prêtez-lui main-forte pour se faire couronner roi et il vous aidera, avec cent mille hommes, à prendre Constantinople.

Échaudés par leur désastreuse alliance avec Alexis, les barons se réunirent pour délibérer et donnèrent une réponse négative à la demande du Valaque. Ils apprendraient plus tard que, devant leur refus, celui-ci avait demandé à Rome qu'on le couronnât et que le pape avait envoyé un cardinal pour lui donner satisfaction.

La chevalerie française, pas plus que les procurators vénitiens, n'en avait fini avec les surprises de la politique byzantine. L'étonnement des barons fut grand lorsqu'un émissaire de l'empereur Alexis vint leur demander en son nom d'occuper le palais de Blaquerne et de le protéger contre le sénat et le clergé qui venaient de lui donner un successeur en couronnant à Sainte-Sophie le jeune Nicolas Cannabe. Les Français et le doge délibéraient sur cette démarche insolite quand une autre nouvelle leur parvint de la ville : pendant la nuit, Murzuphle, aidé des militaires, s'était emparé de l'empereur Alexis et l'avait jeté en prison tandis que l'on s'assurait de la personne de Nicolas Cannabe. Le malheureux jeune homme n'aurait pas été longtemps empereur : on l'avait décapité !

— Charmantes mœurs ! dit Conon. Et Murzuphle ?

— Il a aussitôt chaussé les bottes vermeilles et les Grecs l'ont fait empereur à Sainte-Sophie ! Oyez si horrible trahison s'est jamais consommée par nulle gent !

La tragédie n'était pourtant pas terminée : on fut bientôt avisé que le vieil empereur Sursac était mort en apprenant que son fils venait d'être emprisonné. Il lui aurait été au moins épargné de savoir qu'après avoir tenté trois fois de lui donner le poison, Murzuphle l'avait fait étrangler, prétendant qu'il était décédé de mort naturelle.

Le fait que l'homme aux noirs sourcils eût tenté de dissimuler ses crimes suscita un tel dégoût que l'armée et le duc de Venise décidèrent de tenir parlement avec les évêques et tout le clergé de la croisade. Il ne s'agissait pas de s'apitoyer sur la mort de l'empereur félon mais de juger le plus odieux des meurtres, en n'oubliant pas que l'assassin s'était révélé l'ennemi juré des Francs et des Vénitiens.

Au moment où l'armée se posait des questions sur la suite à donner au pèlerinage qui prenait au gré des saisons d'étranges déviations, le clergé montra aux barons et aux pèlerins qu'un tel meurtrier n'avait pas le droit de tenir terre et que tous ceux qui étaient consentants étaient complices du crime. L'évêque Milhoud de Santerre fut particulièrement écouté lorsqu'il conclut :

— C'est pourquoi nous vous affirmons que la bataille est juste. Vous avez le droit de conquérir la terre et de la placer sous l'obédience de Rome. Tous ceux de vous qui y mourront auront le pardon que le pape leur a octroyé.

Un message de Murzuphle au marquis et à tous les barons, les prévenant que s'il les trouvait encore sur ses terres au bout de huit jours il les occirait tous, décida les moins belliqueux. Il lui fut répondu que la croisade le défiait et qu'elle n'abandonnerait pas le siège avant d'avoir pris Constantinople une seconde fois et reçu ce qu'Alexis s'était engagé à lui donner.

Les jours commençaient à rallonger sur le Bosphore, l'air s'adoucissait dans la plaine. La guerre pouvait succéder à l'attente. C'est ce que pensa Henri, le frère du comte Baudouin de Flandre, qui, le jour de la Chandeleur, s'en vint trouver Guillaume d'Amiens :

— Mon ami, lui dit-il, je sais que, comme moi, vous enragez de voir les choses traîner. Mais ce qu'une armée ne peut décider sans longues délibérations, un petit groupe résolu peut le tenter. Il existe sur la mer Majeure[1], une ville appelée Philée qui regorge de vivres de toutes sortes. Alors, je vous propose de vous joindre, avec vos amis dont j'admire la valeur et le courage, à Eudes et Guillaume de Champlitte, deux tournoyeurs que vous connaissez, à Jacques d'Avesnes, à Baudouin de Beauvoir, à moi-même et à un petit nombre

---

1. La mer Noire.

155

de bonnes gens de nos pays pour aller tout simplement prendre cette cité grecque.

— L'idée me plaît, messire Henri. J'en référerai à mes compagnons mais je suis sûr de leur réponse. Nous chevaucherons ensemble jusqu'à Philée et en rapporterons le ravitaillement dont nous avons grand besoin. Quand partirons-nous ?

— Cette nuit dans le plus grand secret. Mon frère et le marquis ignorent tout de ce projet.

— Où nous retrouverons-nous ?

— À une heure avant minuit sur le chemin qui mène au pont de Blaquerne.

— Les chevaliers du chapitre y seront, tous en armes, en compagnie d'une dizaine des meilleurs sergents de notre corps.

Ainsi la petite troupe des braves chevaucha-t-elle dans le silence de la nuit en direction du nord-ouest de la ville. Ils laissèrent la coulée du Bosphore sur leur droite et coupèrent à travers les terres pour atteindre six heures plus tard la mer Majeure à une petite lieue de la petite ville de Philée. Ils mirent pied à terre, se désarmèrent et se reposèrent en attendant le lever du jour.

Aux premières lueurs de l'aube, les hardis chevaliers et leurs hommes étaient prêts, lance au poing, pour « aller faire le marché », comme disait Conon. Les quelques dizaines de soldats grecs censés garder la ville dormaient encore quand, faisant grand tapage de sabots, de hennissements et de ferraille, les compagnons d'Henri de Flandre firent irruption dans la ville. La garde se rendit avant d'être habillée et les gens de la cité, voyant que toute défense était inutile, se plièrent aux ordres des sergents qui commençaient à rassembler sur le port ce qu'ils venaient chercher : des bestiaux, des sacs de grains, de l'huile, tout ce qui manquait depuis des semaines dans le camp des pèlerins.

Déjà, les gens de Baudouin de Beauvoir réquisitionnaient dans le port les barques et les petites nefs qui, aussitôt chargées de butin, s'engageaient dans la descente du Bras en direction du camp. Sauf qu'on leur prenait leur bien, les habitants n'eurent à subir aucuns sévices durant les deux jours que dura le séjour des croisés à Philée. À l'aube de la troisième journée, ils repartirent vers le camp avec des chariots remplis de vivres, de vêtements, de fruits et des chevaux tenus en longue laisse, bref le butin rêvé par toute armée en campagne. Évidemment, le convoi allait moins vite qu'à l'aller mais Henri de Flandre et Guillaume avaient décidé de le mener groupé jusqu'au bout dans la crainte d'une attaque des Grecs.

— Se peut-il que Murzuphle ait eu connaissance de notre chevauchée ? demanda le comte Henri à Guillaume alors qu'ils avançaient de conserve sur un chemin où les chariots peinaient à suivre.

— Murzuphle est devenu empereur – cela me fait mal de le nommer ainsi mais enfin... – grâce à tous les gens qu'il a payés pour épier les autres, les amis comme les ennemis. Cela m'étonnerait fort qu'un de ses sycophantes ne soit pas parti au galop le prévenir de notre arrivée à Philée.

— Il serait donc possible qu'il nous considère comme une proie facile et qu'il vienne nous surprendre ?

— Je le crois. Nous devons demeurer sur nos gardes. Mais s'il se hasarde à nous attaquer, nous nous défendrons. Mes compagnons n'attendent que cela !

Guillaume, les tournois le lui avaient appris, sentait le danger à cent lieues. Il avait regroupé le chapitre autour de lui et demandé à chacun d'ouvrir l'œil et l'oreille pour déceler les bruits que fait normalement une troupe en déplacement.

Ce ne fut pas l'armée de Murzuphle qui arriva mais un cavalier isolé que Girart de Manchicourt reconnut de loin :

— C'est Raymond ! dit-il. Il ne vient certainement pas pour rien.

L'homme-Protée du chapitre, noir de poussière et visiblement exalté, arrêta brutalement son cheval près de celui de Guillaume et annonça :

— C'est *signor* Angelo qui m'envoie. Les espions de son oncle ont appris que Murzuphle était parti à votre rencontre avec deux mille hommes en armes ! Le camp est maintenant au courant de votre chevauchée et des cavaliers doivent vous rejoindre. Mais comme vous le savez, il faut réunir d'abord le ban et l'arrière-ban des barons et des capitaines avant de décider d'un départ.

— C'est pourquoi nous avons quitté le camp sans rien demander. Mais Villehardouin est-il au courant ?

— C'est lui qui va conduire le renfort. Dès qu'il a appris la nouvelle par Angelo, il a remué ciel et terre pour qu'on lève une compagnie ! Il doit être en route. Ah ! Murzuphle assure personnellement le commandement des Grecs. Il prend la chose très au sérieux puisqu'il a fait emporter l'îcone d'or de Notre-Dame dont les empereurs ne se séparent jamais quand ils vont à la bataille. Il paraît que les Grecs ont une si grande confiance en cette image qu'ils sont persuadés qu'elle assure la victoire à celui qui la porte !

— Eh bien ! On lui prendra son îcone et il sera déconfit, je te le jure !

Henri de Flandre avait sans attendre mis ses troupes en dispositif d'alerte et la caravane des pèlerins continua d'avancer, s'attendant à être attaquée à chaque tournant de la route.

Aucun nuage de poussière ne signalait pourtant l'arrivée des Grecs et les Français commençaient à se demander si Murzuphle était vraiment parti à leur rencontre. Ils ignoraient qu'il avait caché ses troupes à une lieue et qu'il attendait qu'ils fussent passés pour les prendre à revers. L'homme noir les avait observés cheminant avec leur butin et leurs bestiaux et avait ordonné à ses troupes de ne bouger qu'après le passage de l'arrière-garde. L'arrière-garde, c'était Henri et ses gens qui peu après se retournèrent face aux Grecs alors que le reste de la troupe prenait position à l'abri des chariots.

— Si nous attaquons, dit Guillaume, nous sommes battus par le nombre. Si nous fuyons, nous perdons le butin et nous sommes tous morts. Alors...

— Alors nous nous défendrons sur place ! continua Henri de Flandre qui fit placer à l'avant les arbalétriers et les archers avec l'ordre de ne lâcher leurs flèches et leurs carreaux que lorsque l'ennemi serait à portée.

Ce qui arriva à ce moment tint du miracle : l'avant-garde grecque, qui pensait forcer facilement une faible défense, fut soudainement fauchée et les cavaliers qui suivaient s'arrêtèrent, surpris. Tandis qu'Henri faisait retendre arcs et arbalètes, Guillaume, qui sentait l'adversaire hésitant, décida d'attaquer, comme au tournoi, avec cette différence qu'il jouait le tout pour le tout contre un véritable ennemi bien supérieur en nombre :

— Le chapitre à la charge ! Et que les autres suivent ! hurla-t-il d'une voix qui dominait le brouhaha du combat.

Il éperonna Germain qui, reniflant la bataille proche, hennit de plaisir et se jeta avec son maître sur les cavaliers grecs qui semblaient terrorisés par le déferlement du bloc compact formé par les compagnons de Guillaume. Lance à plat, bouclier au poing et brides lâchées, Eustache de Canteleux, Girart de Manchicourt, Conon de Béthune et Geoffroi, le pilier de l'équipe amiénoise, se ruèrent sur les hommes de Murzuphle. La plupart de ces derniers, avant même d'avoir pu esquisser une défense, se retrouvèrent désarçonnés par leurs montures apeurées qui ruaient des quatre fers et écrasaient en reculant les archers de la deuxième ligne. Le désordre était grand, le bruit des armures disloquées assourdissant et la bataille semblait gagnée. C'est alors que Murzuphle lança contre les Français regroupés une nouvelle vague de cavaliers suivie de sergents et d'hommes à pied qui attaquèrent de toutes parts. Ceux du chapitre et les gens d'Henri de Flandre firent face et en tuèrent beaucoup, mais il apparut bientôt que le fait d'être à cheval n'était plus un avantage. Alors la plupart des Français abandonnèrent chevaux et lances pour mieux combattre de près à l'épée et au poignard. Certains sortirent même les miséricordes[1] !

On se battit longtemps au milieu des cadavres et des corps de chevaux éventrés mais, malgré leur petit nombre, les Français étaient aussi les plus forts à ce jeu. Avec joie et soulagement, ils virent les Grecs déconfits abandonner peu à peu le champ de bataille et, noir sur son cheval noir, Murzulphe donner le signal du repli. Guillaume, qui ne le quittait pas des yeux, lança alors à ses amis du chapitre :

— Sus au traître ! Je veux Murzulphe vivant !

---

1. Dague qui permettait d'égorger ou de blesser l'adversaire en la glissant dans les jointures de l'armure.

Ils s'élancèrent à sa poursuite mais l'empereur félon allait aussi vite qu'eux et avait une bonne avance.

— Nous ne le rattraperons pas, dit Manchicourt.

— Tentons encore, répondit Guillaume. J'enrage de le laisser partir.

Ils relancèrent les chevaux qui, fourbus, abandonnaient du terrain au fuyard. Ils allaient renoncer à la poursuite quand ils aperçurent devant eux un destrier noir sans cavalier, la bride sur le cou, qui continuait tranquillement sa route au pas :

— Tiens, dit Conon, ce pourrait être le cheval de Murzuphle, lequel aurait changé de monture.

Ils rejoignirent la bête, mirent pied à terre et fouillèrent la sacoche accrochée au dos de la selle.

— Regardez ! s'écria Manchicourt en brandissant une image de la Vierge encadrée d'or et de pierres précieuses. C'est, j'en suis sûr, l'icône de Murzuphle ! Pressé d'enfourcher une monture fraîche, il a oublié l'icône dans la sacoche du cheval abandonné.

— L'icône de l'empereur ! s'exclama Guillaume. C'est tout de même un sacré butin ! Nous avons bien fait de poursuivre jusqu'ici mais, maintenant, il faut rentrer au camp avant que Murzuphle ne tente de nous surprendre à nouveau. Les miracles n'ont lieu qu'une fois !

Ils retrouvèrent le convoi emmené par Henri de Flandre grossi de quinze chevaux, de cinq voitures et d'une cinquantaine de prisonniers. Les pèlerins n'avaient perdu que trois des leurs mais l'un des meilleurs chevaliers, Vilain de Nully, était du nombre et c'était une grande perte pour la croisade. Un peu plus loin, ils remarquèrent une troupe nombreuse qui galopait à leur rencontre. Inquiet, Henri envoya un sergent pour voir de qui il s'agissait. Bonheur ! C'était la compagnie de Villehardouin qui venait secourir ses amis.

— Voyez, messire, ce que nous rapportons au camp, dit Henri de Flandre : des vivres, des chevaux, quelques prisonniers, des voitures...

— Et de cela, que dites-vous ? continua Guillaume à l'attention de Villehardouin en tirant de sa besace l'icône des empereurs de Constantinople.

— Je dis d'abord que vous nous avez fait très peur. Lorsque nous avons appris que Murzuphle savait que vous aviez quitté le camp pour aller à Philée, nous ne donnions pas cher de votre armure. Il lui suffisait d'armer cinq fois plus de Grecs que vous n'étiez pour vous défaire en un clin d'œil !

— Il en a armé dix fois plus et c'est lui qui a été défait !

— Grâce à Guillaume d'Amiens et à ses amis, souligna Henri.

Modeste, le tournoyeur protesta que tous les Francs des pays du Nord avaient été magnifiques et que la victoire revenait à tous. Et les pèlerins repartirent, bien décidés à arriver avant la tombée du jour.

Un messager avait déjà porté la bonne nouvelle dans le camp et c'était la liesse. Toutes les maisons, toutes les tentes étaient décorées d'oriflammes, des feux de joie avaient été allumés et les cuisiniers préparaient le meilleur festin qu'il pouvaient avec le peu de vivres qui restaient.

Quand les héros de Philée furent près d'arriver, les évêques et les clercs qui étaient à l'armée vinrent en procession à leur rencontre au chant du *Veni Creator* et invitèrent à une prière. Puis, dans l'émotion générale, Guillaume remit l'icône de l'empire à l'évêque de Troyes qui la porta, toujours en procession, à l'église où les prêtres célébraient la messe et confessaient les pèlerins. Dès le lendemain, les barons décidèrent qu'elle serait offerte à Cîteaux.

Si la joie régnait chez les croisés, l'embarras était grand dans la ville où Murzuphle, qui n'en était pas à une ignominie près, se glorifia d'avoir mis en déroute et déconfiture Henri, Guillaume et leurs gens. À la cour, nombreux étaient ceux qui connaissaient la vérité. Certains dirent ingénument que la victoire venait du fait que l'empereur avait pris soin d'emporter la sainte icône en campagne. À ceux qui demandaient où se trouvait l'image vénérée on répondit qu'elle avait été mise en lieu sûr.

Comme on parlait beaucoup dans la ville de cette histoire, on ne tarda pas à savoir au camp que Murzuphle se vantait d'avoir défait les Français. Guillaume, pour sa part, en fut si offusqué qu'il proposa au marquis d'armer une galère, d'y placer bien haut l'icône et de la faire naviguer tout au long des murs. Que pouvait-on refuser à celui qui s'était couvert de gloire dans la chevauchée de Philée ? Quelques heures plus tard, tous les Grecs savaient que l'emblème sacré était aux mains des Français.

*
* *

Le fait d'armes de Philée n'était qu'une péripétie dans la lutte acharnée qui opposait les croisés aux Grecs et qui ne pouvait se terminer que par la prise de Constantinople ou la destruction de la flotte des assaillants. Après avoir ébranlé le prestige de Murzuphle, Français et Vénitiens s'employèrent donc, en attendant Pâques, à rééquiper les navires et à construire de nouvelles armes. Le doge Dandolo, plus fringant que jamais, fit couvrir ses nefs et ses galères de planches de bois de merrain protégées par une couche de sarments de vigne destinée à amortir la chute des projectiles lancés par les pierrières. On continua de renforcer sur chaque bateau les tours et les échelles tandis que les Français essayaient dans les champs des engins nouvellement construits pour miner les murs que l'on appelait « chats », « carchloies » et « truies ». De leur côté, les Grecs renforçaient leurs murailles et protégeaient les bretèches par des couches de cuir.

Durant le carême, l'armée consacra beaucoup de temps à délibérer sur la conduite à tenir lorsque la ville serait prise. Finalement, le conseil décida que « si Dieu donnait qu'ils entrent de force dans la ville, tout le butin qui s'y trouverait serait apporté en commun et réparti entre tous comme il conviendrait. Si les croisés étaient maîtres de la cité, six hommes seraient pris parmi les Français et six parmi les Vénitiens. Les douze éliraient alors comme empereur celui qui, à leur sens, vaudrait le mieux pour la terre. L'empereur ainsi élu aurait le quart de toute la conquête dans la cité et au-dehors. Il aurait aussi le palais de Bouche-de-Lion et celui de Blaquerne. Les trois autres parts seraient partagées en deux : la moitié aux Vénitiens et la moitié à ceux de l'armée. Enfin, douze des plus sages de l'armée et douze des Vénitiens auraient la mission de déterminer le service qu'ils en feraient à l'empereur ».

Au cours d'une grande assemblée, la convention fut conclue et jurée par les Français et par les Vénitiens avec cette clause que tous les gens de la croisade devraient rester jusqu'au mois de mars de l'année suivante et que ceux qui partiraient avant seraient passibles d'excommunication.

La flotte fut ainsi armée, les vivres embarqués, les chevaux installés dans les huissiers et chacun prit place dans la nef de son corps de bataille. Le jour de la mi-carême, le 8 avril 1204, un vent favorable poussa les vaisseaux alignés bord à bord vers l'enceinte qui fut attaquée le lendemain sur une longueur d'une demi-lieue.

L'assaut commença, très rude. En maints endroits, les croisés sautèrent à terre et parvinrent jusqu'au mur. Plus haut, c'étaient ceux des nefs qui s'étaient approchés si près du rempart qu'ils pouvaient combattre les défenseurs à la lance maniée des deux côtés à poing tenant. Le combat dura jusqu'à l'heure de none sans être décisif.

Il fallut bien avouer que les Grecs, guerriers médiocres sur le terrain, étaient plus forts en défense et que les pèlerins avaient été repoussés dans l'assaut en perdant plus d'hommes que les assiégés. Certains vaisseaux regagnèrent le port, d'autres demeurèrent ancrés, sous le regard de Murzuphle qui avait planté ses tentes vermeilles devant le monastère de Pantepople, d'où il dominait le champ de l'assaut. Les Grecs, qui avaient écrasé sous leurs projectiles la majeure partie des engins débarqués, étaient contents de ce premier jour de bataille qui fut fêté comme une grande victoire. Moins satisfaits, ceux de l'armée et les Vénitiens s'assemblèrent le soir en parlement dans l'église où était gardée l'icône de l'empereur. Les Français étaient troublés de leur mésaventure et les barons discutèrent longtemps de la tactique à adopter. Beaucoup furent d'avis que l'on attaquât de l'autre côté de la ville, là où elle n'était pas hourdée, mais les Vénitiens, qui connaissaient mieux la mer, dirent que le courant, fort à cet endroit, emporterait les vaisseaux sans qu'ils puissent être arrêtés.

Finalement, il fut décidé que l'on préparerait un nouvel assaut le lendemain, un samedi, et durant tout le dimanche, pour reprendre le lundi[1]. Il fut aussi convenu que les tours

---

1. Le 12 avril 1204.

seraient attaquées par deux nefs étroitement jumelées pour doubler le nombre des combattants des échelles.

Le dimanche matin, on cria par le camp que tous vinssent au sermon, les Vénitiens comme les Français. Et tous les pèlerins écoutèrent l'évêque de Troyes, l'évêque de Soissons, l'évêque de Halberstadt et l'abbé de Loos tonner que l'offensive contre les Grecs n'était pas un péché mais une œuvre de grande piété car ils étaient déloyaux, meurtriers et ennemis du Seigneur Dieu. Les évêques dirent aussi qu'ils absolvaient, de par Dieu et par le pape, tous ceux qui monteraient sus aux murailles de Constantinople. Pour se rapprocher plus encore de la sainte religion, un peu oubliée ces derniers mois, les évêques commandèrent de rechercher toutes les femmes de mauvaise vie et de les renvoyer bien loin au-delà du camp.

Le lundi s'armèrent comme convenu ceux des nefs, des galées, des huissiers, et la flotte reprit position sans difficulté, grâce au borée, ce vent discret qu'avait fait lever pour elle Notre Seigneur. Après leur succès, les Grecs étaient si confiants qu'ils s'étaient rassemblés nombreux en haut des murs pour assister à une nouvelle défaite de la flotte vénitienne.

*

* *

Le soleil était encore bas quand sonnèrent les trompettes d'argent et les timbres qui annonçaient le début de l'assaut. Dès les premières minutes il apparut que la lutte serait dure et longue. Deux des nefs liées ensemble, *La Pèlerine* et *Le Paradis*, s'approchèrent doucement de la plus haute tour et l'on put assister, des autres vaisseaux, au premier exploit de la journée.

En armes dans l'huissier où se trouvaient leurs chevaux, Guillaume et ses compagnons regardaient en connaisseurs un chevalier de France prendre pied le premier sur la tour et brandir son épée contre les défenseurs.

— Je le connais, il est du Soissonnais, c'est André Durboise, dit Eustache de Canteleux.

— Il mériterait une place au chapitre ! répondit Guillaume, ce qui n'était pas, dans la bouche du tournoyeur, un mince compliment.

— Et nous ? Que faisons-nous ? demanda Milon

— Notre rôle n'est pas de commencer une bataille mais de la finir, assura Guillaume. À moins qu'il ne devienne nécessaire de prêter main-forte à des compagnons en danger. Et il m'est avis que cela ne va pas tarder.

En effet, les Grecs avaient mis en place leurs pierrières qui jetaient des blocs de grès et de granit de plus de cent livres sur les nefs et sur tous ceux qui tentaient de prendre terre. Dans la tour, le chevalier André continuait de se battre. Son armure le protégeait des défenseurs qui ne portaient qu'une cotte de mailles. Il aurait pourtant succombé sous le nombre si d'autres gens de son corps de bataille n'étaient arrivés à entrer eux aussi dans la tour pour faire reculer les Grecs jusque dans l'escalier étroit aux marches usées qui menait à l'étage inférieur. Pressés, ceux qui s'y trouvaient, Anglais, Danois et Grecs, ne purent que descendre eux-mêmes d'un autre étage et à ce jeu de pousse-pousse, la tour se trouva bientôt vidée de ses défenseurs.

— J'aimerais bien accompagner ces gaillards, dit Conon.

— Sautons plutôt à cheval et débarquons, s'exclama Guillaume. J'ai l'idée qu'on va bientôt pouvoir passer du côté de chez Murzuphle. Tenez, regardez tous ces braves gens qui sautent des huissiers et des galées pour dresser leurs échelles au plat du mur et qui vont bientôt s'emparer d'autres tours. Allez, le chapitre, en selle ! il est temps de jouer notre musique.

Mais le tournoyeur, après avoir bien inspecté les lieux du regard, se ravisa :

— Non, il est trop tôt. C'est à pied que nous allons débarquer et longer le mur jusqu'à une poterne que j'aperçois. C'est par là que nous allons essayer d'entrer. Si vous êtes d'accord, mon cher Villehardouin, partons avec nos sergents et une petite compagnie équipée de pics, de barres de fer et de masses. Raymond doit pouvoir trouver tout ce qu'il faut pour forcer une poterne.

Villehardouin était d'accord, les autres aussi, et la troupe partit à la queue leu leu car l'espace n'était pas grand entre la mer et le mur. Ce manège n'était naturellement pas passé inaperçu des gens de la ville qui déversèrent sur les Français des pierres, des torches enflammées et même de pleins pots de poix bouillante. Ils furent plusieurs à périr, les autres réussissant tant bien que mal à se protéger à l'aide de leurs écus et de leurs targes. Ils arrivèrent enfin devant une ancienne poterne dont les vantaux avaient été enlevés et qui avait été murée. Heureusement, il y avait devant elle un peu d'espace qui permettait de s'éloigner du mur d'où tombait la mort. Ceux qui piochaient, piquaient, cassaient la pierre à coups de masses et de haches ne pouvaient être hélas protégés que par les boucliers de leurs compagnons. C'était miracle de Dieu qu'ils ne périssent pas tous mais tous souffrirent plus que leur compte avant de réussir à pratiquer une ouverture dans le mur qui, heureusement, était moins épais à l'endroit où la porte avait été bouchée.

— Bonjour, messire Guillaume. Si vous le voulez bien, je m'invite à la fête. J'ai cinquante sergents avec moi et je pense que nous ne serons pas de trop pour passer de l'autre côté.

Guillaume se retourna et découvrit son interlocuteur. C'était Pierre de Bracieux en qui certains voyaient son rival mais dont les faits d'armes forçaient l'admiration :

— Bienvenue dans l'enfer, Pierre de Bracieux. Il y a en effet de la peine pour tout le monde. Venez donc avec moi regarder par ce trou ce qui nous attend !

Les deux preux s'avancèrent sous une grêle de pierres et découvrirent l'un après l'autre un grouillement de gens de toutes sortes.

— Bien que la promenade ne soit pas très engageante, il va tout de même falloir entrer par ce trou ! dit Pierre de Bracieux.

— J'y vais ! s'écria Conon de Béthune.

— Comment réussiriez-vous à passer votre corps de géant dans cette mince ouverture ? repartit Guillaume, qui ajouta d'un ton sans réplique : C'est à moi d'entrer le premier !

— Je vous suivrai ! dit Pierre de Bracieux. Nos deux épées et nos dagues nous permettront, je l'espère, de frayer le passage aux autres. C'est risqué mais je remets mon sort dans la main de Dieu.

— Et moi le mien dans ma poigne de tournoyeur ! dit

Guillaume. Ne qui ne m'empêche pas de prier Dieu de veiller sur ma croix de pèlerin.

Et il toucha son épaule, là où, sous le fer de l'armure, se trouvait toujours la croix que Marie avait brodée, Marie dont le visage brouillé par le temps lui revint soudain en mémoire avec une netteté miraculeuse. Il vit dans cette apparition un encouragement à l'héroïsme et demanda que l'on élargisse l'ouverture afin qu'un homme en armure pût s'y glisser.

— N'y allez ni l'un ni l'autre ! lança alors Villehardouin. La croisade a besoin de vous et, par bravade plus que par devoir, vous vous lancez dans une affaire qui présente tous les risques. Je parle à l'ami Guillaume et au preux Pierre : restez vivants et attendez le moment où la ville tombera sous le poids de l'armée et de la flotte.

— Merci, mon frère, mais vous savez que rien ne m'arrêtera. Ni Pierre... Alors souhaitez-nous bonne chance !

Il regarda l'ouverture élargie, y glissa son heaume puis avança. Par chance, les épaulières de fer passaient ! Il se retrouva derrière le mur entouré de Grecs d'abord ébahis puis vite menaçants. Comme ils s'approchaient et que Guillaume se demandait s'il fallait ou non attaquer, Pierre de Bracieux fut auprès de lui le couteau dans une main, l'épée dans l'autre.

— Avançons lentement, dit Guillaume après avoir relevé un instant la visière de son casque. Et voyons leur réaction.

Ils firent un pas, puis deux, tandis que Manchicourt et Milon se faufilaient à leur tour par l'ouverture suivis des autres membres du chapitre et des amis de Bracieux. Déjà apeurés par l'intrusion soudaine de deux Francs bardés de fer, les Grecs s'enfuirent en voyant d'autres casques à nez ferrés surgir les uns après les autres de la poterne.

On ne prend pourtant pas une ville comme Constantinople en y introduisant une centaine de braves. S'engager plus avant eût été une folie. Les perceurs de muraille se regroupèrent donc autour de la poterne éventrée en attendant le reste de l'armée qui ne devait pas demeurer inactif et qui avait peut-être déjà forcé d'autres portes.

Guillaume, lui, avait une autre idée :

— Je vous laisse la poterne, dit-il à Pierre de Bracieux.

Moi je pars avec mes amis chercher les chevaux et rendre compte de votre exploit au marquis et au comte Baudouin.

Il sourit en criant : « Le "chapitre" aux chevaux ! », pas mécontent de garder l'avantage sur Pierre le Preux.

Les gens de la ville s'étaient un peu lassés de lancer pierres et flèches du haut de leur mur et le groupe revint plus facilement à l'huissier. Une fois à cheval, Guillaume dit :

— Il est temps, je crois, de s'occuper du sinistre Murzuphle. On n'entend plus sonner ses trompettes. Allons voir, mes amis, s'il est encore sous sa tente vermeille.

Il n'était pas sous sa tente mais debout sur la colline, et ce qu'il voyait ne devait pas lui faire plaisir. À droite, il pouvait apercevoir les gens de Pierre de Bracieux massés à l'intérieur des remparts autour de la poterne et, à gauche, le corps de bataille d'Hugues de Saint-Pol commandé par Pierre d'Amiens, le cousin de Guillaume, qui avait enfoncé trois portes et dont les chevaliers se répandaient dans la ville.

Murzuphle voyait aussi que, sur mer, la flotte protégée par les couvertures de merrain et de sarments avait résisté à ses gens et que les Vénitiens prenaient une à une les tours encore aux mains des Grecs. Alors, écumant de rage, il faisait sonner les trompettes et hurlait des ordres pour que l'on envoie des gens là où la situation lui paraissait désespérée.

Les chevaliers du chapitre, eux, galopaient derrière Guillaume qui avait attaché à sa lance le fanion portant ses couleurs, le vert et le bleu, qui lui avaient si souvent porté chance dans les tournois. Entrés par l'une des portes forcées par Pierre d'Amiens, ils avaient passé la ligne au-delà de laquelle il était téméraire de s'aventurer et que les Français avaient l'ordre de ne pas franchir. Dans les rues, la foule s'ouvrait devant cette masse de fer qui fonçait comme lancée par un pierrier géant vers le campement de l'empereur.

Quand les compagnons de Guillaume arrivèrent en vue de la tente écarlate, ils virent Murzuphle à cheval qui tentait d'entraîner ses corps de bataille sus aux Français. Il s'attendait visiblement à ce que cette démonstration de force les fît reculer mais c'était ne pas connaître les chevaliers du chapitre qui, au contraire, éperonnèrent. Alors Guillaume se sentit traversé sous sa cuirasse par un éclair de bonheur : voyant que les Français continuaient d'avancer, Murzuphle avait fait soudain demi-tour et s'était enfui vers la cité, abandonnant ses troupes, affolées, qui se dispersaient dans le désordre vers l'enceinte où l'armée les attendait pour les mettre en pièces, s'emparer de leurs chevaux, palefrois et mules et de tout un butin.

Guillaume se donna le plaisir d'entrer à cheval dans la tente impériale. Murzuphle y avait laissé avec ses coffres remplis de richesses le gonfalon impérial. Après la perte de l'icône, c'était une honte à laquelle l'homme noir aurait du mal à survivre.

— Nous l'avons manqué encore une fois, dit Guillaume, mais il aurait été inutile et dangereux de le poursuivre dans ces rues étroites. Il a dû aller se réfugier au château de la Bouche-de-Lion. Enfin, nous rapportons un second trophée !

— Oui, et je propose, dit Villehardouin, qu'il demeure la propriété du chapitre et que, lorsque notre groupe fraternel se dissoudra à la fin de la croisade, reste à Guillaume.

Guillaume, ému, remercia, et ses amis l'acclamaient quand arriva Pierre de Bracieux qui ne montra pas sa déception en voyant passer le gonfalon de mains en mains. Il en palpa lui aussi la soie précieuse et dit en souriant :

— Décidément, je serai toujours en retard d'un galop !

*
* *

L'heure avançait quand tous ceux de l'armée, dispersés dans la ville, commencèrent à s'assembler sur une grande place voisine de la fameuse poterne promue déjà haut lieu chez les croisés par le bouche à oreille. Les barons, après avoir consulté les principaux chevaliers, décidèrent que l'on ne rejoindrait pas les nefs mais que l'on camperait près des murs et des portes dont on s'était emparés.

Épuisés par cette journée de fureur, ceux du chapitre, pas plus que le reste de l'armée, n'eurent envie de braver l'interdiction de pénétrer dans la ville qui abritait encore un nombre considérable de Grecs en armes. Ils mangèrent ce qu'ils trouvèrent au fond de leur besace, se remémorèrent en plaisantant, comme ils en avaient l'habitude, les épisodes les plus marquants de ces douze heures de combats ininterrompus et s'endormirent en rêvant que Constantinople, objectif de tant d'efforts, était prise. Ils ignoraient, comme le marquis et tous les barons, que ce rêve était réalité. Ils ne s'en aperçurent que le lendemain matin en apprenant que Murzuphle, ainsi que la plupart des défenseurs des tours et des murs, s'étaient enfuis au cours de la nuit par la porte Dorée, tout au sud de la ville, au point le plus éloigné de l'attaque. Constantinople, l'antique Byzance, la cité la mieux défendue et la plus riche de la terre, était bel et bien conquise par cette poignée de chrétiens aventureux qui, aux quatre coins de la France, s'étaient un jour cousu une croix sur l'épaule droite.

C'était pour l'armée une belle façon de fêter le lundi de la Pâque fleurie[1], la joie des vainqueurs n'étant tempérée que par le spectacle désolant qu'ils découvrirent du côté de Blaquerne. On ne sait quels gens, craignant sans doute une attaque nocturne, avaient mis le feu entre eux et les Grecs. C'était le troisième incendie depuis que les Francs étaient entrés dans la ville, le plus dévastateur aussi, mais la cité était si grande, les palais si nombreux et les trésors qu'ils contenaient si considérables, qu'il restait assez de richesses pour constituer le plus fabuleux butin jamais offert à des vainqueurs.

Un partage équitable était prévu mais les grands barons s'emparèrent d'abord, apparemment sans scrupules, des meilleurs hôtels de la ville. Ainsi le marquis fit-il prendre pour lui le palais de Bouche-de-Lion et le couvent Sainte-Sophie, tandis que le comte Baudouin de Flandre s'attribuait le palais de Blaquerne. Les autres barons choisirent les plus belles résidences, les plus riches abbayes. Chacun y installa sa garnison et fit garder les trésors qu'elles contenaient. Tous les hauts hommes de la croisade purent se loger à leur convenance.

Guillaume et ses amis ne furent pas les derniers à se mettre en chasse d'une demeure digne de leur qualité. C'est Girart de Manchicourt qui découvrit les maisons du patriarche, trois belles et solides bâtisses construites dans un grand

---

1. Le lundi qui précède les Rameaux.

jardin. Aucun baron ne les avait encore revendiquées et le chapitre vint en prendre possession le soir du lundi de la Pâque fleurie sans savoir à quel patriarche elles appartenaient. La question était de peu d'importance puisque le digne homme avait déguerpi et qu'il suffisait de pousser un peu la porte pour qu'elle s'ouvre aux chevaliers. Germain, qui avait vaillamment supporté les chevauchées de la veille, remua les oreilles. Guillaume sourit et se pencha pour lui flatter l'encolure : « Brigand, fit-il, tu as déjà remarqué l'herbe grasse de ce petit paradis !... »

Le chapitre s'éparpilla dans les deux premières maisons, des palais plutôt tant elles regorgeaient de trésors : des tapis de soie venus de Perse, de la vaisselle d'argent sur les dressoirs, des étoffes brodées d'or et mille autres joyaux qui émerveillèrent les amis.

— Quel butin ! s'exclama Milon le Brabant. Si tous les palais de la ville renferment autant de richesses, la croisade va être riche !

— À condition que chacun soit honnête et mette ses prises dans le fonds commun comme il en a été décidé, dit Guillaume. Au partage je crains fort que les riches hommes soient les mieux servis et que les pauvres ne profitent que de miettes.

— Dieu, qui nous a tant aimés depuis Venise et nous a toujours protégés, ne souffrira pas que la convoitise ternisse le pèlerinage, dit le pieux Eustache de Canteleux.

Chacun opina et l'on continua de s'extasier devant tant de magnificence. Raymond, lui, cherchait la cheminée dans laquelle il pourrait faire rôtir le chevreau qu'il trimballait depuis deux jours dans une cage en osier attachée à son cheval. Quand ils eurent tout visité, choisi la pièce où le chapitre pourrait se réunir pour parler, manger et boire, Guillaume et Villehardouin gagnèrent le troisième maison, la plus élégante sans doute, blottie au fond du parc. Il leur sembla en arrivant voir un homme, un serviteur probablement, qui entrait précipitamment.

— Cette maison abriterait-elle quelque Grec audacieux ? dit Guillaume.

Ils montèrent trois marches de marbre et se trouvèrent devant une porte close qui résista à leurs efforts. Ils allaient s'en retourner en se disant qu'ils avaient bien assez de place dans les deux autres demeures quand l'huis s'entrebâilla.

Ce n'était pas un patriarche schismatique arborant barbe blanche qui se montra, ni un Grec tremblant de peur, mais le plus ravissant visage qu'eût entrevu un croisé depuis le départ de Venise.

Interloqués par cette émanation d'un monde oublié, Guillaume et Villehardouin cherchaient les mots pour s'excuser quand, ouvrant plus grande la porte, la vision s'exprima :

— Dieu merci, vous êtes des chevaliers français ! Nous avons fui nos palais, chassées par la crainte d'un siège sanglant et par le feu pour certaines d'entre nous. Nous implorons votre pitié !

— N'ayez crainte, belle dame. Nous sommes en effet des chevaliers croisés et vous pouvez compter sur notre protection. Mais qui s'est donc réfugié ici ? demanda Villehardouin.

— Entrez, nobles chevaliers, ma mère va vous recevoir.

Intrigués, ils pénétrèrent dans une pièce décorée de mosaïques, aux sièges couverts de fourrures et où flottait un parfum d'ambre et de jasmin qui rappela à Guillaume celui qu'il avait naguère respiré dans le palais de l'Escutaire où Angelo et lui avaient aimé les femmes d'un grand chambellan et d'un général grec. Au fond, sur une sorte de trône aux sculptures dorées, se tenait une femme d'une quarantaine d'années, belle, majestueuse.

— Ma mère, dit la jeune fille.

— Chevaliers, vous avez devant vous Agnès, la sœur de votre roi Philippe Auguste. Je vous dirai une autre fois comment la fille de Louis VII a été envoyée à treize ans à Constantinople pour épouser Alexis, fils de l'empereur Manuel. Pour l'heure, je me suis réfugiée ici avec ma fille Alice et d'autres dames de haute noblesse comme Marie, sœur du roi de Hongrie. Elle aussi, par la grâce de Dieu, a été impératrice. Mais ces histoires de famille n'ont pas grand intérêt aujourd'hui. Dites-moi plutôt ce qu'il en advient de notre pauvre ville.

— Madame, elle est tombée depuis hier et l'empereur Murzuphle s'est enfui dans la nuit. L'armée des croisés a pris ses quartiers dans tous les hôtels de Constantinople. Nous-mêmes, avec quelques autres chevaliers, logerons dans les deux villas voisines. Vous pouvez naturellement continuer d'occuper celle-ci sous notre protection. Mais nous aurions dû nous présenter. Voici le seigneur Guillaume d'Amiens et je suis moi-même Geoffroi de Villehardouin, maréchal de Champagne, pour vous servir.

— Je vous remercie, seigneurs, j'espère que nous ferons bon voisinage. On me dit que la ville a beaucoup souffert de l'incendie et, surtout, du pillage. Est-ce vrai ?

— Hélas ! madame, répondit Villehardouin. La tradition de la guerre accorde trois jours de pillage aux soldats vainqueurs, et je crains fort que l'armée, qui a attendu si longtemps devant la plus belle ville du monde, ne se prive pas d'un saccage. Le marquis Boniface de Montferrat, le comte Baudouin de Flandre et le doge Dandolo, qui commandent la croisade, ont bien publié des ordres interdisant la détérioration des Lieux saints et des richesses artistiques de la ville, mais la convoitise et la rapine restent la cause de bien des maux.

— Messieurs, votre visite nous a été agréable et nous nous sentons en sécurité avec vous. J'aurais, sinon, été obligée de demander l'assistance de mon neveu, Louis de Blois, mais je préfère ne rien lui devoir. Au revoir. Ma fille va vous raccompagner.

— Que dites-vous de cela ? demanda Guillaume à son ami lorsqu'ils se retrouvèrent seuls dans le parc.

— J'avais entendu parler de cette Agnès, fille du roi Louis VII et d'Alix de Champagne, par le comte Louis de Blois. Il lui avait rendu visite lors de notre première incursion et avait, dit-on, été assez mal reçu.

— A-t-elle vraiment été impératrice ?

— Oui, mais l'histoire est bien embrouillée. Envoyée à la cour de Manuel Comnène pour épouser son fils, elle n'a pas été mariée avec lui mais à Andronic Comnène, devenu empereur. Après, il faudra lui demander comment elle est devenue la maîtresse puis la femme de Théodore Branas, un haut homme de l'empire, avec qui elle a eu une fille dont la beauté ne vous a pas, je crois, échappé.

— Ces Byzantins qui changent d'empereur et de femme comme de chemise sont vraiment des gens compliqués.

Quant à la jeune Alice, je lui trouve en effet bien du charme. Si ces dames ont besoin de protection, je suis volontaire pour veiller sur elles.

*
* *

Dès qu'il avait su où logeaient ses amis francs, Angelo était naturellement venu leur rendre visite et s'inviter à la table du chapitre, reconnue dans tous les corps de bataille comme la meilleure du pèlerinage.

— Dieu, que cela sent bon ! s'écria-t-il en arrivant. Que rôtit donc Conon aujourd'hui ? Un agneau ? Une biche ? Un bœuf ?

— Simplement un cochon de lait, répondit Guillaume en riant. As-tu donc si faim ?

— Mon oncle pèse trois plumes et se nourrit comme un oiseau. Une cuillerée de blé bouilli, quelques lentilles et deux biscuits, voilà le repas que je devrais partager avec le doge si vous n'aviez la gentillesse de me convier à votre table.

Les deux amis alternaient par jeu le vous et le tu dans leur conversation.

— Alors, pour vous mettre en bouche, acceptez donc, *signor*, une tartine couverte de ces curieuses petites perles noires que les pêcheurs retirent du ventre d'un poisson de la mer d'Astrakan[1]. Les marchands russes qui se moquent de la croisade et de Murzuphle étaient là, ce matin, quand Raymond a fait son tour de ville pour nous acheter quelque nourriture.

— Boire du vin grec, épais comme une soupe, avec ces œufs, car ce sont des œufs, serait passible de l'excommunication ! dit Geoffroi, le pilier des vert et bleu. J'ai heureusement des amis chez les matelots et vous boirez aujourd'hui un vin vénitien de bonne goulée.

— Quand je pense qu'on ne boit que de l'eau chez le doge ! dit Angelo en soupirant.

---

1. La mer Caspienne.

— S'est-il au moins choisi un palais digne de la Sérénissime ? demanda Guillaume.

— Une grande tente en mosaïque ! J'occupe dans le couvent attenant à Sainte-Sophie une chambre grande comme la place San Marco ! C'est sinistre. Si vous le voulez bien, je viendrai de temps en temps dormir chez vous.

Après le repas, Angelo entraîna Guillaume dans le parc où flottait encore l'odeur de l'incendie :

— Mon oncle m'a dit ce matin de m'occuper tout de suite des chevaux. Il a peur qu'un baron ne vienne les lui ravir sous le nez.

— Je ne vois pas qui, en dehors de celui qui est le maître de la flotte, pourrait avoir l'idée de rapporter chez lui ces géants de bronze.

— Je partage cet avis mais le doge ne pense qu'à sa ville et il y a bien d'autres trésors qu'il convoite pour lui en faire don. Il est pressé parce qu'il a peur de mourir avant d'avoir mis son butin en lieu sûr. Il attend le moment où, soulagé, il verra la nef chargée de ses trésors prendre la mer.

— Alors, vous avez pensé à ce que vous allez faire ?

— Je ne pense qu'à cela. Voulez-vous m'aider ?

— Si je comprends bien, vous me proposez de m'engager au service de la république de Venise ? Votre oncle est d'accord ?

— Oui. C'est lui qui y a pensé. Il vous connaît, il sait ce que vous avez fait durant la croisade et il n'a pas confiance dans ses gens pour organiser la garde de sa précieuse cargaison. L'idée qu'elle soit défendue par le meilleur tournoyeur lui plaît. À moi aussi. Je ne me vois pas endosser seul la responsabilité d'un tel voyage. Sans parler de l'amitié qui nous lie !

— Vous me surprenez et je ne puis vous répondre sur-le-champ.

— Naturellement. Réfléchissez à notre offre. J'oubliais de vous dire que vos conditions seront les nôtres. Ce voyage de retour vous rapportera cent fois plus que votre part du partage !

— Une question : le doge sera-t-il à bord ?

— Non. Il se sent vraiment épuisé et il pense qu'il doit demeurer à Constantinople pour négocier le partage des terres prises aux Grecs. Cela, il est vrai, est plus important pour Venise que quatre chevaux dorés. Mon oncle ne m'a rien dit mais j'ai l'impression qu'il veut mourir ici, dans la cité qu'il a rêvé de conquérir pour son pays.

Ils allaient rentrer pour disputer une partie d'échecs quand, au détour d'une allée, le soleil projeta sur le vert de l'herbe une ombre qui se transforma tout de suite en une gracieuse forme féminine enveloppée dans un voile blanc. Guillaume reconnut Alice qui, tout naturellement, se dirigea vers eux. Il lui sembla que son parler en langue d'oïl était moins hésitant que le matin :

— Bonjour, dit-elle en cherchant tout de même ses mots. Je suis contente de vous rencontrer car je m'ennuie dans cette maison où je suis seule damoiselle au milieu de dames qui ne parlent que du temps passé, des empereurs défunts et de leurs robes de cour.

— Le plaisir est nôtre. Après tant de mois supportés dans le fracas des armes, loin de la présence de gentes dames, il nous plaît d'entendre parler notre langue par la bouche d'une aussi jolie personne. Mais je crois que vous êtes née ici, comment avez-vous appris le français ?

— Ma mère me l'a enseigné et je lis quelques ouvrages. Elle n'a pas oublié le temps de sa prime jeunesse où, à la cour de son père le roi Louis VII, un poète chansonnier nommé Conon, un jeune homme du Nord, lisait ses vers et les chantait en s'accompagnant de la rote...

Guillaume, stupéfait, l'interrompit :

— Conon ? Mais il est ici, à deux pas de vous. C'est l'un des preux de la croisade ! Voulez-vous le connaître ? Venez... S'il est de bonne humeur, il vous chantera :

> Hélas ! amour, comme il est dur
> De se séparer de la meilleure
> Qui jamais fût aimée ni servie
> Las ! qu'ai-je dit ? Non je ne m'en sépare pas
> Si mon corps va servir Notre Seigneur,
> Mon cœur reste tout entier en puissance d'elle.

— Non, ma mère n'aimerait pas. Laissons-lui la surprise de retrouver dans cette ville en feu le bel art de la poésie de son jeune âge. Elle dit qu'on comprenait ce que disait Conon mais qu'il avait un drôle d'accent.

— L'accent du Nord, l'accent picard qui fait chuinter le « c » en « ch » ? Mais il l'a toujours !

— Que tout cela est drôle ! Mais je ne connais pas le seigneur qui vous accompagne.

— Pardonnez cet oubli. Je vous présente mon ami Angelo Zuccari, un agréable Vénitien qui escorte son oncle, le vénérable doge Enrico Dandolo.

Angelo ne comprenait pas grand-chose à ce que disait la jeune fille mais il appréciait sa beauté et sa grâce, ce qui n'étonnait pas Guillaume qui, de son côté, n'avait d'yeux que pour elle.

— Vous êtes aussi un preux chevalier ? demanda-t-elle au Vénitien.

Angelo cette fois comprit et remua la tête en signe de dénégation. Guillaume éclata de rire :

— Pas du tout. Il est architecte et n'a jamais touché une lance de sa vie !

On échangea encore quelques politesses et la jeune Alice s'éloigna.

— Que dites-vous, Vénitien charmeur, de la nièce de notre roi Philippe Auguste ?

— Comment ? Elle est la nièce de...

— Tu es bien le neveu du doge ! Je t'expliquerai un jour où nous aurons le temps. Pour l'heure, venez perdre, comme d'habitude, votre partie d'échecs.

*
* *

Après les batailles des derniers jours, le chapitre était las. Personne ne veilla ce soir-là. On était content de pouvoir se reposer sur une couche de plumes et de bonne toile sans crainte d'être réveillé par l'habituel « chevaliers en armes » crié par le héraut.

Pourtant, Guillaume n'arrivait pas à s'endormir. Ses pensées le portaient à mille lieues de Byzance, dans son château où il voyait sa mère dévidant sa quenouille derrière les meneaux de la chambre chaude, dans la mêlée au cours d'un tournoi particulièrement disputé, et même, cela ne lui était jamais arrivé, dans la maison des Dubard où le drapier, assis à côté de Marie qui fermait les yeux de honte, se félicitait d'être l'un des plus riches hommes de la contrée.

Marie, il n'y pensait que rarement et son image s'évanouissait vite. Mais ce soir, elle lui apparaissait telle qu'au jour de l'adieu, belle dans sa tristesse infinie. Oui. Marie. Qu'était-elle devenue ? Il ne se faisait aucune illusion et se doutait que, vaincue par la volonté de sa famille, elle avait dû finir par épouser un petit noble qu'il imaginait mesquin et chétif. Recevrait-il encore une lettre ? Comme il croyait aux pressentiments, il se dit que oui, qu'il l'attendrait mais qu'elle le chagrinerait. Puis il se retourna dans le lit et revint au présent, dans les jardins du Patriarche où voletait, papillon neigeux, la silhouette gracile de la princesse Alice. C'est finalement sur cette image que le rude tournoyeur s'endormit.

Le lendemain, Angelo ne reparla pas à Guillaume de sa proposition. Plus habile, il l'invita à visiter le couvent de Sainte-Sophie et à admirer les trésors qu'il recelait. Sur le chemin, les deux amis arrêtèrent leur monture devant le palais de Bouche-de-Lion où le marquis tenait assemblée avec les hauts hommes de la croisade, dont Villehardouin et Conon de Béthune, qui prenaient une place de plus en plus importante dans la hiérarchie. Ce que Guillaume souligna avec malice :

— Le chapitre mène aux honneurs. Tant mieux, c'est une reconnaissance de nos services.

— Mais toi-même, demanda Angelo, n'es-tu pas tenté de tenir quelque terre dans le nouvel empire ? Il va falloir de hauts hommes pour administrer et surtout défendre toutes les conquêtes !

Guillaume rit :

— *Amico*, je n'ai pas plus que vous l'envie de m'éterniser parmi les Grecs dans un pays où les rois d'un jour passent leur temps à s'entre-tuer et à chercher querelle aux voisins. Je souhaite bien du plaisir aux successeurs de Murzuphle !

— Pourtant, vos amis Villehardouin et Conon... ?

— C'est différent. Je les vois bien, l'un et l'autre, personnages officiels. Ils finiront seigneurs de quelque cité fortifiée de l'Orient, ou sénéchaux s'ils rentrent un jour en France. Moi, j'ai vendu mes couleurs de tournoyeur pour vivre en homme libre et je suis parti en croisade parce qu'une jeune fille avait envie de coudre une croix sur mon épaule !

Il éclata de rire à ces derniers mots et Angelo le regarda avec admiration :

— Décidément, Guglielmo, tu me plais bien ! Tu mériterais d'être vénitien !

Les gardes, qui connaissaient Guillaume, les laissèrent entrer dans le palais de Bouche-de-Lion qui leur parut gigantesque. Ils errèrent de chapelle en chapelle jusqu'à la plus grande d'entre elles qui portait, gravé sur l'un des piliers de l'entrée, le nom de « Sainte Chapelle ». L'or, l'argent, le jaspe, le porphyre semblaient avec le marbre blanc du pavement et les pierres précieuses les seuls matériaux utilisés pour sa construction. Mais l'étonnement des deux visiteurs ne se borna pas à cette magnificence : dans un angle de la chapelle étaient exposées des reliques qui n'avaient rien à voir avec celles que proposaient les marchands de la ville. Comment un croisé et un Vénitien auraient-ils pu demeurer insensibles à la vue de deux morceaux de la Vraie Croix, longs et gros comme le bras d'un homme, du fer de la lance qui avait percé le corps du Seigneur et des deux clous qu'on lui avait enfoncés dans les mains ?

Tous deux se signèrent, mais ils n'avaient pas encore vu la tunique que l'on arracha au Christ sur le mont du Calvaire ni la couronne de joncs marins aussi piquants que des aiguilles. Et que dire de la tête de Jean-Baptiste et de la fiole contenant une grande partie du sang du Seigneur[1] ?

— Difficile à croire, même pour un homme pieux ! murmura Guillaume.

— Mon cher, tout est difficile à croire dans cette ville qui porte le nom, ne l'oubliez pas, de « Ville gardée de Dieu ». Et pourquoi ne pas croire à ce qui vous émerveille dans un lieu sacré quand on achète un clou rouillé au marché pour le rapporter dans son pays ?

---

1. Cet inventaire est tiré de la chronique de Robert de Clary qui a participé à la quatrième croisade. Traduction de Pierre Charlot.

— Vous avez raison, Angelo. Il faut croire. Sinon pourquoi s'être croisé ?

Ils gagnèrent ensuite Sainte-Sophie, et Angelo fit découvrir à son ami l'extraordinaire coupole qui semblait bien, comme l'avait dit un contemporain de son bâtisseur l'empereur Justinien, « suspendue au ciel par une chaîne d'or ».

L'architecte savait beaucoup de choses sur la fabuleuse église byzantine qui avait fait rêver les constructeurs de la basilique de San Marco. Son oncle, qui l'avait cent fois visitée au temps de son ambassade, lui avait appris le reste, ce qui lui permettait d'éblouir Guillaume déjà écrasé par la majesté de l'édifice. Il lui montra les huit colonnes de porphyre qui se dressaient jadis dans un temple romain du Soleil et les huit colonnes de marbre vert venues d'Éphèse. Il lui fit admirer l'interminable déambulatoire de marbre qu'elles supportaient et l'autel incrusté de pierres précieuses. Il lui raconta aussi comment cinq mille ouvriers et artistes avaient bâti ce colosse de la foi en cinq ans, dix mois et quatre jours sous la surveillance constante de l'empereur.

Angelo avait gardé pour la fin le récit de l'inauguration.

— C'était après Noël, le 27 décembre de l'an 537. Justinien, arrivé à la porte royale sur un char à quatre chevaux blancs, embrassa d'un coup d'œil son rêve réalisé, eut un regard pour l'impératrice Théodora qui l'accompagnait et s'avança lentement jusqu'à l'ambon, la tribune située à l'entrée du chœur. Là, il s'arrêta et, les mains tendues vers le ciel, s'écria : « Gloire à Dieu qui m'a jugé digne d'accomplir une telle œuvre. O Salomon, je t'ai surpassé ! »

— Merci, Angelo. Vous êtes un merveilleux conteur !

— *Caro mio*, je suis vénitien ! Mais il faut dire deux mots de Théodora. Son histoire va vous plaire. Rien ne prédisposait cette fille d'un quartier pauvre de Byzance à devenir impératrice. Née d'un montreur d'ours à l'hippodrome et d'une femme acrobate, elle était, quand Justinien la rencontra, l'une des courtisanes les plus célèbres de la ville. Après avoir mené une incroyable vie de débauche dont son contemporain Procope nous a laissé le récit, la Messaline byzantine s'assagit. Quand Justinien l'épousa, ici, à Sainte-Sophie, elle était rendue à Dieu et fit, malgré son extraction inférieure et sa jeunesse luxurieuse, une impératrice fort convenable qui sut dans bien des circonstances conseiller utilement son époux.

Ils firent encore le tour de l'église en admirant les mosaïques qui recouvraient les parois puis Guillaume demanda :

— Mais où donc loge votre oncle ? On dit qu'il a choisi Sainte-Sophie...

Angelo rit :

— Non, il ne dort pas sur l'autel ! Il existe tout à côté le palais magnifique de l'Augustaion où je vais maintenant vous mener.

Moins vaste que Bouche-de-Lion, moins imposant que Blaquerne, le palais choisi par le duc de Venise était un condensé du génie byzantin avec les plus belles mosaïques, les plus beaux tapis, les plus belles étoffes et les plus beaux meubles que l'on puisse imaginer. Quand Guillaume eut admiré toutes ces richesses, Angelo lui dit :

— Mon oncle serait fâché s'il apprenait que vous êtes venu chez lui sans qu'il vous aie salué.

Il l'entraîna dans une pièce voisine où le doge, ratatiné dans un fauteuil à haut dossier qu'il avait dû faire venir de sa nef car ni sa forme austère ni sa teinte de chêne foncé n'allaient avec les dorures éclatantes qui l'entouraient, consultait en s'aidant d'une lentille grossissante un rouleau de parchemin.

— Mon oncle, dit Angelo, vous connaissez le seigneur Guillaume d'Amiens qui a montré tant de vaillance au cours de la prise de Constantinople.

— Oui, dit le doge, je connais ce preux chevalier depuis longtemps puisqu'il faisait partie de la première ambassade que m'a envoyée le comte de Flandre et du Hainaut pour conclure une entente. Seigneur, ajouta-t-il à l'adresse de Guillaume, c'est un grand plaisir pour moi de vous revoir.

Le tournoyeur, un peu intimidé par le vieillard emmitouflé malgré la chaleur dans une robe de bure noire et coiffé de son bonnet à corne, répondit comme il se devait par quelques amabilités, et le doge Enrico Dandolo continua dans une langue d'oïl qu'il parlait mieux que la plupart des Francs :

— Je vous connais aussi parce que vous êtes un ami de mon neveu et qu'il me parle souvent de vous. Je sais qu'il vous a fait la proposition de servir la république de Venise dans une mission très particulière. Vous me feriez un grand honneur en acceptant d'aider à la réalisation d'un de mes rêves les plus chers. Je pense qu'il vous a dit que la Sérénissime n'est pas ingrate envers ceux qui servent sa grandeur, mais je tenais à vous le dire personnellement. Vous avez voulu réfléchir, ce qui est bien normal, et je ne vous demande pas une réponse, mais sachez que si elle était positive vous allégeriez le poids qui pèse sur les derniers jours de ma vie. Allez en paix, seigneur d'Amiens !...

Lorsqu'ils eurent quitté le palais de l'Augustaion, Guillaume dit en souriant :

— C'est un traquenard ! Vous ne m'aviez pas dit que je rencontrerais le doge. Est-ce pour mieux me convaincre de partir avec vous ?

— Non. Mon oncle me fait confiance mais vous pensez bien qu'il tient à suivre personnellement une affaire qui est si chère à son cœur.

*
* *

Guillaume hésitait, pris entre son désir de se lancer dans une nouvelle aventure et la désolante perspective d'abandonner les amis du chapitre. Après réflexion, il crut sage d'attendre, avant de se décider, de savoir ce qu'allaient faire les barons de l'empire.

Petit à petit l'argent et le butin arrivaient dans les trois églises gardées par une compagnie choisie de Français et de Vénitiens mais les choses étaient loin de se passer aussi bien que le marquis et le doge l'avaient prévu. D'abord, le sac de la ville avait été souvent un carnage, une orgie de brutalité et surtout de vandalisme. On parla de saintes images fracassées, d'églises profanées, de danses obscènes sur des autels[1].

---

1. Il est difficile de se faire une idée objective des excès qui ont marqué la prise de Constantinople. Les chroniqueurs français Villehardouin et Robert de Clary ont sans doute minimisé les exactions pour sauver l'honneur de la croisade mais les témoignages de source grecque, tel celui de l'historien Nicétas Khoniatès, sont aussi sujets à caution pour la raison contraire. Le fait est que la ville subit des dégâts considérables, fut incendiée trois fois et que la croisade ne sortit pas grandie de la prise de Constantinople.

Il y eut aussi beaucoup de gens qui gardèrent pour eux le butin qu'ils avaient récolté mais il fut fait grande justice de ces vols et il y eut de nombreux condamnés. Le comte de Saint-Pol fit ainsi pendre, l'écu au col, l'un de ses chevaliers convaincu d'avoir retenu des objets du pillage.

Le partage se déroula sans attendre selon la convention signée avant la prise. Les Vénitiens eurent la part belle : cinquante mille marcs d'argent de plus que l'armée pour le remboursement du prêt. Les Français répartirent les cent mille marcs qui leur revenaient parmi leurs gens selon un curieux barème. On rit fort au chapitre quand on apprit qu'un sergent à cheval recevrait deux fois plus qu'un sergent à pied et un chevalier deux fois plus qu'un sergent à cheval !

Après Pâques, l'armée et les gens du doge tinrent une première assemblée qui déclara sa volonté de désigner un empereur. Pendant des jours on ne parla dans la ville que du trône, qui suscitait on s'en doute bien des convoitises. Puis se tinrent une deuxième puis une troisième réunion fort mouvementées pour arriver à l'évidence que Baudouin de Flandre et le marquis Boniface de Montferrat étaient les seuls qui pouvaient briguer l'honneur suprême, le doge de Venise étant exclu du choix par son âge et pour des raisons inhérentes aux lois de la République.

Plus ils se réunissaient, plus les prud'hommes de l'armée constataient qu'ils étaient partagés. Boniface, chef élu de l'armée, semblait être le candidat tout indiqué, mais Baudouin avait beaucoup fait pour la croisade, il plaisait à la troupe et était soutenu par Enrico Dandolo. Bref, le choix n'était pas facile, d'autant que tout le monde était d'accord pour craindre que la jalousie de celui qui ne serait pas élu le pousserait à quitter la croisade avec ses partisans, ce qui hypothéquerait toute résolution de garder la terre. Et de rappeler comment celle de Jérusalem faillit être perdue quand Godefroi de Bouillon avait été élu et que son rival dépité, le comte de Saint-Gilles, avait cassé la première croisade et entraîné beaucoup de gens dans son départ.

— Alors, dit Pierre de Bracieux, recherchons un moyen de retenir à la fois celui que Dieu fera désigner empereur et l'autre à qui sera donnée une très grande partie de la terre, par exemple toute celle qui est de l'autre côté du Bras vers la Turquie.

Ainsi fut décidé et le parlement s'assembla à l'octave de Pâques pour nommer les douze électeurs, six de l'armée et six Vénitiens, qui auraient la lourde responsabilité de choisir celui qui serait le plus utile et le meilleur pour gouverner l'empire. Les six électeurs croisés étaient les plus hauts hommes du clergé : les évêques de Soissons, de Troyes, d'Acre, d'Halberstadt, de Bethléem et l'abbé de Locedio. Ceux de Venise furent désignés et tous s'assemblèrent le 9 mai 1204 au matin dans le riche palais de l'Augustaion où le duc était logé.

Une messe fut d'abord chantée pour que le Saint-Esprit conseillât les électeurs. Ceux-ci jurèrent ensuite sur les Évangiles qu'ils désigneraient le meilleur selon le bien et de bonne foi. Le palais du doge était empli des plus hauts hommes de la croisade. Tous les barons, les comtes, la plupart des chevaliers se pressaient pour connaître sans attendre le nom de celui qui serait élu. Le chapitre était là au complet avec Angelo Zuccari qui avait abandonné les procurators. Les douze furent ensuite appelés et priés de s'assembler dans une chapelle dont la porte fut fermée de l'extérieur.

— Elle ne sera ouverte que lorsque l'empereur aura été désigné, confia Angelo qui connaissait les dispositions prises par le doge pour assurer le secret des délibérations.

Les barons et les chevaliers, groupés dans trois des immenses pièces du palais, attendirent la décision en faisant grand bruit, échangeant leurs prévisions, discutant avec véhémence des chances de Baudouin et de Boniface. Il y eut même des paris engagés. « Comme aux tournois », plaisanta Guillaume dont la préférence, comme celle des autres membres du chapitre, allait au comte de Flandre.

Ce n'est qu'à minuit, après douze heures d'âpres discussions, que Névelon, l'évêque de Soissons, frappa trois coups d'un marteau d'or à la porte de la chapelle pour qu'on ouvrît la porte. Il se fit alors un grand silence dans l'assistance tandis que barons et chevaliers fixaient le prélat qui avançait lentement ses mules blanches sur le marbre brillant du pavement, suivi par les onze autres électeurs. Quand ils furent tous sortis et réunis en cercle, l'homme de Dieu prononça enfin les mots tant attendus :

— Seigneurs, nous nous sommes accordés, Dieu merci, pour faire un empereur. Vous avez tous juré que celui que nous élirions comme empereur vous le tiendriez comme tel et que si quelqu'un voulait s'y opposer vous lui prêteriez aide. Alors nous révélerons son nom à cette heure-ci qui est celle où Dieu naquit : le comte Baudouin de Flandre et de Hainaut, qui sera couronné en l'église Sainte-Sophie trois semaines après Pâques.

Un cri de joie s'éleva dans le palais. Quelques partisans du marquis faisaient grise mine mais la plupart acceptaient dans l'enthousiasme la décision des Sages. Tous encadrèrent leur empereur pour le conduire au palais de Bouche-de-Lion où s'improvisa une grande fête. Chacun, le marquis le premier, voulut féliciter celui qui allait avoir la rude tâche de gouverner l'Empire romain d'Orient. Le doge Dandolo, trop fatigué pour se joindre à la liesse, était resté dans son palais devenu désert. Il appela son chambellan et, avec lui, commença de dresser la liste des terres, des îles et des trésors qui allaient enrichir, grâce à sa lucidité et à son extraordinaire esprit combatif, la sérénissime République.

*
* *

La fièvre était retombée dans l'armée. Constantinople avait retrouvé le calme, et les habitants qui avaient choisi de ne pas fuir leur ville tentaient de ne pas penser à la vie difficile que leur imposaient les vainqueurs. Tout le monde attendait sereinement le couronnement de Baudouin qui, dans son palais de Bouche-de-Lion, consultait ceux qui pourraient l'aider dans l'autre conquête. Il avait la ville mais il lui restait à gagner l'empire. Villehardouin était l'un de ceux qui étaient écoutés.

— Baudouin, confiait-il à ses compagnons, compte sur notre chapitre pour assumer des missions difficiles. Ce sont d'autres combats qui nous attendent, loin des galées et des nefs, au cœur de l'empire où règnent des petits seigneurs à la tête de guerriers farouches qui sèment la terreur dans les campagnes et les petites villes. Ce sont eux qu'il faudra éliminer et, ce sera notre salaire, remplacer.

Conon de Béthune était d'accord pour continuer la lutte en Orient, Girart de Manchicourt et Milon le Brabant aussi, mais Eustache de Canteleux, le pieux, émettait des réserves :

— Et les Lieux saints ? N'est-ce pas pour les délivrer que nous nous sommes croisés ? Qu'allons-nous faire dans ces régions lointaines où l'on ne nous aime pas ?

— Je comprends vos sentiments, répondait Villehardouin, mais on peut aussi penser que rendre à l'Église romaine, notre Église, son autorité sur les chrétiens d'Orient peut être aussi le but d'une croisade. Rien d'ailleurs ne sera entrepris sans l'assentiment du pape.

Guillaume, lui, ne disait rien. L'idée d'aller se mesurer à des peuplades sauvages ou à Murzuphle qui était toujours en fuite avec ses fidèles et qui n'allait pas manquer de reprendre l'offensive contre les Francs et les Vénitiens ne l'effrayait pas. Elle lui semblait seulement peu compatible avec ses engagements et il aimait choisir ses ennemis. Ceux qu'on lui annonçait ne lui plaisaient pas Et puis, il y avait l'aventure vénitienne en compagnie d'Angelo, qui, elle, était nouvelle. Protéger quatre destriers de bronze doré au cours d'un voyage inattendu, bien rétribué et plein d'aléas l'amusait plus que de poursuivre ce démon de Murzuphle et ses acolytes. Pour le moment, d'ailleurs, son esprit vagabondait plus du côté des dames du parc que de celui des vassaux de Bouche-de-Lion.

Savoir qui cherchait l'autre était peut-être une question sans objet mais il était vrai que le hasard faisait souvent se rencontrer dans le jardin du Patriarche la gentille Alice et le vaillant tournoyeur. La conversation commencée par des politesses se poursuivait avec animation sur le banc de marbre caché dans un bosquet. Guillaume questionnait Alice sur sa mère dont l'histoire le fascinait, sur son grand-père Louis VII, marié en premières noces à Éléonore d'Aquitaine, l'inspiratrice des troubadours. Elle, comme toutes les femmes qui approchaient Guillaume, voulait connaître les secrets et les rites de ces tournois opposant des clans de chevaliers, qui émoustillaient les dames à la cour de Constantinople. Guillaume n'avait pas parlé de son singulier métier depuis longtemps et il prenait plaisir à évoquer sa passion, sachant trouver les mots qui faisaient palpiter le cœur de la tendre Alice. Quand Guillaume avait fini d'évoquer l'un de ses triomphes, elle lui récitait des vers de Bernard de Ventadour, le prince des troubadours dont sa mère possédait les copies. Alors, c'était lui qui s'émouvait en écoutant sa voix claire chanter l'amour comme à la cour de France.

À ses amis qui se moquaient gentiment de ces rencontres, il répondait en riant : « Nous n'en sommes hélas qu'aux préludes de l'amour courtois. » Elles seraient peut-être demeurées dans ces sages limites si Guillaume n'avait reçu des nouvelles de Marie. Un matin, le chambellan du comte de Flandre, que l'on appelait déjà l'empereur bien qu'il ne fût pas encore couronné, le manda à la Bouche-de-Lion. Guillaume n'aimait pas trop ce Mathieu de Walincourt, plus homme de cour que guerrier, mais, intrigué, il se rendit à son invitation. Mathieu le reçut d'ailleurs avec grand honneur, lui disant que l'empereur, qui comptait beaucoup sur lui dans les semaines de conquête qui allaient suivre, le verrait après leur entretien :

— Seigneur ami, lui dit-il, j'ai un message à vous transmettre. Le courrier de l'empereur est arrivé hier de Flandre porteur d'une nouvelle personnelle. Ce n'est pas une lettre mais un message oral car la personne qui a joint l'émissaire au prix de je ne sais quelles difficultés lui a dit qu'elle n'avait pas le courage d'écrire. Il va d'ailleurs vous rapporter lui-même ses paroles.

Walincourt fit appeler Gautier de Bouzy, le messager, qui tira une feuille de papier de sa poche[1] :

— Chevalier, avant de m'en retourner en Orient, une jeune femme qui m'a dit s'appeler Marie de Limeil m'a demandé de vous rapporter qu'elle est trop malheureuse

---

1. Le papier espagnol et celui d'Angoulême commençaient à être utilisés pour les usages courants (missives, comptes domestiques, copies...), mais on leur préférerait encore longtemps le parchemin pour les écrits devant être conservés.

pour oser vous écrire et m'a chargé de vous transmettre un message que j'ai, moi, consigné par écrit. Je vous le lis :

« L'inévitable est arrivé. J'ai lutté aussi longtemps que j'ai pu mais ma famille, mon père surtout, m'a obligée, en me menaçant du pire, d'épouser messire de Limeil. Que vous avouer de plus cruel, mon ami. Je ne peux pour me consoler que me persuader que j'aurais pu tomber plus mal et penser à vous. Je veux que vous sachiez qu'on a brisé ma volonté qui était de vous attendre. Mais je ne cesserai de vous aimer malgré tout ce qui s'y oppose. Que Dieu vous garde. »

— Voilà, messire, ce que cette dame m'a chargé de vous rapporter.

— Ce n'est pas une bonne nouvelle, dit Guillaume en dominant son émotion, mais je vous remercie de me l'avoir transmise.

Le chambellan revint à ce moment et dit à Guillaume que l'empereur voulait lui parler, ce qui obligea le tournoyeur à oublier un instant la colère qui le gagnait. Baudouin le reçut comme un ami, le remercia de tout ce qu'il avait fait durant la prise de la ville et lui dit qu'il serait l'un des premiers à bénéficier des avantages réservés à ceux qui continueraient de servir l'armée, laquelle n'avait pas encore rempli complètement sa mission.

Guillaume, l'esprit bien loin de cette perspective impériale, remercia machinalement et sortit, accablé par cette issue qu'il pressentait pourtant. Comme chaque fois que les événements ne tournaient pas à son avantage et qu'il avait mal, il caressa les naseaux de Germain et lui parla :

— Tu vois, mon vieil ami, on se croit fort, on fanfaronne, on est fier parce qu'on nargue la mort et le destin vous rattrape par la main grasse d'un drapier imbécile qui s'arroge le droit de sacrifier le bonheur de sa fille à sa vanité.

Germain remua l'oreille droite. C'était pour Guillaume la réponse qu'il attendait et que lui seul pouvait comprendre : « Mon maître, il y a dans ce monde de plus grands malheurs. Pleure comme un petit enfant et attend demain que le soleil se lève. Ou, mieux, emmène-moi tout de suite dans une grande chevauchée. J'ai envie de galoper en sentant tes éperons me chatouiller les flancs ! »

— Brave Germain, comme tu as raison, dit Guillaume. Allez, à cheval et ventre à terre. Il faut lâcher l'ennemi !

Ils ne rentrèrent que trois heures plus tard, trempés de sueur, épuisés. Guillaume laissa à Geoffroi, le pilier, le soin d'étriller Germain et demanda à Raymond si l'eau du baquet qui chauffait au soleil depuis le matin était bonne à s'y baigner. Elle était tiède. Guillaume, à peine déshabillé, s'y plongea et inspecta de son index, comme il le faisait souvent, les cicatrices laissées sur son corps par les lances des adversaires. Allez savoir pourquoi cela le calmait. Il resta un long moment dans le baquet et courut tout mouillé jusqu'à sa chambre où il se jeta sur le lit et s'endormit.

Lorsqu'il se réveilla, au chant du coq, Guillaume avait retrouvé sa sérénité. Certes, il sentait toujours cette sorte de crabe qui agaçait ses entrailles quand il relisait le message de Marie. Jalousie, orgueil blessé... Il savait qu'il lui faudrait un peu de temps pour que s'efface cette meurtrissure de l'âme. Il savait aussi qu'il avait en lui les ressources pour que ce temps soit bref.

D'abord il appela Raymond et se fit raser. Puis il s'habilla le plus gaiement qu'il put en mêlant à sa tenue un peu usée de chevalier au repos un foulard aux vives couleurs orientales. Enfin il se rendit dans la salle de réunion du chapitre où Conon et Milon le Brabant disputaient déjà une partie de dés en échangeant quelques injures choisies dans le patois des Flandres. Ils rangèrent les dés à l'arrivée de Guillaume et Conon dit qu'il était temps de s'attaquer au premier repas de la journée : des jambonneaux enrobés de gelée.

Tandis que Milon trouvait vraiment bon le cochon byzantin mais se plaignait d'un excès d'épices, Conon de Béthune mangeait placidement en regardant Guillaume. Quand il eut calmé sa faim, il s'adressa à son ami :

— Messire Guillaume, vous nous inquiétez. On vous a vu partir hier pour le palais de Bouche-de-Lion puis vous avez disparu. Vous êtes rentré tard, votre cheval fumant et vous harassé. Vous vous êtes plongé dans un baquet puis, tout nu, avez gagné votre chambre où nous vous avons trouvé dormant d'un si profond sommeil que nous ne vous avons pas réveillé. Plus grave encore : vous n'avez pas soupé ! Que se passe-t-il, mon ami ? Etes-vous souffrant ?

Guillaume ne put s'empêcher de rire :

— Non, mes amis. Le courrier du comte de Flandre, pardon, de l'empereur, m'a transmis une nouvelle qui affecte ma vie privée. Je peux bien vous dire de quoi il s'agit puisque vous connaissez l'existence d'une jeune fille qui a joué un grand rôle dans mon engagement. Elle avait promis de m'attendre et je devais l'épouser à mon retour. Or son père, un infâme drapier aussi riche que les plus riches barons, l'a mariée à un petit noble dont je pressens la sottise et la couardise. J'ai naturellement été choqué et étais très malheureux en quittant le palais.

— Et alors ? C'est une chose bien banale qui arrivera à plus d'un croisé ! dit Conon. Et pourquoi ne pas être revenu trouver le réconfort auprès de vos amis du chapitre ?

— J'allais le faire quand Germain m'a conseillé de galoper dans la campagne.

— Quoi, votre cheval vous a conseillé ? Mon ami, c'est bien ce que je pensais : vous avez perdu l'esprit.

— Allons, Conon, ne faites pas l'étonné. Vous savez bien que je parle à Germain. Et qu'il me répond !

— Tout de même !... murmura, pensif, Girart de Manchicourt.

— Guillaume, vous êtes fou mais sympathique. En tout cas pas doué pour jouer les amoureux éconduits. Dans votre douleur, avez-vous pensé à vos fredaines de l'Escutaire ? Et à la jolie princesse qui doit vous attendre sur le banc, affriolante dans son bliaud de soie ? Allez donc la retrouver et oubliez votre petite bourgeoise ainsi que son exécrable père. Et rappelez-vous, meilleur des tournoyeurs, combien de jeunes et jolies femmes se sont pâmées dans vos bras !

Ces rudes paroles qu'il savait dictées par l'amitié firent du bien à Guillaume qui retrouva son sourire :

— C'est exactement ce que m'a dit mon cheval ! Vous avez raison tous les deux. Rassurez-vous : je ne tomberai pas plus avant dans le ridicule.

— Pourquoi ne pas fêter cette sage résolution ? dit Conon. En invitant par exemple à souper demain l'impératrice et sa fille ? Le Patriarche, que Dieu le garde, nous prête aimablement ses plats d'argent et ses nappes brodées d'or.

— Bonne idée ! dit simplement Villehardouin toujours économe de ses propos.

— Bonne idée ! répéta Guillaume. Le chapitre n'a pas encore célébré l'élection de l'empereur.

— Et avouez qu'inviter Alice, votre merveille, ne vous déplaît pas ? continua Conon.

— Espérez-vous me faire rougir ? Pensez plutôt au festin que vous allez nous préparer avec Geoffroi et Raymond.

— Oui, mais les vivres manquent dans la maison. Il va falloir courir dans la campagne pour quérir bonne viande et tendres légumes ! Ne devons-nous pas aussi penser à inviter dans les règles nos têtes couronnées ?

— Je m'en charge, dit Guillaume. Mais je crois que le maréchal de Champagne devrait m'accompagner.

— Je viendrai, répondit Villehardouin, qui ajouta : Amenez donc aussi votre cheval !

*
* *

Les dames du parc s'ennuyaient. L'une d'elles, l'impératrice Marie, sœur du roi de Hongrie et veuve de l'empereur Isaac l'Ange, venait de quitter la retraite des grandes dames de la cour pour épouser Boniface de Montferrat. Ce mariage, conclu rapidement, étonna la croisade mais la dame était encore belle et jeune. L'impératrice Agnès ne se fit donc pas prier pour accepter l'invitation des chevaliers et elle dit que sa fille et son amie la princesse Félicie, une Comnène, se joindraient à elles.

— Le seigneur Conon de Béthune prendra-t-il sa lyre en notre honneur ? demanda Alice.

— Il a hélas pendu sa lyre au croc en se croisant mais je pense qu'il chantera volontiers pour vous, dit Guillaume, qui murmura sans se faire entendre des autres : À ce soir peut-être sur notre banc.

Il avait dit « notre » banc. C'était presque une déclaration et Alice le comprit en répondant par un discret mouvement de paupières. Conon, qui les regardait, rit dans sa barbe : « Je crois que notre tournoyeur est guéri ! »

Le chevalier poète s'y entendait pour organiser un festin.

Le lendemain, depuis l'aube, il avait couru avec Raymond les fermes des environs et rapporté des quartiers de bœuf, de veau et des volailles destinés à se transformer en pâtés, cette nouveauté alimentaire qui suscitait un véritable engouement en France mais était inattendue sur les rives du Bosphore.

Au matin, tout le chapitre s'assembla dans la cuisine pour regarder Conon modeler dans la pâte de vrais petits chefs-d'œuvre. Le pâté de bœuf représentait un château fort avec des créneaux et des mâchicoulis, pour le veau c'était une nef et pour la volaille un canard, tous ces élégants sujets renfermant des farces au lait d'amandes et au verjus fortement épicées. Un peu plus tard, le parc embauma la cardamome et le safran alors que la croûte des pâtés dorait doucement dans le four à pain du Patriarche.

L'après-midi fut consacré à la confection d'une « flamiche a poreaulx », le plat traditionnel de la Flandre, et d'une « cretonnée de poiz nouveaulx » pour utiliser deux poules rescapées du hachoir. À cette saison, la région regorgeait de fruits. Angelo usa de ses talents d'architecte pour en composer deux imposantes pyramides. Girart de Manchicourt s'occupa de dresser la table sur des tréteaux, en repliant deux fois la nappe comme il se doit, et chacun alla faire toilette en attendant les invitées.

Les guerriers s'étaient rasés ou, comme Conon, avaient taillé leur barbe. Ils avaient endossé ce qui restait des vêtements civils emportés lors de leur embarquement du Lido et, comme Guillaume, en avaient caché la misère comme ils avaient pu sous des tuniques bariolées achetées au bazar. Pour montrer que tout de même on était dans un monde guerrier, Canteleux avait insisté pour que soient accrochés aux murs les écus des chevaliers. On lui avait accordé cette fantaisie malgré les réserves d'Angelo. Il faut dire que cet ajout aux mosaïques évoquant la construction de la nouvelle Byzance par Constantin le Grand n'était pas du meilleur effet.

Villehardouin, le maréchal de Champagne, promu châtelain par ses pairs, veilla au protocole et plaça l'impératrice Agnès en face de lui, Félicie, une fille d'Andronic Comnène, en face de Conon de Béthune et, avec un clin d'œil complice,

Alice près de Guillaume. La tablée installée, Geoffroi annonça en tapant sur un bouclier l'arrivée des pâtés portés à bout de bras par trois sergents à pied recrutés pour l'occasion. Raymond servit le vin choisi dans la cave du Patriarche et les convives poussèrent un « oh ! » hypocrite en regardant Conon décapiter ses pâtés d'un coup de dague afin que chacun pût se délecter de leur contenu.

Si la tenue vestimentaire des chevaliers pouvait prêter à sourire, la parure des femmes était digne des plus royales réceptions. Elles n'avaient pas quitté leur palais les mains vides et avaient tiré de leurs coffres bliauds de soie, chainses à manches brodées, pelissons d'hermine et hennins rehaussés de voiles. Sur l'impératrice et sur la princesse brillaient des bijoux fabuleux, des diamants, des pierres rares qu'on ne pouvait admirer qu'à Byzance.

Alice, qui n'avait pas besoin de ces artifices, portait sur son corps délié une simple cotte de soie blanche habilement décolletée pour laisser deviner une poitrine encore juvénile. Un seul bijou soulignait sa jeune beauté : une croix d'or sertie d'émeraudes. Comme Guillaume lui en faisait compliment, elle répondit simplement :

— Oh ! Elle ne vient pas de Byzance mais de France. Elle a été offerte par mon grand-père le roi Louis VII à ma mère.

Et pour montrer qu'elle appréciait les attentions de Guillaume qui louangeait sa mise et sa beauté – il savait faire cela très bien –, elle poussa doucement son genou contre la jambe du tournoyeur qui tressaillit et goûta la caresse comme un jeune cadet à sa première ébauche amoureuse. Dès lors il regarda autrement Alice qui, imperturbable, n'avait pas bougé un trait de son visage. En face, sa mère parlait très sérieusement avec Villehardouin de l'avenir de l'Empire. Guillaume glissa à l'oreille de la jeune fille :

— Madame votre mère n'a pas l'air de trop s'amuser. Le maréchal de Champagne est un homme de grande qualité mais austère. Il n'est pas en tout cas du genre à faire la cour à une impératrice !

Elle rit et répondit, toujours en confidence :

— Sans doute le regrette-t-elle. Mais vous, est-ce votre genre ?

— À part la joie sauvage que procure un tournoi, je ne

connais pas de plus grand plaisir que de dire à une femme qu'elle est désirable !

— Cela signifie-t-il que vous me désirez ?

— C'est un mot qu'on ne prononce pas mais qu'on fait comprendre.

Il lui sembla que son regard s'était embué et il eut soudain la crainte qu'on ne remarquât leur aparté sentimental. Aussi crut-il prudent de ne pas aller plus loin :

— Je crois que nous jouons les prémices de l'amour courtois cher à la reine Aliénor d'Aquitaine ? Tiens, peut-être devrait-on demander à Conon de Béthune de nous dire quelques-uns de ses vers ?

— Quelle bonne idée ! Ma mère va fondre...

Pour l'instant, Conon plaisantait avec la princesse Félicie qui semblait ravie. Guillaume attendit donc un peu avant de le prier :

— Messire Conon, nos invitées souhaiteraient vous entendre chanter. Voulez-vous leur faire ce plaisir ?

Le chevalier poète répondit qu'il avait trop bu pour pouvoir se rappeler ses chansons mais Agnès lui dit qu'elle les connaissait par cœur et qu'elle lui en soufflerait les paroles si sa mémoire lui faisait défaut. Il se fit encore un peu prier et se leva pour chanter de sa voix forte et agréable la *Chanson de croisade* qu'il avait composée avant son départ pour Venise à la manière du jongleur-combattant de la chanson de geste :

Bien me dusse abstenir
De chanson faire et de mots et de chants
Quand il me faut partir
De la mailleure de toutes les vaillants.

Puis il se moqua de son accent du Nord :

Quoique ne soit ma parole françoise
Si la peut-on bien entendre en françois
Et ceux ne sont bien appris ni courtois
S'ils m'ont repris si j'ai dit mot d'Artois
Car je ne fus pas nourri à Pontoise.

Il chanta encore des vers de son ami et émule le châtelain de Coucy qui avait pris part à la troisième croisade et était mort peu de temps avant à la quatrième. Puis, comme tout cela était un peu triste, on but encore quelques précieux flacons du Patriarche tandis qu'un sergent passait l'aiguière et le bassin d'argent. Enfin tout le monde se leva pour reconduire les dames jusqu'à leur demeure. Villehardouin, galant, offrit son bras à l'impératrice Agnès, et Conon prit sans façon celui de la princesse Félicie.

Alice prétexta une mule délacée pour laisser aller reines et chevaliers et rentrer seule serrée contre Guillaume. Au détour de la grande allée ils eurent un regard pour le banc de marbre qui faisait déjà partie de leur histoire et s'enlacèrent. Elle était chaude et palpitante, il sentait monter son désir mais les circonstances ne se prêtaient pas à des ébats plus poussés qu'un baiser.

— Un autre jour nous irons peut-être plus loin ensemble, dit-elle, souriante, en le quittant sur les marches du perron.

Guillaume, dont les pensées vacillaient, répondit platement qu'il le souhaitait. Il avait besoin de se remettre de ce festin si éloigné de la piété et de l'enthousiasme religieux de la prise de croix. Il marcha longtemps dans le parc avant d'aller se coucher et de s'endormir.

*
* *

Guillaume n'avait revu qu'une fois Alice dans le parc lorsque arriva le jour du couronnement. Le sacre du comte Baudouin de Flandre était aussi celui de la croisade qui, certes, n'avait pas rempli sa sainte mission mais avait gagné, ce n'était pas rien, un royaume : l'Empire latin de Constantinople.

Tout ce que la croisade comptait de hauts hommes monta vers le palais de Bouche-de-Lion pour aller chercher le comte de Flandre et le conduire à Sainte-Sophie. Évêques, abbés, barons et la plupart des chevaliers étaient là. Beaucoup s'étaient fait tailler en ville des habits neufs, robes de samit ou de soie ; tous avaient revêtu leurs plus beaux manteaux, quitte à mourir de chaud car ce 16 mai 1204 s'annonçait aussi ardent qu'enthousiaste.

Le chapitre était naturellement là, au grand complet. Geoffroi de Villehardouin et Conon de Béthune faisaient même partie du groupe d'honneur chargé de veiller sur le nouvel empereur et de l'escorter jusqu'à la fin de la cérémonie. Ainsi entouré, suivi par l'ensemble des hauts hommes auxquels s'étaient joints les Vénitiens, le comte de Flandre fut conduit jusqu'à Sainte-Sophie.

Derrière le maître-autel, une porte d'or ouvrait sur une chambre couverte de mosaïques bleues qui engageaient au recueillement. Un siège simple y attendait le futur empereur qui pouvait découvrir, posés sur des tréteaux, les vêtements dont on allait le revêtir. L'évêque de Soissons aidé de trois jeunes chevaliers le déshabillèrent, le déchaussèrent et ne lui laissèrent que sa chemise de toile. On lui enfila ensuite des chausses de soie vermeille et on le revêtit d'une cotte garnie de gros boutons en or des épaules à la ceinture. On le chaussa encore de souliers de velours rouge tout chargés de pierreries.

Le comte, visiblement ému et quelque peu inquiet, marcha un moment de long en large comme pour se familiariser avec cette tenue d'apparat qui pesait aussi lourd qu'une armure.

— Et maintenant ? dit-il.

— Il vous faut, Seigneur, revêtir la « palle », dit l'évêque de Soissons. C'est le pallium de l'Antiquité, symbole de votre pouvoir.

— Mais que faire avec cette longue traîne ? demanda le comte lorsque l'on eut placé sur ses épaules une interminable étoffe chargée de perles et de pierres précieuses.

— C'est simple, vous la rejetez en arrière par-dessus le bras gauche.

— Comme l'ont fait tous les empereurs romains avant vous, Seigneur, dit Conon partagé entre la majesté du moment et le plaisant de la situation : l'homme de guerre troquant le fer contre la soie.

Et Baudouin n'en avait pas fini ! L'intendant du palais, qui avait déjà vêtu pour le sacre six empereurs et dirigeait en connaisseur l'habillage du prochain, annonça comme une gourmandise qu'il ne restait plus qu'à endosser le manteau qu'il montra présenté sur deux tréteaux. À eux seuls, les deux aigles brodés sur le dos et couverts de pierres précieuses devaient peser le poids d'un bouclier. Stoïque, le comte s'en enveloppa et, soutenu par deux des colosses présents, Conon de Béthune et Macaire de Sainte-Menehould, s'avança à petits pas jusqu'à l'autel où le comte Louis de Blois lui porta son gonfanon impérial, le comte de Saint-Pol son épée et le marquis la couronne.

Assis au premier rang, le duc de Venise assistait impassible à la réalisation de son dernier rêve. Le vrai artisan de la fondation de l'Empire latin d'Orient, c'était lui. Lui qui avait détourné la croisade, en avait habilement manipulé les chefs et allait offrir une grande moitié des terres conquises à la Sérénissime, sans compter les trésors de Sainte-Sophie et les chevaux d'or de l'hippodrome qui enrichiraient la basilique de San Marco.

Encombré par son ajustement impérial, Baudouin s'agenouilla avec peine devant l'autel où le comte de Blois lui enleva le manteau, puis le palle. Le comte de Saint-Pol détacha un à un les boutons d'or de sa cotte et la lui enleva. Lorsqu'il fut nu jusqu'à la ceinture, l'évêque de Soissons l'oignit sur le front, les mains et la poitrine.

L'instant solennel du couronnement était venu. Les barons rajustèrent la cotte du comte de Flandre, lui remirent le palle, le manteau ; les évêques, tous ensemble, bénirent la couronne avant de la déposer sur la tête de Baudouin Ier. On lui attacha encore au cou, en guise de fermail, un rubis rouge de corindon gros comme une prune de Smyrne. On sut plus tard que la pierre avait été achetée soixante-deux mille marcs par l'empereur Manuel Comnène.

Il ne restait qu'à glorifier le Seigneur qui avait secouru la croisade tout au long de son voyage. L'empereur prit place sur une haute chaire pour entendre chanter la messe. Il tenait son sceptre dans la main droite et, dans la gauche, une boule d'or niellée d'une croix. Quand la messe fut dite, on lui ôta à nouveau son manteau pour monter le cheval blanc que l'on avait amené devant le portail de Sainte-Sophie, et le cortège des évêques, des barons et des dignitaires vénitiens s'achemina jusqu'au palais de Bouche-de-Lion où, pour la première fois, un Latin prit place dans la chaire de Constantin.

*
* *

Quand l'odeur de l'encens quitta Sainte-Sophie et que les bruits de la fête s'estompèrent à Bouche-de-Lion, l'empereur pensa aux soucis qui le guettaient. D'abord, le marquis Boniface de Montferrat lui demanda sans attendre de tenir ses promesses mais, au lieu de recevoir comme il en était convenu les terres d'outre le Bras, qu'on lui donnât le royaume de Salonique parce que celui-ci était proche de la Hongrie dont le roi était devenu son beau-père. L'empereur objecta qu'une partie du royaume qu'il convoitait appartenait, après le partage, à des barons de l'armée et aux Vénitiens, mais il ajouta qu'il donnait volontiers le reste au marquis qui fut courroucé mais accepta.

Baudouin Ier avait une affaire plus grave à régler. Il lui fallait se montrer dans ses terres, y recevoir l'hommage de ses sujets et au besoin conquérir les régions qui se montreraient rebelles, les plus vulnérables étant celles encore tenues par le jeune empereur Alexis et par Murzuphle qui venait de se rappeler au souvenir des croisés en pillant, à quatre journées de Constantinople, une cité en l'obéissance de Baudouin.

Dès que la nouvelle de cette attaque lui parvint, l'empereur tint conseil avec les barons et le duc de Venise pour décider qu'il sortirait avec son armée pour reconquérir sa terre, une garnison étant laissée à Constantinople afin que la ville fût en sûreté. Il fut décidé que le comte de Blois, mal remis d'une fièvre quarte[1] qui l'avait empêché de participer à l'assaut final, resterait en les murs ainsi que le duc de Venise et le chapitre, désigné avec Manassier de l'Isle et ses gens pour garder la ville. Conon, Villehardouin et Milon auraient préféré accompagner l'empereur mais Guillaume était plutôt content de demeurer auprès d'Alice et de pou-

---

1. Sorte de paludisme.

voir aider Angelo à préparer le voyage risqué des chevaux de l'hippodrome.

Henri, le frère de l'empereur, partit d'abord avec une centaine de chevaliers et de très bonnes gens qui reçurent partout bon accueil sur le chemin qui menait à la riche cité d'Andrinople où il logea en attendant l'arrivée de l'armée.

Ce qui se passa alors, et que Villehardouin transcrivit plus tard dans son récit, relevait de la plus horrible bassesse. Murzuphle, qui ne se sentait pas assez fort pour affronter les Francs, rejoignit Alexis et ses gens qui occupaient la ville de Messinople. Il lui manda des messagers pour lui offrir ses services et l'assurer qu'il ferait toutes ses volontés. Alexis répondit qu'il était le bienvenu et qu'il pouvait tendre ses tentes et ses pavillons devant la cité. Les deux empereurs éphémères se rencontrèrent souvent, se jurèrent fidélité et dressèrent un plan de bataille pour reprendre Constantinople.

Ces bonnes manières durèrent jusqu'au jour où Alexis invita Murzuphle à aller aux bains et à manger chez lui. Confiant, Murzuphle vint simplement, comme l'autre l'en priait, avec une très petite compagnie. Brusquement, sur un signe d'Alexis, Murzuphle, qui se déshabillait dans une chambre, fut jeté à terre et attaché sur un banc où un séide de celui que les croisés avaient naguère fait empereur lui arracha les yeux à l'aide d'un poignard.

Baudouin, pendant ce temps, chevauchait vers Andrinople. À une journée de la cité, son armée rencontra deux hommes de piètre allure qui dirent qu'ils étaient des gens de Murzuphle et qu'ils n'avaient pas voulu comme les autres aller faire obéissance à Alexis après ce qui s'était passé

— Que s'est-il donc passé ? demanda l'empereur.

Les hommes racontèrent le crime d'Alexis, et Henri de Flandre, rejoint le lendemain à Andrinople, fit le même récit. Les deux frères parlèrent beaucoup de cette funeste histoire :

— Une telle trahison est indigne ! dit Baudouin.

— Même si elle nous débarrasse de Murzuphle, notre ennemi mortel, continua son frère.

— Mais il reste Alexis qui a été déloyal envers la croisade et a toujours des prétentions au trône. L'exécution sauvage de Messinople nous rappelle qu'il est dangereux. Aussi allons-nous prendre des assurances contre lui. Dès demain nous irons le retrouver !

Dès qu'ils eurent connaissance de ce départ, les habitants de la cité, lassés de se faire piller par les petits usurpateurs voisins, supplièrent Baudouin :

— Seigneur, ne nous abandonnez pas. Laissez une garnison pour défendre la ville contre les attaques de Johannis, le roi de Blaquie et de Bougrie, qui vient chaque été prendre tout notre bien.

— Voilà de nouveaux ennemis ! soupira l'empereur. Eh bien ! Je ne veux pas éparpiller l'armée mais je vais vous laisser des hommes.

Les hommes, c'étaient Eustache de Salebruic, un preux de la Flandre, quarante chevaliers et cent sergents à cheval, capables de faire front au petit chef de guerre Johannis.

Baudouin et son frère Henri quittèrent donc Andrinople avec l'armée pour gagner Messinople où ils pensaient trouver Alexis, avant de se rendre à Salonique. Ce fut une chevauchée de rêve. Toutes les terres traversées venaient au commandement de l'empereur et en son obéissance :

— Voyez, disait l'empereur, comme les populations qu'on m'annonçait hostiles sont heureuses de me reconnaître pour seigneur !

Quand l'armée arriva aux portes de Messinople, Alexis s'était enfui mais les habitants étaient tous dehors pour aller à la rencontre de l'empereur et rendre la ville à son commandement. Content, Baudouin décida d'y séjourner pour attendre Boniface, le marquis de Montferrat, qui chevauchait plus lentement car il emmenait avec lui sa femme Marie. Cela aurait dû être la rencontre de deux frères d'armes si longtemps solidaires pour mener la croisade jusqu'à Constantinople et prendre ensemble la ville ; ce fut, hélas, celle de la discorde et même de la rupture.

À son arrivée près de Messinople, Boniface campa et fit tendre ses tentes sur les rives du fleuve, le Mestos. Le marquis refusait d'admettre que l'on pût lui refuser les terres de Salonique, au moins celles que Baudouin lui avait promises. Il les considérait comme siennes et la volonté de l'empereur de s'y rendre lui semblait une trahison, le signe qu'il avait changé d'avis[1]. Il hésita entre la possibilité de rendre visite à Baudouin ou de lui envoyer des messagers. Finalement, il retint cette dernière manière de demander à l'empereur de tenir sa promesse. Il lui écrivit :

« Seigneur, les gens du pays de Salonique me mandent qu'ils me recevront volontiers pour seigneur. Je suis votre vassal pour cette terre que je tiens de vous et où je vous prie de me laisser aller. Quand je serai maître de ma terre et de ma cité, je viendrai à votre rencontre prêt à faire votre volonté. Nous irons ensemble si c'est votre plaisir contre Johannis, le roi de Blaquie et de Bougrie, qui tient à tort une grande partie de la terre. »

À ce message déférent, l'empereur répondit qu'il irait quand même à Salonique et qu'il y ferait ses affaires. Ainsi, en s'obstinant, en montrant qu'il n'obéissait pas seulement à son désir de poursuivre Alexis, Baudouin niait l'engagement pris au lendemain de son élection et ne pouvait que susciter l'ire du marquis, lequel répondit par un autre messager :

« Seigneur, puisque je puis conquérir ma terre sans vous, je vous prie encore une fois de ne pas y entrer. Si vous le faites, il me semble que ce ne sera pas pour mon bien. Sachez que je ne vous accompagnerai pas et que je me séparerai de vous. »

Cette querelle entre les deux chefs de la croisade suscita beaucoup d'inquiétude dans les deux camps. Tout en chevauchant vers Salonique, les chevaliers se demandaient qui avait si mal conseillé l'empereur dans cette affaire qui mettait les chrétiens en péril.

Devant l'intransigeance de l'empereur, Boniface, lui aussi poussé par ses partisans, avait donc décidé de quitter l'armée et de s'en retourner avec ses gens et un certain nombre de barons dont Jacques d'Avesnes, Guillaume de Champlitte et Hugues de Coligny, qui s'étaient rangés de son côté. Il arriva ainsi à Demotika, au sud d'Andrinople, où on lui rendit le château et où il installa garnison. Les Grecs vinrent en son obéissance avec d'autant plus d'empressement que sa femme

---

1. Le suzerain, c'était l'usage, n'entrait sur la terre de son vassal qu'avec son assentiment ou appelé par lui.

Marie, la veuve de l'empereur Sursac, était vénérée dans tout le pays à l'entour.

D'absurde, la situation devint grave. Alors que l'empereur établissait sa loi à Salonique, Boniface de Montferrat assiégeait Andrinople défendue par Eustache de Salebruic et les gens que Baudouin y avait laissés. Eustache, ému par cette attaque inattendue, envoya alors deux messagers à Constantinople pour alerter le duc de Venise et les hauts hommes de la croisade demeurés dans la ville.

Après avoir galopé jour et nuit, les messagers arrivèrent au palais de Blaquerne. Le comte Louis de Blois, gouverneur de la ville en l'absence de l'empereur, fit appeler aussitôt le doge Dandolo, les barons présents, Villehardouin et les membres du chapitre.

— Seigneurs, dit-il, oyez l'incroyable nouvelle que les messagers d'Eustache de Salebruic sont venus nous apprendre.

— Voilà, dirent-ils. L'empereur et le marquis sont brouillés ensemble. L'empereur occupe les terres de Salonique et le marquis a quitté l'armée et s'est emparé du château de Demetika, l'un des plus forts et les plus riches de la Romanie. Pour l'heure, il assiège Andrinople que notre frère Eustache de Salebruic doit défendre par ordre de l'empereur.

L'assemblée, émue et inquiète de cette hostilité destructrice qui pouvait faire perdre toutes les conquêtes de la croisade, réfléchit. On honnit ceux qui avaient provoqué la brouille par leurs mauvais conseils et l'on discuta longuement de ce qu'il convenait de faire. Finalement, le parlement se rangea à l'avis du duc de Venise, comme cela avait été si souvent le cas :

— Je crois, dit le doge, qu'il faut envoyer sans attendre une ambassade à Andrinople pour tenter de mettre fin à cette guerre stupide. Je propose le comte de Villehardouin, maréchal de Champagne, qui est bien vu du marquis et qui aura plus d'influence sur lui qu'aucun autre homme.

Le comte de Blois et tous les présents acquiescèrent et se tournèrent vers Villehardouin qui n'était pas homme à se dérober devant une telle mission.

— J'accepte volontiers, dit-il tout de suite. J'emmènerai avec moi mes amis Guillaume d'Amiens, Conon de Béthune et l'un de nos gens, notre fidèle Raymond, qui nous fera gagner une journée en s'occupant des chevaux et de tout ce dont on a besoin dans une telle chevauchée. Nous allons dormir et partirons demain matin au chant du coq.

Guillaume et Conon, qui s'ennuyaient dans la ville, ne cachèrent pas leur satisfaction de reprendre du service et chacun regagna son hôtel. Angelo, qui accompagnait son oncle, dit à Guillaume qu'il l'enviait, ce à quoi le tournoyeur répondit que chevaucher trois jours sans fermer l'œil n'était pas l'affaire d'un tendre et paisible Vénitien.

Le soleil se couchait sur le Bosphore en allumant le ciel ; la ville, après les dramatiques désordres de sa prise, avait retrouvé sa quiétude orientale, et Guillaume, malgré le réveil matinal du lendemain, n'avait pas du tout envie d'aller dormir. Il se rendit en chantonnant au fond du parc retrouver la diaphane Alice. Ses relations avec la princesse avaient évolué depuis le festin. Ils se voyaient tous les jours, les caresses dont ils agrémentaient leurs bavardages devenaient chaque jour un peu moins sages. Alice prenait souvent les initiatives tandis que Guillaume, qui avait conquis le cœur de tant de femmes, se retrouvait gauche devant la jeune fille. Son aventure inachevée avec Marie retenait ses audaces, ce qui ne l'empêchait pas de trouver un plaisir un peu perverse à ces jeux.

La veille, il lui avait posé une question :

— L'impératrice est-elle au courant de nos rencontres ? J'ai toujours peur qu'elle n'en ait connaissance et qu'elle ne vous interdise de me voir.

Elle avait éclaté de rire et répondu :

— Cela m'étonnerait qu'elle ne sache pas. Mais rassurez-vous, cela m'étonnerait encore plus qu'elle me prive du plaisir de vous rencontrer. Nous sommes en Orient, à la cour de Constantinople, ou presque, et la vie y est assez libre Et puis, ma mère a eu une existence si agitée qu'elle aurait du mal à me reprocher nos innocentes récréations.

Guillaume pensait à cette dernière phrase en marchant et se demandait si elle n'était pas une invite à pousser plus loin le jeu amoureux. Mais il arrivait au banc de marbre. Alice l'y attendait.

Après quelques « baisers papillons », comme elle appelait

joliment l'échange bec à bec qui ouvrait leur tendre conversation, Guillaume lui dit qu'ils ne pourraient, hélas ! pas se voir les prochains jours.

— Et pourquoi donc, mon cœur ?

— Parce que je pars aux premières heures de l'aube avec Villehardouin et Conon pour Andrinople où nous allons tenter de réconcilier deux complices devenus ennemis.

— De qui s'agit-il ?

— De l'empereur et du marquis de Montferrat !

— Les deux chefs de votre croisade ?

— Oui. Et si nous ne réussissons pas, j'ai bien peur que nous ne soyons obligés de quitter votre belle ville et de rentrer chez nous.

— Et vous me laisseriez ?

— Comment faire autrement, petite fille ?

— Épousez-moi ! Le marquis s'est bien marié avec l'impératrice Marie et il l'emmène partout avec lui.

C'est lui qui rit en la regardant :

— Vous me voyez, moi, un cadet de famille, habile à manier la lance mais riche seulement de mes gains en tournois, épouser une princesse ?

— Si je le veux, ce n'est pas impossible ! répondit-elle, irritée. Mais qu'avez-vous à faire d'une jeune Byzantine promise un jour, malheureusement, à un Murzuphle ou un roi de Blaquie !

Elle se mit à pleurer et Guillaume la prit dans ses bras en se rappelant avoir ainsi souvent consolé Marie.

La nuit tomba d'un coup et Guillaume dit qu'il lui fallait tout de même songer à aller se reposer car Raymond, le maître des heures, le réveillerait à l'aube.

— Vous allez dormir ? Moi aussi. Et avec vous !

— Que dois-je comprendre ?

— Je dis que vous allez m'emmener chez vous et que cette nuit, avant que vous ne partiez, je serai devenue votre femme.

— Comment ? Savez-vous ce que vous dites ?

— Je le sais parfaitement. Ne prenez pas cet air effaré ! Ce que je dis vient du cœur. J'ai su la première fois que je vous ai vu que je serai à vous. Mais peut-être ne me voulez-

vous pas ? Vous préférez sans doute les femmes mûres...
Mais non ! Vous m'avez dit que vous m'aimiez, alors venez !

Avant qu'il ait pu esquisser une réponse elle s'était levée et l'entraînait vers le palais où logeait le chapitre. Il essaya de la retenir, mais comment résister à la nièce de Philippe Auguste, de surcroît belle à damner un saint ?

Guillaume n'était pas un saint.

Chapitre 6

Nous irons à Salembrie !

L'aube pointait à peine à l'est du Bras lorsque Villehardouin lança à ses amis :

— À cheval, messieurs, il est déjà tard.

Le temps de laisser leurs montures s'échauffer, et les émissaires franchissaient la porte de Phanar avant de s'engager sur le long chemin menant à Andrinople. Finalement, Girart de Manchicourt s'était joint aux chevaliers choisis par Villehardouin pour l'accompagner dans sa mission de réconciliation. Ils étaient donc cinq, avec Raymond, le Protée du chapitre, à chevaucher gaiement dans la campagne.

— Oh, plaisir ! dit Guillaume. J'avais presque oublié l'odeur de mon brave Germain.

— C'est que vous vous étiez habitué à en respirer une plus exquise, plus féminine, dit Conon, l'air moqueur. D'ailleurs le parfum suave de la personne avec qui je vous ai aperçu hier soir entrer dans notre demeure ne vous a pas encore abandonné. Mon cher tournoyeur, vous embaumez l'héliotrope !

Guillaume dut rougir sous l'écharpe de fine laine dont il s'était recouvert le visage pour se protéger de la poussière. Il était sûr que personne ne l'avait vu pousser la porte de sa chambre tendrement enlacé à Alice. Mais ce diable de Conon était une sorte d'argus. Rien ne lui échappait, la nuit, le jour, il voyait tout. C'était utile en tournoi et à la guerre, mais parfois embarrassant. En l'occurrence, Guillaume aurait préféré garder le secret sur le tour que venaient de prendre des relations dont ses amis s'amusaient à le railler en les croyant platoniques. Gêné, il hasarda :

— Cette personne...

— Chut ! Conon vous envie mais n'ébruitera pas une aventure galante qui, d'ailleurs, fait honneur au chapitre. Une princesse à peine nubile, bravo, mon cher !...

— Oh ! Vous savez, sa mère n'avait pas dix ans quand on l'a envoyée ici pour épouser un fils de l'empereur.

— Je sais que nous sommes en Orient, à Byzance, où les mœurs sont relâchées mais les châtiments barbares. On vous brûle les yeux pour un rien. Je ne voudrais pas qu'une telle mésaventure vous prive de ce regard qui a fait succomber tant de belles !

— Je vous dis tout, ami. Alice veut que je l'épouse et que je la ramène en France.

Conon, cette fois, resta sans voix tandis que Guillaume se prenait enfin à réfléchir sur les conséquences de son aventure : « Pourquoi je laisse les jeunes demoiselles venir compliquer ma vie ? » Et ils éperonnèrent pour rejoindre les autres qui avaient pris de l'avance.

Tous étaient contents de se retrouver à galoper ensemble dans ces pays de la Romanie qu'ils avaient conquis et qui accueillaient avec honneur les chevaliers de l'empereur. Tandis que les chevaux s'abreuvaient, Raymond était parti en avant pour trouver une ferme où ils pourraient se restaurer. Quand ils arrivèrent à un village nommé Le Fratim, leur soupe cuisait dans un chaudron et des poulets embrochés rôtissaient sur la braise. La région, hélas ! ne produisait pas de vin et, la gourde emportée par Conon vidée, il fallut se contenter d'eau fraîche.

Ils parlaient bien sûr de leur mission dont le moins que l'on puisse dire est qu'elle était délicate. Ce soir-là, avant de s'endormir dans les bonnes chambres qu'un notable avait mises à leur disposition, Guillaume demanda à Villehardouin :

— Le marquis va-t-il bien nous recevoir ? Nous venons tout de même lui conseiller de lever le siège !

— Il nous recevra, j'en suis sûr, honorablement. Se rendra-t-il aux raisons du duc de Venise et du comte de Blois, c'est une autre affaire ! Il est impossible de prévoir sa réaction.

— C'est naturellement vous qui parlerez. Nous ne serons là que comme témoins.

— Je parlerai mais vous aussi. Le marquis est très bien avec Conon et il apprécie votre courage. Vous devrez trouver d'autres arguments pour le ramener à la raison. Je poserai le fer sur le sabot et vous enfoncerez les clous ! Il faut absolument le persuader de s'en remettre au doge, à Louis de Blois et à nous pour régler son différend avec l'empereur. Cela ne sera pas facile !

— Girart de Manchicourt parle bien et il saura vous aider.

— Mais vous aussi, que diable, vous m'aiderez !

*
* *

Il fallut six grandes journées aux chevaliers de la bonne parole pour arriver aux portes d'Andrinople[1]. Ils purent constater que le siège de la ville n'était pas une menace mais une réalité. Les machines et les échelles étaient installées contre les murs en haut desquels les hommes d'Eustache de Salebruic s'affairaient. Les gens du marquis, eux, piochaient déjà au bas des tours.

Dès qu'il apprit l'arrivée des envoyés, Boniface de Montferrat sortit du camp et alla à leur rencontre accompagné des plus hauts hommes de son conseil, Jacques d'Avesnes, Guillaume de Champlitte et Hugues de Coligny. Il fit bon accueil à Villehardouin et à ses amis et les invita à venir se rafraîchir sous sa tente.

Lorsque les voyageurs se furent reposés, il demanda à Villehardouin, comme s'il ne l'avait pas deviné, ce qu'il venait faire à Andrinople.

— Seigneur, répondit Villehardouin, nous vous apportons un message du duc de Venise et du comte Louis de Blois et de Chartres. En accord avec les barons demeurés à Constan-

---

1. La lieue de l'époque valait un peu plus de quatre de nos kilomètres. Pour des cavaliers aguerris, la journée de route représentait à peu près douze lieues, soit cinquante kilomètres.

tinople, ils vous disent l'émotion et l'inquiétude que suscite votre brouille avec l'empereur et vous reprochent d'assiéger sa terre, Andrinople, sans les avoir avertis du conflit qui vous divise. Si vous l'aviez fait, ils vous auraient bien évidemment assuré réparation dans le cas où l'empereur vous aurait fait tort. Je crois, ajouta-t-il en se tournant vers ses compagnons, que j'ai bien interprété la pensée du doge et des barons ?

— Très bien, dit Conon. Je me permets seulement d'ajouter, au nom de l'amitié qui nous lie, qu'il serait bon pour tout le monde que vous acceptiez de vous en remettre au duc et au comte Louis.

Guillaume pensa qu'il devait lui aussi, selon le désir de Villehardouin, mettre l'once de sa renommée dans la balance :

— Les chevaliers, Seigneur, vous admirent et vous aiment. Leur déception serait grande si vous quittiez l'armée. Ils savent que cette décision entraînerait la perte de leurs conquêtes.

Après avoir écouté reproches et conseils, le marquis entendit se disculper. Il énuméra les torts que l'empereur lui avait causés, l'oubli de sa promesse au sujet du royaume de Salonique et affirma que c'était à cause de cette trahison qu'il avait agi ainsi.

Avec habileté, le maréchal de Champagne reprit ses arguments et fit une description dramatique des conséquences qu'aurait une rupture entre les deux grands hommes de la croisade. Le marquis, impassible, dit qu'il lui fallait réfléchir et qu'il donnerait sa réponse après le souper auquel il priait les envoyés de Constantinople.

En attendant, Guillaume de Champlitte et Hugues de Coligny accueillirent Villehardouin et ses amis dans leur tente. Ils étaient épuisés et se reposèrent comme ils purent en songeant que le lendemain, quelle que soit la décision du marquis, ils allaient devoir repartir. Guillaume était près de s'endormir quand Raymond vint le trouver :

— Les chevaux sont fourbus, dit-il. Ils ne vous porteront jamais jusqu'à Constantinople si on ne les laisse pas se reposer une journée. Il faut donc faire ce que je dis ou, si vous tenez à partir demain, les échanger contre des montures fraîches.

— Laisser Germain ? s'exclama Guillaume. Je ne ferai jamais une chose pareille, tu le sais bien ! Nous nous reposerons une journée, comme les chevaux !

— Mais le seigneur de Villehardouin a dit...

— Le maréchal ne connaît rien aux chevaux et il fera comme je lui dirai ! Maintenant, laisse-moi dormir. Tu me réveilleras un peu avant l'heure du souper.

— J'ai fait un tour aux cuisines. J'ai vu des moutons entiers tourner sur les broches. Et vous aurez du vin, j'ai vu aussi les tonneaux.

— Très bien ! Mais le dessert, c'est le marquis qui nous le servira. Espérons qu'il sera de notre goût !

Avec l'aide de Dieu, Villehardouin et ses amis avaient bien travaillé. En arrivant dans la tente où la table était dressée, ils virent tout de suite à la figure du marquis qu'ils avaient gagné. Charitable, il ne fit pas languir ses hôtes au-delà du premier service et réclama le silence :

— J'ai réfléchi comme je vous l'avais dit et j'ai pris, quoi-qu'il m'en coûtât, la décision de m'en remettre à vos bons soins et à ceux du duc de Venise et du comte de Blois. Vous connaissez tous les termes de la convention acceptée par l'empereur. Je vous fais confiance pour qu'elle soit respectée. Et que règne la paix !

Villehardouin, soulagé, remercia vivement le marquis et demanda :

— Vos nobles paroles signifient-elles que vous allez dès demain lever le siège devant Andrinople ?

— Je voulais attendre un geste de l'empereur mais puisque vous me le demandez et pour vous remercier de votre entreprise, je vous annonce, monsieur le maréchal de Champagne, que j'ai donné l'ordre de cesser d'attaquer les murs que protège le valeureux Eustache de Salebruic et que je m'en retournerai avec mes gens au château de Dimot, à Demetika, où m'attend l'impératrice, ma femme.

Malgré la fatigue, les messagers, le marquis et les gens de son conseil fêtèrent jusqu'à fort tard la trêve ainsi conclue. Le chapitre se reposa tout le lendemain et s'en revint, mission accomplie, vers Constantinople. Les messagers se rendirent tout de suite au château de Blaquerne dans l'appartement qu'occupait le comte Louis, lequel tenait heureusement conseil avec le doge Dandolo.

Villehardouin, on le sait, n'était pas un expansif. Où d'autres auraient manifesté leur fierté, il dit seulement :

— Seigneurs, nous avons rempli avec succès la mission que vous nous avez confiée.

Le duc et le comte, eux, ne cachèrent pas leur joie et demandèrent des explications que le maréchal donna comme avec regret :

— La manière compte peu, dit-il. Seul le résultat est important : le marquis de Montferrat s'en remet à vous pour la paix qui ne sera pourtant vraiment effective que lorsque l'empereur s'en sera remis lui aussi à Vos Seigneuries.

Plus prolixe, Conon raconta, en enjolivant l'histoire, comment ils avaient réussi à persuader le marquis de cesser sur-le-champ la guerre entreprise contre Eustache de Salebruic. Tous furent remerciés, félicités et fêtés. Les seuls à n'être pas heureux étaient les Grecs que la discorde entre les croisés réjouissait. Ils attendaient une guerre qui les eût libérés de l'envahisseur latin, la paix anéantissait leurs espoirs.

*
* *

Durant le temps de cette heureuse ambassade, l'empereur Baudouin s'apprêtait à quitter Salonique où il laissait une garnison quand la nouvelle lui parvint que le marquis occupait le fort de Dimot à Demetika, une grande partie de la terre à l'entour et qu'il assiégeait ses gens dans Andrinople. Très irrité, l'empereur décida, encouragé par ses barons, d'aller délivrer Andrinople avant de rentrer à Constantinople :

— Nous ferons dorénavant au marquis tout le mal que nous pourrons ! proclama-t-il devant ses barons et chevaliers avant de donner le signal du départ.

L'armée, unanime, voulait punir Boniface de Montferrat mais elle était mal en point. La fièvre quarte avait touché un grand nombre de croisés devant Salonique. Certains avaient dû y demeurer pour se soigner, beaucoup tombaient malades sur la route et étaient transportés dans des litières. D'autres restaient, alités, dans les châteaux où l'empereur faisait étape. Enfin on dut déplorer la mort de plusieurs hauts hommes de la croisade. À La Serre, au bord de la mer Égée, il fallut inhumer maître Jean de Noyon, un clerc fort savant qui était chancelier de l'empereur. Plus loin, près de Philippe, en Macédoine, c'est le vaillant et preux Pierre d'Amiens, cousin germain de Guillaume, qui succomba. Puis Gilles d'Aunoi et beaucoup des meilleurs gens de la croisade. « En tout quarante chevaliers moururent sur la route de Constantinople [1] », écrira Villehardouin dans son récit.

À mi-chemin, l'empereur, encore ignorant de la réussite de l'ambassade auprès du marquis, croisa les émissaires que Constantinople lui envoyait. L'un d'eux était Girart de Manchicourt, seul représentant du chapitre volontaire pour participer à cette deuxième ambassade dont le capitaine était Bègue de Fransure, homme lige du comte Louis de Blois, un chevalier instruit, qui parlait bien. C'est lui qui annonça à l'empereur :

« Seigneur, le duc de Venise, le comte Louis et les autres barons qui sont dans Constantinople vous mandent salut. Ils se plaignent à Dieu et à vous de ceux qui ont mis la discorde entre vous et le marquis de Montferrat et ont, peu s'en faut, ruiné la chrétienté. Ils vous apprennent que le marquis s'en est remis à eux pour régler le différend et ils vous prient, comme leur seigneur, de vous en remettre aussi à eux. Sachez enfin qu'ils vous mandent qu'ils ne toléreraient la guerre en nulle façon. »

Surpris, Baudouin dit qu'il allait convoquer son conseil avant de donner une réponse. Le soir, on s'arrêta plus tôt que prévu pour se donner le temps de réfléchir. Ceux du conseil qui avaient poussé à la désunion demeurèrent intransigeants, trouvant la fin du message des barons d'une audace voisine de l'insulte. Les autres engagèrent l'empereur à ne pas s'aliéner le duc de Venise, le comte Louis et les barons

---

1. Ni Villehardouin ni Robert de Clary, l'autre chroniqueur qui participait lui aussi à la croisade, n'ont jugé intéressant de dénombrer les sergents et hommes d'armes morts sur la route.

restés à Constantinople. À la fin, Baudouin Ier répondit aux messagers :

— Je ne garantirai pas de m'en remettre au duc et aux barons mais je regagnerai Constantinople sans rien tenter contre le marquis.

C'était la trêve en attendant une réconciliation que, finalement, tout le monde souhaitait. L'empereur goûta l'accueil chaleureux que lui réserva sa ville. Tous les barons et les chevaliers allèrent à sa rencontre et le célébrèrent en grand honneur comme leur seigneur.

*
* *

À Constantinople, la vie était calme, trop calme. Après la récréation de l'ambassade, le chapitre avait repris sa vie de château, confortable mais terne aux yeux de ces rudes guerriers. Pourtant, la destinée de Geoffroi de Villehardouin se précisait. Avant de se croiser, le maréchal de Champagne, par son savoir qui était grand, par la confiance qu'il inspirait, par sa famille et ses alliances, était un homme apprécié qui participait à beaucoup d'affaires administratives et politiques. On l'appelait pour remplir l'office de médiateur, on le recherchait pour se porter garant, on le choisissait comme arbitre. Il s'était montré preux durant la croisade mais la guerre n'était pas tellement son fort et, maintenant qu'un Franc avait accédé à la couronne d'Orient, sa place était parmi ceux qui allaient devoir gouverner l'empire. On le rencontrait de moins en moins au chapitre et de plus en plus à Blaquerne ou à Bouche-de-Lion.

Conon de Béthune, aussi, semblait promis aux plus hautes charges. Guillaume disait qu'il pouvait aussi bien composer un poème, commander une armée ou prendre une forteresse à lui tout seul. Il devenait dans l'empire naissant un personnage important et, comme Villehardouin, il délaissait souvent le palais du Patriarche.

Guillaume, lui, demeurait dans la vie byzantine le tournoyeur impétueux, le joueur audacieux, l'amoureux imprudent qu'il avait toujours été. Privé de sa lance et de son écu, il s'occupait avec Angelo des chevaux de bronze de l'hippodrome et vivait des moments enivrants avec sa princesse plus éprise et jolie que jamais.

Né dans la fraternité des armes, les folles chevauchées et les tempêtes, le chapitre se délitait dans l'immobilité ; tous en étaient conscients et attristés. La peine devint insupportable quand le gentil Girart de Manchicourt abandonna ses amis pour gagner la félicité éternelle promise à ceux qui ne reviendraient pas de la croisade. De sa mission il était revenu porteur de la redoutable fièvre tierce qui avait fait tant de victimes dans l'armée. Villehardouin, Milon le Brabant, Conon de Béthune, Eustache de Canteleux, Guillaume et Angelo le Vénitien étaient à son chevet lorsque, dans ce qui leur parut être un dernier sourire, le preux chevalier Girart de Manchicourt, allié aux maisons de Béthune et d'Oisy, embrassa d'un dernier regard la croix cousue sur son manteau dont on l'avait couvert.

— Mes amis, dit Guillaume en pleurant, la belle aventure de notre chapitre s'achève à cet instant.

*
* *

Dans la ville où les bruits vrais ou faux circulaient aussi vite qu'un trait d'arbalète, les amours de Guillaume et d'Alice étaient un secret de bateleur. On s'en inquiétait chez les barons, on s'en amusait chez les chevaliers, on en riait dans les compagnies. Ses amis et Angelo lui-même avaient mis Guillaume en garde. Un jour, Villehardouin lui avait dit :

— Il est dangereux de provoquer les Grecs. Blaquerne est plein de fonctionnaires, d'officiers inoccupés et de manglabites capables, sur un ordre accompagné de cinquante livres d'argent, d'enlever un Latin et de le torturer. Qui sait si un noble byzantin, un grand officier de la cour ou un magistrat de la cité n'a pas jeté son dévolu sur l'adorable Alice et rage de la voir tomber dans vos bras ? Par la grâce de Dieu, ne sortez pas la nuit seul en ville !

Guillaume riait et disait qu'un tournoyeur de sa race ne se laisserait pas prendre comme un apprenti :

— Après tout, il s'agit de la petite fille de feu le roi

Louis VII de France et je suis de noble famille ! Les Byzantins n'ont rien à voir dans mes affaires. Seule la mère d'Alice pourrait s'opposer à nos rencontres puisque le père semble avoir disparu.

— Bien que fille d'un roi de France, Agnès est une impératrice byzantine !

— Et si j'épouse Alice ?

— Vous, un tournoyeur ?

— Mon modèle, mon maître, le chevalier Guillaume le Maréchal, salué comme le meilleur tournoyeur du monde, n'a-t-il pas obtenu du roi la main d'Isabelle de Clare, âgée de dix-sept ans, l'une des plus riches héritières du royaume ? Je ne rêve pas : l'impératrice ne nous a pas encore donné sa bénédiction mais Alice est sûre qu'elle le fera.

Villehardouin avait hoché la tête et demandé :

— Que ferez-vous à Constantinople ? Et surtout, que fera votre femme ? Vous ne pourrez pas l'emmener en guerre avec vous comme le fait le marquis. Car la guerre n'est pas finie. L'empereur Baudouin va repartir pour châtier Johannis, le roi de Blaquerie. Et après il y aura Murzuphle, qui, malgré ses yeux crevés, traîne avec ses gens sur les terres de l'empereur.

— Le chapitre dissous, je ne repartirai pas avec l'armée. Je compte rentrer au pays. Avec ma femme si j'ai épousé Alice.

— Quelle tristesse ! J'ai pensé faire comme vous mais je suis vassal du comte de Champagne. Et j'ai juré devant le comte Thibaud mourant. De plus l'empereur a, ce sont ses termes, besoin de moi. Alors je reste au service de l'empire.

Guillaume, c'était vrai, entretenait de bonne relations avec l'impératrice Agnès qui semblait ne pas lui en vouloir d'avoir fait d'Alice sa maîtresse. Il hésitait pourtant à lui demander sa fille en mariage et laissait à Alice le soin de traiter cette délicate affaire.

Un soir enfin, en rejoignant Guillaume dans sa chambre, Alice, qui avait du mal à modérer sa joie, s'écria :

— Ma mère a accepté. Nous pourrons nous marier ! Etes-vous heureux ?

— Si vous en doutez, je vais vous le prouver sur-le-champ, ma princesse.

Ils s'étreignirent comme ils ne l'avaient jamais fait. Alice avait il est vrai fait des progrès au jeu de l'amour et, comme elle n'était plus une jeune vierge, Guillaume sut sans états d'âme la combler.

Dès le lendemain, il annonça l'heureuse nouvelle à ses amis et pria Villehardouin de demander une audience à Baudouin. Il ne pouvait en effet épouser Alice qu'avec le consentement de l'empereur. Celui-ci le reçut avec bonhomie.

— Si nous exceptons le marquis de Montferrat, vous êtes le premier chevalier qui souhaite se marier dans la croisade. Et avec une fille de France ! Je connais la princesse Alice. Vous avez bon goût ! Étant donné les services que vous avez rendus à l'armée et vos exploits lors du siège de la ville, je vous donne volontiers mon consentement. Je vous recommande de demander également celui du comte de Blois qui, comme vous le savez, est le cousin de votre promise. L'impératrice, qui m'avait prévenu de vos projets, souhaite que le mariage ait lieu à Sainte-Sophie. Je n'y vois pas d'inconvénient et, comme j'affectionne en vous le tournoyeur et l'homme de guerre, le festin aura lieu au château de Bouche-de-Lion. Chevalier, je vous souhaite beaucoup de bonheur et vous mets en la main de Dieu[1]. Sachez que je ne suis pas un ingrat et que vous ne serez pas oublié dans le partage des terres.

Guillaume remercia l'empereur et pensa qu'il n'était pas opportun de lui dire qu'une seigneurie perdue dans un pays hostile ne l'intéressait pas et qu'il comptait quitter l'armée pour se mettre, car c'était bien le cas, au service du duc de Venise.

*
* *

1. Une telle union était possible : dans la réalité, la fille de l'impératrice Agnès a épousé en 1205 le chevalier Narjand de Toucy, cousin germain de Guy de Dampierre, connétable de Champagne.

Angelo Zuccari avait travaillé durant le temps où Guillaume chevauchait à la rencontre du marquis.

— Venez chez moi, *amico*, avait-il dit. Il faut que je vous montre mes dessins et je ne veux pas me promener avec eux dans la ville. L'affaire, je vous l'ai dit, doit demeurer secrète.

Guillaume se rendit donc au palais du doge, près de Sainte-Sophie. Angelo y occupait trois grandes pièces si somptueusement décorées qu'il pouvait dire que son appartement était un sublimé du miracle byzantin.

— C'est grandiose ! s'exclama Guillaume. Mais est-ce vraiment agréable de vivre dans tous ces ors ?

— *Sinistro* ! Quand je sors d'ici, je vois tout en mosaïque. Les maisons, les gens, les chevaux... À propos de chevaux, vous vous mariez ou vous vous occupez de l'écurie de mon cher oncle ?

— Les deux. Je me marie et je quitte Constantinople avec le quadrige de l'hippodrome.

— Bravo ! J'ai déjà trouvé la nef sur laquelle nous naviguerons et je m'occupe de la faire aménager pour notre confort personnel et celui des chevaux de bronze.

— Prévoyez aussi, s'il vous plaît, des places pour mon Germain, les montures de Geoffroi et Raymond et pour quelques bêtes que je crois prudent d'avoir sous la bride.

— Je crois alors qu'il sera plus simple d'utiliser un brave huissier au ventre rebondi. Nous irons si vous le voulez bien le choisir demain. Mais ce n'est pas le voyage sur mer qui présentement me préoccupe, c'est le transport des chevaux jusqu'au port ! J'ai dessiné des chariots capables de supporter leur poids énorme sans risque qu'ils ne s'écroulent et se brisent. Les charpentiers de la flotte s'emploient à les construire. Il faudra évidemment les recouvrir de voiles de navire car je veux éviter que des Grecs en colère n'attaquent le convoi.

— Mettez-vous à leur place ! Aimeriez-vous voir des étrangers enlever les plus belles statues de Venise ?

— Non. Mais vous m'avez appris qu'on ne fait pas la guerre avec de bons sentiments. Baudouin a l'empire, Dandolo veut ses chevaux !

— Au fait, avez-vous fait les recherches que vous souhaitiez concernant l'origine du quadrige ?

— Oui, mais je n'ai pas appris grand-chose. J'ai questionné des ingénieurs, les clercs qui s'intéressent à l'art et des gens de la ville qui appartiennent aux plus vieilles familles. Ceux qui ne disent pas qu'ils ne savent rien, ce sont les plus nombreux, ne sont pas d'accord entre eux. J'espère que les savants vénitiens sauront résoudre l'énigme.

— Vous avez tout de même dû apprendre quelque chose ?

— Oui. On n'est sûr que d'un fait : les chevaux sont des antiques grecs ou plus vraisemblablement romains. Quant à dire depuis quand ils piaffent sur la place de l'hippodrome, c'est une autre affaire. Plusieurs de mes interlocuteurs en ont attribué la paternité à Phidias parce que, sur la frise du Parthénon, à Athènes, il y a paraît-il des chevaux qui ont à peu près la même attitude. D'autres pensent à Lysippe, un autre Grec qui aurait dû vivre deux cents ans pour sculpter toutes les œuvres qu'on lui attribue. Un artiste romain, enfin, serait l'auteur du quadrige !...

— Que pense le doge de ces incertitudes ?

— Il s'en moque. Il ne pense qu'à une chose : voir les chevaux dont il a remarqué la beauté il y a trente ans orner la place Saint-Marc.

— Emporterons-nous d'autres pièces du butin à Venise ?

— Assurément. La part que nous a octroyée le partage, peut-être un peu plus. Une belle collection de dépouilles religieuses que mon oncle a déjà entreposées dans son palais. Je pense entre autres à une vierge byzantine du Xᵉ siècle où sont enchâssés des émaux et des pierres précieuses qui fera bon effet dans l'une des chapelles de San Marco. Comme notre basilique a été édifiée sur le modèle de Sainte-Sophie, la Madone ne sera pas dépaysée.

— Angelo, vous parlez de ces rapines avec une désinvolture qui me gêne.

— Mon cher, toutes les guerres comportent des pillages et des butins. C'était comme cela au temps des Grecs et des Romains. Ce l'est aujourd'hui. Ce que nous nous approprions, les empereurs qui se sont succédé l'ont pris en grande partie à d'autres pour faire de Byzance la plus magnifique ville du monde. Vos croisés ne repartiront d'ailleurs pas les mains vides. Je me suis laissé dire que la couronne d'épines et un morceau de la vraie croix sont maintenant à Bouche-de-Lion, bien gardés. Ne croyez-vous pas qu'ils prendront bientôt le chemin de la France[1] ?

— Je sais tout cela. Je sais aussi que les règles des tournois à mêlées qui permettent au chevalier vainqueur de déposséder son adversaire malheureux de son destrier et de ses armes constituent une sorte d'entraînement à la guerre mais c'est un peu parce que cette pratique, qui m'a rendu célèbre et riche, commençait à me déplaire que je me suis croisé. Hélas ! je crois mon attitude bien peu réaliste !

Angelo sourit et dit :

— Nous accompagnerez-vous tout de même à Venise en compagnie des chevaux du doge ?

— Mais oui. Les choses ne sont pas simples... Et Venise est une si belle ville !

Angelo déplia le rouleau de ses dessins et expliqua comment les chariots viendraient prendre possession des chevaux.

— Je fais aussi fabriquer par les charpentiers deux bigues capables de soulever les pesantes bêtes. Heureusement, nous pourrons disposer de tous les marins et ouvriers de la flotte pour ce déménagement peu commun. Tiens, je voudrais bien savoir comment les Anciens ont fait pour les placer là où ils sont ! Maintenant, si vous le voulez, allons au port choisir notre navire.

Tout de suite, un huissier de belle facture retint leur attention. C'était une grosse galée au ventre rebondi et au bel étambot qui, selon l'amiral, convoqué pour conseiller le neveu du doge, tenait bien la vague :

— C'est l'une des dernières que nous ayons construites, elle n'a pas souffert durant son premier voyage et devrait vous convenir. Combien de chevaux voulez-vous transporter ?

— Une dizaine de destriers et quatre chevaux en bronze deux fois plus grands que les vrais et quatre fois plus lourds !

---

1. L'empereur Baudouin II, l'un des successeurs du comte de Flandre au trône de Constantinople, enverra en 1240 les reliques à Louis IX qui bâtira la Sainte-Chapelle pour les abriter. Elles sont aujourd'hui à Notre-Dame.

— Ah ! fit l'amiral, surpris. Cette taride[1] de cent vingt pieds est faite pour transporter quarante marins et vingt chevaux en chair et en os. Pour ceux en bronze, il faudra voir car ils ne tiendront pas dans les logements prévus.

— Bien, je vais faire le plan des transformations nécessaires. Je me demande si les bêtes doivent voyager debout ou couchées.

— Lesquelles ? demanda l'amiral un peu perdu dans les pensionnaires de l'écurie du doge Dandolo.

— Celles en bronze, naturellement, répondit Angelo un peu agacé. Il faudra les protéger et les attacher de manière qu'elles ne bougent absolument pas dans les tempêtes les plus effroyables. Le doge serait capable d'en venir aux pires extrémités si la pointe d'une oreille d'un de ses chevaux venait à être brisée !

— *Povero de spirito !* dit Angelo quand l'amiral les eut quittés.

— Allons, dit Guillaume en riant, c'est un manœuvrier de galères, pas un cocher de quadrige !

*
* *

Le nouvel empereur régnait sur d'immenses territoires éparpillés dans la confusion. Il convenait d'abord de partager les terres selon la convention du mois de mars : un quart de la ville et des terres devant aller à l'empereur, le reste étant partagé par moitié entre les croisés et les Vénitiens. Ainsi Baudouin donna-t-il au comte Louis le duché de Nicée, l'un des plus hauts fiefs de la Romanie, de l'autre côté du Bras. Un fief où il restait à s'imposer. À force de disposer des garnisons un peu partout, l'armée se trouvait fort affaiblie et Louis de Blois ne put envoyer sur ses terres que cent vingt chevaliers qui partirent de Constantinople à la Toussaint[2]. Pierre de Bracieux et Eustache de Canteleux, qui languissaient en ville depuis de la dissolution de fait du chapitre, étaient de ceux là. Ils passèrent le Bras Saint-Geor-

---

1. Nom donné par les Vénitiens à l'huissier.
2. 1er novembre 1204.

ges et installèrent leur camp dans la cité d'Espigal d'où ils partirent pour soumettre les opposants grecs.

À la fin du mois, le bruit circula autour de Bouche-de-Lion et de Blaquerne que Murzuphle avait été aperçu en train de fuir au-delà du Bras, escorté de peu de gens. On sut peu après qu'il avait été dénoncé à Henri de Flandre qui se rendait à Abydos, que Thierry de Loos était parti à la poursuite de l'empereur aux yeux arrachés. Il lui avait tendu un piège dans un détroit et l'avait capturé. Pour l'heure, Thierry de Loos était en chemin pour ramener à Constantinople le bourreau de l'empereur.

*
* *

Baudouin était fort satisfait de cette arrestation qui le libérait d'un ennemi implacable. Il commanda qu'on l'enfermât dans le cachot où Murzuphle avait si longtemps séquestré Sursac. Puis il fit mander à tous les hauts hommes qui se trouvaient à Constantinople de se rendre au palais. Le duc de Venise y rejoignit le comte de Saint-Pol, Garnier, l'évêque de Troyes, qui était chargé de veiller sur le trésor sacré des reliques, Eustache de Conflans, Conon de Béthune, Villehardouin et tous les barons.

— Seigneurs, leur dit-il, vous savez que j'ai l'imposteur Murzuphle dans mes prisons. Cette assemblée à laquelle je vous ai priés est une sorte de tribunal puisque je vous demande aujourd'hui ce que je dois faire de ce criminel.

Chacun donna son avis. Les uns voulaient le pendre, d'autres le faire traîner par un cheval à travers la ville, certains dirent qu'il devait être décapité. Finalement, sage parmi les sages, le doge proposa une exécution originale qui plut à l'assemblée :

— Il existe, dit-il, dans le centre de la ville, deux colonnes très anciennes hautes d'au moins cinquante toises dont l'une est sculptée de figures qui s'avèrent prophétiques. On y voit un empereur chutant la tête en bas et des vaisseaux faisant le siège d'une ville. Eh bien, qu'on y fasse monter Murzuphle et qu'on le précipite dans le vide !

Tout le peuple s'assembla pour assister à cette merveille :

un ancien empereur sans yeux jeté du haut d'une tour. On dut arracher à la foule le corps disloqué.

Cet intermède oublié, la conquête des terres continuait. Henri, le frère de l'empereur, descendit le Bras jusqu'à Avie où il se logea pour guerroyer contre les Grecs. Renier de Trit emmena cent vingt chevaliers et des hommes au-delà d'Andrinople, à Finepople que Baudouin lui avait donnée. La ville le reçut et le reconnut d'autant plus volontiers comme seigneur que Johannis, le roi de Blaquie ne cessait de l'attaquer. L'empereur envoya encore cents chevaliers commandés par Macaire de Sainte-Menehould jusqu'à Nicomédie, à deux journées de Constantinople.

Toutes ces expéditions vidaient Constantinople de ses guerriers. Baudouin y demeurait assez esseulé avec le comte Louis, Hugues de Saint-Pol, Conon et Villehardouin. Guillaume serait bien parti guerroyer lui aussi, histoire de faire galoper Germain, mais il préparait le voyage des chevaux et ne voulait pas abandonner Alice, que sa mère semblait moins pressée de marier. En fait, l'impératrice Agnès avait quitté avec sa fille la demeure du Patriarche pour vivre à la cour au palais de Blaquerne, et les rencontres entre les deux fiancés étaient devenues compliquées. Enfin, une bien triste nouvelle modérait pour l'instant les tentations guerrières de Guillaume : Eustache de Canteleux, le preux des preux du chapitre, avait trouvé la mort en protégeant le comte de Blois lors d'un engagement avec les Grecs. Lorsqu'ils apprirent le malheur, tous ceux qui s'étaient battus avec lui au cours de la croisade, les Conon, Villehardouin, Guillaume d'Amiens, Raymond, Geoffroi et même Angelo Zuccari, qui s'était souvent joint à eux, se réunirent pour prier le Seigneur d'accueillir comme il le méritait le meilleur de ses serviteurs.

La couronne ne protège pas contre la fatalité. Dans le même temps où l'on apprenait la mort d'Eustache de Canteleux, l'empereur vivait une grande douleur. Son épouse, la comtesse Marie, qui s'était croisée en même temps que lui, était partie de Flandre depuis des mois pour rejoindre son mari. Chacun savait qu'elle l'aurait accompagné si elle n'avait accouché d'une fille au moment du départ. Maintenant c'est l'impératrice que la croisade attendait. Elle s'était embarquée au port de Marseille et avait, en compagnie d'autres croisés, réussi à gagner la forteresse de Saint-Jean-d'Acre. C'est là qu'elle avait appris par les messagers de Baudouin que Constantinople était prise et que son mari était empereur. Folle de joie, elle avait décidé, sans attendre, de partir le rejoindre.

Elle avait embarqué sur la première galée de commerce mais le navire était vieux, et la tempête, féroce, qui le fit sombrer au large d'Alep.

La nouvelle du naufrage parvint un mois plus tard à l'empereur par des croisés qui avaient quitté l'armée pour gagner la Terre sainte à partir d'autres ports que Venise. La tristesse fut grande dans la croisade qui attendait pour l'honorer la plus noble et la plus attendue des impératrices. Baudouin supporta son deuil avec stoïcisme, poursuivant sans faillir la tâche exigeante de gouverner le mythique empire de Byzance menacé par Johannis et un nouvel ennemi, Théodore Lascaris, un Grec qui se considérait comme l'héritier de Murzuphle, dont il avait épousé la fille.

Deux bonnes nouvelles parvinrent cependant à Constantinople qui rassérénèrent l'empereur Baudouin. Un grand nombre de chevaliers venus de Syrie et beaucoup de ceux qui étaient passés par d'autres ports que Venise arrivèrent par mer avec leurs gens pour rejoindre l'armée. Parmi eux se trouvaient Étienne du Perche et Renaud de Montmirail, cousins du comte Louis, deux hauts hommes que Baudouin accueillit avec joie. L'autre nouvelle venait de ceux qui étaient allés à la cité de l'Espigal. Leur capitaine Pierre de Bracieux faisait savoir à l'empereur que sa petite armée avait par la grâce de Dieu et la volonté des Francs déconfit celle beaucoup plus nombreuse de Théodore Lascaris à Poemanenos et qu'on avait rendu à l'empereur les châteaux et les terres de la région. Enfin, Henri, le frère de Baudouin, parti de la cité d'Avie, avait conquis l'Andremite, cité forte et très riche où il s'était logé. De là il s'apprêtait à combattre les Grecs.

On s'était partagé les terres, il restait les honneurs. C'est à cette époque que furent créées les dignités à la cour impériale. Geoffroi de Villehardouin put ajouter à son titre de maréchal de Champagne celui de maréchal de Romanie. Thierry de Loos fut fait sénéchal et Thierry de Tenremonde, connétable. En dehors de Villehardouin, les mérites du « chapitre « furent honorés par le titre de chambellan qui échut à Conon de Béthune et celui de bouteiller à Milon le Brabant.

Du côté de Salonique, Boniface de Montferrant réglait ses affaires. La paix régnait sur ses terres mais un Grec nommé l'Asgur lui donnait du fil à retordre sur ses arrières. Il tenait deux puissantes cités assises sur la mer : Naples[1] et Corinthe, villes éloignées de Salonique que Boniface décida d'aller assiéger sous le prétexte que les Vénitiens lui avaient concédé la région. Il y fatigua ses gens et ne réussit rien sinon qu'un de ses preux, Dreux d'Estruen, y laissa sa vie et que son capitaine Jacques d'Avesnes y fut blessé gravement à la jambe.

*
* *

Guillaume et Alice se rencontraient dans les jardins de Blaquerne où les nombreux bosquets et les cabanes de bois construites au temps des Comnène pour abriter les gardes offraient de discrets refuges aux amoureux.

— Quand partons-nous ? demandait la princesse.

— Quand nous marions-nous ? répondait Guillaume.

Les tergiversations de l'impératrice agaçaient le tournoyeur qui envisageait d'enlever carrément Alice la veille du départ de la galée aux chevaux pour Venise :

— Quand elle aura levé l'ancre et se sera engagée dans le Bras, bien malin celui qui viendra vous découvrir !

Alice n'était pas contre cette idée qui ajoutait du piment à son rêve. Mais l'huissier n'était pas prêt, les chevaux dominaient toujours la ville bénie de Dieu et de nouveaux événements mettaient l'empire en danger.

Les Grecs se ralliaient de plus en plus nombreux à Johannis, massacraient les Français envoyés dans leurs villes. À Andrinople ils s'étaient révoltés et avaient contraint la garni-

---

1. Ville du Péloponnèse.

son franque à s'enfuir vers la cité d'Archadiope tenue tant bien que mal par les Vénitiens. Bref, la situation était devenue si grave en quelques semaines que l'empereur, le duc de Venise et le comte Louis tinrent conseil au palais de Blaquerne.

— Nous sommes en train de perdre notre terre, dit Baudouin. Si nous ne faisons rien, l'empire sera défait avant un mois ! Que me conseillez-vous ?

— C'est la dispersion qui nous affaiblit, dit le comte Louis. Nous avons des garnisons partout. Toutes sont vulnérables et se font prendre les unes après les autres. Il faut nous rassembler et lancer le plus tôt possible une contre-attaque.

— C'est bien. Nous devons tenter de sauver Andrinople. Je vais rappeler Henri qui est à l'Andremite et lui ordonner d'abandonner ses conquêtes. Comme à Macaire de Sainte-Menehould qui est à Nicomie avec une centaine de chevaliers. Et à Pierre de Bracieux qui ne laissera qu'une petite garnison à l'Espigal.

— Ainsi, dit Villehardouin à Guillaume, toutes les troupes de l'autre côté du Bras sont rappelées. Elles vont rallier la terre d'Europe pour reformer une armée digne de ce nom. Moi, je pars demain sur l'ordre de l'empereur avec tous les gens que je pourrai trouver dans la ville. Mais il y en a fort peu !

Guillaume pensa que son ami lui avait dit cela sur un drôle de ton, en le regardant avec insistance. Alors, soudain, il eut honte. Pendant que ses compagnons partaient défendre les terres conquises après tant de sacrifices, il demeurait tranquillement en ville, donnait quelques directives aux charpentiers qui organisaient son petit confort à bord de la *Venezia*, le navire de la Sérénissime choisi par Angelo, et contait fleurette à sa belle dans les bosquets de Blaquerne.

— Croyez-vous que je puis être utile ? demanda-t-il. Un homme de plus ou de moins...

— Ce n'est rien mais si cet homme s'appelle Guillaume d'Amiens, c'est beaucoup !

— Maréchal de Champagne et de Romanie, je serai des vôtres !

— Mon frère, dans mes bras ! C'est la première bonne nouvelle depuis longtemps !

— Vous partez demain ?

— Oui, à l'aube. Pour Le Churlot où nous prendrons Guillaume de Blanvel et ses gens avant de nous diriger sur Archadiople.

— J'ai quelques affaires à régler avant de reprendre du service pour la dernière fois et je vous retrouverai à Archadiople. Mais je déteste chevaucher seul, vous le savez. Pouvez-vous me laisser un bon compagnon de route ?

— Oui, Manassier de l'Isle. Mon homme lige, un preux dont nous avons pu apprécier la vaillance et la hardiesse lors du siège. Vous devriez aussi devoir emmener quelques retardataires. Mais ne tardez pas trop !

Guillaume éclata de rire :

— Ce sera le deuxième chapitre de notre histoire ! Est-ce que Conon et Milon sont de la fête ?

— Cela m'étonnerait que Baudouin ne les prenne pas avec lui quand il partira nous rejoindre !

— Ainsi, bien que personne ne le dise clairement, nous sommes perdus ! Ou sur le point de l'être ! Savez-vous, mon cher, que cela me plaît de relever le gant en votre aimable compagnie ?

C'est libéré, presque joyeux, qu'il se rendit à Blaquerne pour prévenir Alice que leur départ et celui des chevaux de bronze était retardé pour cause de guerre contre le roi de Blaquie.

Elle pleura un peu mais, habituée à supporter les cahots d'une époque cruelle, elle se ressaisit :

— Me promettez-vous de revenir vivant et de m'emmener, enfin, dans un pays où l'on ne s'entre-tue pas ?

— Je vous jure que vous serez ma femme, petite princesse de France, et que je vous ramènerai chez vous !

Il trouva Angelo sur le port où il surveillait la pose d'un mât de proue sur le Rialto.

— J'ai commandé des voiles neuves, dit-il. Elles ne vaudront pas celles de Venise ou de Marseille mais l'amiral m'a dit que la toile du pays n'est pas mauvaise. Vous voyez, nous avançons. Lentement mais nous ne sommes pas trop pressés. Les chevaux ne vont pas s'envoler.

— Tant mieux, Angelo, car si vous tenez toujours à moi, il faudra attendre mon retour. Je pars demain sauver les terres menacées.

— Je sais, mon oncle m'a dit que la situation était mauvaise et que, si Baudouin partait, il l'accompagnerait. Vous vous rendez compte, à quatre-vingt-seize ans !

— Profitez de mon absence pour terminer le nolisement du navire et, si vous le pouvez, embarquez les chevaux de bronze. Car nous le ferons ensemble, ce voyage du retour.

— Et Alice ? Comment prend-elle votre départ précipité ?

— Comme vous, elle comprend ! Je lui ai dit que, mariés ou pas, je l'enlèverais le jour de mon retour !

*
* *

Manassier de l'Isle était l'un des chevaliers les plus âgés et les plus respectés de la croisade. Il s'était déjà illustré dans la précédente et brillait dans la quatrième.

— Merci d'avoir bien voulu chevaucher en ma compagnie, lui dit Guillaume alors qu'ils menaient bon train sur la route du Churlot. Vous auriez sans doute préféré partir avec Villehardouin et l'armée, enfin ce qu'il en reste ?

— Pas du tout. J'ai souvent rêvé de faire partie de votre groupe, d'appartenir au chapitre avec Milon, Conon, Manchicourt et les autres.

— Pourquoi n'êtes-vous pas venu ? Nous vous aurions accueilli volontiers. Votre passé et votre présent témoignent pour vous.

Deux autres chevaliers qui n'avaient pu partir la veille s'étaient joints à eux. Avec Geoffroi et Raymond qui pour rien au monde n'auraient manqué l'aventure, cela faisait un groupe de six cavaliers et de trois palefrois qui portaient les armures et les armes. Guillaume, comme à l'habitude, avait oublié en montant à cheval ses soucis personnels. Il chantonnait un air composé par Conon et se disait qu'il serait temps, lorsqu'elles se préciseraient, de penser aux horreurs où menait peut-être cette route charmante.

Au Churlot, Guillaume et ses compagnons retrouvèrent

Geoffroi de Villehardouin. Il avait rejoint la veille Guillaume de Blanvel qui craignait le pire depuis des mois avec sa modeste garnison. Le troisième jour arriva un renfort envoyé par Baudouin. Le quatrième, quatre-vingts chevaliers et leurs gens se mirent en route et chevauchèrent jusqu'à Archadiople d'où ils gagnèrent Nequisse, une cité bien fortifiée, pleine de ressources et heureusement vide de soldats grecs, ceux-ci se trouvant tous à Andrinople, distante de neuf lieues. D'un commun accord, Villehardouin, Guillaume et Blanvel décidèrent d'y attendre Baudouin.

À Constantinople, l'empereur, démuni, attendait dans l'angoisse son frère Henri et les autres, qu'il avait fait revenir d'outre le Bras. Les premiers furent ceux de Nicomie : Macaire de Sainte-Menehould à la tête de cents chevaliers. Baudouin décida alors de sortir de Constantinople avec les cent quarante chevaliers dont il disposait maintenant et de rejoindre Nequise sans attendre l'arrivée de son frère Henri et de Pierre de Bracieux.

La jonction faite, un conseil réunit l'empereur, Villehardouin, Sainte-Menehould, Guillaume et quelques autres qui tombèrent d'accord pour s'en aller dès le lendemain matin devant Andrinople afin d'assiéger la ville. Ils organisèrent leurs corps de bataille et chevauchèrent dès le petit jour. Arrivés à Andrinople, ils trouvèrent la ville fortement occupée et parée des gonfalons de Johannis, le roi de Blaquie et de Bougrie.

— Nous voilà en grand danger d'attaquer avec une troupe aussi faible ! dit Guillaume en revenant d'un galop autour des murs qui protégeaient Andrinople. Seigneur, il serait prudent de s'en retourner à Nequisse et d'attendre ceux qui sont sur le point de nous rejoindre.

— Non, répondit l'empereur, nous ne reculerons pas. Les mineurs commenceront le travail en creusant au-dessous des murailles et nous monterons nos machines.

Le jour de la Pâque fleurie[1], un renfort arriva qui n'était pas celui que l'on attendait : le duc de Venise, le vieil homme qui ne voyait goutte, venait avec une centaine de

---

1. 2 mars 1205.

gens prêter main-forte à ce qui restait de l'armée conquérante.

Autre surprise pour Guillaume : Angelo était du voyage, équipé cette fois comme un vrai guerrier bien qu'il ne sache toujours pas se servir d'une épée. Les deux amis s'embrassèrent.

— Qu'êtes-vous venu faire dans ce guêpier, Angelo ? Johannis, le roi de Blaquie, est en route pour secourir les assiégés d'Andrinople avec, semble-t-il, une très grande armée. Nous avons peu de vivres et il est quasiment impossible d'aller fourrager car le pays regorge de Grecs qui ne nous veulent pas de bien. Que n'êtes-vous resté à Constantinople pour préparer sagement notre voyage ?

— Je ne pouvais décemment laisser partir mon oncle sans l'accompagner. Je n'ai pas confiance dans ses gens et il fallait être à ses côtés lorsqu'il lui prenait fantaisie de quitter sa litière pour chevaucher avec le reste de la troupe. En fait, bien que je ne sois pas un cavalier émérite, j'ai dû conduire deux chevaux à la fois durant tout le voyage !

— Bravo ! Nous veillerons sur le doge ! Mais, il vaut mieux le savoir : sans la miséricorde de Dieu, nous courons au désastre !

— Cela m'ennuiera moins de mourir en votre compagnie, *amico* !

Le Vénitien rit et ajouta :

— En fait, je dis cela parce que j'ai l'impression que je ne crains rien à vos côtés !

Le logement de Johannis fut bientôt signalé à cinq lieues. Alors il fut convenu que, s'il attaquait, Geoffroi et Manassier de l'Isle garderaient le camp et que l'empereur sortirait avec les autres chevaliers et leurs gens pour s'opposer à des adversaires au moins dix fois plus nombreux. Ce que les Francs ne savaient pas, c'est qu'en plus de son armée de Grecs Johannis disposait d'au moins dix mille Coumans, mercenaires redoutables de race turque venus de Moldavie, cavaliers mobiles dont la seule arme était l'arc. Ce sont ces frustes guerriers vêtus de peaux d'ours que le roi des Blaques envoya courir devant le camp.

— Curieux ! remarqua Guillaume : on m'a assuré que les Coumans ne quittaient leurs montagnes que l'hiver et rentraient chez eux dès les premiers beaux jours avec leur butin. Pas de chance : ce doit être leur dernière sortie car ils ne supportent pas la chaleur.

— Sont-ils chrétiens ? Je demande cela puisqu'on ne se bat que contre des chrétiens dans votre croisade !

— Non. Ils ont une religion primitive, le chamanisme, qu'ils mêlent à un peu de mahométanisme.

— Diable ! Où avez-vous appris tout cela ?

— C'est le pauvre Girart de Manchicourt, Dieu ait son âme, qui étudiait toutes les régions que nous devions traverser et nous instruisait de leur histoire et des us de leurs habitants. Les Coumans l'avaient fasciné. Mais il va falloir faire quelque chose car, tout en caracolant et en jouant avec leur arc, ils approchent du camp.

On fit bel et bien quelque chose : une grave erreur. Comme c'était arrivé si souvent lors de la croisade, un grand désordre suivit le signal d'alerte et les Francs s'élancèrent dans la confusion à la poursuite des Coumans qui les entraînèrent jusqu'à un bonne lieue du camp. Quand les croisés songèrent à revenir, agiles sur leurs petits chevaux, les Coumans se retournèrent et les assaillirent de flèches, blessant de nombreux chevaux et quelques chevaliers imprudents.

Lorsqu'ils furent revenus au camp, Baudouin rassembla les barons et les capitaines. Tout le monde convint que l'on avait fait grande folie de poursuivre ces guerriers braillards, légèrement armés mais intrépides et agiles. Il fut décidé que, si Johannis revenait, on ouvrirait le camp, et les corps de bataille se rangeraient devant les portes de la cité pour attendre les attaquants. La consigne fut donnée de ne pas intervenir sans l'ordre de l'empereur, quels que soient les cris et les clameurs des Coumans. Villehardouin et Manassier de l'Isle furent désignés pour garder la ville au cas où une poursuite de l'adversaire serait ordonnée.

L'armée passa une nuit tranquille et, le lendemain, le 15 avril 1205, entendit la messe et déjeuna[1]. Chevaliers, sergents et hommes d'armes avaient à peine eu le temps de s'équiper que l'alarme était donnée, annonçant une ruée des

---

1. Le repas du matin avait lieu vers neuf heures.

Coumans. On se hâta de courir aux armes et de se ranger par corps de bataille comme il était prévu.

Guillaume sortit avec le premier corps, celui du comte Louis, qui, craignant que les Coumans n'arrivent devant le camp avant que les autres n'aient eu le temps de se mettre en place, ordonna la charge et la poursuite. Observant la même tactique que la veille, les Coumans refusèrent le combat et s'en retournèrent, pris en chasse jusqu'à près de deux lieues par les cavaliers de Louis de Blois. Et, comme la veille, les Coumans firent face brusquement et, poussant des cris, commencèrent à lâcher leurs flèches sur eux et sur les autres corps arrivés à la rescousse sous les ordres de l'empereur Baudouin.

Soudain, Guillaume aperçut sur sa droite le comte Louis en grand danger. Entouré de Coumans et de Blaques, il se défendait avec bravoure. Le tournoyeur éperonna Germain et parvint en quelques foulées près de Louis de Blois. Lance à plat, il fonça sur ses assaillants qui s'éloignèrent, mais le malheureux était blessé en deux endroits et perdait son sang. Il tomba de cheval au moment où Guillaume arrivait à son côté. Protégé par les gens du comte Louis qui écartaient les Coumans de leurs lances et de leurs épées, il se pencha sur le blessé :

— Seigneur, vous êtes touché, vos gens vont vous ramener au camp.

Louis le regarda d'un œil déjà vitreux :

— Je sais, mon ami, mais plaise à Notre Seigneur Dieu que jamais ne me soit reproché d'avoir fui du champ de bataille et laissé l'empereur.

Il mourut presque tout de suite après dans les bras de Guillaume qui commanda à des hommes d'armes de ramener le corps jusqu'au camp.

Pendant ce temps, Baudouin Ier avait fort à faire avec les Coumans et les Blaques qui arrivaient de partout. Guillaume fit signe à Milon le Brabant :

— Allons aider l'empereur !

Ils arrivèrent près de lui au moment où il rappelait ses gens dont beaucoup s'enfuyaient :

— Je ne fuirai jamais ! criait-il. Demeurez avec moi pour défaire l'ennemi !

Et le premier empereur latin de Constantinople continua de se battre avec la vaillance d'un jeune guerrier. Guillaume, Milon le Brabant et les chevaliers qui étaient avec eux le gardèrent tant qu'ils le purent, sabrant les petits chevaux des Coumans, perçant de leur lance les « peaux d'ours », comme les appelaient les croisés, et tuant beaucoup de Blaques. Malheureusement, vint le moment où, submergés par le nombre des gens de Johannis qui grossissait à chaque instant, ils se trouvèrent séparés de l'empereur qui se défendait maintenant en combat rapproché. Pour éviter d'être laminés par la horde des hommes à fourrures, ils durent les fuir en louvoyant de gauche à droite, en avançant et en reculant. Finalement ils trouvèrent Villehardouin et ses gens qui, voyant les premiers vaincus rentrer au camp et pressentant le désastre, étaient sortis pour prêter main-forte à l'armée. Le maréchal de Champagne avait réussi à arrêter les fuyards, à les rallier à son corps de bataille et à organiser une retraite décevante mais digne.

— Qu'en est-il de l'empereur ? demanda-t-il à Guillaume.

— Hélas ! il est aux mains de Johannis.

— Mon Dieu, le pire est arrivé ! Et le comte Louis ?

— Il est mort dans mes bras ! répondit Guillaume en pleurant.

Le maréchal de Champagne s'agenouilla pour prier et tous ceux qui étaient là l'imitèrent.

Il se ressaisit au bout d'un moment et dit :

— Conon est dans Constantinople, Henri est sur les routes, je ne vois que moi pour prendre le commandement de ce qui reste de notre pauvre armée... Est-ce votre avis, Guillaume d'Amiens ?

— Oui. Je réponds pour tous vos chevaliers.

— Alors, en attendant de décider ce que nous allons faire, je crois qu'il est préférable de ne pas rentrer dans la ville et de demeurer en éveil dans un camp établi hors les murs, en priant le Seigneur que Johannis ne nous retrouve pas durant la nuit.

« Le déroute fut ainsi arrêtée entre none et vêpres », écrira le soir Villehardouin dans sa chronique.

Comme au vieux temps du chapitre, les amis se retrouvèrent sous la même tente mais, hélas ! unis dans l'extrême malheur qui venait de frapper la croisade. L'armée avait non seulement été défaite, mais l'empereur Baudouin avait été pris vivant et emmené on ne savait où. Sans doute était-il blessé[1]. Le comte Louis était mort ainsi que l'évêque Pierre de Bethléem, Étienne du Perche, Renaud de Montmirail, Eustache de Heumont et beaucoup d'autres vaillants chevaliers.

— Et le duc de Venise qui est resté dans la ville ? Ne doit-on pas demander conseil à ce vieil homme si avisé et si énergique ? dit Guillaume en faisant panser par Raymond la blessure qu'il avait reçue au bras.

— Je lui ai mandé de venir à nous.

Le doge se présenta peu après, conduit par Angelo et une garde de quelques chevaliers bien armés.

— Seigneur, dit Villehardouin, nous avons perdu l'empereur, le comte Louis et la plus grande partie de nos meilleurs gens. Maintenant, si c'est encore possible, nous devons essayer de sauver le reste, car si Dieu ne prend pitié nous sommes perdus !

Une courte délibération, car tout le monde était épuisé, permit de dresser un plan pour le lendemain. Le duc de Venise s'en retournerait au camp pour réconforter les gens et ordonner à ceux-ci de rester armés dans leur logement. Geoffroi attendrait avec son corps de bataille qu'il fasse nuit pour aller vers la ville. Alors, le doge partirait en avant avec ses gens, et Geoffroi, le maréchal, constituerait l'arrière-garde avec Guillaume.

Vers la mi-nuit, tout se déroula comme prévu. Le doge Dandolo quitta Andrinople en silence après avoir fait allumer de nombreuses torches pour faire croire à une occupation importante. À pied, à cheval, les blessés et tous les autres marchèrent à la suite, et Villehardouin ferma la marche avec Guillaume et Milon le Brabant.

Constantinople était à cinq journées et la distance parut trop longue aux rescapés, qui appréhendaient l'approche d'Archadiople, une cité hostile. Ils chevauchèrent donc vers Rodestoc, qui se trouvait à trois journées, sur le bord de la

---

1. Selon Nicétas, l'historien grec, il a été conduit en Bulgarie à Tirnovo.

mer. Le soir du premier jour, ils eurent en arrivant dans la cité de Panfile, où ils voulaient loger, la surprise de retrouver Pierre de Bracieux qui rentrait d'outre le Bras avec cent chevaliers et cent cinquante sergents à cheval.

— Nous pensions dès demain vous rejoindre à Andrinople, dit-il.

— Nous en revenons, défaits par Johannis, répondit Villehardouin. Et nous avons perdu notre empereur et le comte Louis, seigneur de votre terre.

Pierre de Bracieux eut du mal à croire une aussi terrible nouvelle. Il s'y résigna à l'arrivée d'un sergent laissé à l'arrière en observation et qui rejoignait l'armée :

— Après deux heures de faction, raconta-t-il, j'ai aperçu le roi de Blaquie qui arrivait devant les portes d'Andrinople avec ses ours et ses Bougres. Il s'aperçut tout de suite que les nôtres s'en étaient allés et entraîna ses bandes à leur poursuite. Il prit logiquement, Dieu merci, le chemin de Constantinople et j'ai chevauché jusqu'ici, à en tuer mon cheval, pour vous le rapporter.

— Nous étions perdus sans retour s'ils nous avaient rejoints ! dit Villehardouin. Mais Dieu ne l'a pas voulu. Demain nous reprendrons la route de Rodestoc.

— Seigneur, déclara Pierre de Bracieux à Geoffroi le maréchal, nous sommes à vos ordres. Que voulez-vous que nous fassions ?

— La menace est dans notre dos. Comme vous êtes frais, vous et vos chevaux, vous composerez l'arrière-garde. Je m'en irai devant avec Guillaume d'Amiens pour contenir et rassurer nos gens qui sont très effrayés.

Ils chevauchèrent ainsi le lendemain matin jusqu'à une petite cité appelée Cariople où ils se logèrent jusqu'au soir en mangeant ce qu'ils trouvèrent, et c'était peu. À la tombée de la nuit, Villehardouin fit l'avant-garde et la troupe repartit, sans doute talonnée par Johannis qui avait dû se rendre compte qu'il avait été berné. Elle avança si bien que le lendemain ils arrivèrent à Rodestoc, une cité riche peuplée de Grecs qui n'osèrent se défendre.

Les blessés soignés, les autres reposés, ceux de la retraite préparaient leur prochain départ pour Constantinople quand, à leur grande stupéfaction, ils virent entrer dans le port cinq belles nefs chargées de passagers. Guillaume et Milon le Brabant sautèrent à cheval et piquèrent un galop pour voir de qui il s'agissait. Ils crurent défaillir en reconnaissant parmi les chevaliers, les sergents et les pèlerins qui se tenaient sur les ponts Guillaume, l'avoué de Béthune, l'un des premiers croisés, Baudouin d'Aubigny et Jean de Virsin, l'un des hommes liges du comte Louis. En tout il pouvait bien y avoir cinq ou six mille hommes d'armes qui visiblement abandonnaient la croisade et s'en retournaient dans leur pays.

Outrés, Guillaume et Milon revinrent dire à Villehardouin et au doge que les nefs venaient de Constantinople et qu'à leur bord se trouvaient une quantité de chevaliers qui désertaient la terre. Geoffroi le maréchal, Guillaume, Milon et quelques autres décidèrent de se rendre auprès des voyageurs pour les implorer de renoncer à leur départ à un moment aussi grave :

— Ayez merci et pitié, dirent-ils, des chrétiens et de leurs seigneurs liges qui viennent de périr en la bataille. Ayez pitié de la terre et restez car jamais aucune terre n'a été en un si grand besoin.

Ils leur dirent encore que l'empereur était prisonnier et que Louis de Blois était mort.

— Comment vous, Jean de Virsin, qui êtes en la terre du comte Louis, pouvez-vous vous enfuir honteusement ? cria Guillaume qui ne pouvait maîtriser sa colère.

Gênés par cette réprobation de leurs pairs, les pèlerins dont beaucoup avaient décousu la croix de leur manteau, dirent qu'ils allaient réfléchir et qu'ils donneraient leur réponse le lendemain.

Le lendemain, à l'aube, il n'y avait plus aucune nef dans le port. Guillaume, qui s'était levé tôt car il pressentait un choix honteux, ne put apercevoir que de minuscules voiles disparaître dans le lointain du Bras.

*
* *

Survenant après la défaite d'Andrinople, l'incident aurait pu achever de rompre l'équilibre d'une croisade bien affaiblie que Villehardouin, le doge et Guillaume s'efforçaient de ramener à Constantinople. Heureusement, Henri de Flandre, répondant à l'appel de son frère, avait quitté l'Andremite pour le rejoindre à Andrinople. C'est ce qu'annonça un messager. Il avait appris la défaite par des Grecs, ainsi que la présence des rescapés à Rodestoc.

Henri et ses gens parvinrent le soir dans la ville où le maréchal de Champagne et ses amis les reçurent avec affection et soulagement. On versa bien des larmes sur les disparus, on regretta que cette réunion de forces qui se réalisait ici n'eût pu se faire à Andrinople quand l'empereur Baudouin s'y trouvait. On n'aurait rien perdu, ni vies de vaillants seigneurs ni terres. Mais, comme dit le doge Dandolo qui semblait bien fatigué après toutes ces épreuves : « Il ne plut à Dieu. »

Henri fut le lendemain reçu par l'ensemble des seigneurs présents à Rodestoc comme régent de l'empire à la place de son frère. Son premier acte fut de réunir un conseil. La situation, en effet, demeurait angoissante. Johannis, après sa victoire, avait occupé tout le pays. Cités et châteaux étaient à lui et des témoins rapportaient que des Coumans avaient couru jusque devant Constantinople qui était encore à trois journées !

Le voyage risquait de tourner mal mais il fallait absolument rejoindre la grande ville défendue seulement par la garnison squelettique de Conon de Béthune.

— Si Johannis se présentait aujourd'hui devant les murs de Constantinople, il entrerait comme dans du beurre ! disait Guillaume qui, de toutes ses forces, faisait presser le départ.

Enfin, après que le duc de Venise eut laissé une garnison à Rodestoc, terre de Venise, les barons formèrent leurs corps de bataille et commencèrent à chevaucher. Heureusement, les Coumans ne vinrent pas harceler les arrières de l'armée qui atteignit sans dommages Salembrie, une cité qui était à l'empereur. Henri y mit une garnison et les deux dernières étapes furent avalées par l'armée sans difficulté. Au contraire, les cités accueillaient les croisés avec chaleur car les gens du pays étaient très effrayés de voir que le roi de Bougrie tenait, mis à part Rodestoc et Salembrie, toutes les terres à l'entour. Ce n'était pas mieux de l'autre côté du

Bras où Théodore Lascaris régnait en maître. Il restait les terres de Salonique que le marquis avait bien du mal à tenir contre le Grec l'Asgur.

Fallait-il s'avouer vaincus et quitter l'empire ? Les barons décidèrent de se fortifier dans la ville et d'envoyer des émissaires au pape Innocent III, en France et en Flandre pour demander de l'aide. Le 5 juin 1205 partirent donc trois hauts hommes : Névelon de Soissons, Nicolas de Mailly et Jean Bliaut porteurs de lettres signées par Henri, le régent de l'empire.

Henri apprenait au pape non seulement le désastre d'Andrinople et la mort de l'empereur mais aussi qu'on venait de saisir la preuve d'une entente de Johannis, toujours en l'obédience de Rome, avec les Turcs.

On arriva ainsi à la Pentecôte et une grande tristesse marqua dans l'armée la célébration de la descente du Saint-Esprit sur les apôtres : le doge Enrico Dandolo, qui était rentré épuisé de la bataille d'Andrinople, s'éteignit dans les bras de son neveu Angelo qui l'avait assisté durant ses derniers jours.

Dès qu'il apprit la nouvelle, Guillaume se précipita au palais du doge pour réconforter son ami qui lui parut plus affecté qu'il ne l'aurait pensé :

— Je me suis souvent moqué de mon oncle, dit-il en essuyant ses larmes. Mais, aujourd'hui, je me rends compte qu'il restera l'un des plus grands doges de l'histoire de Venise. En quittant le bassin de l'Arsenal il y a trois ans, debout à l'avant de sa nef, sous le gonfanon de la Sérénissime, il savait qu'il ne reverrait pas sa ville. Il m'a dit alors qu'il voulait mourir en Terre sainte mais il a dévié la croisade jusqu'ici et n'a eu de cesse de rallier de nouvelles terres, des ports, des îles à la République.

— Et d'acheminer jusqu'à Venise les quatre chevaux de bronze de l'hippodrome !

— Savez-vous, *amico*, que ce quadrige comptait pour lui autant que l'île de Crète ? Ses derniers mots furent pour eux : « N'oublie pas, Angelo, de revenir à Venise avec les chevaux de bronze. Leur place est pour l'éternité au-dessus du portail de San Marco. J'aurais aimé les voir briller au soleil du soir, prêts à bondir sur la place. » Quand il m'eut dit cela d'une voix faible mais encore très compréhensible, il ferma ses yeux qui ne voyaient plus et, à quatre-vingt-dix-sept ans, s'endormit paisiblement dans la mort, comme un ouvrier content du travail de sa journée.

— Voyait-il encore lorsqu'il a embarqué avec la croisade ?

— C'est une question que je me suis souvent posée mais je n'ai pas de réponse. Je pense, comme je vous l'ai déjà dit, qu'il n'était pas complètement aveugle mais qu'il a joué jusqu'au bout de l'avantage que lui procurait l'incertitude sur ses interlocuteurs. Le doge a gardé son secret !

— Nous accompagnerons donc comme il était prévu les chevaux à Venise mais j'aimerais que vous me disiez que la mort de votre oncle nous laisse maintenant quelque délai.

— Pourquoi ? Vous avez des choses à régler avant votre retour ?

— Oui. Je dois me marier et attendre que les choses aillent mieux sur les terres de l'empire.

— En ne restant pas inactif, naturellement ?

— Je crois que je serai obligé de participer encore à quelques rudes rencontres avant de lever l'ancre !

— Ne tardez pas trop, *amico*. J'aimerais bien vous montrer les beautés de Venise avant d'atteindre l'âge de mon oncle !

— Non. C'est je pense l'histoire de quelques mois. Vous comprenez, n'est-ce pas, que je ne peux abandonner mes amis en un moment aussi dramatique. Mais, que vont faire maintenant les Vénitiens ? Qui va commander vos gens et votre flotte ?

— Le procurateur Emilio Ricousito, qui a été désigné par ses pairs, en attendant les consignes du nouveau doge qui sera élu dès que la nouvelle parviendra à Venise. Ce n'est pas un plaisantin mais il est courageux et a été de bon conseil pour mon oncle [1].

Deux jours après, les obsèques d'Enrico Dandolo furent célébrées à Sainte-Sophie devant la foule consternée des Vénitiens, des barons et des chevaliers francs. À leur piété se mêlait l'inquiétude de savoir si la croisade, décapitée par

---

1. La nouvelle arriva à Venise le 20 juillet 1205.

l'élimination de ses trois seigneurs historiques, allait continuer ou serait contrainte d'abandonner les terres conquises. Les Vénitiens avaient hésité pour savoir s'ils ramèneraient le cercueil du doge dans sa ville ou s'ils l'inhumeraient dans l'église Sainte-Sophie. C'est cette dernière solution qui fut retenue. À l'issue de la messe, fort belle et longue, dite par Pierre de Chappes, cardinal et légat du pape, tandis que les orgues prolongeaient leurs notes funèbres sous la coupole d'or, le corps du doge fut descendu dans la crypte des empereurs de Byzance[1].

Une seule bonne nouvelle dans ce temps d'inquiétude et de tristesse : Johannis allait être durant tout l'été privé de ses Coumans qui venaient, malgré ses alléchantes promesses, de s'en retourner au frais dans leurs montagnes. Cette perte provisoire n'était pourtant pas suffisante pour arrêter Johannis qui abandonna la Thrace et alla harceler le marquis en Macédoine. Sur le chemin, il s'était rendu coupable d'une des sanglantes traîtrises dont il était coutumier. Il avait assiégé et pris la cité de la Serre tenue par Hugues de Coligny, l'un des plus valeureux chevaliers de Boniface de Montferrat. Il avait été tué durant le siège et ses gens s'étaient rendus sur la promesse de Johannis de les conduire en sauvegarde avec leurs chevaux et leurs armes jusqu'où ils voudraient aller. Lorsqu'ils furent sortis, il leur prit tout ce qu'ils avaient et les fit mener nus et déchaussés en Blaquie où il ordonna de les décapiter. Le roi de Blaquie et de Bougrie aurait fait subir le même sort aux gens de Finepople si Renier de Trit, qui avait reçu la terre de l'empereur, n'avait réussi à fuir jusqu'à la puissante forteresse d'Estanemac où il s'enferma en grande détresse avec ses gens.

Durant ce temps, le régent Henri avait chevauché sur ses terres, assiégé en vain Andrinople, tué pas mal de Grecs, subi des revers et des victoires avant de s'en retourner à Constantinople au lendemain de la Saint-Rémi[2].

Le frère de Baudouin pensait y faire reposer ses gens et s'occuper au calme des affaires de la ville, mais des nouvelles

----

1. Son tombeau fut profané et détruit sous le règne du sultan Mahomet II vers 1460.
2. Vers le début d'octobre 1205.

accablantes l'en empêchèrent : Johannis, qui avait retrouvé ses Coumans avides de nouveaux butins, ravageait l'empire. Des cent vingt chevaliers laissés par Henri à la Rousse il ne restait personne, ni leur capitaine Thierry de Termonde, tué l'un des premiers, ni aucun de ses valeureux compagnons. C'était le plus grand malheur qui fût advenu aux chrétiens de la terre de Romanie !

La douloureuse nouvelle du désastre de la Rousse était arrivé à Henri alors qu'il allait en procession à Notre-Dame de Blaquerne le jour de la Chandeleur. On y avait beaucoup prié pour que Dieu prît en pitié la malheureuse armée des pèlerins. En vain : l'hiver de l'an 1206 commençait par la perte de Naples d'où les gens du marquis avaient été chassés et de Rodestoc pourtant bien défendue par les Vénitiens. Les cités de la Thrace tombaient les unes après les autres. Nature, Qaonium, Le Churlot étaient brûlées, des caravanes de prisonniers, hommes et femmes, marchaient sans fin dans la campagne vers une destinée incertaine.

Que restait-il au régent Henri, replié avec peu de gens dans Constantinople aux portes de laquelle venaient rôder les Coumans ? Rien, à part la cité de Visoi, que tenait encore Anseau de Cayeux avec cent vingt chevaliers et un bon nombre de sergents à cheval, et Salembrie que défendaient Macaire de Sainte-Menehould et ses cinquante compagnons. Sans parler bien sûr de ceux d'Estanemac, isolés, qui mouraient de faim dans leur citadelle.

*
* *

Dans la ville demeuraient auprès d'Henri de Flandre le maréchal de Champagne Villehardouin, Conon de Béthune, Milon le Brabant et Guillaume d'Amiens. Le hasard – mais était-ce bien le hasard ? – avait voulu que restassent unis dans la débâcle les membres les plus valeureux du chapitre. Ils avaient repris la vieille habitude de se retrouver le soir chez l'un d'entre eux, le plus souvent chez Villehardouin qui occupait un grand appartement à Bouche-de-Lion. Principal conseiller du régent, il tenait ses amis au courant d'une situation qui s'avérait plus grave que jamais. Un jour il leur fit part d'une nouvelle surprenante :

— Un Grec appelé le Vernas vient de faire son apparition à la cour. Ce personnage de haut rang, que l'on croyait disparu, n'est autre, écoutez-moi bien, cher Guillaume, que le mari de l'impératrice Agnès, la sœur de notre roi de France !

— Votre futur beau-père ! s'écria Conon en donnant une grande tape dans le dos au tournoyeur.

— Alice ne m'a jamais parlé de lui, dit Guillaume. Ne trouvez-vous pas étrange cette réapparition ? J'espère que ce Vernas ne va pas gêner mes projets ! Entre une mère hésitante et un père ressuscité, je me vois déjà obligé d'enlever ma princesse ! Mais que vient faire ce revenant à Constantinople dans un pareil moment ?

— Nous proposer la paix avec les Grecs. Il dit que ceux d'Andrinople et ceux du Dimot, à Demetika, tremblent de devoir subir un jour prochain la loi meurtrière de Johannis et le supplient d'intervenir auprès de l'armée pour qu'on vienne les secourir. Ils sont prêts à se soulever, à lâcher Johannis, à se rendre à l'empereur si celui-ci sauve le Dimot assiégé !

— Hum ! N'avons-nous pas de bonnes raisons de nous méfier des Grecs ? Et que demande ce Vernas ?

— Qu'on lui donne Andrinople, le Dimot et leurs terres sur lesquels il prétend avoir des droits. Il dit qu'il y demeurera le vassal fidèle de l'empereur.

— Eh bien ! Au point où nous en sommes, le marché me semble acceptable, dit Guillaume. La paix avec les Grecs est la seule bonne chose qui puisse nous arriver après le plaisir de voir Johannis jeté écorché vif du haut de la plus haute tour de Constantinople !

— Cela arrivera, mes amis, cela arrivera ! dit Milon. Alors, que va faire le comte Henri ?

— Il nous réunit tous demain pour en décider, dit Villehardouin, mais il m'a dit qu'il est partisan de sortir de la ville et d'aller jusqu'à Salembrie pour ravitailler Macaire de Sainte-Menehould.

— Il a raison, tout vaut mieux que de moisir ici, enterrés comme des rats ! dit Conon.

Beaucoup ne furent pas de cet avis et n'approuvèrent pas

que l'on exposât au péril le peu de chrétiens qui restaient à Constantinople, mais, finalement, il fut décidé que l'on irait à Salembrie.

— Le danger sera grand, dit Villehardouin à Guillaume. Restez donc auprès de votre promise, mariez-la ou enlevez-la, et partez avec Angelo et ses chevaux !

— Mais vous...

— Ce n'est pas la même chose. Vous n'avez pas voulu de votre part de terre dans ce pays et n'occupez pas de fonctions officielles à la cour. Vous êtes libre et Henri vous rendra votre engagement, comme le fera le cardinal.

— Croyez-vous sérieusement, Geoffroi, que j'abandonnerais mes amis au moment le plus périlleux ? Non, le tournoyeur n'abandonne pas le chapitre !

Le groupe manifesta bruyamment sa joie et Conon alla chercher dans ses réserves un petit tonneau du seul vin grec qu'il estimait consommable, celui, disait-il, que burent les vainqueurs de la bataille de Marathon :

— Nous allons en boire la moitié pour célébrer la résurrection du chapitre et nous garderons le reste pour fêter notre retour !

Le lendemain matin, le cardinal Benoît, légat du pape, prêcha devant tous ceux qui allaient affronter les meutes venues de Blaquie et de Bougrie et donna l'indulgence aux croisés qui mourraient dans l'aventure. Tout de suite après, au commandement du régent Henri de Flandre, les corps de bataille de la dernière chance sortaient de la ville

La différence d'effectifs entre l'armée des croisés réduite à moins de deux mille combattants et celle du roi de Blaquie et de Bougrie qui en alignait quarante mille était si énorme que l'entreprise ne pouvait se solder que par un échec. Dieu merci, on était au début du mois de juin et les « peaux d'ours » se cantonnaient dans leurs montagnes. C'était un réel soulagement car les chevaliers les plus intrépides craignaient comme le diable ces cavaliers voltigeurs aussi rapides que leurs flèches.

Henri et ses gens arrivèrent à Salembrie après deux jours de chevauchée tranquille. Le temps était doux, le ciel bleu, et ceux du chapitre allaient de conserve, chantaient, plaisantaient, poussaient parfois un galop pour le plaisir de leurs montures. Des hommes de cette trempe ne pouvaient pas s'incliner et périr sous les coups d'un vulgaire Johannis. C'est ce qu'aurait pensé n'importe quel marchand rencontré sur la route, ignorant la faiblesse de cette armée bardée de fer et portant haut le gonfanon de l'empire.

Aucun ennemi ne rôdaillait autour de la cité où la garnison de Macaire de Sainte-Menehould, une cinquantaine d'hommes, accueillit avec enthousiasme le régent qui établit son camp devant les murs. Avant d'aller plus loin, Henri demeura là sept jours afin de recueillir tous les renseignements qu'il pouvait sur la position des troupes de Johannis. Chaque jour affluaient des messagers d'Andrinople. Les habitants lui mandaient d'avoir pitié d'eux et de venir à leur secours, sans quoi il en serait fini d'eux et de la ville. Ils imploraient aussi la croisade et son chef de secourir la cité de Dimot toujours assiégée : « Seigneur, sache que les fortifications ne tiendront pas plus de huit jours. Les pierriers de Johannis ont déjà enfoncé les murs en quatre endroits. »

Henri tint conseil avec ses barons :

— Mes amis, dit-il, l'entreprise est périlleuse mais nous serions honnis de ne pas secourir le Dimot.

On parla beaucoup là-dessus et, finalement, la décision fut prise de tenter l'aventure avec le Vernas, le nouvel allié, qui pourrait ainsi rejoindre sa terre et se faire reconnaître par les Grecs qui l'habitaient.

— Ce pari me plaît ! s'écria Guillaume. Il est digne du chapitre et nous le gagnerons !

— Alors, dit Henri, que chacun soit confessé et communié. Après, nous formerons nos corps de bataille.

Le lendemain de la Saint-Jean[1], l'armée se mit en route. L'avant-garde fut confiée à Geoffroi de Villehardouin et à Guillaume d'Amiens, le second corps à Conon de Béthune et Milon le Brabant, le troisième à Pierre Bracieux, tout juste remis de sa blessure, le quatrième au régent Henri, les autres à Païen d'Orléans, Baudouin de Beauvoir, et Thierry de Loos, qui fit l'arrière-garde. Il fut aussi convenu

---

1. Nous sommes toujours en 1206 et les croisés ont quitté la France depuis quatre ans.

que si un coup de main s'avérait nécessaire, les compagnons du chapitre se regrouperaient.

Les croisés chevauchèrent ainsi pendant trois jours sans être inquiétés mais continuellement sur le qui-vive. Ils se savaient menacés par deux périls : leur petit nombre et le fait qu'ils n'avaient guère confiance en les Grecs. Ceux-ci, certes, avaient fait la paix mais ils risquaient de se retourner du côté de Johannis si celui-ci prenait le Dimot.

Et la volonté de Dieu, qui n'avait guère servi les intérêts des croisés ces derniers temps, se manifesta en leur faveur. Johannis eut-il brusquement peur malgré son écrasante supériorité numérique ? Le fait est qu'il décampa du Dimot à l'approche d'Henri après avoir brûlé ses machines de guerre.

Qu'en était-il d'Andrinople ? Les croisés qui s'attendaient à livrer bataille s'y présentèrent le lendemain. Johannis n'y était pas et ils furent accueillis par la population sortie de la ville avec toutes les croix en procession. Jamais sauveteurs ne furent mieux fêtés !

Arriva alors au camp des Francs la nouvelle que Johannis se tenait non loin de là dans un château appelé Radestuic.

— J'irais bien y voir ! dit Guillaume. Avant d'engager l'armée, il serait bon d'essayer de percer les intentions des Blaques et d'évaluer leur nombre. Qui veut m'accompagner ?

Conon et Milon se joignirent donc à lui, à Raymond le pilier des tournois et à Geoffroi l'homme des heures. Sans armure lourde pour aller plus vite, les cinq hommes, laissèrent la route et coupèrent à travers un bois pour n'être pas remarqués. Ils parvinrent assez vite devant le château manifestement vide d'occupants armés. Ils apprirent en questionnant des habitants apeurés que Johannis avait levé le camp dans la matinée. Le roi de Blaquie et de Bougrie fuyait vers son pays devant la modeste armée des Francs. C'était surprenant mais réconfortant.

— C'est le moment de ne pas le lâcher ! dit Henri. Poursuivons la bête, cela nous changera ! Et nous nous rapprocherons de l'Estanemac où Renier de Trit ne doit plus nous espérer. Prions pour qu'il survive avec ses gens jusqu'à notre arrivée !

Les chevaliers continuèrent de chevaucher sur les traces de Johannis. Ils campèrent dans la plus riche vallée du pays près du château de Moniac et s'y reposèrent durant cinq jours. L'Estanemac était proche mais la crainte d'un piège obligeait à la prudence. Il ne fallait pas exposer l'armée, dernière chance de l'empire. Sur la suggestion de Guillaume, il fut décidé que le régent demeurerait au camp à Moniac, avec la plus grande partie de ses gens, et que les chevaliers du chapitre, renforcés par Pierre de Bracieux, Thierry de Loos et deux Vénitiens qui, bravement, tenaient à participer au coup de main, iraient délivrer Renier de Trit.

Il s'agissait là d'une action plus dangereuse que celle de Radestuic, car il fallait, pour parvenir à Estanemac, chevaucher durant trois jours à travers les terres de l'ennemi. Et pourtant, le miracle continua. Nulle présence des gens de Johannis sur le chemin et absence de troupes autour du château de l'Estanemac dont la masse apparut silencieuse et déserte à l'avant-garde de Guillaume.

— Ce calme est inquiétant ! dit Villehardouin. Je crains que Renier de Trit et ses compagnons n'aient péri de faim. Songez qu'ils sont là depuis treize mois, empêchés de sortir et complètement isolés !

— Non ! lança Guillaume. Regardez, cela bouge derrière les bailles[1]. J'ai peur qu'ils ne nous reconnaissent pas et qu'ils ne nous prennent pour des Grecs aux ordres de Johannis. J'y vais pour les rassurer.

Sans écouter les protestations de ses amis, le tournoyeur enleva alors son haubert léger, le pourpoint rembourré qu'il portait dessous. Avant de galoper sans armes, torse nu, vers le fort en brandissant ses couleurs, bleu et vert, il cria à Villehardouin :

— Renier m'a assez donné de fil à retordre dans les tournois pour reconnaître mon écharpe !

En effet, les assiégés sortirent en criant leur joie lorsque Guillaume se fut approché. Renier de Trit, amaigri, pâle, épuisé, tomba en larmes dans les bras du tournoyeur :

— Nous avons eu très peur en vous voyant approcher.

---

1. Premières lignes de défense, les bailles ou palissades étaient des pieux enfoncés devant les murs et les fossés d'un fort.

Nous vous avons pris pour une avant-garde de Johannis. Puis j'ai reconnu vos couleurs et j'ai hurlé : ce sont les nôtres, ils viennent nous délivrer !... Mais vous n'êtes qu'une poignée... Où est l'armée ?

— À Moniac. Lorsque vous serez un peu reposés, nous y rejoindrons Henri, le frère de l'empereur Baudouin qui a été fait prisonnier à Andrinople.

— Un paysan qui venait en cachette nous vendre quelque nourriture avant d'être surpris nous a dit que le bruit circule dans les cités d'à l'entour qu'il est mort !

— C'est, je l'espère, une fausse nouvelle. Rien ne nous l'a laissé penser jusqu'à aujourd'hui.

— J'ose espérer que vous avez raison mais tout le monde dit dans la région qu'il est bien mort. La bataille a dû être terrible ?

— Oui, par imprudence et par orgueil nous avons essuyé le plus grand des revers. Je vous raconterai... Mais vous devez avoir faim ?

— Ce que vous pourrez nous offrir nous fera grand bien. Nous avons tué hier pour le manger notre dernier cheval !

— Mon pilier qui a dû vous provoquer plus d'une fois en tournoi, et Raymond, notre homme à tout faire, ont rempli les sacoches de bonne nourriture.

Villehardouin, rassuré, arriva avec tous les autres et ce fut une grande joie de retrouver ceux du fort qui sortaient en riant et en pleurant de leur prison.

— Il faut tout de suite faire manger nos amis, tonna Conon en aidant Geoffroi à sortir les biscuits, les pains, les jambons et le tonnelet de vin qu'il avait finalement emporté dans les immenses sacoches accrochées à sa selle.

Il y avait suffisamment pour nourrir les affamés mais pas pour faire un festin. On s'en consola dans la joie de la délivrance.

— Demain, nous irons nous ravitailler. La campagne semble riche, dit Conon.

— Il faut prévenir le régent, lui dire que Renier et ses gens sont sains et saufs, dit Guillaume.

— Raymond est déjà parti, répondit Villehardouin qui ajouta à l'adresse de Guillaume : Les victoires sans combat sont les plus belles ! Mais quelle mouche vous a pris de galoper seul et nu vers le château ? Et si, apeurés, nos amis vous avaient piqué une flèche dans le cœur ?

— Pas avec mes couleurs, seigneur maréchal ! En fait je crois que cela m'énerve de partir se battre à un contre cent et d'entrer comme dans de l'étoupe chez l'ennemi.

— Rassurez-vous. Johannis n'est pas homme à nous laisser continuer longtemps notre promenade dans ses jardins !

Après une si cruelle solitude, il n'était pas question de laisser les rescapés de l'Estanemac à la merci d'un retour de Johannis. Dès le lendemain matin, Milon et Conon partirent donc avec les Vénitiens et Geoffroi chercher des chevaux dans la campagne pour remplacer ceux qui avaient été mangés. Les Grecs, affolés par le départ des gens de Johannis, donnèrent tout ce qu'on leur demandait, vivres et montures, et l'avant-garde de Villehardouin et Guillaume, grossie de ceux du château, partit au petit trot, car ces derniers étaient épuisés, pour rejoindre le château de Moniac. Là, Renier de Trit et ses compagnons furent fêtés comme il convenait.

Le lendemain, les barons se réunirent et prirent trois décisions importantes : on ne poursuivrait pas plus avant Johannis et l'on reviendrait à Constantinople ; on y couronnerait empereur Henri le frère de Baudouin puisque celui-ci, hélas ! semblait bien mort ; enfin, on laisserait le Vernas à Andrinople avec quarante chevaliers.

Ainsi fut fait et Constantinople retrouva avec joie et soulagement l'armée et le régent. Le 20 août, Henri fut couronné empereur à Sainte-Sophie comme son frère l'avait été deux années auparavant. La cérémonie pourtant fut plus simple, les circonstances ne se prêtant pas à de fastueux déploiements. Le règne d'Henri ne se présentait pas en effet sous les meilleurs auspices. Son empire fragile comme une dentelle au sein d'un monde hostile s'avérait bien dérisoire.

CHAPITRE 7

LA GUERRE DES CHATEAUX

Villehardouin avait raison. Dès qu'il apprit qu'Henri était retourné à Constantinople et que le Vernas était resté en terre d'Andrinople, Johannis rameuta ses gens et courut sur le Dimot dont les défenses, abattues par ses pierriers et ses mangonneaux, n'avaient pas été relevées. En moins d'une heure il emporta la place et ordonna que l'on abattît tous les murs. Ce qui avait été l'un des châteaux les plus forts et les mieux défendus de Romanie fut alors réduit à un énorme tas de pierres.

La nouvelle parvint à Constantinople trois jours après le couronnement du nouvel empereur par un appel au secours des Grecs : ce n'était que désolation autour d'Andrinople détruite, le roi de Blaquie ravageait le pays et emmenait avec lui hommes, femmes, enfants et bestiaux. Et l'armée, à peine rentrée, dut repartir.

— Vous voyez, Guillaume. Cela n'a pas été long : vous allez l'avoir, votre bataille !

— J'irai de bon cœur jouer de la lance et de l'épée dans les rangs blaques et bougres. Mais ce sera sûrement ma dernière bataille. Je vous avoue que j'en ai assez de poursuivre ces sauvages sur tous les chemins d'un empire qui ne nous supporte que lorsqu'on le sauve des barbares !

— Je vous l'ai dit : vous avez, plus que beaucoup d'autres, payé votre tribut à la croisade. Faites comme Baudouin de Beauvoir, Hughes de Beaume et Guillaume Gommegnies qui viennent de quitter l'armée : rentrez chez vous avant que les arbalétriers de Johannis ne vous ait transpercé le cou !

— Cela ne sera pas facile de quitter les amis ! Vous voyez, Villehardouin, je voudrais partir tranquille, lorsque les Blaques, déconfits, auront enfin regagné leur pays !

— Alors, Guillaume, vous êtes encore avec nous pour un bout de temps ! Enfin, on peut rêver. Moi je souhaiterais finir mes jours en régnant benoîtement sur le fief que m'a donné l'empereur Baudouin à l'embouchure de l'Èbre. Jusqu'à maintenant je n'ai pas réussi à mettre les pieds dans cette terre qui est paraît-il un vrai paradis ! Je ne sais même pas ce que devient mon neveu Anseau de Courcelles que j'ai envoyé là-bas pour en prendre possession !

Guillaume salua et piqua un galop, histoire d'oublier cet échange de pensées pessimistes, rare chez ces combattants endurcis, trempés dans l'acier de leur épée.

La monotone poursuite d'un Johannis introuvable reprit donc et l'empereur arrêta ses gens à Veroi, une riche cité abandonnée par les Grecs où ils trouvèrent nourriture abondante et nombreux bétail. C'est là que les croisés apprirent que Johannis n'était qu'à trois lieues avec ses captifs, ses captives et leurs troupeaux qu'il emmenait vers son pays, la Bulgarie des Blaques et des Bougres.

— Il faut aller délivrer ces gens ! décida l'empereur Henri. Ce sont les Grecs ralliés d'Andrinople et du Dimot qui iront avec deux corps de chevaliers, celui de mon frère Eustache et celui de Macaire de Sainte-Menehould.

Les captifs se trouvaient bien au lieu indiqué, cheminant péniblement avec leurs chars bourrés du butin de Johannis. Les gardes, heureusement, n'étaient pas très nombreux et les gens de l'empereur en vinrent à bout assez aisément. Le temps de faire se retourner les prisonniers et de les ramener en direction du camp, puis d'Andrinople où ils furent libres d'aller dans leurs terres, Henri s'en revint une nouvelle fois à Constantinople en attendant une nouvelle alerte.

*
* *

— *Amico*, vous arrivez bien ! dit Angelo en retrouvant Guillaume. Tout est prêt pour le transport de chevaux jusqu'au port. Cela m'aurait ennuyé d'entamer sans vous le voyage de notre écurie ! Mais comment se sont passées les dernières échauffourées ? N'en avez-vous pas assez de risquer votre vie pour défendre ces arpents de terre que nous ne pourrons, faute de combattants, garder bien longtemps ?

— Vos paroles sont sages, Angelo. Je suis décidé à m'occuper de mon mariage, à finir de préparer la galée et à lever l'ancre. En combien de temps doit se dérouler le transfert des chevaux ?

— Une nuit seulement. Par prudence. Si les Byzantins voient s'envoler un à un leurs chevaux, j'ai peur qu'ils ne nous empêchent de finir la besogne.

— Les chariots sont-ils prêts ?

— Oui, avec des cordes de chanvre et des bottes de paille. J'ai aussi cinquante marins à ma disposition. Serez-vous là demain soir à la tombée de la nuit ?

— En avant la cavalerie ! Mais je dois changer de monture pour aller rendre visite à ma princesse dont la mère, l'avez-vous appris ? n'est autre que la femme du seigneur grec Théodore Ascaris qui est passé de notre côté ! Mon Dieu, que de surprises Byzance nous aura réservées !

— Oui, les Vénitiens savent tout de cette histoire dont Conon pourrait faire un roman émouvant. Au fait, comment va le seigneur de Béthune ?

— Il mange toujours autant mais ne chante plus. Depuis qu'il est devenu un grand personnage, l'un des principaux conseillers de l'empereur avec Villehardouin, il a perdu son entrain. Il est vrai qu'il s'en est passé des choses depuis le jour où nous nous sommes croisés à Bruges il y a plus de cinq ans !

— Vous avez raison, Guillaume. Il est temps que vous quittiez cette croisade qui n'en est plus une !

Au château de Blaquerne, le tournoyeur retrouva sa fiancée comme il l'avait laissée, belle et nonchalante dans ses voiles et ses sandales dorées.

— J'ai tremblé, dit-elle en se serrant contre lui, toutes les fois que des nouvelles alarmantes arrivaient de l'armée. Avez-vous là-bas rencontré mon père qui a fait sa réapparition et est parti avec l'empereur ?

— Oui, j'ai chevauché en sa compagnie.

— Vous a-t-il parlé de nous ?

— Non, j'attendais qu'il le fît mais il ne m'a rien dit. J'ai pensé qu'il n'était pas au courant de nos projets... Et votre mère ?

— Elle est partie rejoindre le Vernas dans ses terres.

— Mais c'est de la folie ! On s'y bat chaque jour contre les gens de Johannis et votre père est loin d'y être le maître.

— J'ai essayé de la retenir mais elle est persuadée que le diable lui-même n'oserait pas toucher à la sœur du roi de France.

— Puisse-t-elle avoir raison ! Qui l'a conduite ?

— Dix bons chevaliers de l'armée avec un nommé Bègue de Fransure pour capitaine. Vous le connaissez ?

— Oui. C'est un preux, mais je n'aimerais pas être à sa place.

— Vous savez, ma mère a vécu déjà tant d'aventures qu'elle ne doute pas un instant de la réussite de son entreprise. Elle m'a dit qu'elle s'ennuyait dans ce château désert et que la vraie cour était du côté d'Andrinople.

— Une cour où l'on ne danse pas tous les jours ! Et vous, ma douce princesse ? Vous voilà bien seule...

— Je ne le suis plus. Vous auriez pu vous en rendre compte et en profiter pour me dire que vous m'aimez et que nous allons bientôt partir ensemble. Je vous trouve bien peu empressé !

— Oui, nous allons partir, dame de mon cœur. Je transporte cette nuit avec Angelo les chevaux de bronze à bord de notre galée qui s'est refait une beauté pour vous accueillir. Avant une semaine, c'est promis, nous hisserons les voiles pour le bonheur.

— Mais le bonheur est déjà là ! Bénie soit la toute sainte qui a protégé mon chevalier dans ses combats contre les Blaques impies ! Mais laissons là ces discours. Lorsque j'ai su que vous veniez, j'ai commandé un bain onctueux qui exhale les parfums du Bosphore. Et si cela ne vous choque pas, je vous rejoindrai dans le bassin d'or où, dit-on, le légendaire prince Hamdanide avait l'habitude de se tremper avant de rejoindre le gynécée.

Charmé, le rude Guillaume suivit la jeune fille en se disant que ses compatriotes les plus policés et leurs femmes les plus aimables avaient beaucoup à apprendre pour égaler l'exquis raffinement byzantin. Dans la buée rosée qui envahissait la salle couverte de mosaïques qu'il devinait érotiques, il regarda, troublé, choir sur le marbre, telle une fleur abandonnée, le dernier voile qui protégeait la nudité d'Alice.

*
* *

On en avait souvent parlé dans les camps mais la rudesse des batailles et la disparition de l'empereur Baudouin faisaient penser qu'un projet d'union entre Agnès, la fille du marquis de Montferrat, et Henri devenu empereur était abandonné. La venue à Constantinople d'un messager de Boniface montra qu'il n'en était rien :

— Le mariage aura lieu, dit un jour Alice à son tournoyeur. Othon de la Roche, l'envoyé du marquis, est venu dire que la demoiselle, arrivée de Lombardie, est à Salonique et que son père va l'envoyer en galée à la cité d'Aines, à l'embouchure de la Maritza.

— Alors ? L'empereur Henri est satisfait ?

— Oui, il va envoyer chercher la dame et le mariage sera célébré à Sainte-Sophie.

— Il est facile de se marier quand on est empereur ! Et nous ? Notre mariage se fera-t-il un jour ?

— Oui, mon chevalier ! L'empereur Baudouin avait donné son accord, Henri ne va pas le désavouer.

— Mais votre mère ?

— Ma mère est au diable et se moque bien de mon mariage maintenant qu'elle croit avoir retrouvé un mari et un royaume.

Le soir même, Guillaume était mandé au palais par l'empereur ainsi que Geoffroi le maréchal, Milon le Brabant et Conon de Béthune

— Seigneurs, dit Henri, la confiance que j'ai en vous m'a fait vous choisir pour aller chercher la future impératrice à la cité d'Aines. C'est, vous le savez, la fille du marquis de Montferrat que j'épouserai dès votre retour. Voulez-vous faire cela pour moi ?

— Seigneur, cette marque d'estime nous honore, dit Villehardouin. Devrons-nous chevaucher ou fréter un navire ?

— Prenez des chevaux pour aller et revenez dans la galée qui a conduit la dame jusqu'à la cité d'Aines. La route de la mer est plus longue parce qu'il faut faire le détour par Bouche d'Avie mais elle est plus sûre et moins fatigante.

Guillaume ne fut pas enchanté de cette mission qui allait à nouveau retarder son départ mais il se dit qu'elle pouvait aussi, avec un peu de chance, favoriser son propre mariage en le rapprochant de l'empereur Henri. Une fois de plus, les quatre compagnons du chapitre s'apprêtèrent donc à faire route ensemble. Ils ne voulurent pas s'adjoindre une escorte qui les eût empêchés d'emprunter discrètement certains défilés où traînaient souvent des suppôts de Johannis. Seuls Geoffroi le pilier et Raymond les accompagneraient. « Ces deux-là, disait Guillaume, valent une vingtaine d'écuyers bannerets[1] ! »

Il y avait toujours un risque à courir les routes de Romanie mais, depuis longtemps, le chapitre n'avait entrepris une chevauchée l'esprit aussi tranquille. Villehardouin et ses amis ne poursuivaient personne, n'avaient pas de Coumans à leurs trousses et leur mission était plaisante puisqu'il s'agissait d'amener en grand honneur à Constantinople la future impératrice, qui, disait-on, était belle et bonne.

— Voilà qui nous rajeunit ! dit Conon en entonnant de sa voix grave une chanson qui lui courait par la tête depuis le matin.

C'était un événement car le seigneur de Béthune ne composait et ne chantait plus rien depuis longtemps. Ses compagnons s'en réjouirent et se gaussèrent gentiment. Le géant répondit en riant que chanter donne faim et soif et qu'il était temps de s'arrêter pour laisser reposer les chevaux et goûter au jambon qui risquait de se gâter dans sa sacoche. Consulté, Raymond, le maître des heures, regarda le soleil et dit qu'en effet il devait être dix heures avant midi et qu'on pouvait mettre pied à terre au bord de la rivière qui ondoyait joliment à droite de la route.

— C'est un vrai voyage d'agrément auquel l'empereur

---

1. Écuyers en attente d'être adoubés chevaliers et déjà combattants. On dirait aujourd'hui aspirants.

Henri nous a conviés ! dit Milon en affûtant sa dague sur une pierre pour couper le jambon.

— Oui, répondit Guillaume. Il n'y a qu'une chose qui me contrarie.

— C'est sa princesse qui manque à notre ami ! lança Conon.

— Non, c'est mon cheval qui m'inquiète. Je m'en suis encore rendu compte tout à l'heure lorsque nous avons fait la course : Germain vieillit. Il ne répond plus comme avant à mes demandes et il lui faut dix perches de plat pour se lancer au galop.

— C'est que la croisade leur en a fait voir à ces malheureuses bêtes ! Encore heureux que les nôtres soient passées au travers des flèches des Blaques et des Bougres ! dit Raymond qui soignait les chevaux du chapitre depuis maintenant plus de cinq ans.

Ils rangeaient les écuelles, les gobelets, les vivres qui restaient et se préparaient à repartir quand Conon mit son index sur ses lèvres. Son « chut ! » en la mineur alerta les compagnons qui prêtèrent l'oreille dans la direction qu'il indiquait. Le bruit était encore léger mais le doute n'était pas permis : quelqu'un ou plus vraisemblablement un groupe approchait dans le petit bois qui séparait la route de la rivière.

— Cachons les chevaux dans le bosquet voisin et attendons ! dit Guillaume qui, dans un cas comme celui-là, prenait normalement le commandement sans que quiconque y trouvât à redire.

Vêtus d'un épais pourpoint de laine et d'un simple haubergeon de mailles, les compagnons étaient peu protégés, les chevaux ne l'étaient pas du tout.

— Si ce sont des gens de Johannis, il faut refuser le combat, nous ne sommes ni en nombre suffisant ni équipés pour lutter contre une armée, même réduite, dit Guillaume. Si ce sont des brigands, à nos dagues et à nos épées !

C'étaient des malandrins habitués à attaquer les voyageurs pour leur voler tout ce qu'ils possédaient. Avec le chapitre, ils tombaient mal. Milon et Geoffroi le pilier s'avancèrent à découvert pour servir d'appât. Aussitôt la dizaine d'hommes qui composaient la bande se précipitèrent mais furent arrêtés par le reste du chapitre. Conon embrocha l'un des bandits comme il l'aurait fait d'une dinde, Guillaume fit sauter en deux assauts trois épées menaçantes, et Villehardouin, qui n'était pas un violent, se contenta de transpercer le bras d'un des malandrins. Sauf le mort et deux blessés, tous s'enfuirent.

— Voilà ce qu'il en coûte aux voleurs de grand chemin lorsqu'ils s'attaquent aux chevaliers de l'empereur Henri ! lança Villehardouin.

Le restant du chemin s'effectua sans autre alerte. Les envoyés de l'empereur traversèrent la ville de Gallipoli, longèrent la mer de Thrace et arrivèrent la veille de Noël en vue de la cité d'Aines. Les cavaliers s'arrêtèrent un moment sur la colline qui dominait l'embouchure de la Maritza, distinguèrent facilement dans le port, au milieu des modestes nefs et chalands de marchands, l'élégante galée qui portait en son mât d'avant les couleurs du roi de Thessalonique, Boniface de Montferrat.

— Nous avons accompli la moitié de notre mission, dit Villehardouin. Le retour par mer ne devrait pas être très périlleux mais nous allons devoir naviguer sans protection et il convient d'être prudents.

— N'oublions pas, ajouta Guillaume, que Théodore Lascaris possède une flotte redoutable. Si, malgré la trêve conclue avec Henri, elle nous attaque dans le détroit des Dardanelles, ou même dans le Bras, je ne donne pas cher de la galée de la gente dame de Lombardie.

— C'est pourquoi il faudra nous faire petits et naviguer sans nous faire remarquer, conclut Villehardouin. Le navire frété par Boniface peut passer pour un bateau marchand. Je le verrais bien filer vers Constantinople sous un pavillon génois. Raymond et Geoffroi s'occuperont de cela.

— Je propose, dit le dernier, d'arrimer sur le pont des tonneaux bien visibles afin d'authentifier le caractère marchand de la galée.

— Des tonneaux pleins de bon vin ! coupa Conon en éclatant de rire.

— Il faut aussi changer le nom de la galée pour le cas où un espion l'aurait transmis à des navires ennemis, dit Guillaume.

— Et prier que Dieu nous donne un bon vent pour remonter le courant dans le Bras[1].

Quand chacun eut donné son avis, la troupe se remit en marche vers le port où les gens, habitués à voir passer des voyageurs de toute espèce, ne firent pas attention à ces cavaliers que rien ne désignait comme des croisés francs. Villehardouin et Guillaume se séparèrent de leurs amis pour se présenter à l'officier du port nommé Diamantidi, un Grec jovial prêt à accueillir le monde entier pourvu qu'il ne s'agisse pas de guerriers.

— Nous avons jusqu'ici échappé à tous les combats qui ont ravagé la région, dit-il. Le Dimot n'est pas loin mais, Dieu merci, ni Johannis ni les barons n'ont eu l'idée de venir en découdre chez nous. Le marquis de Montferrat a eu raison de nous envoyer sa fille mais je suis soulagé de savoir que vous venez la chercher car elle devenait, contre son gré la pauvre, une personnalité à risques.

— Nous partirons dès que le ravitaillement de la galée sera fait, dit Villehardouin après avoir remercié l'officier. Nous vous demandons simplement de mettre à notre disposition quelques barques et des chalands pour embarquer les vivres et les chevaux.

— Vous vous encombrez de chevaux ? s'étonna le capitaine Diamantidi.

— Mes amis et moi sommes des chevaliers et un chevalier sans cheval est quelque chose comme un marin sans bateau.

— Oui, je comprends, dit l'homme, mais je me demande bien comment vous allez les faire tenir dans cette coque exiguë !

— Nous aussi, dit Guillaume en riant, mais nous avons résolu des problèmes plus difficiles.

Les compagnons firent ensuite un peu de toilette dans une fontaine qui laissait couler un filet d'eau glacée non loin du quai. Ils tirèrent de leurs sacoches des bliauds un peu froissés mais propres, se peignèrent et ramèrent joyeusement vers la galée où se morfondait leur future impératrice. Elle sortit du château visiblement soulagée de voir qu'on ne

_____

1. Un fort courant va de la mer Noire à la mer de Marmara.

l'avait pas oubliée dans ce port perdu en face d'un îlot rocheux qu'on lui avait dit s'appeler Samothrace.

À quinze ans, Agnès de Montferrat était rose comme une cerise en train de mûrir. De longs cheveux noirs encadraient un visage qui promettait d'être très beau. Elle sourit gentiment en remerciant les émissaires de l'empereur venus la saluer de la part de leur seigneur et éclata franchement de rire quand ils lui dirent qu'ils allaient embarquer leurs cinq chevaux.

— On a déjà eu tant de mal à me trouver une petite chambre ! Mais promenez-vous, visitez, cherchez et estimez-vous heureux si vous découvrez la place d'y ranger vos selles !

Que faire ? Villehardouin, qui n'avait pas une passion pour les chevaux et qui avait maintes fois changé de monture au cours de la croisade, était prêt à laisser sa jument au port, Conon l'aurait imité avec quelques regrets, mais Guillaume ne se serait séparé pour rien au monde de Germain. C'est lui qui trouva la solution :

— Prenons un deuxième bateau. Peut-être y a-t-il dans le port un bon huissier qui nous escortera ?

On ne trouva pas d'huissier mais une nef dodue comme une oie, achetée avec la garantie de l'empereur, où Raymond fit installer dans la nuit des bat-flanc et des mangeoires. Dans la journée, on avait eu le temps de remplir la cale de la *Tartare*, devenue *Genova*, de farine, de viande séchée et d'huile. Conon avait personnellement surveillé l'arrimage de six gros tonneaux tout en reconnaissant qu'il n'était pas certain que le vin qu'ils contenaient supporterait le voyage. L'équipage auquel Boniface avait confié sa fille était composé d'excellents marins commandés par un grand gaillard nommé Picousi que tout le monde appelait « l'amiral ». Le marquis avait fait accompagner sa fille par une servante et trois chevaliers réputés dans l'armée pour leur courage. Guillaume avait connu deux d'entre eux au cours de tournois et l'on évoqua quelques souvenirs devant la future impératrice, qui, comme toutes les jeunes filles et les femmes de l'époque, se passionnait pour ces récits qui illustraient un monde viril où triomphaient la force et l'adresse.

— Seigneur, dit-elle à Guillaume, me ferez-vous la grâce,

durant le long voyage que nous allons faire, de me conter d'autres aventures ? J'aimerais aussi, lorsque aux escales vous libérerez les chevaux de leur prison, en monter un de temps en temps.

Comme il paraissait surpris, elle ajouta :

— J'ai été élevée à la campagne et je suis une bonne cavalière. Galoper avec mon coursier dans les vignes de nos terres d'Asti était mon passe-temps.

— Mais, jolie princesse, nous n'avons pas de selle pour vous !

— Si vous m'y autorisez je monterai comme un homme. N'est-ce pas près d'ici que les Amazones, ces farouches guerrières, menèrent leur vie fabuleuse ?

Guillaume sourit :

— Elles traitaient très mal les hommes si l'on en croit la légende. J'espère que vous serez plus indulgente envers les dévoués serviteurs que l'empereur vous a choisis.

Elle éclata de rire en dévoilant des petites dents blanches et régulières qui rappelèrent brusquement au tournoyeur celles de Marie à qui il n'avait pas pensé depuis des mois. Comme elle avait remarqué un brusque changement sur le visage de Guillaume, Agnès, qui était franche et spontanée, lui demanda sans gêne les raisons de son trouble.

Il sursauta et se réveilla de sa rêverie :

— Le souvenir est un miroir surprenant. On le croit brisé et il vous restitue soudainement un éclair de vie que l'on croyait à jamais oublié.

— C'est moi qui vous ai rappelé ce souvenir ?

Le guerrier aux traits burinés regarda le visage lisse et frais de l'adolescente et dit doucement :

— Ce sont vos dents et votre sourire, mademoiselle de Montferrat, qui m'ont rappelé un visage autrefois aimé.

Il la sentit émue, presque sur le point de laisser couler la larme qui perlait au coin de son œil droit. Il n'eût pas fallu grand-chose pour qu'il la prît dans ses bras mais, Dieu merci, il se ressaisit et dit, trop fort, qu'il devait aller surveiller l'embarquement des chevaux. Avant de la quitter, il ajouta :

— Vous monterez Germain. C'est mon cheval, mon ami qui m'a plusieurs fois sauvé la vie. Je vous le prêterai et lui dirai d'être doux avec la plus gentille des damoiselles.

Trois matelots supplémentaires avaient été engagés pour mener la nef transformée en huissier. On y avait aussi délégué Geoffroi le pilier pour s'occuper des chevaux. Et les deux navires hissèrent les voiles deux jours après Noël dans la lumière de la plus belle des matinées de l'hiver oriental. Bien malin celui qui aurait pu deviner que ces deux bateaux marchands battant pavillon génois, chargés à ras bord de fûts et de balles de paille portaient dans leurs flancs la plus illustre cavalerie de la quatrième croisade et la future impératrice de Byzance.

Tout ce qui pouvait rappeler l'identité chevaleresque des voyageurs avait été soigneusement caché. Lances, épées, hauberts et cottes de mailles reposaient au fond des cales et ceux du chapitre s'étaient donné, avec des chausses rapiécées achetées à la cité d'Aines, des tuniques courtes et des chaussures de corde, des allures de marins italiens. Celui qui avait le mieux réussi sa transformation était Conon. Avec sa chemise échancrée et son écharpe nouée sur la tête, le colosse de Béthune avait vraiment l'air d'un gabarier de la botte. Le chapitre, sans hésiter, le nomma capitaine.

Seul le bon vent manquait à la fête. Au lieu d'aider franchement les bateaux à naviguer vers Bouche d'Avie pour entrer dans le Bras Saint-Georges, le vent largue obligeait à lofer entre les îles d'Imbros et Samothrace. Les marins, heureusement, affirmaient qu'il serait favorable dans le détroit des Dardanelles.

Agnès et sa suivante devaient rentrer se cacher à l'intérieur dès qu'un navire croisait ou dépassait la *Genova*. Pour l'heure, les deux jeunes filles bavardaient gaiement à la proue, emmitouflées dans leurs châles car par moments le vent était frais. Quand fut dépassée l'île d'Imbros, Villehardouin pensa qu'il se devait de venir converser un peu avec les passagères. À regret, il abandonna ce qu'il appelait sa chronique, dans laquelle il racontait ce jour-là comment l'empereur Baudouin avait été défait à Andrinople, et alla s'appuyer contre le bastingage, près du banc où se trouvait celle que tout le monde à bord appelait l'impératrice.

Avec le sérieux et l'emphase qui lui étaient coutumiers, il s'enquit des désirs de la princesse qui le rassura :

— Ne vous souciez pas, seigneur. Tout le monde sur ce bateau est plein d'égards pour moi. Je suis confuse que mon mariage suscite autant de tracas pour tous ces hauts hommes qui ont sûrement mieux à faire que de me transporter jusqu'à Constantinople.

— Mais, mademoiselle, vous êtes la fille du marquis Boniface de Montferrat que nous vénérons, et dans quelques semaines vous deviendrez notre impératrice. C'est avec fierté que nous veillons sur vous.

— Puis-je, seigneur, vous poser une question que vous trouverez bien naïve ? Comment est l'empereur Henri ? Mon père m'a dit qu'il était un homme bon et juste. Je sais que vous n'allez pas me dire le contraire mais est-il grand ou petit, maigre ou gros ? Sur cela, vous pouvez me renseigner.

— L'empereur est tout ce que votre père a dit. Mais je peux vous affirmer qu'il est le plus bel homme de la croisade et que de la Flandre au Hainaut toutes les filles des comtes et des barons rêvent de l'avoir pour mari.

— Ressemble-t-il au seigneur Guillaume ? demanda-t-elle encore avec ingénuité.

Villehardouin se retint pour ne pas éclater de rire et répondit :

— Il est bien plus beau que lui, se promettant de conseiller à son ami d'être prudent.

Dans le Bras, à l'endroit où l'ancien Hellespont des colons grecs est le plus étroit, la *Genova* longea de très près la côte montagneuse de Turquie. Plus loin on passa au large d'Équisse, une occasion d'expliquer à Agnès que le pays était sous la coupe de Théodore Lascaris avec qui, heureusement, Henri venait de conclure une trêve de deux ans en le laissant abattre la ville et la forteresse de l'église Sainte-Sophie[1].

— Sans quoi nous aurions couru des risques ! dit Conon à la jeune fille.

— Mais pourquoi la croisade a-t-elle autant d'ennemis ? Mon père est roi de Salonique et il n'arrête pas de se battre

1. De Nicodémie, aujourd'hui Izmir.

pour garder une partie de son fief. L'empereur Baudouin a été tué et Henri, mon futur mari, pourchasse ses ennemis du nord au sud de son empire ! Je ne comprends pas ! Il est vrai que je suis une femme... Dites-moi, au moins, que Constantinople est bien la cité de rêve que l'on m'a décrite, la plus belle, la plus riche, la « ville gardée de Dieu » !

Les trois du chapitre qui l'entouraient sur le pont d'où l'on dominait maintenant le beau pays que Pierre de Bracieux avait dû abandonner à Théodore Lascaris se regardèrent, muets, devant cette question simple, pleine de bon sens qu'ils s'étaient si souvent posée. Guillaume les tira d'affaire par une boutade :

— J'ai demandé la même chose à mon cheval Germain. Il a remué ses deux oreilles, un signe de grande perplexité !

Villehardouin et Conon rirent. Trop fort. Agnès esquissa un pauvre sourire en regardant Guillaume. Lui seul comprit qu'elle avait peur de ce qui l'attendait derrière les ors des palais de Byzance. Et il eut de la pitié pour celle qui aimait galoper dans les vignes d'Asti.

*
* *

Le voyage se poursuivait sans encombre. Les nefs que croisaient les deux navires du chapitre étaient celles de marchands grecs qui saluaient courtoisement ou, parfois, de vieilles caraques russes qui venaient de la mer Noire. Au large de l'île de Marmara, la *Genova* se fit dépasser par un navire marchand.

— C'est un « buzzo » vénitien, dit l'amiral Picousi. Il est reconnaissable à sa grande voile carrée et à sa vergue de hunier. Remarquez aussi la voile d'artimon latine.

Les Républiques génoise et vénitienne n'entretenaient pas des rapports particulièrement chaleureux mais, entre gens de mer, on respectait les usages, et le capitaine Conon répondit poliment au salut des marins vénitiens par quelques mots que l'on aurait pu prendre dans le bruit des vagues pour de l'italien.

Ce n'est qu'au large du Chivetot, alors que la *Genova* avait parcouru plus des deux tiers du chemin, que Villehardouin et ses amis éprouvèrent quelque frayeur. La flotte de Théodore Lascaris croisait le long des côtes de Chalcédoine. Une vingtaine de nefs barraient le passage et les deux navires devaient naviguer entre elles pour garder le cap sur Constantinople. C'était le moment de hisser bien haut les gonfanons génois et de jouer les navigateurs marchands. Il y avait bien cette trêve conclue avec l'empereur Henri mais Lascaris avait déjà par deux fois manqué à sa parole et il valait mieux être prudents. Les femmes cachées aux regards indiscrets, l'équipage joua son rôle plusieurs fois répété. Debout à la proue, Conon faisait mine de donner des ordres au gabier et saluait les uns après les autres les équipages rencontrés. Ceux des nefs répondaient, surpris de voir ce navire d'un port lointain transporter des tonneaux dans les eaux du Bras. Enfin, la *Genova* dépassa la dernière nef. On respira.

— Conon, dit Villehardouin, je ne crois pas que votre idée était excellente. Vos tonneaux ont intrigué plus que rassuré les gens de Lascaris et votre mise de forban a failli, je crois, les pousser à nous demander qui nous étions.

— Seul le résultat compte, maréchal de Champagne ! Et avouez que mon vin nous a bien aidés à supporter les rigueurs de la mer !

Ce soir-là, le chapitre, les chevaliers, l'équipage, le brave amiral Picousi et même la future impératrice et sa suivante firent honneur au dernier tonneau pour accompagner le dernier jambon. Les provisions étaient presque épuisées lorsque, le lendemain matin, le ciel clair laissa deviner dans le lointain les contours estompés de Byzance.

Guillaume les montra du doigt à Agnès :

— Voyez, ce dôme qui brille, c'est Sainte-Sophie. C'est là que sont sacrés les empereurs, c'est là aussi qu'ils se marient. Oserai-je encore vous faire des confidences lorsque le cardinal légat du pape Innocent aura déposé sur votre gracieuse tête la couronne impériale ?

— Vous oserez si vous êtes mon ami. Et je crois que vous l'êtes. Même si vous ne m'avez pas prêté Germain !

— C'est vrai, mais par prudence nous n'avons pas fait escale. Nous ne devions pas perdre de temps : l'empereur

Henri vous attend. Et je vous avoue que j'étais moi aussi un peu pressé.

— Pourquoi ? Ma compagnie vous déplaisait ?

— Non, vous le savez bien, mais moi aussi je suis attendu. Je vais me marier.

— Vous ne m'en avez pas parlé. Ce n'est pas gentil ! Et avec qui s'il vous plaît de me le dire ?

— Avec la fille de l'ancienne impératrice Agnès.

— C'est mon nom !

— Oui, elle est la sœur de Philippe Auguste. Je vais donc épouser la nièce du roi de France. Pas le même jour que vous car ce n'est pas possible, mais la veille ou le lendemain.

Elle chercha le regard de Guillaume et murmura :

— Je vais vous révéler un secret : j'aurais aimé devenir votre femme !

Guillaume n'eut pas le temps de lui répondre. Agnès, en courant, avait regagné sa chambre. Il lui sembla qu'elle pleurait.

On approchait de la côte. Villehardouin demanda à l'amiral Picousi de faire hisser toute la voilure et de garnir le bordé avec les oriflammes, les bannières et les gonfalons qui se trouvaient à bord. Tandis que le vent faisait chanter les drisses, les chevaliers et les marins se vêtirent de leurs plus beaux habits et Agnès troqua son anonyme tenue de voyage contre une robe élégante à corsage serré qui s'évasait jusqu'aux pieds. Ainsi vêtue, la future impératrice fut installée dans un fauteuil sur le château. Le vent faisait voleter sa chevelure qu'elle maintenait en place de ses doigts effilés. Elle était belle, la fille du marquis Boniface qui voyait approcher à sa rencontre un rideau de nefs et de galées magnifiquement décorées. Cette fois, la flotte de la Sérénissime ne nageait pas à l'ennemi mais vers une jeune fille dont la lumineuse beauté aidait à croire à l'avenir du singulier Empire latin de Constantinople.

La plus grande des nefs, celle qui naguère arborait le gonfalon du doge Dandolo, se détacha pour aller au-devant de la *Genova*. Sur la proue se tenait l'empereur Henri qui faisait une visière de ses mains afin de tenter de découvrir dans le contre-jour le visage de celle qu'il allait épouser. Quand la nef fut assez proche, il monta dans une petite barque emmenée par quatre rameurs et aborda la *Genova*. Mais la houle rendait difficile le changement de bord. Il fallut la poigne de fer de Guillaume pour faire monter l'empereur jusqu'à sa fiancée. Henri avait laissé dans la manœuvre l'une de ses mules écarlates qui flotta un instant sur les vagues avant de disparaître dans les eaux vertes du Bras. Sa réaction fut impériale et désarma le ridicule de la scène : il éclata de rire et envoya la pantoufle qui lui restait rejoindre la première dans l'océan. Et c'est en bas de soie blanche que l'empereur s'inclina devant celle qu'il allait épouser. Triste et tendue jusque-là, Agnès sourit. Guillaume, qui ne la quittait pas des yeux, se demanda si cette gaieté soudaine était due au fait qu'elle trouvait Henri à son goût ou au comique de la situation. Sitôt débarqué, le tournoyeur laissa la brune fiancée de l'empereur aux mains des dames de la cour, récupéra Germain et galopa pour retrouver Alice qui devait l'attendre. Sur le chemin, il décida de passer d'abord voir Angelo pour savoir où en étaient les préparatifs du retour et apprendre les réactions que ne pouvaient manquer de susciter son union avec la fille de l'impératrice Agnès. Il craignait que, profitant de son absence, certains hauts personnages qui ne l'aimaient pas ne l'eussent desservi auprès de l'empereur.

Angelo accueillit son ami avec son enthousiasme habituel :

— Dans mes bras, mon frère ! Je vous attendais avec tellement d'impatience ! C'est que les chevaux ne peuvent plus attendre ! Elles piaffent ces bonnes bêtes bien ficelées dans leur écurie flottante ! En réalité, leur déménagement a tellement irrité la ville que nous devons faire garder la nef jour et nuit. Une expédition s'organise paraît-il pour nous les reprendre. Il serait fort regrettable que la dernière volonté de mon oncle Enrico entraînât une révolte des Grecs !

— Mon cher, vous n'attendrez pas longtemps. Le temps de me marier et vogue la galère vers Venise !

— Vous vous mariez, vous vous mariez... Les choses, hélas ! ne semblent pas s'arranger en ce sens.

— Comment ? Alice...

— Non, Alice vous aime et est prête à vous épouser mais cela ne plaît pas à tout le monde.

— Je m'en doutais. On a circonvenu l'empereur qui ne doit sa couronne qu'aux hasards de la guerre. Sous elle son crâne enfle et lui fait penser qu'un chevalier, fût-il le meilleur des tournoyeurs, ne peut épouser la fille d'une impératrice !

— En fait, le bruit circule qu'Henri voudrait marier Alice au frère de Théodore Lascaris afin de s'assurer le soutien de ce fichu menteur.

Guillaume avait pâli. Il se sentait trahi, lui qui avait tant donné pour cette croisade dévoyée, lui qui venait d'accomplir une délicate mission pour l'empereur, lui qui n'avait voulu recevoir aucune terre en récompense de ses services.

— Qu'allez-vous faire, mon ami ? demanda Angelo. Si vous vouliez rester pour tenter d'arranger vos affaires, je comprendrais et vous rendrais votre parole. Je dois, hélas ! partir sans attendre. Privée de votre expérience, de votre courage et de votre amitié, l'aventure est, je le sais, périlleuse mais je dois la tenter.

— Angelo, laissez-moi le temps de parler à Alice et de réfléchir. Je vous dirai demain ce que j'ai décidé.

Guillaume enfourcha Germain heureux d'avoir retrouvé sur ses côtes la chaude sensation des cuisses et des genoux de son maître.

— Mon bon Germain, dit le tournoyeur, il faut prendre son temps en tout mais ne pas tergiverser. Le moment est venu de sauter le pas : mariée ou non, vais-je emmener Alice jusqu'à Venise ?

En se rendant au palais de Blaquerne, Guillaume fit un détour pour ne pas rencontrer le cortège impérial qui avançait entre deux haies de Grecs curieux vers Bouche-de-Lion. Il aperçut la litière d'où la future impératrice découvrait la ville qu'on lui avait dit être sublime et qu'elle devait trouver triste et sale avec ses décombres et ses palais incendiés. Henri ouvrait la marche sur son cheval blanc suivi de Villehardouin et de Conon. Guillaume n'envia ni l'empereur ni ses amis qui avaient choisi de poursuivre la défense de conquêtes chaque jour plus illusoires. « Que vient donc faire cette enfant dans les ruines de la croisade », pensa-t-il. Il eut alors conscience que pour lui l'aventure était finie et qu'il n'avait qu'une envie : quitter cette terre qui n'était pas sienne.

Il trouva Alice moins gaie qu'à l'habitude. Le regard avait perdu de son éclat, son teint semblait terni, c'est un oiseau blessé qui vint se jeter dans ses bras quand il arriva à Blaquerne.

— Mon amour, dit-elle en sanglotant, pendant que vous serviez l'empereur en lui ramenant sa fiancée, il m'a fait annoncer qu'il souhaitait me faire épouser le frère de Lascaris ! Je l'ai imploré, je lui ai dit que son frère, l'empereur Baudouin, avait donné son accord pour que je me marie avec vous mais il s'est montré inflexible, disant que cette union n'apporterait rien à l'Empire alors que mon mariage avec un Lascaris assurerait la paix sur les terres qu'il avait pour mission sacrée de défendre.

— Calmez-vous, petite fille. Parole de chevalier, nous ferons fi de cette mission sacrée et vous n'épouserez pas ce Grec. Nous aurons quitté Constantinople avant. Vous savez que la nef frétée par Angelo est prête. Mon ami vénitien ne nous attendra que jusqu'à demain. Souhaitez-vous venir ?

— Si je n'acceptais pas, partiriez-vous quand même ?

— Oui. Pour rien au monde je ne voudrais être dans cette ville quand vous deviendrez l'épouse du Grec.

— Alors, Guillaume, emmenez-moi où vous voudrez. Vous savez bien que je suis votre femme depuis longtemps !

Femme du chevalier, elle le fut sur les douces fourrures et les étoffes syriennes constellées d'animaux qui recouvraient les lits et le sol de sa chambre.

— Pourrez-vous sans regrets abandonner ces richesses ? lui demanda-t-il lorsqu'ils eurent assouvi leur désir et qu'elle caressa de ses doigts fins la cicatrice du tournoyeur qui barrait sa poitrine.

— S'il n'est pas partagé, le superflu ne rend pas heureux. Mon bonheur est près de vous. Dites-moi quand nous partirons.

— Sans doute demain à la tombée de la nuit. Ou au plus tard le jour suivant. Tenez-vous prête. Si vous le voulez bien, je vais, en vous quittant, me charger d'une partie de vos affaires car le temps et les facilités nous seront mesurés lorsque vous quitterez Blaquerne. Ce serait trop bête que vous vous fassiez surprendre par quelque fonctionnaire du palais !

— Dieu nous gardera, mon ami !

*
* *

On festoyait encore à Bouche-de-Lion pour célébrer l'arrivée d'Agnès, la fille du marquis de Montferrat, quand, au milieu de la nuit, Guillaume, qui venait de laisser Alice, se présenta devant le palais où logeait Angelo, l'ancienne demeure de son oncle. Il était connu des gardes et on l'écouta lorsqu'il demanda qu'on allât réveiller le *signore* Zuccari.

Angelo fit bientôt son apparition, emmitouflé dans une large couverture de soie doublée d'hermine car il faisait froid la nuit en hiver sur les bords du Bosphore.

— *Amico !* J'espère que vous m'apportez une bonne nouvelle car votre visite trouble une nuit émouvante en compagnie d'une belle dame de haut rang dont je regretterai les attentions lorsque je voguerai vers Venise. Mais vous pourrez juger : elle ne vous refusera pas ses faveurs lorsque vous m'aurez dit pourquoi vous êtes ici.

Guillaume éclata de rire :

— Si vous m'aviez laissé dire un mot, je vous aurais déjà annoncé que je vous accompagne. Je suis aussi pressé que vous de lever l'ancre afin d'emmener Alice avant qu'on ne la mette sous clef en attendant le mariage qu'Henri lui impose.

— J'avais raison ? C'est bien le frère d'Ascaris qu'on lui destine ?

— Oui. L'empereur le juge plus utile à sa cause qu'un chevalier qui a risqué sa vie pour lui et l'Empire.

— Je devrais lui en être reconnaissant, dit Angelo en souriant. Sans cette mauvaise manière vous ne m'accompagneriez pas. Quand pouvez-vous partir ?

— Demain. Dès qu'il fera nuit. Je vous demanderai d'aller chercher Alice à Blaquerne à l'heure que je vous indiquerai car on pourrait se méfier de moi. Vous la conduirez à pied jusqu'à l'endroit où je vous attendrai avec Geoffroi.

— À vos ordres, chevalier. La Sérénissime vous confie la

destinée de son butin : les quatre chevaux de bronze qui orneront la façade de San Marco. Et des reliquaires, des icônes, des coupes, des chandeliers qui enrichiront le trésor de la basilique. Et aussi la Vierge byzantine Nicopeia garnie d'émaux et de pierres précieuses. Dois-je vous rappeler que le doge Enrico Dandolo a tout prévu pour que la Quarantia vous récompense de votre aide ?

— Merci. Je serai ainsi payé pour avoir effectué un travail et non parce que j'ai participé à la croisade. Je préfère cela ! Mais revenons au départ. La journée de demain sera-t-elle suffisante pour achever tous les préparatifs ?

— Tout est prêt. Sous réserve de vos observations, il ne reste plus qu'à terminer le chargement des vivres. Maintenant, m'accompagnez-vous à côté pour profiter de cette dernière nuit à Byzance ?

Guillaume sourit :

— Non, mon ami, je viens d'accomplir ce devoir à Blaquerne. Mais ne vous fatiguez pas trop car, dès le chant du coq, je vous attends au port !

Au petit matin, marins et rameurs s'affairaient déjà à bord de la *Venezia* lorsque Guillaume attacha Germain au pied de l'échelle de coupée. Il ne répondit pas aux caresses de son maître mais manifesta son mécontentement par une brusque descente d'encolure. Germain n'aimait pas les ports ni les navires où il devinait qu'on allait l'enfermer.

— Tu préférerais réchauffer tes vieux os en chevauchant dans la plaine ! dit Guillaume. Je sais que cela n'est pas drôle de piaffer entre deux bat-flanc mais tu vas devoir t'armer de patience. Je te promets que nous nous arrêterons là où pousse l'herbe tendre. Et nous allons embarquer des sacs et des sacs de bonne avoine !...

Germain hennit deux fois. Il avait pardonné. Et Guillaume l'embrassa entre les naseaux.

*
* *

Angelo était déjà sur le pont en discussion avec le capitaine Domenico Morosini, celui qui avait guidé la nef du doge durant la croisade. Il lui présenta Guillaume :

— Le chevalier d'Amiens que mon oncle Enrico Dandolo a choisi avant de mourir pour diriger le rapatriement de la plus grande partie du butin. Il est chargé de prendre toutes les mesures pour préserver et défendre ce trésor. Je suis sûr que vous vous entendrez. Mais, puisque Guillaume est là, visitons ensemble la *Venezia*.

C'était une belle et grande nef à deux mâts et voiles pour la haute mer et six paires de rames pour les manœuvres et le calme plat. Ils allèrent d'abord voir le groupe de bronze solidement arrimé et protégé par des balles de paille au fond de la cale. De leur emballage ne dépassaient que les têtes, comme si l'on avait pensé à leur permettre de respirer.

— Regardez les détails de la bouche, dit Guillaume, plein d'admiration. On arrive à deviner les vibrisses des lèvres, ces poils raides et tactiles qui donnent aux chevaux leur extrême sensibilité. Et les oreilles si fines qui rappellent celles de mon Germain... J'espère que ces chefs-d'œuvre ne pâtiront pas des tourmentes de la mer !

— C'est leur poids qui m'inquiète, dit le capitaine Morosini. Par beau et même par gros temps ils serviront de quille et assureront la stabilité du navire, mais en cas de forte tempête je ne sais pas comment celui-ci se comportera.

Il n'y avait pas que les chevaux. Avec l'équipage, Geoffroi et Raymond qui étaient naturellement du voyage, cinq chevaliers vénitiens choisis par Angelo dans la garde du doge et quinze arbalétriers engagés par Guillaume, cela faisait beaucoup de monde et il ne restait pas de place pour aménager le logement des destriers beaucoup plus encombrants que leurs congénères de bronze.

— Les chevaux sont-ils vraiment indispensables à bord ? demanda Angelo à Guillaume. Nous n'allons pas attaquer des forteresses.

— Non, mais il faut penser que nous serons peut-être contraints de prendre terre et que nous devrons défendre notre chargement.

— C'est juste, répondit Angelo, qui ajouta moqueur : Et je n'imagine pas notre tournoyeur se séparer de Germain...

— Certes non ! Mais il me vient une idée. Je peux facilement retrouver la galée que nous avons transformée en huissier lorsque nous avons ramené la future impératrice Agnès.

Elle est équipée pour accueillir nos bêtes et une partie du ravitaillement. Pouvons-nous l'acheter ?

— Naturellement. Je dispose d'un crédit illimité pour notre mission.

— Alors, je voudrais engager, pour mener ce deuxième bateau, un capitaine de haute valeur. Il porte le nom de Picousi et on l'appelle l'amiral. C'est lui qui a commandé notre galée impériale. Il connaît le Bras et toute la mer au-delà comme sa besace et nous sera d'un grand secours.

L'huissier fut acheté le double de sa valeur, et l'amiral, payé royalement par la Sérénissime, l'amena au côté de la *Venezia*. Toute la journée, sous l'œil vigilant de Geoffroi et de Raymond, marins, rameurs et débardeurs engagés sur le quai bourrèrent les cales des deux navires de blé, d'avoine, de paille, de viande et de poisson séchés. Un peu plus tard, on embarqua les chevaux, ce qui demanda du temps, et Guillaume entraîna Angelo dans le local qui lui était réservé sous le château d'avant.

— Jusqu'à maintenant, tout s'est bien passé. Les navires sont prêts, les équipages à leur poste, les armes, les cottes et les armures soigneusement rangées. Reste le problème le plus délicat : faire quitter Blaquerne à Alice et l'amener jusqu'ici sans attirer l'attention. Geoffroi l'a prévenue, et vous, *caro* Angelo, vêtu de votre plus bel habit, vous lui rendrez visite à l'heure des vêpres.

— Et que ferai-je ensuite ?

— J'ai élaboré un plan qui me semble tout à fait réalisable. Vous vous promènerez tous les deux gentiment dans les jardins en vous approchant sans en avoir l'air d'une petite porte que je vous indiquerai et qui en principe n'est pas gardée. Vous la franchirez et continuerez tranquillement votre promenade dans l'allée qui s'enfonce dans un petit bois. Il commencera alors à faire sombre et vous apercevrez très vite la lueur d'une lanterne. Raymond et Geoffroi seront là. Le premier installera Alice enveloppée dans un manteau sur le garrot de son cheval, l'autre vous prendra en croupe et j'irai à votre rencontre avec deux chevaliers vénitiens pour vous protéger en cas de besoin. La chevauchée et l'embarquement devraient très bien se passer. Il y a heureusement aujourd'hui un peu de vent et, aidée par les rameurs, la

Venezia gagnera rapidement le large. L'huissier suivra comme il pourra.

Angelo, qu'une telle équipée aurait effrayé trois ans auparavant, trouvait exaltant ce projet un peu fou. Il s'habilla de velours et de soie comme s'il allait parader *piazza* San Marco et, pour faire plus officiel, se fit conduire à Blaquerne dans la litière du doge.

Tout se passa comme Guillaume l'avait prévu. La visite d'un dignitaire vénitien à la fille de l'impératrice Agnès n'avait rien d'insolite et les fonctionnaires du palais qu'ils croisèrent les saluèrent respectueusement. À part des jardiniers qui balayaient les feuilles mortes, le parc était vide et leur promenade dans les allées ressemblait plus à une flânerie d'amoureux qu'à une évasion. En suivant le chemin indiqué par Guillaume ils trouvèrent facilement la porte non gardée et le sentier qui s'enfonçait dans le bois.

— Le plus difficile est accompli, dit Angelo. Personne ne nous a vus. Espérons que nous arriverons sans difficulté au port. Avez-vous peur ?

— Non. Juste un petit frisson de temps en temps pour me rappeler la menace d'être rattrapée. Ce n'est pas désagréable après tous ces jours d'attente et d'ennui.

— Bravo ! Guillaume sera fier de vous. Mais prenez garde à ne pas vous tordre la cheville. Les feuilles cachent des pierres et des trous. C'est je crois le plus grand danger qui maintenant vous menace.

Sans rien changer à leur marche tranquille, ils avancèrent tandis que la nuit tombait. L'obscurité était presque totale dans le sous-bois lorsqu'ils aperçurent une lumière qui semblait clignoter entre les branches.

— C'est Raymond et son complice Geoffroi, dit Angelo. Etes-vous prête pour la chevauchée ? Moi, non. J'ai déjà peur de galoper bien calé sur une selle, alors monter en croupe, n'en parlons pas !

Bientôt, la silhouette des deux anciens tournoyeurs leur apparut, immense, dans l'ombre de la lanterne, et les chevaux qu'ils tenaient par la bride, gigantesques.

— Madame, dit Raymond un peu pompeusement, le chevalier Guillaume nous a chargés de vous saluer respectueusement et de vous conduire jusqu'à lui.

Il tenait prêt un ample manteau dont il enveloppa la jeune fille, prit celle-ci dans ses bras et, par un prodige de force et d'adresse, se retrouva à cheval sans l'avoir lâchée.

— Ce n'est pas très confortable mais cramponnez-vous à moi et n'ayez pas peur. Le chevalier Guillaume est à deux pas pour vous protéger s'il en était besoin. Allons-y !

Il éperonna avec douceur sa jument pour qu'elle ne bondisse pas d'un coup au galop. Docile, elle partit gentiment au trot suivie par Geoffroi et Angelo qui s'agrippait à ses basques. Derrière, un troisième cavalier surgit des ténèbres, épée au côté et lance au poing. C'était Guillaume prêt à intervenir. Un moment, il rattrapa ses deux amis et lança à l'intention d'Alice :

— Tout va bien, ma princesse. Dans moins d'une heure nous lèverons l'ancre.

Elle lui répondit par un sourire qu'il ne vit pas. Guillaume reprit sa place à l'arrière-garde tandis que l'on quittait la forêt pour un chemin à découvert évidemment plus dangereux. Le port maintenant était proche mais les cavaliers préférèrent à la route directe un chemin plus long mais désert pour atteindre l'endroit retiré où étaient amarrés la *Venezia* et l'huissier rebaptisé *San Marco*. Nul n'aurait pu deviner que les deux navires, endormis tous feux éteints au bout du quai, étaient sur le point de lever l'ancre. La consigne de veille silencieuse avait été respectée jusqu'à l'arrivée des cavaliers et seuls se montrèrent sur le pont Morosini et le capitaine Picousi lorsque, aux pieds du cheval de Raymond, à deux pas de la passerelle, Guillaume reçut dans ses bras Alice, heureuse d'en avoir fini avec la pénible chevauchée.

— La damoiselle a été vaillante, dit l'écuyer. Elle n'a jamais eu peur durant tout le voyage !

— Si ! J'ai tremblé toutes les fois que le cheval faisait un faux pas ! avoua Alice en tendant son visage mouillé de sueur aux baisers de Guillaume qui reprit vite sa sérénité :

— Allons ! l'heure n'est pas aux effusions. Raymond, conduis la princesse Alice, et toi, mon bon Geoffroi, préviens les équipages que nous prenons le large le plus tôt possible et embarque les chevaux.

À bord, marins et chevaliers n'attendaient qu'un geste de Guillaume pour bondir aux rames, hisser les voiles et larguer les amarres. Les hennissements des chevaux apeurés se perdaient dans le bruit du vent. Dans le silence des hommes, la galée et l'huissier s'éloignèrent et gagnèrent le large.

Comme on naviguait sans lumières, un homme de veille juché dans le viguier surveillait les flots afin d'éviter un abordage toujours possible dans le Bras. Au large, le silence était profond, le vent lui-même ne faisait plus claquer la voilure bien réglée. À l'aube, la *Venezia* serait déjà loin de Constantinople et se mêlerait banalement à la circulation maritime si dense dans cette partie du Bosphore. Et Alice, reprenant à l'envers la route suivie deux jours auparavant par Agnès pour épouser l'empereur, se réveillerait dans les bras du tournoyeur croisé par passion et, par amour, poussé au renoncement.

Pour la première fois, Alice et Guillaume, qui ne s'étaient rencontrés jusque-là pratiquement qu'en secret, vivaient ensemble. La modeste cabane qui leur était réservée sous le château arrière et dont les planches craquaient toutes les fois qu'une lame de fond venait heurter la coque n'avait rien d'un nid d'amour. Malgré une fourrure et quelques coussins qu'Angelo avait disposés sur la paillasse, on était loin de la splendeur de la demeure du Patriarche ou du palais de Blaquerne mais les amants se satisfaisaient de cette simplicité monacale. Alice était heureuse et le montrait. Elle, si mélancolique dans les ors impériaux, était rayonnante dans la tunique de gros drap que Raymond lui avait coupée et qui la faisait ressembler à un jeune marin.

— J'ai enfin l'impression de vivre ! disait-elle à Guillaume en mangeant la soupe de pois peu appétissante du bord.

— C'est bien ! Je craignais tellement que vous ne puissiez souffrir les rigueurs de la vie en mer !

— Agnès de Montferrat les a bien supportées.

— Son père avait fait aménager la galée et son logement était somptueux à côté du nôtre !

— Eh bien, je ne l'envie pas ! Je préfère la *Venezia* qui me conduit sur d'autres mers avec mon bien-aimé.

Guillaume lui aussi était heureux en compagnie d'Alice et d'Angelo, l'ami parfait, le confident discret qui tenait avec autorité sur la galée sa place de représentant de la Sérénissime. À l'aube du troisième jour de navigation, il dit à Guillaume :

— À Panedor où nous devons nous ravitailler en eau et en vivres, je pense que nous trouverons le messager que doit nous envoyer Marino Zeno, le podestat de Venise. J'ai hâte de savoir comment notre départ a été jugé à la cour de l'empereur.

— Moi aussi, vous vous en doutez. Seuls nos amis du chapitre savaient que je devais soustraire Alice à la volonté d'Henri. Je sais qu'ils n'ont rien dit mais la ficelle est un peu grosse et l'empereur est obligé de faire un rapport entre mon départ et la disparition de celle qu'il savait être ma fiancée.

— Le croyez-vous capable d'envoyer ses gens à notre poursuite ?

— Il est trop faible pour se priver de navires et de chevaliers. Je crains plutôt Théodore Lascaris, qui doit être furieux s'il a appris la fuite d'Alice. Il dispose d'une flotte dont j'ai pu constater la force l'autre jour lorsque nous voguions vers Constantinople avec la fille du marquis. Il peut très bien rompre la trêve et nous causer des ennuis. C'est pourquoi notre escale à Panedor doit être brève. Nous ne serons tranquilles que passé Bouche d'Avie.

Les deux navires battant pavillon vénitien arrivèrent sans difficulté dans le petit port de Panedor. Aussitôt, Raymond, Geoffroi et les chevaliers vénitiens partirent armés dans la campagne pour acheter de la viande fraîche, du blé, des pois secs et du vin. Comme ils disposaient de beaucoup d'argent, la tâche leur fut aisée et ils ne rencontrèrent sur terre aucun Couman ni Grec hostile. La *Venezia* avait à peine accosté qu'un Vénitien se présenta à la passerelle au capitaine Morosini :

— Voulez-vous prévenir le *signor* Angelo Zuccari que l'envoyé du podestat est là.

Une minute plus tard, l'homme, qui avait dû longtemps galoper car son manteau était couvert de poussière, racontait son voyage difficile à Angelo et à Guillaume :

— La région est infestée de Coumans et j'ai dû faire maints détours pour les éviter. Voici le message oral que le podestat m'a chargé de vous transmettre. Il a été appelé à Bouche-de-Lion dès que le départ de la *Venezia* a été connu.

Il lui a été demandé par l'empereur si le chevalier Guillaume d'Amiens et la princesse Alice se trouvaient à bord. Il a répondu qu'à sa connaissance la galée frétée officiellement par la République n'emportait sous la responsabilité du seigneur Zuccari qu'une partie du butin qui était revenu à Venise après la prise de Constantinople, en particulier quatre chevaux de bronze, et que le chevalier d'Amiens n'avait aucune part dans ce voyage effectué sous le gonfanon du doge.

— Très bien ! Pouvez-vous nous préciser les conséquences visibles de notre départ ?

— Il n'est question que de cela à Constantinople. Il semble que Théodore Lascaris, qui avait conclu une trêve avec l'empereur Henri, est sur le point de la rompre.

— Parle-t-on de la princesse Alice ? demanda Guillaume.

— On dit qu'elle a disparu. Certains pensent qu'elle est allée rejoindre sa mère et son père sur leurs terres. C'est en tout cas ce qu'ont affirmé lors d'une rencontre avec les chefs de l'armée de Venise les seigneurs Conon et Villehardouin.

— Les braves gens ! s'exclama Guillaume.

Le messager vénitien remercié, rafraîchi, nourri et dûment chapitré sur ce qu'il devait rapporter au podestat, le capitaine Morosini fut prié d'être prêt à mettre à la voile dès la tombée de la nuit.

— Eh bien, dit Angelo, nos affaires ne vont pas mal.

— Je dirai cela quand nous aurons franchi le Bras. Allons voir si nos destriers de bronze ne se sont pas enfuis durant la relâche.

Les chevaux étaient toujours là, bien rangés dans leurs cocons de paille et de toile, solidement sanglés entre les parois de bois installées dans la cale. Cette visite donna envie à Guillaume d'aller encourager Germain à la patience. Le cheval hennit lorsque Guillaume mit le pied à bord de l'huissier. Il avait senti l'arrivée de son maître. Pourtant il tourna ostensiblement la tête quand celui-ci approcha.

— Tu me boudes, tu as raison. Je suis un chevalier indigne qui enferme ainsi son cheval.

Germain donna un violent coup de sabot dans le fond de son écurie, ce qui déclencha une bruyante manifestation de tous ses congénères. Il secoua encore la tête pour repousser les caresses de son maître et ferma ses yeux comme pour bien montrer qu'il ne voulait pas le voir.

Guillaume connaissait les réactions de mauvaise humeur de son compagnon. Il savait aussi comment les faire cesser.

— Que dirais-tu, vieux filou, d'une petite chevauchée ? Tiens, nous allons aller à la rencontre de Raymond et des coureurs qui sont allés acheter des vivres.

Aussitôt Germain se réveilla, remua ses oreilles pour se persuader qu'il avait bien entendu et montra sa satisfaction en frottant sa joue contre l'épaule de son maître. Homme et cheval partagèrent un moment de bonheur dans les prairies qui s'étendaient derrière le rivage vers Rodestoc. Ils ne trouvèrent pas les coureurs et arrivèrent sur le quai alors que les gabiers manœuvraient les voiles dans la mâture. Germain regagna l'huissier sans rechigner et Guillaume la *Venezia* où Alice à son tour lui fit la tête parce qu'il l'avait délaissée. Il était également facile de lui rendre sa bonne humeur. Il l'entraîna dans son château de planches.

Quand ils revinrent sur le pont où Angelo se faisait battre aux échecs par le capitaine Morosini, la nuit était douce et claire. Pour s'éloigner du rivage et gagner plus rapidement la haute mer, les rameurs aidaient, sans trop tirer sur les avirons, la brise légère mais favorable. À la barre, le timonier Belluno fredonnait une mélodie de son île natale, Torcello. Quand il se tut, Guillaume, le terrien, l'homme des grands chemins et des longues chevauchées, murmura :

— La croisade m'a donné une femme et m'a révélé la mer. C'est une récompense que je préfère tellement aux dizaines de milliers d'arpents perdus aux confins de la Thrace qu'on m'a proposés !

— C'est la raison même, dit Angelo. Mais vous auriez pu ajouter qu'elle vous a aussi offert un ami !

— Pas un ami, un frère ! Mais ce n'est pas la croisade, c'est Dieu qui me l'a présenté un jour sur le rocher d'Ulysse au large de Corfou !

— Voilà un oubli joliment réparé ! s'écria Angelo en éclatant de rire.

Puis plus personne n'eut envie de parler. Guillaume, assis sur un coffre, regardait Alice qui s'endormait, la tête sur son épaule. Des bateaux passaient au loin. Leurs fanaux, perchés en haut des mâts, semblaient se balader dans les étoiles. À quelques encablures, l'huissier suivait sagement la nef des chevaux de bronze. Livrée aux veilleurs, la *Venezia* passa au large de Marmara et s'endormit dans le clapotement des vagues.

Chapitre 8

La nef des chevaux

N'eût été la menace latente d'une attaque des nefs de Théodore Lascaris, Guillaume et Angelo pouvaient voguer tranquillement vers Bouche d'Avie. Ils n'avaient rien à craindre de l'empereur Henri occupé à défendre ses terres de Salembrie à Andrinople où les Blaques de Johannis chevauchaient comme chez eux, prenaient des cités, les abandonnaient après les avoir pillées, arrosaient de flèches l'arrière-garde des corps de bataille de l'Empire et s'enfuyaient dès les premières ripostes. Pour l'heure, après avoir rassemblé son armée à Salembrie, Henri reprenait l'éternelle et vaine poursuite de son vieil ennemi.

Il trouva Andrinople si endommagée par les sapeurs et les pierriers du roi de Blaquie et de Bougrie qu'il ne s'y établit pas et décida de continuer vers la terre de Johannis. C'était osé mais il arriva sans mal le cinquième jour au pied des montagnes de Blaquie. Là il s'arrêta pour lancer les coureurs à la recherche de bœufs, de vaches, de buffles, de froment et autres vivres. Cette revanche complaisait à l'empereur mais coûtait cher en hommes : des détachements entiers de coureurs qui allaient faire leur butin disparaissaient dans les défilés de la montagne.

— Seigneur, conseilla Villehardouin, il est temps de nous retourner. Sinon nous allons laisser ici la moitié de l'armée.

— Oui, mais je veux avant faire une dernière rafle de bétail. Mon frère Eustache et mon neveu Thierry de Flandre iront protéger les coureurs.

Fâcheuse obstination : les deux corps de bataille perdirent

la moitié de leurs hommes dans les embuscades de Blaques revenus défendre leurs terres. Lorsque les rescapés rentrèrent au camp, Eustache osa critiquer son frère :

— Non seulement cette chevauchée ne nous a rien rapporté mais elle a failli nous être fatale. Nous avons été près d'être défaits. Nos chevaliers ont dû mettre pied à terre pour se battre et nous avons perdu beaucoup d'hommes et de chevaux. C'est un miracle si, avec l'aide de Dieu, nous avons pu rejoindre le camp.

Henri convint qu'il fallait revenir en arrière vers Andrinople et Constantinople. Durant ce repli peu glorieux, des messagers de Boniface rejoignirent l'empereur pour lui mander que le marquis s'entretiendrait volontiers avec lui en un lieu nommé La Capesale, dans la vallée de la Maritza, à mi-chemin d'Andrinople et de Messinople où il se trouvait.

Les deux grands hommes de la croisade ne s'étaient pas rencontrés depuis la conquête. L'occasion parut un bienfait à Henri qui fit répondre qu'il irait avec joie s'entretenir avec le marquis de Montferrat au jour qu'il lui avait fixé. L'empereur partit donc vers La Capesale, laissant Conon de Béthune pour garder la terre d'Andrinople avec cent chevaliers.

Le marquis l'attendait dans une belle prairie au bord de la Maritza. Les deux hauts hommes s'étreignirent et Henri causa une grande joie à son beau-père en lui annonçant que sa fille, l'impératrice, était enceinte.

— Agnès va bien et elle a hâte de vous revoir, dit-il. Elle ne se plaint que d'une chose : de mon absence lorsque je dois la quitter pour aller guerroyer.

— C'est, il est vrai, une disgrâce pour une jeune épousée mais vous allez rentrer bientôt à Bouche-de-Lion où j'espère pouvoir venir moi-même un jour prochain. En attendant, sachez, seigneur, que je suis votre homme, comme je l'ai été par serment de l'empereur Baudouin. De vous je tiens ma terre !

— Que Dieu bénisse notre alliance !

— Pour la sceller, je veux donner à l'un de vos chevaliers les plus valeureux, qui s'est illustré durant toute la croisade, Geoffroi de Villehardouin, maréchal de Romanie et de Champagne, la cité de Messinople avec toutes ses dépendances qu'il m'est difficile de tenir. Je souhaite qu'il y soit mon homme lige, sous réserve naturellement de son obéissance à l'empereur.

Villehardouin remercia chaleureusement le marquis et, au cours d'une des réunions que tinrent les deux chefs et leurs barons durant les deux journées où ils séjournèrent dans la prairie, il fit une proposition, en réalité dictée par Henri :

— Puisque Dieu nous a permis de nous rencontrer, ne serait-il pas bon que nous opposions à nos redoutables ennemis nos deux armées unies ?

— C'est notre désir le plus cher et celui, j'en suis certain, du marquis de Montferrat, dit l'empereur. Convenons d'être à l'issue du mois d'octobre en la prairie d'Andrinople pour faire campagne contre le roi de Blaquie !

Fort contents, Henri et Boniface se séparèrent pour s'en aller, l'un vers Constantinople, l'autre vers Messinople.

*
* *

Ce qu'il advint après cette heureuse rencontre, Guillaume et Angelo ne l'apprirent qu'une dizaine de jours plus tard, alors qu'après une navigation paisible dans le détroit des Dardanelles ils relâchaient au port de Gallipoli. Messinople n'était pas très loin par la mer et les Vénitiens, qui tenaient à garder un contact avec leurs navires porteurs des trésors de la République, avaient envoyé un nouvel émissaire.

— Quelles nouvelles nous apportez-vous ? demanda Angelo, curieux. Que se passe-t-il à Constantinople ?

— L'empereur doit à l'heure présente être revenu dans la cité après avoir été guerroyer sans succès chez Johannis. Il a rencontré le marquis sur le fleuve la Maritza, de l'autre côté de la mer.

— Heureuse nouvelle, dit Guillaume. Seule cette union peut sauver l'Empire latin !

— Hélas ! continua l'homme, le marquis Boniface a été attaqué par les Bougres dans la montagne de Messinople où il s'était imprudemment avancé !

— Et alors ?

— Il est mort ! C'est ce que je suis venu vous annoncer.

— *Cretino !* hurla Angelo. Tu ne pouvais pas commencer par cela ! Sais-tu au moins comment ce malheur est arrivé ?

— Oui, seigneur. Voilà ce qu'on m'a chargé de vous rapporter : après avoir chevauché une journée dans la montagne, le marquis de Montferrat s'en retournait quand les Bougres, apprenant qu'il était avec peu de gens, arrivèrent de toutes parts et attaquèrent l'arrière-garde d'une pluie de flèches. Entendant le cri d'alarme, le marquis, qui se désaltérait, sauta tout désarmé sur un cheval, une lance à la main, et galopa jusqu'à l'arrière-garde, courant sus aux Bougres qu'il poursuivit avec une vingtaine de chevaliers. C'est à ce moment qu'il fut frappé, on ne sait comment, au-dessous de l'épaule.

— Ses gens ne l'ont pas secouru ? demanda Guillaume.

— Si, mais il perdait beaucoup de sang. Ils l'ont soutenu jusqu'à ce qu'il commence à se pâmer puis, voyant qu'il allait périr, s'effrayèrent et finalement l'abandonnèrent. Quelques-uns, qui étaient restés, furent tués par les Bougres, et ceux-ci, reconnaissant le marquis, lui coupèrent la tête sans se soucier de savoir s'il respirait encore.

— C'est épouvantable ! dit Angelo.

— Oh, oui ! seigneur, continua l'émissaire. Surtout que la tête a été envoyée à Johannis qui, paraît-il, en a été fort réjoui !

— Et ce n'est qu'un commencement ! dit Guillaume. Combien de croisés vont encore périr ! Vous voyez, Angelo, autant cela m'aurait été égal de mourir durant la conquête, autant je pense qu'il est sot aujourd'hui de risquer sa vie contre un ennemi insaisissable qui finira un jour ou l'autre par nous chasser de ses terres. Dieu punirait-il cette croisade âpre au gain, plus riche en duplicité et en sauvagerie qu'en ferveur divine ?

— C'était la crainte de mon oncle aux derniers jours de sa vie. Il m'arrive à moi aussi de le croire.

— Angelo, j'ai peur pour mes amis qui ont choisi de rester. Je me demande pourquoi ils n'abandonnent pas cette terre étrangère. Je sais que ce n'est pas par lucre, j'ai peine à croire que c'est pour la gloire de porter un titre pompeux. Je pense plutôt qu'ils sont envoûtés par ce pays fascinant chargé d'ombre et de lumière, de parfums enivrants, d'extrêmes raffinements et de cruautés féroces. Je crois bien qu'ils se refusent à affronter les brumes ennuyeuses de la Flandre.

— Vous croyez qu'ils ont choisi de mourir au soleil ?

— Qui sait ? Moi-même, s'il n'y avait pas eu Alice menacée dans les ors de son château, et ces sacrés chevaux de bronze qu'un ami cher m'a demandé de l'aider à rapporter à Venise, aurais-je quitté Conon, Milon et Villehardouin ?

— Merci, Guglielmo, d'être avec moi.

Devant l'émissaire médusé, l'architecte de Venise s'avança et étreignit le tournoyeur d'Amiens.

— Qu'arrive-t-il ? demanda Alice qui revenait d'une promenade sur le port effectuée sous la garde attentive de Geoffroi. Etes-vous si joyeux pour vous embrasser ?

— Non, ma chérie, nous sommes tristes parce que nous venons d'apprendre la mort de Boniface de Montferrat. Et nous sommes contents parce que nous sommes vivants !

— Comment ? Boniface est mort ? s'exclama Alice.

— Oui, madame, intervint le messager. Même qu'on lui a coupé la tête !

— Vas-tu te taire, imbécile ! s'écria Angelo. Va-t'en d'ici avant que je te fasse jeter à l'eau. Et rentre vite dire au podestat que les deux bateaux de la Sérénissime quitteront demain Gallipoli pour commencer la traversée de la mer Égée.

Guillaume, qui affichait une grande confiance, ne manquait pas d'être inquiet. Toujours, que ce fût en tournoi ou durant la croisade, il avait été le maître des opérations. Même s'il n'était pas le chef en titre d'un groupe de bataille, il entraînait chevaliers et hommes d'armes au combat. Tous admiraient son courage, son esprit de décision et ses choix de stratège. À bord d'un navire, il n'était pas à l'aise. C'est lui qui devait faire confiance aux gens de mer. Le sort des passagers et de la précieuse cargaison dépendait plus du capitaine Morosini et du pittoresque Picousi que de lui. C'étaient heureusement deux excellents marins qui n'ignoraient rien de la navigation et des traîtrises de la mer.

— Je ne suis là, disait-il en riant à Angelo, que pour distraire ma fiancée et la protéger jusqu'à ce que le satin de son pied foule la terre de la Sérénissime.

— J'aime tout de même mieux vous avoir auprès de moi,

amico. Vous et la petite armée que vous m'avez fait embarquer !

— Espérons que chevaliers et arbalétriers n'auront pas à montrer leurs talents. Mais s'il faut se défendre, soyez tranquille : le tournoyeur qui sommeille en moi jusqu'au milieu des océans saura retrouver sa poigne de fer !

C'est dans la bonne humeur et par un temps prometteur que, le lendemain, les deux nefs prirent la mer. Guillaume avait fait monter Alice sur la demi-hune. Elle avait eu un peu peur lorsque le roulis avait fait au départ osciller fortement la nacelle étroite accrochée au grand mât. Guillaume l'avait serrée contre lui et, rassurée, elle avait pu voir s'éloigner les murailles de Gallipoli ocrées par le soleil levant. Guillaume, lui, éprouva un certain déchirement en quittant cette terre où il avait vécu une existence pleine de piété, d'amitié et de fureur.

— Alice, dit-il, je laisse beaucoup de choses au-delà de ce détroit de Bouche d'Avie que j'ai franchi en priant il y a cinq ans. Mais je quitte la terre des croisés l'esprit en paix. C'est la première fois que je prends en charge par amour la vie d'une femme.

Une heure plus tard, au large, les rameurs purent ranger leurs avirons : une forte brise poussait les deux navires en direction des îles de Thassos et de Samothrace.

Domenico Morosini était fier de sa *Venezia* à francs bords élevés et à coque ronde dont la taille n'était pas comparable à celle des galées longues de cent pieds qui avaient mené les croisés jusqu'à Constantinople. Mais c'était un navire de race, à proue et poupe très incurvées, construit pour le commerce et la navigation à voiles, les rames ne servant qu'à titre d'appoint et pour les manœuvres. Tous les vaisseaux naviguant dans les mers d'Orient devaient être capables de se défendre. La *Venezia* sur ce point était particulièrement armée. Guillaume l'avait équipée, comme l'huissier, avec la minutie héritée des tournois. Ses coffres étaient bourrés de cuirasses, de casques, de boucliers, d'arquebuses, de centaines de flèches. Sous ses allures paisibles, la nef dodue de la Sérénissime était une véritable machine de guerre. Les chevaux de bronze étaient bien gardés !

Au large des côtes, l'apparition lointaine d'un navire était un événement. Galiote génoise, caraque turque ou brigantin de pirates ? Aussitôt, les paris étaient ouverts parmi l'équipage et les guerriers. En général, Morosini, avec ses yeux d'aigle, trouvait le premier. Lorsque le navire passait à faible distance, le capitaine brandissait dans le vent le gonfanon du doge pour le saluer. De l'autre bord, on lui répondait de même façon. Il s'ensuivait une longue discussion sur la nature du bateau rencontré, sa longueur, son tonnage, le nombre de ses rameurs. Le vent malheureusement faiblit et la *Venezia*, sans aller jusqu'à s'immobiliser, ralentit à tel point son allure que Morosini commanda aux rameurs d'aider à sortir de la bonace. Pour la première fois depuis le départ, rythmant la nage, on entendit alors s'élever dans le clapotis des vaguelettes le chant des matelots qui, comme toujours, en mer s'en remettaient à Dieu :

> Que le Très Haut soit notre sauvegarde
> C'est en son nom que nous sommes sur l'eau !
> Qu'Il nous accorde Sa grâce,
> Qu'Il nous donne sa force !

— Elle est belle cette prière jaillie sur l'océan ! dit Alice, assise comme à son habitude aux côtés de Guillaume et d'Angelo à la poupe, d'où ils pouvaient voir le timonier manœuvrer le gouvernail d'étambot, barre axiale qui remplaçait maintenant sur les navires les grosses rames latérales servant à guider nefs et galères.

— Oui, dit Morosini qui s'était joint à eux. Vous entendrez bien d'autres chants au cours du voyage. Tous ne sonnent pas comme des cantiques dans une cathédrale mais ils sont presque toujours une prière adressée au Seigneur.

— Que pensez-vous de ce temps, capitaine ? demanda Guillaume. Le vent va-t-il enfin nous faire avancer ?

— Seigneur, prions à notre tour qu'il ne nous emporte pas plus vite que nous ne le souhaitons. Ce calme plat ne me dit rien qui vaille. Regardez la ligne d'horizon tout embrumée. C'est souvent comme cela que s'annonce le gros temps et quelquefois la tempête.

— Que nous arrivera-t-il alors ? questionna Alice, émue.

C'est ma première traversée et j'ignore ce qu'est une tempête en mer...

— Eh bien, nous serons secoués ! La *Venezia*, attaquée par des vagues trois fois plus hautes qu'elle, montera et descendra dans les bouillonnements de l'écume. Mais c'est un bon bateau qui sortira indemne de la tourmente. Calfeutrée à l'intérieur, vous n'avez rien à craindre, belle demoiselle. Foi de Domenico, vous en serez quitte pour une petite peur qui, après, vous fera mieux apprécier la clémence du ciel.

— Vous voyez, très chère, dit Guillaume en riant, les pires moments de la vie sont un prélude aux jours heureux ! Pour ma part je n'ai de crainte que pour les chevaux. Prenant peur, ils sont capables de toutes les folies et risquent de se blesser gravement. Si je n'avais pas, douce Alice, la mission sacrée de vous tenir la main lorsque soufflera la tempête, j'irais à bord de l'huissier rassurer mon Germain, mais je vais envoyer Geoffroi pour aider Raymond à tenir les bêtes. Capitaine, peut-on le conduire ?

— Bien sûr ! La mer est encore calme et le canot va l'emmener jusqu'à l'huissier qui est tout près.

— J'accompagne Geoffroi, décida Guillaume, simplement pour encourager mon vieux cheval. Mais soyez sans crainte, Alice, je reviendrai avant que le temps ne se gâte.

Le temps se gâta avant la tombée du soir. Brusquement, le ciel s'obscurcit et la mer commença de s'agiter. Déjà les gabiers étaient dans les vergues pour amener la voilure, et le capitaine Morosini lançait ses ordres dans toutes les directions. Ordres peu utiles d'ailleurs car chacun savait ce qu'il avait à faire. Avant de rentrer se mettre à l'abri, Guillaume et Alice admirèrent un instant les hommes de la mer qui se mouvaient comme des funambules dans la mâture. Le tournoyeur et sa frêle fiancée avaient à peine refermé la porte de leur refuge que le premier coup de tonnerre ébranla le navire. Et une vraie tempête, de celles dont les marins conservent le souvenir, se leva. La *Venezia* parut être emportée vers les abysses, fut projetée vers le ciel avant de retomber lourdement dans le creux d'une vague. Agrippée à Guillaume, Alice tremblait comme une feuille. Allongés sur la banquette qui leur servait de lit, ils luttèrent pour ne pas en tomber puis se décidèrent à se caler sur le plancher entre deux coffres. Le bateau souffrait sous le choc des paquets de mer, gémissait, craquait mais résistait. Guillaume se rappela alors les quatre chevaux de bronze qui reposaient sous eux. Il observa, pensif, que c'était à cause d'eux et du rêve insensé d'un vieux doge qu'il se trouvait, lui, homme de la terre, serré en pleine tempête contre le corps fragile de la nièce du roi de France. Il se dit qu'il y avait une vie en dehors des mêlées de tournois et des chevauchées sauvages.

Parfois, la mer se calmait un peu et les mouvements désordonnés de la nef devenaient moins violents. Alors, Alice desserrait ses doigts cramponnés au poignet de Guillaume et demandait :

— Cela dure longtemps, une tempête ? Je me sens mal. J'ai peur que le bateau, chaque fois qu'il plonge, ne nous entraîne jusqu'au fond et ne remonte pas.

Guillaume approchait ses lèvres de son oreille et lui disait que le capitaine lui-même ne pouvait prévoir la durée d'une tempête :

— Je pense tout de même que nous avons enduré le pire et que l'océan, fatigué, va retrouver sa quiétude. Voyez, il s'apaise déjà.

Deux fois déjà il avait tenté de la rassurer avec à peu près les mêmes mots et, deux fois, les vagues lui avaient répondu par un violent coup de tangage. Il ne pouvait tout de même pas lui avouer que lui, l'indomptable tournoyeur, le guerrier qui avait si souvent côtoyé la mort, avait peur autant qu'elle.

À une nouvelle accalmie, la porte de la cabine s'ouvrit et laissa entrer une sorte de sac dégoulinant. C'était Angelo, hagard et transi :

— Pardonnez-moi. Je ne pouvais plus rester seul dans mon logement dont les planches menacent de se démantibuler à chaque écart de la nef. Mourons ensemble, mes amis, dans l'océan en furie ! Peut-on espérer que les chevaux de bronze nous entraîneront plus vite au fond ?

Cette intrusion ranima l'esprit combatif de Guillaume qui n'eut pas à se forcer beaucoup pour éclater de rire :

— Que d'emphase pour une tempête, redoutable séducteur des dames de San Marco ! Un peu de patience, que diable ! Enfin, il ne sera pas dit qu'Alice et votre serviteur abandonnent un ami dans la détresse. Enlevez cette toile goudronnée toute trempée et venez vous allonger sur notre somptueux tapis de Perse. En vous calant contre nous, vous allez même remplir un espace fâcheux !

Angelo s'exécuta en criant pour vaincre le bruit assourdissant du vent et des flots sur la coque :

— Je maudis le doge, mon oncle, de nous avoir entraînés sur cette galère ou plutôt sur cette nef qui ne tient pas la mer ! Je maudis l'artiste, fût-il Phidias ou Lysippe, d'avoir un jour sculpté ces solipèdes de bronze ! Prions le Très-Haut que ces colosses ne nous entraînent pas dans les gouffres où prolifèrent pieuvres et autres monstres marins !

— Angelo, il faut vraiment être vénitien pour commenter d'une manière aussi admirable une banale tempête ! dit Guillaume avec solennité.

Alice oublia un instant ses affres et rit avec lui. Le tounoyeur continua :

— Vous avez bien fait de venir, *amico*. Sans vous, cet ouragan commençait à devenir ennuyeux !

Dieu, heureusement, fit celui qui n'avait pas entendu les anathèmes d'Angelo et calma peu après la colère de l'océan. La *Venezia* bougea encore longtemps, mais ses remuements qui les auraient affolés la veille parurent un doux bercement aux trois amis.

Avec précaution, ils tentèrent une sortie sur le pont et s'aperçurent que l'on pouvait s'y mouvoir sans trop de peine. Les hommes d'équipage recommençaient à vaquer à leurs occupations, rejetant à la mer les eaux qui emplissaient certaines parties du navire, vérifiant mâture et drisses de vergue, manœuvrant le gouvernail pour s'assurer que la tempête n'avait pas faussé le timon. Au milieu d'eux, le capitaine Morosini semblait jubiler.

— Alors ? demanda-t-il en voyant ses passagers marcher en titubant sur le pont. Cela n'a pas été trop pénible ? Je vois que Mlle Alice a vaillamment supporté ce coup de chien !

— Dites que nous avons été morts de peur ! répondit Guillaume. Nous avons cru notre dernière heure arrivée !

— Bah ! Comme je vous l'ai dit, les plus mauvaises tempêtes laissent les plus beaux souvenirs. Moi, j'ai quelques scrupules à vous l'avouer, celle-ci m'a enchanté.

— Comment ! s'exclama Angelo qui revenait peu à peu de son effroi. Vous êtes enchanté ?

— Oui. Cette nef de la Sérénissime a été construite selon des plans nouveaux et n'avait jamais rencontré de très gros temps. J'avais très envie de voir comment elle résisterait à une forte tempête. Eh bien, vous avez vu : elle a tenu, la petite ! Quand je vous disais que c'était un bon bateau !

Guillaume regarda le capitaine avec une stupéfaction mêlée d'admiration. C'était là le genre de logique qui lui plaisait.

— Vous avez dit forte tempête, capitaine. C'en était vraiment une ? demanda Alice qui, elle aussi, retrouvait des couleurs.

— Je vais vous faire un aveu, mademoiselle. De toute ma vie de marin, je n'en ai connu que deux aussi violentes !

Les trois rescapés en restèrent bras ballants et bouche bée.

— Il faudrait peut-être aller voir comment les chevaux de bronze l'ont supportée, votre tempête, suggéra enfin Angelo.

— Comme le bateau, comme vous, ils ont tenu, *signor* Zuccari ! Je n'ai pas attendu la fin de la tourmente pour aller m'assurer que les entraves ne se desserraient pas. Si elles avaient cédé, vos chevaux se seraient promenés d'un bout à l'autre de la cale et nous aurions vite chaviré ! Il y a tout de même eu, malheureusement, un petit accident : la jambe de l'un des destriers a été brisée.

— Ce n'est pas grand-chose, capitaine, si l'on songe aux dangers que courait la cargaison, dit Angelo. Nos artistes répareront cela sans difficulté. Allons tout de même voir.

— Ah ! J'oubliais de vous dire, l'eau a pénétré dans la cale et les chevaux prennent un bain. Je vais la faire évacuer mais il faudra, lorsque le temps se sera remis au beau, remplacer toute la paille de protection. Sinon, elle va pourrir et dégager des odeurs insupportables.

Deux bons pieds d'eau remplissaient en effet la cale où les chevaux étaient allongés.

— Voilà qui est intéressant ! remarqua Guillaume en repêchant le bout du pied gauche avant du cheval mutilé. Regardez, la jambe est creuse...

— Vous ne vous figuriez pas, *amico*, que les statues étaient en bronze massif ?

— Non, mais cela me paraît fabuleux que l'on puisse ainsi couler des pièces aussi lourdes. Il faudra que vous m'expliquiez.

— Avec plaisir. Je vous emmènerai même visiter une fonderie dans l'île de Burano.

Guillaume tenait toujours le morceau de bronze dans sa main, le soupesait, faisait remarquer que l'on distinguait fort bien l'épaisseur de la couche d'or qui revêtait les statues.

— Vous semblez fasciné, Guillaume, par ce bout de métal qui n'est rien sans le reste.

— Oui. J'avoue que ce sabot et ce morceau de jambe émeuvent l'amoureux des chevaux que je suis. Si j'osais, je formulerais une prière.

— Allez-y, mon fils, je vous écoute.

— Pourriez-vous me donner ces deux ou trois livres de bronze ? Ce serait pour moi le souvenir tangible de notre aventure et de notre amitié. Je ne rapporte aucune relique vraie ou fausse de la croisade mais j'aimerais garder cela.

— Soit. Ce sabot doré vaut bien le morceau de tibia d'un prétendu saint. Je pense que nos sculpteurs n'en auront pas besoin pour rendre son intégrité au cheval de Byzance. Nous dirons que celui-ci a perdu pied dans la tempête !

La mer, à cet endroit, avait un caractère versatile. Non seulement elle retrouvait peu à peu sa tranquillité mais un bout de ciel bleu crevait le rideau sombre qui avait obscurci le ciel. En même temps, un vent de gaieté avait remplacé à bord les rafales sinistres. Les marins, après avoir fredonné quelques refrains, chantaient maintenant en chœur :

> Je suis la mer qui en dépit
> N'eut onques ni grand ni petit,
> Celle qui aime toute gent,
> De cœur entier, sans mautalent[1].
> Je suis nourrice d'orphelins,
> Hôtelière de pèlerins.
> Mon nom si savoir vous voulez,
> Mère des marins m'appellerez.

---

1. Mauvais gré.

Le mousse avait sorti son pipeau, le gabier sa vielle et le capitaine tambourinait sur le coffre aux cordages. Alice s'était mise à danser pour tout le monde, et Angelo, redevenu vénitien, lui tenait la main. Guillaume souriait à cette allégresse qui lui rappelait les divertissements d'après tournois. Cette fois il n'avait pas participé au combat et regrettait un peu de n'avoir été qu'un spectateur inquiet dans la bataille que les hommes avaient livrée à l'océan. Les tournois, il y pensait souvent et se demandait s'il brandirait encore un jour ses armes dans la fureur des mêlées. « Cela dépendra de vous, ma bien-aimée, avait-il dit à Alice. Peut-être me prierez-vous de défendre mes couleurs, le bleu et le vert, qui seront devenues les vôtres. »

Alice, justement, revenait vers lui, un peu essoufflée. Il la prit par le bras et l'entraîna vers la poupe. Il regardait son visage fin, si jeune, et, comme chaque fois, était ému. Il aurait voulu trouver des mots nouveaux pour lui dire son amour, comme s'il ne savait pas que les hommes, depuis la nuit des temps, ne peuvent que répéter les mêmes phrases. Il lui dit pourtant ce jour-là une chose essentielle qui la fit pleurer de bonheur :

— Puisque nous n'avons pu nous marier dans les ors de Sainte-Sophie, je vous épouserai, fille de France, dans la simplicité de la première église que nous rencontrerons lors de la prochaine escale.

— Ce sera où, mon bien-aimé ? demanda-t-elle.

— À Lesbos, que les Anciens appelaient l'île Fortunée. Ou à Chio. Ce sont, paraît-il, des paradis terrestres. Nous demanderons à l'amiral Picousi, qui connaît comme sa poche toutes les îles de la mer Égée, de nous en parler. Bientôt d'ailleurs, car je compte aller voir, avec vous si vous le voulez, comment les chevaux et en particulier Germain ont supporté la tempête.

L'huissier, qui venait de rattraper la *Venezia*, se balançait à quelques encablures. Il ne fallut pas longtemps au canot pour le rejoindre. Alice, Angelo et Guillaume l'accostèrent sans difficulté. La jeune fille eut un instant de frayeur en franchissant l'échelle, mais Picousi la saisit dans ses bras robustes et rassura tout de suite les visiteurs :

— Les chevaux ont été braves, dit-il à Guillaume. Heureusement qu'ils étaient encadrés par des barres solides et étroitement liés car il y a eu des creux effrayants.

Geoffroi et Raymond acquiescèrent :

— Seigneur Guillaume, dit le premier, je préférerais être désarçonné dix fois en tournoi plutôt que de revivre une telle nuit !

— Moi aussi, rassure-toi ! Mais Germain ?

— Tous les chevaux ont souffert. Germain a trop tiré sur l'entrave et a été un peu blessé à une jambe malgré les protections. Raymond l'a soigné. Vous verrez, il est bien mais vous lui manquez. Il sera content de vous retrouver. Surtout si vous lui apportez une ration d'avoine !

Germain, en effet, hennit de plaisir en apercevant son maître. Il accepta quelques caresses d'Alice mais fit comprendre à Guillaume qu'il ne reprendrait la conversation qu'après avoir dégusté le seau d'avoine qu'il tenait à la main. Rassuré, le tounoyeur laissa son cheval manger et s'en fut retrouver Picousi.

— Alors ? dit l'amiral. Vous êtes content ? Le cheval est en bon état ?

— Oui, et je vous en remercie. Une question maintenant : si vous deviez vous marier, choisiriez-vous l'île de Lesbos ou celle de Chio ?

Picousi ouvrit de grands yeux :

— Mais, seigneur, je ne veux pas me marier ! C'est déjà fait et je ne vois jamais ma femme. D'ailleurs, elle est laide !

Guillaume et Alice éclatèrent de rire.

— Mais non, amiral, nous ne voulons pas vous marier. C'est pour nous que nous vous demandions ce renseignement. Je vais en effet épouser la princesse. Un empêchement nous a privés de Sainte-Sophie. Alors nous cherchons une autre église.

— Ah, bon ! Si j'étais à votre place, seigneur, je choisirais Chio où il y a un archevêque grec ou un archimandrite. C'est là du reste, je crois, que nous devons nous ravitailler.

— Qu'en pense la fiancée ? demanda Guillaume à Alice que cette curieuse conversation amusait.

— Va pour l'archimandrite. Cela a-t-il beaucoup d'importance ?

— Pour moi, oui ! Je ne peux attendre d'arriver à Venise

pour devenir votre époux. Angelo nous a bien fait miroiter une cérémonie somptueuse à la basilique San Marco. Avec la bénédiction du doge ! Mais songez qu'une nouvelle tempête peut survenir et que nous n'aurions peut-être pas cette fois la chance de nous en sortir aussi bien !

— En somme, vous préférez mourir marié ?

Ils rirent, se jetèrent dans les bras l'un de l'autre devant l'amiral Picousi qui les regarda en hochant la tête.

*
* *

Angelo, qui n'avait pas grand-chose d'autre à faire, en dehors de ses interminables parties d'échecs avec le capitaine Morosini, observait l'évolution des sentiments entre Guillaume et Alice. Né des circonstances dans le tumulte qui avait suivi la prise de Constantinople, le rapprochement entre ces deux êtres qui n'auraient jamais dû se rencontrer s'était effectué progressivement. D'abord aimable distraction pour le guerrier sevré de batailles et pour la jeune princesse de France égarée dans une cour raffinée en décadence, l'attirance qu'ils éprouvaient l'un pour l'autre n'avait cessé de croître au cours des événements. La fuite du palais de Bouche-de-Lion décidée comme un défi, l'embarquement pour un destin inconnu et la vie sans intimité à bord de la nef vénitienne, la tempête, enfin, qu'ils avaient vécue serrés l'un contre l'autre les avaient changés et unis dans un affectueux respect qui dépassait la sensualité de leurs rapports.

Guillaume découvrait Alice qu'il avait crue futile, Alice s'apercevait que la mâle rudesse du chevalier cachait une âme sensible. Bref, les deux amants avaient maintenant des choses à se dire, autres que les niaiseries sentimentales du début. Ils s'aimaient.

Alice avait gardé des récits de sa mère à la cour de France le goût de la poésie, celle que, des siècles plus tard, les lettrés appelleront « courtoise ». La princesse Agnès lui avait appris à écrire le français et elle avait de bonnes connaissances en latin. Elle parlait le grec et avait été marquée par la subtilité et le raffinement des dames et des seigneurs de Byzance. Alice impressionnait Guillaume autant par son entendement que par sa grâce, et Angelo, qui suivait cette évolution avec intérêt, se moquait parfois gentiment de son ami :

— Je crois, *amico*, que votre fantaisie s'est complue à se frotter à celle d'Alice. Vous voilà bel et bien amoureux ! Vos frères croisés rapportent des reliques, le redoutable tournoyeur, lui, ramène dans ses gros bras une petite déesse byzantine qui a plus de cervelle que nous ne le pensions. Mon cher, à ce point de votre odyssée, attention aux philtres magiques ! Dans ces propos plaisants, Guillaume crut percevoir un peu de tristesse.

— Une brute dans mon genre, répondit-il, est toujours un peu ridicule de s'éprendre d'une frêle jouvencelle, mais, croyez-moi, cela a son charme. Et ce n'est pas une déesse que j'ai arrachée aux prisons dorées de Byzance mais ma femme ! Et j'en suis très heureux !

La princesse, comme tout le monde appelait Alice à bord de la nef, ne s'ennuyait pas. En pleine mer, quand aucun petit bout de côte ne pointe à l'horizon, le spectacle donné par le miroitement des vagues au soleil est un plaisir. Quand Alice n'était pas assise à la proue ou à la poupe, elle s'installait près d'Angelo et de Morosini qui s'affrontaient au jeu d'échecs. Il ne lui avait fallu que quelques jours pour comprendre la marche des pièces sur les soixante-quatre cases de la tablette du capitaine, une véritable œuvre d'art de bois précieux et de nacre que son propriétaire disait avoir reçue en cadeau d'un geôlier de Samarcande alors qu'il avait été prisonnier des Ouzbékiens. Personne ne croyait que Morosini avait pu mettre un jour les pieds dans ces lointaines contrées mais on laissait en souriant le marin rêver du désert. Le fait est qu'il jouait bien aux échecs et battait presque toujours le Vénitien.

Alice regardait, attentive, sauter les chevaux, s'avancer les pions, obliquer les fous et bouger majestueusement la reine. Elle ne disait rien mais on la voyait compter sur ses doigts, réfléchir, ébaucher un sourire. Un jour, Guillaume, qui n'avait battu qu'une seule fois Angelo trois ans auparavant alors qu'ils assiégeaient Andrinople et qui n'aimait pas beaucoup ce jeu où il perdait, demanda à la damoiselle de son cœur si elle s'intéressait vraiment à ces figurines que les

doigts fins d'Angelo et les grosses mains de Morosini faisaient avancer et reculer sur les carreaux noirs et blancs.

— Oui, cela me distrait, Angelo pourtant commet des
fautes.

Cette réponse avait laissé Guillaume perplexe mais il
l'avait prise pour une boutade. Comment Alice, qui n'avait
jamais joué aux échecs de sa vie, aurait-elle pu remarquer
les erreurs du Vénitien qui était un excellent joueur !

Le vent ayant fraîchi, les vagues couraient plus rapides et
plus formées. C'était bon pour les voiles qui, gonflées, faisaient monter l'allure mais inconfortable pour ceux de la nef
qui tanguait fort. Durant plusieurs jours, il avait fallu ranger
l'échiquier sous peine de voir les tours emportées comme
celles de l'armée au début du siège. Quand le beau temps
fut revenu, l'échiquier du capitaine reprit sa place sur le tonneau, au pied du mât d'artimon, et Angelo essuya sa première défaite de la journée. C'est alors qu'Alice, qui avait
assisté à la partie, s'avança et dit timidement :

— Angelo, vous n'auriez pas dû toucher à votre cheval
lorsque le capitaine a avancé sa tour pour vous mettre en
échec. En faisant cela, vous lui avez donné le mat en deux
coups.

Éberlués, les deux hommes regardèrent la princesse et ne
trouvèrent rien à dire. Guillaume, qui avait assisté à la scène
était stupéfait, lui aussi. C'est Alice qui rompit le silence :

— Me serais-je trompée, capitaine ? N'est-ce pas ce coup
d'Angelo qui vous a assuré la victoire ?

— C'est exact, princesse Alice, le *signore* Zuccari avait
bien joué jusque-là. Il m'avait même mis en difficulté jusqu'au moment où il a déplacé son cheval ! Mais comment,
diable, avez-vous pu remarquer cette faute, vous qui ne
jouez pas ?

— Oui, Alice, quelle inspiration subite vous a dicté ce
surprenant commentaire ? demanda Guillaume.

À son tour, Angelo exprima son étonnement :

— Ou notre princesse nous a mystifiés en nous assurant
qu'elle n'avait jamais joué, ou il y a de la magie dans cette
histoire.

Alice rit, fit une pirouette devant les trois compères et dit
simplement :

— Il n'y a aucune supercherie. En vous regardant jouer, j'ai vite assimilé les règles, puis je me suis amusée à prévoir le coup que je jouerais si j'étais à la place de l'un de vous. Un peu plus tard, j'ai compris qu'il fallait anticiper, imaginer ce qui se passerait au coup suivant, puis au deuxième...

— Quelle leçon d'humilité ! dit Angelo. Quand je pense que j'ai disputé ma première partie à dix ans et que le capitaine me bat régulièrement.

Morosini insista :

— Sauf votre respect, vous êtes, princesse, un phénomène ! J'aimerais vous voir disputer une partie. Me feriez-vous la grâce de jouer contre moi ?

— Mais je vais être ridicule. Une première partie contre un joueur aussi expérimenté que vous !

— Si vous gagnez, je serai encore plus ridicule ! Honneur aux dames, prenez les blancs.

Sans plus de manières, Alice prit la place d'Angelo et avança son premier pion tandis que le Vénitien et Guillaume s'installaient pour assister à cette partie inattendue.

Contre toute attente, c'est l'amiral qui réfléchissait le plus longtemps entre les coups. Alice, elle, jouait vite, d'instinct, comme si la pièce qu'elle avançait ne pouvait être autrement manœuvrée ni remplacée par une autre. La partie était captivante et des matelots, de plus en plus nombreux, s'assemblaient autour du tonneau pour en suivre le déroulement. Le capitaine, imperturbable, menait tours et chevaux à l'abordage. Il semblait serein mais avait perdu plus de soldats que son adversaire et il venait de se faire prendre un fou. Angelo et Guillaume, ahuris, voyaient la victoire se dessiner pour Alice qui, soudain, sourit et dit :

— Monsieur Morosini, vous allez être mat en deux coups !

Le capitaine émit une sorte de grognement et répondit :

— Erreur, princesse Alice. Regardez mon cheval qui piaffe en attendant de prendre votre tour. Je le joue et c'est vous qui êtes mat. Mille regrets !

Alice s'avoua vaincue avec élégance :

— Si j'avais été spectatrice et qu'Angelo ait fait la faute, je l'aurais remarquée tout de suite mais, contre vous, je perds mes moyens. Je vous remercie d'avoir bien voulu jouer contre une débutante cette agréable partie.

Des parties, il y en eut d'autres au cours de la traversée. Alice battit toujours Guillaume, souvent Angelo mais jamais Morosini.

*
* *

De coups de mer en embellies, de longues houles en calme plat, la *Venezia* s'avançait sûrement vers Chio. Postés à la proue, leur place favorite, Guillaume et Alice aperçurent de loin la montagne qui dominait l'île.

— C'est le Pelinaion, dit le capitaine. Il est haut de plus de mille mètres. Mais Picousi, qui connaît l'archipel mieux que moi, vous en dira davantage.

Personne à bord n'était fâché de mettre les pieds sur la terre ferme. Du mousse au capitaine, les convoyeurs du trésor débarquèrent heureux sur le port tout blanc gardé par un château fort construit en d'autres temps par les Génois. Le bassin était accueillant, la campagne à l'entour prometteuse :

— Depuis l'Antiquité, dit Picousi, les figues et les vignes de Chio sont renommées. Nous allons pouvoir faire un bon ravitaillement avant de filer vers les Cyclades.

— J'aperçois là-bas de beaux prés, coupa Guillaume. Avant toute chose, il faut y conduire les bêtes. Que Raymond et Geoffroi s'en occupent avec les chevaliers. J'ai, moi, une chose personnelle et urgente à régler.

— Remettez vos habits féminins, dit-il à Alice. Je vous emmène avec Angelo.

— Pour aller où ?

— Voir l'archimandrite. Si toutefois vous avez toujours l'intention d'épouser une brute élevée parmi les chevaux dans la mêlée des tournois.

— Oui, chevalier. Devant Dieu, je désire plus que tout devenir votre femme.

— Si le saint homme n'entend que le grec, il faudra que ce soit vous qui parliez. Je crois judicieux d'emmener

Angelo. Un représentant du doge de Venise, cela fait sérieux !

— Vous me plaisez, chevalier. Je vous aime ! Heureusement car ce n'était pas entre deux tempêtes que je rêvais de me marier.

— Ah ! Byzance, Sainte-Sophie !... Seulement il vous aurait fallu épouser le frère de Lascaris !

— Dieu merci, c'est avec vous, grâce à vous, que je me suis enfuie ! Aujourd'hui, ô bonheur ! je vais de grand cœur prier l'archimandrite de bien vouloir nous unir. Je suis certaine qu'avec l'aide du Seigneur nous serons heureux.

L'église du monastère n'avait certes pas la majesté de Sainte-Sophie mais sa coupole semée d'étoiles bleues, ses voûtes en mosaïques d'or et son autel sculpté dans le marbre blanc de Paros en faisaient une petite cathédrale dont la délicate pureté devait plaire à Dieu. L'archimandrite Alexis, pour sa part, était un prêtre aimable que ses rapports compliqués avec l'aga turc avaient rompu à la diplomatie. Il avait beaucoup voyagé dans sa jeunesse et admirait la Sérénissime. Il se dit honoré de recevoir la visite d'un ambassadeur du doge.

— J'ai connu autrefois, dit-il, le seigneur Enrico Dandolo à Constantinople. Je me rappelle son ambition orgueilleuse et tenace, sa bravoure admirable, son sens politique et son habileté diplomatique. Il est bien normal que les Vénitiens l'aient choisi comme doge.

— Monseigneur, vous avez connu mon oncle ! Malheureusement le doge est mort il y a déjà plus d'un an au cours de la croisade à laquelle il avait tenu à participer malgré son grand âge et sa cécité.

L'archimandrite se montra très impressionné et dit à Angelo qu'il était à sa disposition pour l'aider ainsi que ses amis durant leur séjour à Chio. Quand Alice lui eut dit qu'elle était la nièce du roi Philippe Auguste de France et qu'elle souhaitait que son mariage fût célébré dans son monastère, il s'étonna :

— Je suis honoré par votre choix mais je comprends mal que vous ayez choisi ma modeste église. Sainte-Sophie eût mieux convenu à une dame de votre rang. Ou San Marco puisque vous vous rendez à Venise.

Il n'était pas question d'expliquer au brave homme qu'elle s'était enfuie de Constantinople pour vivre avec le chevalier de son cœur, ni que c'était Picousi, l'amiral de l'huissier, qui lui avait conseillé de convoler à Chio. Alice se tira d'affaire en embrouillant tellement son récit que le prélat l'interrompit :

— Fort bien, princesse. Je ferai décorer spécialement l'église pour la cérémonie. Quelle date vous conviendrait ?

— Après-demain, monseigneur, si cela est possible, car nous ne pouvons pas, malgré la bienveillance de votre accueil, faire escale longtemps dans votre paradis.

En quittant le monastère, Alice dit qu'elle se sentait épuisée. Ses deux compagnons la prirent chacun par un bras et l'aidèrent à marcher jusqu'au quai.

— C'est l'émotion, dit Angelo.

— Ou le fait de retrouver la terre après tant de journées passées en mer, hasarda Guillaume. Vous allez sagement vous reposer tandis que j'irai voir Germain qui doit être dans son pré le plus heureux destrier de la terre.

Le soir, on fit bombance sur le pont des deux bateaux grâce aux vivres frais achetés dans la ville. Raymond avait rapporté deux beaux quartiers de bœuf, du jambon salé, toutes sortes de légumes, des fruits magnifiques et des pains encore chauds. L'amiral Picousi, s'il pouvait par tous les temps se faufiler entre les rochers égéens, savait aussi cuisiner. Avec l'aide de Raymond, il prépara du bœuf à l'ail qui, hélas ! faute de temps, ne fut pas, comme il se devait, mariné au verjus mais servi dans une sauce où se bousculaient peut-être un peu trop vivement les épices abondantes de l'île. Ensuite on mangea des pâtés avant d'arriver à la « desserte » faite de gâteaux et de fruits.

Alice, Angelo et Guillaume étaient attablés avec les deux capitaines autour du tonneau sur lequel on avait posé une planche recouverte d'une nappe blanche.

— Dommage que Conon ne soit pas là ce soir, dit Guillaume à l'oreille d'Alice, la chère aurait été meilleure.

On félicita cependant Picousi qui, heureusement, avait pensé à acheter un petit tonneau de vin du pays.

— Celui d'Homère ! annonça-t-il.

Comme Angelo lui faisait remarquer qu'il s'avançait un peu, il répondit, superbe :

— *Si, signor !* Chio a toujours prétendu avoir donné le jour à Homère. Elle n'est pas la seule, bien sûr, mais vous pourrez visiter demain l'« École d'Homère », un rocher dans lequel est creusé un banc circulaire avec un siège au milieu.

— Alors, répondit le Vénitien, buvons à Homère, à ses *Hymnes* et à ses *Chants* ! Buvons aussi au bonheur de la princesse Alice et du chevalier tournoyeur Guillaume d'Amiens qui vont se marier dans cette île de Chio bénie des dieux de l'Olympe !

Les chants des marins de la *Venezia* s'élevèrent alors dans l'air frais et parfumé de la nuit, bientôt repris par les matelots des barques et des tartanes ancrées dans le port. Les flûtes et les violes jouaient encore au pied du château quand Alice s'endormit dans les bras de Guillaume.

Le surlendemain, les équipages de la Sérénissime se pressaient dans l'église du monastère que les femmes du village avaient décorée des plus belles fleurs de l'île. Alice, vêtue d'une tunique tissée d'or et de soie, richesse miraculeusement conservée dans le pauvre sac de vêtements qu'elle avait pu faire sortir de Blaquerne la veille de sa fuite, entra dans l'église au son d'une musique sacrée au bras du capitaine Morosini qui avait sorti de ses coffres le bel habit vénitien qu'il n'avait de longtemps eu l'occasion de porter. Guillaume la rejoignit devant l'autel. Il aurait voulu porter l'un des riches pourpoints qui faisaient jadis sa fierté et qu'admiraient tant les grandes dames des châteaux de Flandre mais, après tant de chevauchées et de batailles, il n'en restait qu'une fine ceinture tressée qu'il serra sur une chasuble orientale achetée la veille à un marchand du port.

Alice, qui avait vécu à Constantinople avant l'arrivée des Francs, connaissait les rites de l'église grecque séparée de Rome au siècle précédent. Guillaume, lui, fut surpris par la somptuosité des vêtements sacerdotaux de l'archimandrite, par les cierges que des aides, eux aussi richement vêtus, vinrent tenir au-dessus de leur tête tandis que le prêtre officiait dans une pénétrante odeur d'encens, de myrrhe et de cinnamome que les marins présents, habitués aux grands souffles de la mer, avaient de plus en plus de mal à supporter. Derrière les mariés, Angelo toussait. Guillaume suffoquait. Alice seule respirait, heureuse, le parfum de son bonheur.

Enfin, la cérémonie arriva à son terme et l'archimandrite Alexis fit un discours heureusement bref en italien, peut-être par déférence envers le représentant de la République. C'était il est vrai la langue la mieux comprise par l'assistance composée essentiellement de Vénitiens. À la dernière note de musique, chacun se précipita dehors pour respirer. Guillaume s'enfuit presque en tirant Alice par le bras après avoir dit à l'archimandrite qu'il lui rendrait visite un peu plus tard pour le remercier. Et la noce, à la suite des mariés, reprit dans la joie et le soulagement le chemin du port. Un peu avant de parvenir aux navires, Alice, soudain prise d'un malaise, s'accrocha au bras de Guillaume en disant : « Cela ne va pas... » Elle se serait écroulée, évanouie, dans les plis de sa tunique dorée si celui qui était maintenant pour Dieu son mari ne l'avait soutenue. Une villageoise qui regardait cette noce bizarre où, à part la mariée, ne figurait aucune autre femme sortit heureusement un tabouret de sa maison pour asseoir Alice, qui, pâle et tremblante, demandait ce qui s'était passé.

— Vous vous êtes mariée, princesse, répondit en riant Angelo. Et, terrassée par l'émotion, vous vous êtes évanouie !

À bord, on lui fit un matelas sur le pont avec des voiles repliées et elle put se reposer, la main dans celle de Guillaume, tout attendri devant cette petite forme fragile dont il avait maintenant la charge. Déjà les hommes d'équipage préparaient le départ. Les chevaliers embarquaient leur monture, des aides recrutés sur le port chargeaient des bottes de paille et de foin tandis que Raymond et Geoffroi surveillaient l'arrivée des vivres.

— Nous lèverons l'ancre à minuit, avait décidé Morosini après avoir consulté Angelo et Guillaume. Il y a de la lune et il vaut toujours mieux quitter une ville quand elle dort. J'ai évité ainsi bien des ennuis.

Il restait la visite au père Alexis. Alice se dit rétablie pour accompagner son mari et Angelo qui se demandait avec Guillaume comment il convenait de remercier le saint homme.

— Pourriez-vous, *amico*, m'avancer quelques livres d'argent destinées au monastère ? demanda Guillaume.

— Mon cher, la fortune de la Sérénissime est à vous. Le crédit dont je dispose me permet d'accomplir cette œuvre pie. Mais je pense ajouter à cette politesse un cadeau officiel de la République. Je rapporte dans mes coffres, outre des pièces magnifiques, quelques os de bras et de jambes ayant appartenu à des saints aussi appréciés des Orientaux que des Latins. Tenez, le tibia de saint Jérôme qui a été exposé durant des siècles dans l'église de Galata devrait faire le bonheur d'un archimandrite ! Il est juste, ne trouvez-vous pas, que quelques reliques demeurent en terre orientale ?

— Votre cynisme tout vénitien m'enchante, Angelo. Votre oncle, le doge, aurait pu tenir, en d'autres circonstances et avec un peu plus de retenue, des propos semblables. Mais, dans le fond, vous avez raison : une relique de plus pour Venise n'est rien alors qu'elle va faire du monastère de Chio un haut lieu de la foi !

Le père Alexis pleura de joie en recevant le reliquaire qui contenait le tibia jauni du bienheureux Jérôme :

— Nous allons, dit-il, organiser une grande fête pour célébrer la sainte volonté de Dieu qui confie à notre monastère la tâche sacrée de conserver une relique aussi précieuse. Je regrette que vous ne soyez plus là pour recevoir le témoignage de gratitude de la population, mais nous prierons pour qu'il plaise à Dieu de vous protéger durant le voyage et pour le bonheur de vous deux, Guillaume et Alice, que j'ai eu le grand privilège d'unir pour la vie.

À la mi-nuit, alors que, comme l'avait prédit Morosino, la lune dorait la surface des flots, les rameurs tiraient les deux navires de la Sérénissime hors du port. Blottis l'un contre l'autre, le tournoyeur et la petite princesse regardèrent, émus, s'estomper dans la nuit les murailles blanches de Chio.

CHAPITRE 9

VERS VENISE

La mer est une longue patience, avait dit l'amiral Picousi avant de lever l'ancre. Les jours en effet s'ajoutaient aux jours sans apporter le moindre changement à la vie du bord. Seuls les caprices du vent obligeaient parfois à modifier la voilure et à agir sur le gouvernail. Alors, Morosini venait à la poupe pour diriger le timonier et surveiller la direction que prenait une aiguille aimantée hésitante qui jouait librement sur un pivot. Le capitaine l'appelait simplement l'« aiguille » et répondait, trop heureux de montrer son savoir, aux questions que lui posaient les « Byzantins », comme il appelait Alice, Guillaume et Angelo.

— Cette aiguille, disait-il, aide à la navigation lorsque le temps est couvert. Les Arabes et les Persans la connaissent paraît-il depuis longtemps. Elle existe maintenant sur presque tous les navires de la République mais beaucoup de capitaines préfèrent en rester aux méthodes traditionnelles[1]. Morosini expliquait aussi combien l'usage de la voile latine triangulaire était utile :

— Elle permet, mieux que les voiles carrées de l'Antiquité, de remonter plus près du vent.

— Mais il y a encore une voile rectangulaire en arrière, fit remarquer un jour Alice à qui rien n'échappait.

---

1. La vraie boussole ne modifiera véritablement les habitudes de navigation qu'avec l'apparition de la carte portulan, son complément, vers 1270.

— Oui, employée à bon escient avec la triangulaire, elle donne de bons résultats.

Ainsi, de parties d'échecs en leçons de navigation, la *Venezia* voguait benoîtement vers les Cyclades. Le temps était beau, la mer douce et Angelo pouvait penser sereinement aux chevaux de l'oncle Enrico qui dormaient dans la cale. L'architecte voyait déjà le quadrige de Byzance dominer la place Saint-Marc du haut de l'arcade centrale de la basilique. Il faudrait, songeait-il, pour supporter les destriers géants, construire un balcon, avec peut-être une balustrade de marbre qui se continuerait sur toute la façade...

Pendant qu'Angelo rêvait et qu'Alice laissait languir son bonheur dans les bras de Guillaume, le vent gonflait les voiles de la *Venezia* qui poursuivait sa marche tranquille vers l'île de Paros où une escale était prévue, puis vers l'Adriatique et Venise.

Mais rien n'est jamais sûr en mer. Un matin, Guillaume demanda à Morosini pourquoi il paraissait songeur.

— Je voudrais bien savoir ce que nous veut ce navire qui s'approche à bâbord.

— Je vois une grosse galère.

— Oui, c'est un dromon byzantin, une vieille et grosse galère à deux rangées de rames qui faisait naguère la police des routes maritimes. Il doit maintenant servir au commerce. Laissons-le approcher. Il arbore le pavillon du nouvel Empire et je vois qu'il nous envoie une barbote, sûrement pour nous transmettre un message.

Un marin lança une amarre au canot chargé de deux rameurs et de deux hommes qui faisaient des signes pour demander l'autorisation d'accoster. Leur tenue soignée indiquait qu'ils devaient être des officiers. Bientôt une échelle leur permit de prendre pied à bord de la *Venezia* et Morosini leur souhaita la bienvenue. Il présenta le *signore* Angelo Zuccari, diplomate de la République vénitienne, le chevalier Guillaume et son épouse dont il évita de préciser la qualité et leur demanda s'il pouvait leur être utile.

— C'est nous qui pouvons vous rendre service, capitaine. Il ne traîne plus guère de pirates dans nos mers mais des déserteurs de la flotte de Lascaris ont repris la flibuste sur deux brigantins. Ils n'attaquent pas les gros navires, mais les vôtres, qui sous leur gonfanon vénitien laissent supposer une alléchante cargaison, retiendront leur attention si vous les rencontrez.

— Vous-même, les avez-vous croisés loin d'ici ?

— Assez près pour que vous vous considériez comme en danger. Selon la règle, si vous rencontrez d'autres navires, faites comme nous : prévenez-les

Morosini remercia chaleureusement et, tandis que les visiteurs regagnaient leur bord, il rassembla ses premiers matelots autour de Guillaume et d'Angelo. Il convenait de prendre sans attendre les mesures qu'imposait la menace d'une attaque de pirates.

— C'est une péripétie qui manquait à ma vie de marin ! dit-il. Je ne peux pas vous dire que j'en suis heureux mais il n'y a pas de raison de nous alarmer. D'abord, il n'est pas sûr que nous croisions la route de ces brigands, ensuite, si cela arrivait, nous avons les moyens de protéger nos navires et leur cargaison. Dès maintenant, je demande au chevalier Guillaume d'Amiens d'organiser la défense et d'en prendre le commandement. Moi, je serai à la barre !

Guillaume non plus n'avait jamais rencontré de pirates et ce n'est pas à eux qu'il pensait lorsqu'il avait exigé d'embarquer des chevaliers, des arbalétriers et des armes. Aujourd'hui, il pouvait s'en féliciter, tous ceux qui étaient à bord également. Cette menace redonnait subitement du relief à son existence de guerrier devenue creuse et sans objet. Il sentait, comme naguère à la veille des tournois ou des combats, ce parfum du danger, cette excitation grisante qui le submergeait et transcendait son énergie. Sur la mer paisible il n'était rien, qu'un bouchon de liège ballotté par les vagues, face aux flibustiers il redevenait le chef de guerre qui allait devoir improviser, commander, imaginer.

Il demanda d'abord aux chevaliers et aux arbalétriers de revêtir leurs hauberts de mailles, leurs cottes d'armes et leurs heaumes.

— Imaginez, dit-il, gourmand, la stupéfaction de ces bandits de haute mer qui croiront attaquer deux nefs marchandes sans défense et qui se trouveront subitement face à une armée résolue qui les criblera de flèches ! Il faudra les laisser approcher jusqu'à bonne portée, au besoin répondre comme apeurés à leurs exigences et, soudain, sortir de nos cachettes et les attaquer, c'est-à-dire renverser les rôles. Je ne pense pas qu'ils utilisent contre nous le feu grégeois ou des goudrons incendiaires car leur but est de prendre nos nefs, non de les brûler.

On distribua tout de suite les armes. En dehors des chevaliers et des soldats, la plupart des matelots reçurent une lance ou une épée. Il y avait dans la cale assez de flèches pour transpercer cent brigands. La seule consigne était de ne pas se montrer et de ne commencer à tirer qu'au commandement de Guillaume.

Alice devait se réfugier en cas de menace dans la cale où se trouvaient les chevaux de bronze. Angelo, qui n'avait jamais tiré une flèche de sa vie, se fit montrer le maniement de l'arbalète en disant qu'il ne s'en servirait que si Alice se trouvait en danger. Enfin, Guillaume alla endosser son haubert avant de le revêtir de la cotte d'armes à ses couleurs. Il fut heureux de retrouver l'écusson bleu et vert sur Geoffroi et de Raymond. « La mêlée gagnera ! » leur lança-t-il. « La mêlée gagnera ! » répondirent les deux fidèles qui avaient suivi leur seigneur depuis le départ de Flandre. Et tandis que la *Venezia* poursuivait sa marche, on eut le temps, en attendant que se manifestassent les détrousseurs d'océan, d'écouter le capitaine Morosini rappeler que la piraterie était née dans les eaux grecques, celles où l'on se trouvait.

Il racontait bien, le capitaine :

— C'était au temps de Marius et de Sylla. Jules César, encore jeune homme, avait été obligé de se réfugier auprès du roi de Bithynie pour échapper aux cruautés de Sylla qui en voulait à sa vie. À son retour vers Rome, sa « nave » fut prise par des pirates au large de l'île de Pharmacuse, là où les écumeurs de mer avaient la fâcheuse habitude de lier leurs prisonniers dos à dos et de les jeter à la mer. Sa robe pourpre sauva César. Les pirates présumèrent qu'il s'agissait d'un haut personnage et qu'ils pourraient en tirer une rançon...

— Et après ? Qu'est-il arrivé ? demanda Alice, impatiente.

— On lui offrit la liberté contre vingt talents et il put envoyer un de ses serviteurs chercher la somme.

— Fut-il maltraité ?

— Non. Pendant les quinze jours où il fut à la merci des brigands, l'histoire raconte qu'il ne témoigna ni crainte ni embarras. Au contraire, il leur commandait de ne pas faire de bruit lorsqu'il dormait. Il jouait aux dés avec eux, composait des vers qu'il leur récitait et les traitait de bêtes et de barbares s'ils n'en louaient pas assez la beauté. Enfin, l'argent arriva et Jules César fut libéré !

Morosini aurait continué de conter, il connaissait assez d'histoires pour tenir son auditoire en haleine pendant des jours, si l'homme de vigie n'avait crié de son perchoir :

— Un navire de face ! Il vient à notre rencontre !

— Tout le monde en armes ! s'écria aussitôt Guillaume. Que chacun demeure invisible, sauf les hommes de service à la voilure. Vous, Alice, gagnez tout de suite la cale.

La suite alla très vite. De tonnage moyen, un brigantin sans pavillon de reconnaissance s'approcha et Morosini, debout à la proue, agita le gonfanon de Venise comme il l'aurait fait en signe de courtoisie pour n'importe quel navire. C'était un petit bateau rapide et maniable avec sa dizaine de paires de rames et son importante voilure. Morosini découvrit qu'il était rempli d'hommes à la mine patibulaire vêtus de manière disparate. Celui qui s'avança, le chef des bandits sans doute, était à peine plus présentable. Son discours, lancé d'une voix rauque, fut bref :

— Votre bateau est pris. Rendez-vous ! Commandez à votre équipage de se rassembler sur le pont. Tout signe de résistance sera puni par la mort de tous les gens qui sont à bord.

— Nous nous rendons ! cria Morosini. Mais vous attaquez, je vous le signale, une nef de la république de Venise !

L'homme ricana :

— Taisez-vous, prenez une chaloupe et venez tout de suite à mon bord.

À son bord, les brigands criards brandissaient leur sabre et semblaient décidés à s'en servir dès qu'ils auraient envahi le pont de la *Venezia*.

Morosini fit mine d'obtempérer et commanda :

— Une chaloupe à la mer et deux rameurs !

Il fit quelques pas comme s'il s'apprêtait à diriger la

manœuvre et, soudain, disparut dans une écoutille selon le plan prévu par Guillaume. Le chef des pirates, interloqué, laissa passer un court instant que le tournoyeur mit à profit. On l'entendit dire calmement :

— Tuez tous ces gens qui nous veulent du mal.

La *Venezia*, en léthargie depuis l'approche du brigantin, se réveilla brutalement, peuplée d'hommes d'armes bardés de fer. Tous épaulaient une arbalète déjà bandée et lâchaient leurs carreaux meurtriers sur les pirates hébétés qui tombaient les uns sur les autres en tentant de se mettre à l'abri. Le chef, qui était le plus exposé, fut touché l'un des premiers et tomba directement à la mer. On vit en un éclair sa lourde carcasse flotter sur le dos, une flèche dans la poitrine, avant de sombrer. Après cette première salve qui avait bien dû abattre les trois quarts de occupants du brigantin, les arbalétriers et les chevaliers bandèrent à nouveau la corde de leur arme à l'aide du tourniquet et lâchèrent une autre pluie de flèches[1].

On vit alors quelques rames nager en désordre sur les flancs du bateau sinistré. C'étaient les rescapés qui essayaient de se sauver. Le chef disparu, personne n'osait s'approcher de la barre de crainte d'être abattu, les voiles, lâchées en ralingue, se chiffonnaient dans le ciel.

— Que fait-on ? demanda Guillaume à Morosini et à Angelo en montrant le brigantin abandonné au gré du vent.

— Il reste des scélérats vivants dans ce bateau, dit le marin. S'ils réussissent à regagner leur port, ils n'auront qu'une idée : nous retrouver pour se venger.

— Vous avez raison, capitaine, approuva Guillaume. Il faut envoyer au fond cette épave maudite ! Il existe deux moyens d'y parvenir : cinq chevaliers sous mes ordres abordent et nous embrochons les survivants avant de couler le bateau. Mais il y a un risque. Ces hommes, qui n'ont plus rien à perdre, peuvent par surprise tuer certains d'entre

---

1. L'arbalète, arc court de bois dur ou de corne tendu à deux mains ou le plus souvent avec un tourniquet, était à l'époque l'arme la plus meurtrière, considérée même comme diabolique, au point que le pape Urbain II alla jusqu'à en proscrire l'usage dans les guerres entre chrétiens. L'arbalète était utilisée par des tireurs spécialisés.

nous. Je propose plutôt de faire le travail sans bouger de la *Venezia*. Le tir des arbalètes est puissant. Si nous concentrons ce tir de dards ferrés sur un point choisi de la coque, je suis sûr que celle-ci éclatera et que la voie d'eau qui en résultera fera vite sombrer le vaisseau fantôme. Nous dirons une prière pour les gredins demeurés à bord et le capitaine Morosini pourra reprendre sa route vers Venise.

Contents de pouvoir se livrer à cet exercice original exempt de danger, dix arbalétriers bandèrent à nouveau leur arme. Un point de mire fut désigné légèrement au-dessous de la ligne de flottaison et, un à un, les carreaux d'acier pointus se fichèrent dans la coque en arrachant le bois, créant bientôt une ouverture par où l'eau s'engouffra.

Guillaume alla chercher Alice qui se morfondait, assise sous le regard morne d'un cheval :

— C'est fini. Le bateau des pirates est en train de couler et nous allons reprendre notre route.

— Il y a eu combat ? Je n'ai rien entendu.

— Chère âme, pour la première fois dans l'histoire des armes et de la marine, des flèches d'arbalète ont envoyé au fond un vaisseau ennemi !

Chevaliers et arbalétriers se désarmèrent en regardant le brigantin s'enfoncer doucement. Angelo, qui avait de bons yeux, dit en montrant la proue qui dépassait encore de la surface de l'eau :

— Regardez, le bateau des pirates s'appelait *L'Ange.*

*
* *

On parla longtemps à bord de la *Venezia* de la tentative manquée des pirates et de la riposte heureuse de Guillaume. Tandis que la nef, toujours suivie de l'huissier, voguait vers l'île d'Andros, combien de fois Angelo n'avait-il pas remercié le tournoyeur :

— Sans vous, *amico*, nous serions tous morts et les chevaux de bronze à jamais perdus. Il est dommage que mon oncle ne soit plus là pour vous dire la gratitude de la République. Mais Pietro Ziani, le nouveau doge, le fera, soyez-en sûr.

L'escale à Andros fut particulièrement appréciée. La présence de pirates dans la mer Égée y avait été signalée et le récit de leur aventure par les marins de la *Venezia* fit vite le tour de l'île où ils furent traités en héros. Quand les destriers eurent galopé et tondu quelques arpents d'herbe fraîche, que Raymond eut rempli les cales de vivres et de fourrage, les nefs reprirent leur route dans l'archipel des Cyclades. Passé Milo et ses cratères, il fallut à nouveau entamer une longue traversée pour atteindre Cythère, l'île de Vénus.

Durant la courte escale qu'y faisaient les deux bateaux de la Sérénissime, survint un événement qui devait bouleverser la vie de Guillaume et de sa jeune femme : Alice s'aperçut qu'elle était enceinte. Le tournoyeur, au cours de son existence de célibataire, ne s'était guère intéressé à la mise au monde des enfants qui, depuis toujours, était une affaire de femmes. Bouleversé, il se confia à Angelo qui se signa après avoir juré et dit qu'il fallait réfléchir à une situation, normale en soi, qui n'était un problème que parce que l'on se trouvait en mer. Comme Guillaume lui répondait que c'était une évidence, il conseilla de demander l'avis du capitaine Morosini et de l'amiral Picousi, lequel connaissait les îles et la côte grecques mieux que personne.

— Il faut simplement rentrer à temps à Venise où la mère et les sœurs du *signore* Angelo pourront, comme il le propose, s'occuper de la princesse Alice, dirent avec sagesse les deux marins.

— Et si ma femme devait accoucher avant ? interrogea Guillaume.

— C'est très improbable, même avec un vent défavorable. Maintenant, pour vous rassurer, nous longerons la côte et remonterons vers Corfou, l'Adriatique et Venise. Les ports s'y succèdent et nous pourrions toujours aborder dans l'un d'eux si cela était nécessaire.

— Alors il faut forcer l'allure, ramer, hisser toutes les voiles ! s'écria Guillaume.

Morosini sourit et dit :

— Nous irons le plus vite possible mais ni Picousi ni moi ne pouvons commander à Éole de nous envoyer le bon vent.

— Il nous reste à prier, dit Guillaume qui s'agenouilla sans chercher à cacher la larme qui coulait sur son visage.

Les chevaux rentrés, les tonneaux arrimés et les derniers vivres descendus dans la cale, Morosini ordonna de mettre à la voile. La nouvelle s'était répandue à bord et, dans leur désir d'écourter le branle-bas du départ, les gens se montraient fébriles et maladroits, ce qui mettait le capitaine en colère. Alice semblait la seule à n'être pas angoissée. Tandis que l'on manœuvrait le guindeau pour lever l'ancre, elle prit le bras de Guillaume et l'entraîna à la proue :

— Venez, mon ami, murmura-t-elle. Venez voir Cythère s'éloigner dans le soir. Angelo nous a dit que c'était l'île de Vénus, l'Aphrodite des anciens Grecs, la déesse de l'amour et de la fécondité. N'est-ce pas le signe qu'elle protégera notre enfant ?

CHAPITRE 10

ENFIN VENISE !

Laissant la Crète au sud, les deux nefs remontèrent par un vent favorable jusqu'à la presqu'île de la Messénie et continuèrent leur route en longeant la côte du Péloponnèse. Après le désarroi, le calme était revenu dans la communauté qui s'était formée au fil des longues journées de navigation. Tout le monde se connaissait maintenant, et Alice, d'un tempérament affable, aimait parler avec les marins qui étaient pleins de prévenance et ne manquaient jamais de lui demander si elle allait bien ou si elle avait besoin de quelque chose. La jeune femme se portait bien, sa grossesse ne semblait pas trop avancée et l'on pouvait penser avoir toutes les chances d'arriver à temps à Venise pour l'accouchement. Le capitaine Morosini se rappela qu'avant la mise au monde de sa fille, on oignait son épouse de pommades aux herbes médicinales. On fit donc escale un peu plus tôt que prévu dans la baie de l'île d'Ithaque afin de se rendre chez un apothicaire. Alice tint à accompagner Guillaume. Le bonhomme prépara sur-le-champ un onguent de myrrhe, d'aloès et de quelques autres herbes.

— J'y joins, dit-il, une once d'opium pour prévenir les douleurs. C'est ce que vous donnerait le médecin de l'île si vous alliez le voir.

— Et pourquoi n'irait-on pas le voir ? demanda Guillaume en regardant Alice.

— Je ne vous le conseille pas, répondit l'apothicaire. C'est un « *antico cretino* » qui n'y voit goutte et qui se fera payer pour vous envoyer chez moi.

Afin de ne pas perdre de temps, on ne sortit pas les chevaux et le ravitaillement fut rapidement effectué. L'île était riche en huile, en vin et en blé, Geoffroi et Raymond trouvèrent à acheter un quartier de bœuf. « Pour la *signora*, dirent-ils. Il faut qu'elle mange de la viande ! » Tout le monde en profita au souper et l'on but, après avoir retrouvé la haute mer, à la santé du futur tournoyeur car, pour les deux amis de la mêlée, leur dieu Guillaume ne pouvait avoir qu'un fils et celui-ci ne pouvait être qu'un chevalier tournoyeur.

Qui pouvait oindre le ventre déjà rebondi d'Alice sinon son époux ? Guillaume éprouva bien quelque appréhension à toucher de ses doigts rugueux cette peau si douce et si blanche sous laquelle respirait son enfant, mais Alice l'y engagea :

— Vous ne lui ferez pas de mal. Au contraire, il faut qu'il sente la force de vos mains ! Quant à moi, vous ne vous êtes heureusement jamais soucié de savoir si vos cals agrémentaient ou non vos caresses !

Malgré son désir, il ne voulait pas la posséder de crainte de la blesser ou de nuire à l'être fragile qu'elle portait. C'est elle encore qui s'offrit en murmurant :

— Nous avons besoin de vous...

Cette nuit-là, ils parlèrent longtemps.

— Nous sommes bien ensemble parce que nous nous aimons mais aussi parce que nous nous respectons, dit-il.

— Oui, mon mari. Je vous aime parce que vous représentez pour moi le type accompli du chevalier qui gagne tous les tournois, toutes les batailles auxquelles il participe, qui sert son roi et glorifie son Dieu à travers toutes ses actions. Et encore parce que, hors des sauvageries de la guerre, vous savez être doux, attentif, habile à trouver les mots qui chantent les passions de l'amour.

— Est-ce que vous ne m'idéalisez pas ? Ai-je vraiment tous ces mérites qui feraient de moi le héros de ces romans de l'amour chevaleresque dont nous avons souvent parlé ?

— Mais je ne connais pas d'autre amour ! C'est celui que j'ai entendu chanter par ma mère qui en avait goûté la féerie à la cour de France. Oh oui, je vous respecte, mon aimé !

*
* *

Rien ne semblait maintenant devoir retarder les nefs sur le chemin de Venise. Après la traversée de la mer Égée et les redoutables écueils de la mer de Myrtos, le cabotage le long des côtes grecques ressemblait à une paisible promenade. Alice vivait tranquillement sa grossesse, faisait des progrès au jeu d'échecs, et Guillaume racontait ses prouesses passées dans les tournois à mêlées et lors des événements qui avaient marqué la prise de Constantinople, les difficultés du départ, le voyage détourné, la déconvenue du premier siège et le succès du second. Angelo, qui avait vécu près de lui la plupart de ses aventures, ajoutait au récit sa faconde vénitienne.

On arriva ainsi sans difficulté en vue de l'île de Leucade où l'amiral avait séjourné deux années et où il avait conservé des relations. C'est là que l'on s'arrêta pour prendre de l'eau, dégourdir les jambes des chevaux et se ravitailler. C'est là aussi que Guillaume, Alice et Angelo firent, grâce à Picousi, la connaissance d'un personnage attachant : Abraham Metekis, un artiste philosophe qui passait sa vie entre ses abeilles et les chevaux de glaise et de marbre qu'il sculptait avec bonheur.

Les navigateurs, qui avaient décidé de rester quelques jours dans l'île, lui rendaient visite dans son jardin rempli de fleurs et de statues. Assis autour d'une table de marbre, on y buvait le vin du propriétaire qui, miracle, n'était pas sombre et épais comme la plupart des vins grecs. Angelo lui trouvait une saveur de *valpolicella*, ce qui de la part du Vénitien était un grand compliment.

Metekis parlait des chevaux – il ne sculptait qu'eux depuis de longues années –, avec une passion qui touchait Guillaume. Il en avait six, magnifiques, qui vivaient des jours apparemment heureux dans une prairie close par une haie de genévriers. Le tournoyeur demanda s'il pouvait mener Germain paître avec eux, souhait que le sculpteur exauça naturellement avec plaisir :

— Je le dessinerai et en ferai peut-être un jour une statue digne de celles des grands sculpteurs grecs et romains. Puisque vous venez de Byzance, vous avez pu y admirer les chevaux de bronze qui ornent l'hippodrome. C'est une merveille que je ne reverrai pas. Mon grand âge m'empêche de quitter cette île...

Angelo pâlit et regarda Guillaume que ces propos rendaient lui aussi mal à l'aise. Qu'aurait pensé leur hôte s'il avait su que les chevaux de l'hippodrome étaient à deux pas, alignés dans la cale de l'huissier ?

— J'ai honte, dit Guillaume alors que Metekis s'était absenté pour aller chercher un flacon de vin frais.

— Moi aussi, *amico*. Mais il est trop tard pour avoir des regrets et prétendre changer les rituels de la guerre, le sac des villes conquises et les prises de butin. Disons-nous plutôt que les chevaux seront plus à l'abri à Venise, où ils régneront sur la plus belle place du monde, qu'à Constantinople, toujours convoitée et menacée.

— Puisque nous avons besoin d'excuses, nous pouvons aussi penser que les chevaux n'ont pas été sculptés à Byzance et qu'ils ont été pris aux Grecs ou aux Romains !

Heureusement, Abraham Metekis changea de conversation en reprenant sa place :

— Il faut que je vous emmène visiter le temple d'Apollon qui est à la pointe la plus méridionale de l'île, et aussi, tout à côté, le promontoire célèbre d'où les amants malheureux se jetaient dans la mer pour se guérir de leur passion. Les Anciens l'appelaient le « saut de Leucade ». Le nom lui est resté et on dit encore dans l'île que Sapho fut la première à tâter du remède.

Bien que l'état d'Alice n'inspirât pas d'inquiétude, il fallut repartir et la prochaine destination ne laissait pas indifférents Guillaume et Angelo. C'était Corfou, là où ils s'étaient rencontrés pour la première fois sur le rocher nommé « vaisseau d'Ulysse » parce qu'il avait la forme d'un bateau et que le héros avait fait naufrage dans le détroit.

— Savez-vous, *amico*, à combien d'années remonte cette heureuse rencontre ? demanda un jour le Vénitien à Guillaume.

— Oh, je ne compte pas les ans, cela ne sert à rien, qu'à vous montrer que l'homme gaspille le temps que le Seigneur lui a donné à vivre sur la Terre. Enfin, puisque vous me demandez une réponse, je dirai quatre ans peut-être...

— Presque six ! Et j'ai l'impression d'avoir beaucoup vieilli durant cette période où la piété est devenue fureur ! À vous, elle a apporté heureusement l'amour et le bonheur...

Les nefs ne s'arrêtèrent pourtant pas à Corfou, le capitaine Morosini préférant profiter du vent favorable et du beau temps pour traverser le canal d'Otrante où la navigation était souvent difficile et gagner rapidement la rive italienne à Brindisi, haut lieu de passage des croisés depuis la première expédition et ville étape des courriers.

— Déjà les Romains venaient par la voie Appienne s'y embarquer pour l'Orient, avait dit Picousi qui savait tout. Et pour manger de bonnes huîtres ! J'espère qu'il y en a toujours !

Depuis des jours, les deux capitaines rêvaient de poser le pied sur la Péninsule qu'ils avaient quittée depuis bien longtemps. Lorsqu'ils furent en vue d'Otrante, ils se firent d'un bord à l'autre des signaux d'allégresse. Alice vit couler une larme sur le visage de Morosini et, émue, vint l'embrasser :

— C'est un grand jour pour vous, capitaine. Permettez-moi de vous dire que votre joie est la nôtre. Et merci de nous avoir menés jusqu'à votre pays. Encore que nous soyons loin de Venise...

— Mais non. La mer est clémente de ce côté de l'Adriatique et vous pourrez bientôt mettre votre enfant au monde.

— Et Picousi ? Est-il aussi vénitien ?

— Il est né à Bari. Nous devons y passer dans deux jours et délaisserons Brindisi pour y faire escale. On doit bien cela à l'amiral. Le pauvre ne sait même pas s'il a encore de la famille dans les Pouilles. C'est pour lui une occasion de revoir son pays.

On dépassa donc Brindisi, sa rade où César avait bloqué la flotte de Pompée, pour gagner Bari. Là, Picousi prit un des chevaux de l'huissier et partit tout de suite à travers les vergers et les vignes à la recherche d'éventuels parents. Il revint deux jours plus tard comme il l'avait promis.

— Alors, monsieur Picousi, avez-vous retrouvé des parents ? lui demanda Alice.

— Je n'ai pas eu le temps de chercher des Picousi mais j'ai fait la connaissance d'une lointaine cousine, Paolina

Gounodini. Elle n'est plus de la première jeunesse mais moi non plus. Je reviendrai pour l'épouser lorsque j'aurai rempli mes engagements envers la République.

— Sacré Picousi ! s'écria le capitaine. Vous nous étonnerez jusqu'au bout !

On fêta l'événement avant que les deux navires ne reprennent leur course vers Venise nichée au fond de son golfe.

*
* *

À mesure que l'on approchait du but, une fièvre gagnait les passagers et l'équipage. La longueur du voyage – on avait quitté Constantinople depuis plus de trois mois –, la monotonie de la côte avec ses ports blancs qui se ressemblaient tous, la médiocrité et le manque de diversité de la nourriture, la lassitude d'un inconfort et d'une promiscuité inévitables provoquaient un énervement général auquel l'état d'Alice ajoutait l'inquiétude. À une semaine de l'arrivée, la jeune femme, qui ne s'était jusqu'alors jamais plainte, disait souffrir et avoir des vertiges. Mais l'accouchement ne paraissant pas imminent, elle avait dit à Guillaume qu'elle irait au terme du voyage qui était proche.

Au grand soulagement de tous, la *Venezia* et l'arche aux chevaux qui la suivait entrèrent le 27 décembre de l'an 1207 dans les eaux de la lagune. Le lente remontée de l'Adriatique avait permis de s'habituer à des températures moins clémentes que celles de l'Orient. Heureusement, car il faisait froid à Venise. Les bateaux mouillés dans le port, au large du quai des Esclavons, Angelo dit que l'on s'occuperait plus tard des statues et qu'il fallait tout de suite conduire Alice dans la résidence de sa mère à Rialto, sur le Grand Canal.

Ainsi deux matelots de la *Venezia* mirent-ils à l'eau la petite barque du bord, et Alice, enveloppée dans une couverture, s'installa entre Guillaume et Angelo. Une fois sortie de la forêt des mâts de bateaux de tous types et de toutes dimensions, qui faisaient relâche, la barque put s'approcher de la rive où apparurent bientôt les contours du palais des Doges et, derrière, les coupoles de la basilique.

— C'est magnifique ! s'écria Alice.

— Ma chère, répondit Angelo, vous allez découvrir la ville la plus étrange que les hommes aient jamais construite. Elle est née de l'eau, et elle continue de se bâtir dans l'eau ou plutôt dans les marais, autour de petits îlots qui, reliés entre eux finissent par faire des terres à vivre. Chaque parcelle de Venise a été gagnée sur les eaux saumâtres de la lagune. Un jour je vous raconterai comment Venise fut inventée. Pour l'instant, bouchez-vous le nez car, si la ville grandit, belle et majestueuse, sur quelques émergences de boue, celle-ci ne sent pas bon. Mais l'on s'y habitue ! Tenez, c'est presque avec jouissance que je retrouve l'odeur douceâtre de ma ville !

À force de rames, la barque pénétra dans une large allée d'eau bordée de maisons en brique rouge et, surtout, de chantiers.

— C'est le Grand Canal, dit Angelo, qui, l'œil aux aguets, essayait de repérer les constructions nouvelles.

Guillaume et Alice eux aussi regardaient à droite, à gauche, les maisons aux volets souvent décorés de blasons et, surtout, les gondoles, ces embarcations plates, à l'avant curieusement courbe, mues par un seul rameur, qui avançaient vivement, allaient d'un bord à l'autre, abordaient une rive, en repartaient, se croisaient[1]...

— Nos barques vous étonnent ? dit Angelo. Leur nombre surtout ? C'est que les chevaux et les charrettes ne vont pas sur l'eau. Tous les transports, de gens ou de marchandises, se font en bateau.

Ils parvinrent enfin à une sorte de rond-point où, de l'un et l'autre côté d'un monumental pont de bois, régnait une vive animation.

— Nous voici à Rialto, précisa Angelo. C'est ici qu'est née Venise, là que s'établit, un peu avant l'an 700, le premier doge de notre histoire. À l'époque, Venise était appelée « Ville du Rialto ».

---

1. Le mot *gondola* est relevé pour la première fois dans un décret dogal de l'an 1094. Il semble que ces premières gondoles n'étaient pas très différentes de celles que nous connaissons, seulement plus grossières.

— Sommes-nous bientôt arrivés ? demanda Alice. Je suis fatiguée.

— Encore quelques coups de rames et nous serons chez moi. Pourvu que ma mère ne tombe pas en syncope en me voyant revenir. La pauvre doit me croire mort ou prisonnier des Barbares.

Quelques minutes plus tard, le canot accostait.

— Voici la Cá Zuccari ! s'écria Angelo en sautant sur le ponton de planches fixé sur des pieux devant la grille ouvragée d'une demeure haute de trois étages.

Un serviteur accouru aida Alice à prendre pied. Guillaume suivit. Trois marches plus loin s'ouvrait un couloir glacial, humide et parcimonieusement éclairé. Et puis, soudain, passé une porte de bois sculptée et de nouvelles marches de marbre, l'éblouissement : le *portego*[1], immense, avec ses trois baies qui s'ouvraient sur le Canal et son plafond de poutres dorées, débordait de lumière. Les meubles, tables, sièges, coffres fermés par des ferrures ouvragées, n'atteignaient pas le luxe fabuleux de ceux qui emplissaient les palais de Byzance mais respiraient la richesse.

— Avec les Contarini, les Benvegnuno, les Vendramin, les Grimani et bien d'autres familles, dit Angelo, les Zuccari constituent la noblesse de Venise. Cette maison a été bâtie par mon père. En fait, si ma mère, la jeune sœur du doge, en est l'âme, elle m'appartient car ici, chez les nobles comme chez les bourgeois et les moins riches, ce sont les hommes qui héritent de la maison familiale. Les filles, elles, sont dotées.

Angelo, heureux de retrouver ses racines, aurait bien parlé des heures de Venise et des Vénitiens mais Guillaume l'interrompit :

— Angelo, Alice est fatiguée et dit qu'elle souffre. Il faudrait qu'elle se repose. Où peut-elle s'allonger ?

— Oh, pardon ! Sans attendre ma mère qui a été prévenue de notre arrivée, on va s'occuper d'elle.

Il appela et dit au valet qui se présenta de prévenir tout de suite Rita et une autre servante afin qu'elles préparent la plus belle chambre du *palazzo*.

---

1. Pièce principale de la maison.

Quelques instants plus tard, Alice, dévêtue par les femmes qui lui avaient enfilé une large chemise de lin blanc, était étendue sur un lit monumental doré comme une immense châsse. Guillaume, admis alors à entrer, regarda, attendri, ce corps frêle au visage pâle et aux yeux fiévreux qui portait son enfant. Soudain il eut peur et éprouva le besoin de se rapprocher de Dieu. Il s'agenouilla près du lit, allongea le bras pour saisir la main d'Alice et pria longuement en regardant le crucifix accroché au-dessus du lit.

Quand il se releva, Alice dormait et il lui sembla qu'elle avait repris des couleurs. Il la laissa sous la surveillance de Rita, une forte femme aux cheveux blancs serrés dans une dévote écharpe noire, dont le regard exprimait la bonté et qui lui dit d'une voix douce :

— Ne vous inquiétez pas, *signore*. Je connais les choses de l'enfantement : c'est moi qui ai mis au monde Angelo. Nous allons nous occuper de votre épouse comme si elle était la fille de la famille.

Rassuré, Guillaume alla retrouver Angelo dans le *portego*. Il était pressé contre une dame âgée dont la distinction traduisait la naissance. Elle caressait les boucles blondes de celui qui de toute évidence était son fils.

— Monsieur, dit-elle, pardonnez-moi de n'avoir pas été là pour vous accueillir. Soyez le bienvenu avec votre femme. Angelo n'a pas eu le temps de me raconter vos aventures mais il m'a confié que sans vous il ne serait pas près de moi aujourd'hui. Je vous dis merci et vous prie de vous considérer comme chez vous dans notre maison. Mes servantes et moi-même veillerons sur votre épouse durant sa grossesse jusqu'à son accouchement.

— Je n'ai pas encore parlé à ma mère, dit Angelo, du trésor que nous avons rapporté de Byzance sur la prière du doge et dont nous allons devoir nous occuper dès demain.

— En effet, il faut vite libérer les chevaux de bronze de leur prison. Je suis pour ma part impatient de retrouver Germain.

— Qui est Germain ? Un de vos parents, peut-être ? questionna la *signora* Zuccari.

— C'est mon cheval, madame. Mais il fait vraiment partie

de ma famille. Hélas, il est vieux et je me demande comment il a pu supporter nos combats et notre dernier voyage.

— Comment ? Vous vous êtes battus ? interrogea-t-elle si naïvement que les deux amis sourirent.

— C'est surtout Guillaume qui a combattu. Vous connaissez, mère, mon aversion pour les armes. Mais j'ai toujours été, malgré moi, au cœur des combats.

— Angelo a tout de même tiré à l'arbalète sur des pirates ! ajouta Guillaume. Mais je dois avouer que le vrai combattant de la famille a été Sa Seigneurie le doge Dandolo. Votre frère, madame, a été d'un extraordinaire courage. La croisade tout entière était stupéfaite de le voir, malgré son grand âge et sa cécité, debout à la proue de sa nef ordonner l'attaque des murailles de Constantinople.

— Oui, on a raconté ces choses à Venise après la nouvelle de sa mort. Mon frère repose-t-il au moins en terre chrétienne ?

— Oui, mère, son tombeau est placé, selon son désir, dans la plus grande église d'Orient, Sainte-Sophie, revenue grâce à la croisade dans le giron de Rome.

La dame approuva de la tête :

— Enrico a été un grand doge, un peu fou à la fin de sa vie mais il a bien servi Venise. Paix à son âme ! Mais quelle est cette histoire de chevaux de bronze dont vous avez parlé ?

— Le doge, alors qu'il était ambassadeur à Byzance, avait remarqué quatre statues extraordinaires qui ornaient l'hippodrome. Il s'était juré de les rapporter un jour à Venise. Je ne crois pas que ce fût, comme on l'a dit, la raison qui l'avait poussé à détourner la croisade sur Constantinople mais, tout de même, c'est pour que j'assure le transport du quadrige qu'il m'a emmené, à votre grand désespoir, jusqu'en Orient. Nous vous raconterons plus tard tout cela en détail. Et le nouveau doge, Pietro Ziani ?

— Vous le connaissez, mon fils, c'est un ami de la famille.

— C'est aussi, si j'ai bonne mémoire, l'un des hommes les plus riches de Venise.

Il ajouta à l'adresse de Guillaume :

— Il possède des quartiers entiers de la ville et a investi

des fortunes considérables dans les principales compagnies de navigation et de construction.

Ce soir-là, pour fêter le retour d'Angelo, on soupa dans la vaisselle d'or et d'argent de la Cá Zuccari. Alice, reposée, put assister au festin. Ses vêtements étant restés à bord de la *Venezia*, elle parut habillée en Vénitienne par la *signora* Leonia Zuccari qui lui avait donné l'une de ses plus belles robes. Elle fit bonne contenance durant le repas mais s'effondra à la fin sur l'épaule de Guillaume en balbutiant :

— Pardon, je suis épuisée...

Le tournoyeur la souleva dans ses bras et la monta jusqu'à la chambre. Il appela les femmes afin qu'on la libère du lourd corsage cintré et du bliaud brodé qui l'étouffaient. Alice murmura quelques mots incompréhensibles et s'endormit tout de suite sous le regard inquiet de Guillaume.

*
* *

Malade un jour, mieux le lendemain, Alice allait, pensait-on, vers sa délivrance. Elle était soignée avec dévouement. Rita, qui se flattait d'avoir accouché au moins une trentaine de femmes, répétait à Guillaume, qui la pressait de questions, que tout se passait pour le mieux. Hélas, ce n'était pas la vérité. Alice disait que son enfant était devenu sage et qu'il ne bougeait plus mais Rita, qui chaque jour posait son oreille sur le ventre de la jeune femme, n'entendait plus battre le petit cœur. Elle en avait averti la *signora* Leonia, que la nouvelle bouleversa. Que convenait-il de faire ?

Médecins et chirurgiens ignoraient à peu près tout des mystères de l'enfantement. Inutiles, on répugnait à les appeler. Pourtant, devant la gravité de la situation – la santé d'Alice déclinait un peu plus chaque jour –, Leonia demanda à son fils d'aller chercher Giuliano Damiano, un ami de la famille qui avait eu pour maître à l'école de médecine de Salerne, la plus importante avec Montpellier, Arnaud de Villeneuve, le médecin du pape Innocent III.

Damiano questionna Alice mais ne la toucha, c'était la règle, que pour prendre son pouls. Il réfléchit, hocha la tête et ordonna des applications de pommade.

— Il est probable que l'enfant ne vit plus, dit-il en aparté à la *signora* Zuccari. Si c'est le cas, nous sommes impuissants. Il faut laisser faire la nature.

Aucun chirurgien ou barbier ne savait extraire un enfant mort des entrailles de sa mère. Tout le monde avait encore en mémoire la malheureuse tentative d'un chirurgien de Torcello qui, après une abominable boucherie, n'avait pu sauver la parturiente.

— Il faut prévenir Guillaume, dit Angelo à sa mère. Il a le droit de savoir ! Je m'en chargerai tout à l'heure quand nous mènerons les chevaux de bronze à l'Arsenal où ils doivent être entreposés.

C'est lors de ce transport qui marquait la fin de la mission de Guillaume qu'Angelo apprit avec ménagement à son ami la menace qui pesait sur Alice. Le tournoyeur pâlit et ne posa aucune question. Il dit simplement d'une voix blanche :

— Je crains ce malheur depuis quelques jours, car moi non plus je n'entends plus battre le cœur de l'enfant. Je dis naturellement le contraire à Alice qui s'inquiète de ne plus le sentir remuer en elle. Que peut-on faire dans un cas semblable ? Je veux de toutes mes forces sauver Alice !

Il regarda son ami accablé et, soudain, éclata en sanglots. Angelo lui non plus ne put retenir ses larmes et les mains des deux hommes se cherchèrent pour s'étreindre. Ils étaient assis à la poupe, là où le tournoyeur et sa princesse se tenaient le plus souvent. Tout près, le capitaine Morosini, dont c'était le dernier voyage à bord de la *Venezia* car il allait prendre le commandement de la galère d'apparat du doge, le *Bucentaure*, avait entendu la conversation des deux amis et se sentait étreint par une profonde tristesse. Il s'approcha de Guillaume et d'Angelo :

— Je vais prier pour la *signora* Alice. Nous aimons tous tellement votre princesse, chevalier !

Quand ils arrivèrent plus tard à Cá Zuccari, ils perçurent, à l'attitude de quelques serviteurs, qu'il s'était passé quelque chose de grave. Dans le *portego*, sous le portrait du doge Enrico, la *signora* Leonia était assise dans le grand fauteuil doré qui faisait penser à un trône. Droite, enveloppée dans un châle noir, elle remuait les lèvres dans le silence.

À l'entrée de Guillaume et d'Angelo, elle cessa de prier et parla gravement :

— Je vous attendais, chevalier. Pour vous dire qu'il va vous falloir beaucoup de courage. Votre épouse s'est éteinte peu après votre départ. Rita, qui en connaît bien plus que les médecins, dit qu'il s'agit sûrement d'une hémorragie de l'intérieur.

Leonia se leva et prit les mains de Guillaume :

— Mon ami, je vous plains de tout mon cœur. Dites-vous que Dieu n'a pas voulu que le corps jeune et pur d'Alice fût douloureusement meurtri par une inutile tentative chirurgicale. C'est mieux ainsi.

— Merci, madame. Je vous suis reconnaissant de tout ce que vous avez fait. Maintenant il ne reste plus qu'à pleurer, à prier et aussi à penser aux obsèques...

— Je m'en occuperai avec Angelo.

— Je veux la voir ! dit soudain Guillaume avec brusquerie. Est-elle dans la chambre ?

— Oui. Angelo va vous accompagner.

Bien que l'on eût fermé les volets, malgré la flamme vacillante d'un cierge, la pièce n'était pas lugubre. Les femmes avaient vêtu Alice de la robe vénitienne qu'elle avait portée le soir du souper. Ses traits étaient reposés, elle semblait assoupie, on pouvait croire qu'elle allait se réveiller.

Guillaume, qui n'avait plus de larmes pour pleurer, contempla un long moment et embrassa avec dévotion le visage de la princesse qui avait été si peu de temps sa femme, puis il s'agenouilla sur l'un des deux prie-Dieu que l'on avait disposés de chaque côté du lit. Angelo l'imita.

Plus tard, lorsqu'ils se relevèrent, Angelo dit :

— Ma douleur est la tienne, *amico*. Maintenant je peux te faire un aveu : depuis le premier jour où je l'ai vue, j'ai aimé éperdument Alice. D'un amour impossible...

— Je le sais depuis longtemps, cher Angelo, et, si étrange que cela paraisse, j'ai souffert pour toi. Mais que pouvais-je faire ?

— Et Alice ? Avait-elle deviné ? J'ai tout fait pour cacher ma passion.

— Non, elle t'a toujours aimé comme un frère. Comme je t'aime, Angelo !

— Tu m'en veux ?

— Pourquoi ? Alice était une déesse qui attirait les regards, la convoitise, la ferveur... On ne peut rien contre un tel pouvoir. Tout le monde aimait Alice, toi et moi un peu plus que les autres. Eh bien, maintenant qu'elle n'est plus, souvenons-nous d'elle et pleurons-la ensemble.

— Merci, Guillaume. Tu es bien mon frère !

*

* *

Tandis que l'on veillait le corps de la princesse Alice déposé sans attendre dans un cercueil comme l'exigeaient les « provéditeurs » chargés de défendre la cité contre la menace pérenne de la peste, Leonia, comme elle l'avait promis à Guillaume, organisait les obsèques. La mort était chère à Venise et les places rares dans les églises, où seules les familles fortunées possédaient un caveau. Alice avait beau être princesse, étrangère et sans moyens, son corps aurait rejoint l'une des fosses communes si Angelo n'avait proposé à Guillaume de l'inhumer dans la sépulture des Zuccari.

— Alice m'aimait comme une sœur, elle fait donc partie de la famille, dit-il. Je t'en prie, accepte !

Et dans un humour macabre très vénitien, il ajouta :

— Elle prendra la place du doge Dandolo qui a choisi Byzance.

Guillaume continuait de vivre mais il flottait dans un désarroi qui l'éloignait des réalités. Il se laissa emmener par Angelo chez son tailleur qui lui vendit un habit de deuil, il assista à la messe dite dans l'église San Giacomo dont la coupole, depuis un siècle et demi, dominait le quartier du Rialto et son marché. C'était l'église de la paroisse des Zuccari qui y possédaient leur tombeau familial. Guillaume remarqua à peine la présence des marins et des chevaliers de la *Venezia*. Geoffroi et Raymond, très affectés, ne quittaient pas des yeux leur tournoyeur, comme pour le protéger d'une horde de Bougres. Les peaux d'ours de Johannis étaient bien loin du chevalier qui écoutait sans les entendre les chants du *miserere*. Tandis que les ouvriers achevaient leur travail funèbre, Guillaume se laissa emmener par Angelo et sa mère jusqu'à la Cá Zuccari toute proche. Lorsqu'ils furent réunis, avec Geoffroi, Raymond et le capitaine Morosini dans le *portego*, Angelo demanda à son ami :

— Que voulez-vous voir inscrit sur la plaque de marbre de la sépulture ? Une épitaphe ?

Guillaume n'hésita pas :

— Ici repose en paix Alice, princesse de France, épouse de Guillaume d'Amiens, tournoyeur.

Ainsi s'acheva dans les nuages bas et gris de l'hiver vénitien l'existence courte mais radieuse d'Alice, dame de France et « princesse de Byzance ».

*
* *

À Venise, Guillaume et Angelo ne firent rien d'autre, en somme, que de continuer la vie qui avait été la leur durant ce fragment de temps qu'ils appelaient les « années de fortune ». Bonne ou mauvaise, leur commune fortune s'était scellée dans une affection qu'avait encore développée la disparition d'Alice. Alice qu'il fallait non pas oublier mais célébrer dans une douce vénération.

— Que comptez-vous faire ? demanda un jour Angelo à Guillaume. Allez-vous rentrer dans votre pays ? Je le regretterais car vous me manqueriez mais je comprendrais votre désir.

— Je reviendrai un jour dans mes terres mais, pour le moment, je trouve auprès de votre famille une telle consolation que je vous prie de me garder près de vous. Et près d'Alice. Mais je ne peux demeurer inactif. Peut-être que je pourrais vous aider, avec mes fidèles Raymond et Geoffroi, dans l'un de vos projets.

— Restez, mon ami, c'est mon vœu le plus cher. À deux nous remplirons mieux le vide cruel laissé par la mort d'Alice. Il faut d'ailleurs que la République règle ses dettes : le prix de votre aide déterminante lors du transfert des chevaux de bronze. Le doge Pietro Ziani, respectueux des engagements pris par mon oncle, va vous accorder une audience.

— J'en suis honoré mais je ne demande rien.

— Vous n'avez rien à demander, mon cher. C'est la République qui vous est redevable !

— Alors, ces projets ?

— Vous voyez, le nouveau doge serait à mon sens parfait s'il ne s'était mis dans la tête de voir la famille Zuccari représentée dans le Grand Conseil ou le Sénat.

— C'est une bonne idée. Vous ferez, *amico*, un grand serviteur de la Sérénissime.

— Le doge me réserve une tâche précise. Il nourrit beaucoup d'ambitions pour la cité, et la prise de Constantinople, à laquelle vous avez eu une si grande part, donne un nouvel élan à ses objectifs. Il lui faut un architecte pour mettre en valeur les trésors rapportés de Byzance. Comme j'en arrive, avec l'écurie de bronze, et qu'il veut honorer la famille du doge Enrico Dandolo, il a logiquement pensé à moi.

— Et alors ?

— Alors adieu la liberté, adieu les plaisirs, je vais devoir changer de vie, pour devenir un sage de la République !

— Le moment n'est-il justement pas venu de vous assagir ? Ces six années passées loin de la place Saint-Marc ne vous ont-elles pas marqué ?

— Si, la dernière surtout ! Voilà pourquoi je vais accepter de m'occuper de l'embellissement de la basilique, et de l'achèvement du campanile. Et de hisser nos chevaux en haut du grand porche de San Marco ! Ce vaste programme, je crois que vous pouvez m'aider à le réaliser.

Guillaume, pour la première fois depuis la mort d'Alice, sourit et dit :

— *Amico*, c'est d'accord. Je ne rentrerai chez moi que lorsque tu auras accompli ta tâche et que tu auras été élu doge. Ah ! voir Angelo paraître en habit de lumière, coiffé du chapeau cornu, entouré de tous les grands hommes de la République, suivi par des seigneurs dorés jusqu'aux pieds portant l'épée, l'ombrelle et la chaise !

Cette fois ils rirent carrément. Leur maladie d'amour n'était pas guérie, le chagrin demeurait, mais un rayon de lumière perçait la nuit de leur désespoir.

Ainsi, le noble Angelo Zuccari fut nommé « sage aux ordres » dans le Collège, chargé spécialement de l'aménagement de la ville. Son premier acte fut de se rendre avec Guillaume à l'Arsenal voir l'état des chevaux.

Ils durent convenir que les statues étaient mieux à l'entrée de l'hippodrome de Constantinople que dans la remise humide et sale où on les avait reléguées.

— Vous voyez, mon cher, dit Angelo, si nous n'étions venus nous enquérir de la santé de ces destriers, sans doute cause d'une croisade et qui ont failli nous faire massacrer par des pirates, ils demeureraient dans cet état pitoyable, oubliés durant des années, des siècles peut-être, leur dorure rongée et leur bronze déconfit. Un jour un imbécile aurait peut-être décidé de les fondre ! Vous rendez-vous compte du désespoir du doge Dandolo s'il avait assisté du Ciel à cet immonde spectacle !

— Mais nous sommes venus ! Je suggère que les tournoyeurs sans mêlées Geoffroi et Raymond soient chargés de nettoyer nos chevaux, de les polir, de les bichonner. Sans oublier qu'un morceau de la jambe de l'un d'entre eux repose dans mon bagage. Je vais le rendre à la ville afin que l'on puisse réparer une regrettable amputation. Cela évitera qu'un artiste médiocre n'abîme à jamais ce chef-d'œuvre.

— Nous ferons comme vous voudrez, *amico*. Mais votre cher Germain ? Que devient cette malheureuse bête dans une ville qui ne peut accueillir que des chevaux de bronze doré ?

— Raymond lui a trouvé un coin d'herbe dans l'île de Saint-Nicolas, là d'où est partie la croisade. L'un de vos rameurs m'y conduit de temps en temps. Il est heureux de me retrouver et m'invite à une chevauchée mais bien vite il baisse la tête et se remet au pas. Germain a vieilli et je sais qu'un jour je n'entendrai plus son hennissement de plaisir en m'approchant de son pré. Sa mort me peinera comme m'a peiné celle de mes compagnons abandonnés dans les terres d'Orient. Il me faudra trouver un autre compagnon pour rentrer chez moi et je sais qu'il ne cassera pas son oreille pour me dire qu'il est d'accord avec ce que je lui confie en fixant ses bons yeux.

*

* *

Ainsi Guillaume vivait à Venise, se réveillait aux chants des rameurs qui poussaient leur étrange barque dans les eaux encombrées et s'endormait quand la lune allongeait les ombres des palais sur les vaguelettes abandonnées du Grand Canal. Quand il n'était pas avec Angelo occupé maintenant par ses nouvelles fonctions, il demandait à l'un des rameurs de la Cá Zuccari de le perdre dans le dédale des canaux. Comme si un Vénitien pouvait s'égarer dans les détours de sa ville !

Souvent, il se faisait conduire à l'Arsenal où Geoffroi et Raymond, aidés par des ouvriers, redonnaient de l'éclat à l'or des chevaux de Byzance. Un fondeur était venu de Chioggia pour remettre à sa place le jarret du destrier mutilé. Habilement soudé, le membre sénestre antérieur avait repris sa position élégante. Alors, Guillaume fit dresser l'ensemble antique dans la grande cour de l'Arsenal et demanda à Angelo de venir voir le travail accompli.

Les chevaux de l'oncle Enrico, Dieu sait si l'architecte les connaissait ! Il fut pourtant ému aux larmes en les découvrant dans la clarté du matin vénitien :

— *Amico*, s'écria-t-il, à partir d'aujourd'hui, ce ne sont plus les chevaux de Byzance. Après avoir traversé le monde sublime de l'Antiquité et l'ère fascinante de Byzance, ils sont pour l'éternité les chevaux de Saint-Marc ! Je vais dès demain demander au doge de venir les découvrir, car il ne les a jamais vus, et de me permettre d'exaucer la dernière volonté d'Enrico Dandolo : les faire apparaître au peuple de Venise entre les deux arcs centraux de San Marco. Ce sera aussi pour le doge Pietro Ziani l'occasion de vous manifester la reconnaissance de la République.

Quelques jours plus tard, une petite galée qui ne se différenciait des autres navires qui emplissaient le bassin que par la grande oriflamme rouge brodée du lion d'or de Saint-Marc, accostait la *fondamenta dell'Arsenale*. Le doge avait quitté son palais, ce qui était rare, pour venir voir les fameux chevaux de bronze dont son prédécesseur avait voulu faire le symbole de la grandeur vénitienne.

Angelo présenta Guillaume au magistrat suprême et à sa suite. Saisi par l'odeur tenace de la poix qui bouillait un peu partout autour des vaisseaux au radoub, Sa Seigneurie Pietro Ziani fut pris d'une quinte de toux qui l'empêcha d'abord de s'extasier. Enfin il dit ce que les deux amis attendaient :

— Ces sculptures sont magnifiques et dignes d'orner la plus belle basilique du monde. Dépêchez-vous, *signore* Zuccari, de les placer là où votre oncle le souhaitait. Ce ne sera pas, j'imagine, un travail commode mais plus facile cependant que leur acheminement depuis l'Orient.

Il se tourna vers Guillaume et dit :

— Je sais par le seigneur Zuccari et par les lettres du doge Dandolo que la République vous doit la réussite de ce transport. Le salaire décidé par le duc de Venise, mon prédécesseur, vous sera versé à votre convenance. Votre ami Zuccari vous guidera pour cette démarche. J'y ajoute le témoignage personnel de ma reconnaissance et de celle du peuple de Venise. Un acte portant mes sceaux vous faisant citoyen de notre République vous scra remis en signe de gratitude.

Guillaume, qui avait appris durant la croisade à broder dans les nuances du langage diplomatique, remercia comme il se devait et s'écarta pour laisser Angelo reconduire le doge jusqu'à son navire. Quand ils se retrouvèrent seuls devant les chevaux, les deux amis se sourirent comme des complices heureux :

— Voilà ! C'est la fin d'une longue histoire !... dit Guillaume.

— Non, la fin, ce sera quand les chevaux domineront la place Saint-Marc.

— Est-ce pour bientôt ?

— Tous les plans sont faits. Nous commencerons demain à renforcer le balcon...

— Vous savez, Angelo, que je partirai tout de suite après.

— Oui, mais ne me le dites pas trop souvent, je serais tenté de faire durer les travaux.

— Une question me coûte, *amico* car, vous le savez, je ne suis pas attaché à l'argent. Mais je dois vous la poser. Cela fait des mois que l'on m'annonce que je vais être dédommagé, mais je ne sais toujours pas combien je toucherai. Or, je dois penser aux frais de mon voyage de retour et payer mes fidèles Raymond et Geoffroi.

— Tous deux seront récompensés par la République.

Quant à vous, vous toucherez cinq cents marcs d'argent. Trouvez-vous la proposition convenable ?

— C'est beaucoup plus que je ne l'espérais. Mais je ne vais pas me promener sur les routes avec cette somme dans ma besace. Il faudra me faire une lettre de crédit.

— Faites-moi confiance, Guillaume, mon frère, qui me crucifiez en me parlant de départ. Allons, rentrons à la *casa*. Vous savez que ma mère vous adore et qu'elle sera aussi triste que moi de vous voir quitter la maison ?

— Cessons de nous tourmenter, ce moment n'est pas encore venu. Avant de retrouver le Rialto, j'aimerais aller me recueillir sur le tombeau d'Alice. Voulez-vous m'accompagner ?

— Merci, je n'aurais pas osé vous le proposer. Je sais que vous allez souvent prier à San Giacomo. J'y vais aussi. Mais nous ne nous y sommes jamais rendus ensemble. C'est bien d'unir nos pensées en mémoire d'Alice. Quand vous serez parti, je veillerai à ce que notre princesse ne soit pas oubliée.

*
* *

Il se passa encore de longues semaines, des mois avant qu'Angelo pût bâtir le balcon des chevaux de Saint-Marc au-dessus des deux grands arcs de la basilique. Tandis que les maçons et les tailleurs de pierres travaillaient sur l'échafaudage devant les passants curieux, les charpentiers de la flotte construisaient d'étranges machines qui permettraient de hisser jusqu'à leur piédestal les lourdes statues d'apparat miraculeusement conservées depuis l'Antiquité.

Enfin, le grand jour arriva. La population observait avec intérêt les ouvriers dresser des mâts auxquels étaient accrochés des jeux de poulies, comme ceux qui servaient à hisser les voiles des bateaux. On n'avait guère fait de progrès depuis le temps où l'on avait dû soulever les destriers pour la première fois chez leur fondeur : les instruments à levier des Vénitiens ressemblaient comme des frères aux polyspastes dont s'étaient servis les anciens Romains pour construire leurs aqueducs ou bâtir le Colisée.

Qu'allait-on installer aussi haut sur la façade encore

dépouillée de San Marco ? De nouvelles mosaïques venues d'Orient ? La statue du saint patron rapportée d'outre-mer ? Les discussions allaient bon train quand un bruit courut : « De grands chevaux arrivent de la mer ! » La foule, qui s'était massée sur la place, se précipita sur le quai où d'autres engins de levage débarquaient les destriers. C'était bien la dernière chose à laquelle aurait pensé le peuple de Venise, ville où le cheval était par force interdit de séjour. Personne alors n'aurait pu imaginer que ce quatuor mystérieux allait devenir pour des siècles l'emblème de la République triomphante.

Les Vénitiens, qui avaient vu tant de prodiges transformer et enrichir leur ville, s'habituèrent vite aux immenses bêtes dont l'or illuminait la place au soleil couchant. Dans une cité où tout était prétexte à des fêtes, l'arrivée des chevaux du doge Dandolo se devait d'être célébrée avec faste. La *Piazzetta* et la place Saint-Marc furent une fois encore le plus admirable des théâtres. Le doge Ziani avait pris place avec sa compagnie sur le balcon d'où les chevaux semblaient prêts à s'élancer sur la foule. L'or des costumes y rivalisait avec celui des destriers et l'on ne savait pas si le peuple acclamait son doge ou les flamboyantes statues.

La famille Zuccari, elle, avait sa loge sur la tribune édifiée face à l'église. La *signora* Leonia était entourée de Guillaume et d'Angelo, tous deux émus par cette assemblée populaire dont l'exaltation couronnait leur aventure commune.

Le chevalier se défendait mal de la fierté d'être mêlé de si près à cet événement qui, d'anecdotique, prenait soudain une figure historique. Comment lui, l'étranger, se trouvait-il, à ce moment de sa vie, auprès d'une des plus grandes dames vénitiennes en train de découvrir le monde bruyant et coloré de la lagune fêtant la venue dans ses îles de ces quatre chevaux sculptés il y avait plus de mille ans par un génie inconnu ?

Il eut envie de faire partager le trouble enivrant qui l'envahissait et s'adressa à la *signora* Leonia :

— Quel spectacle magnifique ! Comme vous devez être fier de votre fils, madame. Angelo a bien servi la Sérénissime et je suis heureux d'avoir pu l'aider à accomplir le vœu du doge, votre frère.

Comme Leonia allait répondre par une autre politesse, Angelo, qui avait entendu, dit très fort :

— Ce que je sais, c'est que si Guillaume n'avait pas été là, les chevaux dont tout le monde aujourd'hui semble trouver naturelle la présence au-dessus du portail seraient pour l'éternité au fond de la mer !

— Disons que nous avons joué ensemble une belle partie et que nous l'avons gagnée, répondit Guillaume. Tu vois, *amico*, je ressens en ce moment la même sensation qu'autrefois à l'issue d'un tournoi particulièrement difficile. Pourrons-nous oublier le tempête qui a failli nous couler ? Et ces pirates qui voulaient nous jeter à la mer pour prendre notre navire ?

— Non ! De telles épreuves soudent les cœurs pour toujours. Mère, je vous en prie, dites à Guillaume qu'il doit rester parmi nous ! N'est-il pas citoyen d'honneur de la République ?

— Vous savez très bien, Angelo, que rien ne peut retenir plus longtemps notre ami. Mais on dit qu'il est impossible d'oublier Venise quand on a parcouru ses eaux vertes de Saint-Marc à l'Arsenal. Guillaume nous reviendra !

— Quand comptes-tu partir ? demanda Angelo quand ils eurent regagné la maison.

— Dans quelques jours, maintenant que j'ai vu nos chevaux dominer la *piazza* San Marco. Dès que Raymond et Geoffroi auront trouvé de bonnes montures nous quitterons avec regret la Cá Zuccari. Je laisse ici le souvenir de la femme que j'ai aimée et un ami très cher. Je laisse aussi, avec une peine infinie, mon cheval Germain qui est mort hier.

— Tu es triste ?

— Venise est une ville sublime. C'est aussi une ville dangereuse. Une enchanteresse dont les mystères vous cernent et qui vous garderait volontiers prisonnier. Elle est orgueil, merveille et magnificence. Elle est aussi aimée quand ses eaux noires teignent le malheur. Non, je n'oublierai pas Venise. Ni vous, madame. Ni toi, mon cher Angelo.

Guillaume ne dit rien de plus quand, la semaine suivante, Angelo le conduisit au village de Mestre où, sur la terre ferme, l'attendaient Geoffroi et Raymond. Déjà le soleil dorait le quai et la campagne proche.

— Un beau temps pour un adieu ! dit Guillaume.

— Pour un au revoir ! répondit Angelo.

Les deux amis s'étreignirent, et le Vénitien, pour ne pas ajouter des larmes à cet instant douloureux, l'écourta en sautant dans sa barque noire qui s'éloigna aussitôt sous la poussée de la rame.

Guillaume regarda une dernière fois la lagune qui s'emparait de l'ami et lui tourna le dos pour héler les deux tournoyeurs qui, un peu plus loin, pansaient les chevaux au milieu d'un monceau de bagages :

— Nous n'allons pas emporter tout cela ? questionna-t-il

— Certes non. Il y a là tout ce que nous possédions à bord de la *Venezia*, y compris nos armures, dit Geoffroi. Si nous les gardons, ce sera au détriment d'autres bagages utiles

— Je vous répète qu'un chevalier sans armure n'est rien, riposta Guillaume. Et je tiens à la mienne qui a essuyé tant de coups et m'a si souvent sauvé la vie. Qui sait si sur la route nous ne serons pas obligés un jour de nous armer ? Il faut en charger l'un des deux palefrois qui nous accompagneront. Et les armes ? qu'avez-vous prévu ?

— La *Venezia* était un véritable arsenal. Nous n'avons pris que quatre arbalètes avec une cinquantaine de flèches, quatre lances et, bien sûr, nos épées et les hauberts légers. De quoi déconfire les bandits de grand chemin qui auraient l'audace de nous attaquer.

— Très bien. Emportez aussi des biscuits et un jambon de Crémone si vous en trouvez.

— Le chevalier Conon n'aurait pas oublié un tonnelet de vin, remarqua Raymond.

Guillaume éclata de rire, c'était la première fois de la journée :

— Va pour le tonnelet de vin ! Nous achèterons en route ce dont nous aurons besoin. À propos, vous n'emportez pas sur vous le pécule que vous avez touché pour vos vaillants services ?

— Non, seulement une petite part. Le gros est consigné sur une lettre de crédit.

— Très bien. Maintenant, montrez-moi mon cheval. J'en ai rêvé toute la nuit de ce destrier qui va désormais me porter. Je sais bien qu'il ne remplacera jamais Germain, c'est impossible, mais je pense que vous avez choisi une bonne bête.

— Regardez, maître, dit Raymond. C'est celui-là. Le plus grand et le plus beau que nous ayons trouvé.

— Le blanc ? Il va trop me rappeler mon vieux compagnon...

— C'est le meilleur. Il est fringant, ne se dérobe pas et a un beau branle de galop.

— Mais il est blanc.

— Oui, mais c'est un vrai blanc ! Vous pouvez examiner sa robe, vous ne trouverez pas le moindre poil gris. Vous savez que c'est rare !

— Bon. Je le prends mais je ne veux pas lui donner de nom. Je l'appellerai « Blanc », tout simplement. Quel âge a-t-il ?

— Nous pensons six à sept ans. C'est le bon âge, vous le garderez longtemps. Et puis, qui sait ? Si un jour vous revenez à la mêlée, Geoffroi le pilier, qui s'y connaît, dit qu'il fera une bonne bête de tournoi.

— N'ajoutez rien ou je vous casse la tête ! Et si Blanc n'est pas aussi parfait que vous l'affirmez, vous entendrez parler du chevalier Guillaume !

La menace, qui n'en était pas une, fit rire les deux compagnons qui répondirent avec une plaisante mauvaise foi :

— Maître, vous avez bien choisi votre nouveau destrier !

— Alors il vous reste une heure pour harnacher et emplir les sacoches. Vendez à n'importe quel prix ce que nous n'emportons pas !

Deux heures plus tard, les trois rescapés aux couleurs du chevalier Guillaume regardèrent une dernière fois les clochers, les dômes et les plus hauts palais de Venise qui se détachaient sur le gris-bleu du ciel. Emmenés par Blanc qui entamait son premier galop entre les jambes fermes de son nouveau maître, ils prirent, le cœur serré, le chemin de Vérone.

Chapitre 11

Le retour

La route qui menait à travers la Lombardie au Mont-Cenis et au Saint-Bernard, puis à la Bourgogne et à l'Amiénois, Guillaume la connaissait. Il l'avait empruntée sept ans plus tôt lors du retour de l'ambassade auprès du doge Dandolo et deux fois dans l'autre sens. À cette époque de l'année, elle ne présentait pas de grandes difficultés. L'itinéraire avait été si utilisé par les croisés et par les courriers qu'il était jalonné de gîtes d'étape plus ou moins organisés et d'hostelleries tenues dans les monastères par des religieux. Le plus souvent, quand le temps le permettait, les trois voyageurs préféraient établir leur propre campement près d'un lieu où le ravitaillement était possible. C'est lors d'une de ces étapes, près du Saint-Bernard, avant l'escalade du col, qu'ils furent rejoints par un courrier de l'empereur Henri qui arrivait des terres d'Orient et se rendait en Flandre. C'était pour Guillaume une occasion inespérée d'avoir des nouvelles de l'armée et de l'Empire. Celles qu'il avait pu recueillir à Venise des envoyés de la République concernaient presque uniquement les colonies vénitiennes et il ne savait pas grand-chose de ce qui s'était passé à Constantinople et dans les terres depuis son départ précipité. Flatté d'être traité avec égard par Guillaume dont les exploits demeuraient légendaires dans tout l'Empire, l'homme, un brave sergent de Valenciennes, ne se fit pas prier pour raconter les heurs et les malheurs de ceux qui continuaient de se battre pour les terres qu'ils avaient conquises.

Guillaume apprit ainsi que son vieil ennemi Johannis avait

continué d'envahir la Thrace et s'était attaqué à la Macédoine. Mais il avait été poignardé dans sa tente alors qu'il assiégeait Salonique par le chef des Coumans.

— Je ne le pleurerai pas ! dit Guillaume. Voilà une bonne nouvelle pour l'empereur.

— Oh, les Bulgares et les Blaques ont un nouveau tsar, Boril, qui ne vaut pas mieux et l'empereur Henri, comme son frère, ne peut séjourner longtemps à Constantinople. Quand j'ai quitté l'armée, il partait pour Salonique.

— Et que deviennent mes amis Geoffroi de Villehardouin et Conon de Béthune ?

— Le maréchal de Champagne et de Romanie garde Constantinople avec Milon le Brabant.

— Vous voyez, rien n'a changé ! dit Guillaume à ses compagnons. Les anciens du chapitre guerroient toujours contre les Bougres et les Blaques. Et mon vieux complice Conon de Béthune ?

— C'est avec le maréchal l'homme de confiance de l'empereur. Il commande des corps de bataille et est souvent chargé de missions délicates.

— J'espère qu'ils sont heureux, mes vieux amis du chapitre devenus gens d'importance... dit Guillaume, pensif.

Enfin, le tournoyeur posa au courrier la question qui le démangeait :

— J'ai quitté l'armée dans des conditions un peu particulières. En a-t-on beaucoup parlé ?

— On a raconté un tas de choses incroyables. Que vous étiez passé aux ordres de la république de Venise et même que vous aviez enlevé une princesse de la cour !

— Les gens l'ont cru ?

— Dans l'armée on s'est gaussé de ces bruits. Vous voulez savoir ce que l'on a entendu dire le plus souvent ? « Ce diable de tournoyeur en est bien capable ! » Vous pouvez dire qu'on vous aime et qu'on vous admire ! Quand cela va mal, ils sont nombreux à répéter : « Ah ! si le chevalier Guillaume était là, cela ne se passerait pas ainsi ! »

Le tournoyeur ne bouda pas son contentement et passa une bonne nuit en attendant la montagne. Il avait hâte de savoir si Blanc, excellent dans la plaine, se révélerait bon grimpeur.

Blanc ne remuait pas les oreilles pour conseiller son maître mais il avala les cols comme une musette d'avoine. Personne n'eut l'audace d'attaquer le trio qui, après vingt-trois jours de voyage paisible, se retrouva sain et sauf à l'abbaye de Clairvaux, là où s'étaient rassemblés en avril de l'an 1202 les croisés venus du Nord et de la Flandre.

Les trois compagnons ne cachaient pas leur joie de se retrouver si près de leur pays, de leur famille. Geoffroi et Raymond avaient pourtant remarqué que Guillaume devenait plus songeur à mesure que l'on approchait du but.

— Je crois savoir ce qui préoccupe notre maître, dit le premier.

— Moi aussi, répondit Raymond. Il pense à Marie. Au loin il avait réussi à l'oublier mais, chez nous, les souvenirs doivent resurgir. Je sais qu'il n'a pas reçu de nouvelles depuis qu'elle lui a annoncé qu'elle devait se marier. Lui-même n'a pas cherché à en avoir et il a cru s'être complètement détaché d'elle lorsqu'il a épousé sa princesse. Mais la pauvre Alice est morte et il est normal aujourd'hui qu'il repense à Marie.

— Que pouvons-nous faire pour l'aider ?

— Rien. À moins qu'il ne nous le demande.

Guillaume ne demanda rien qui concernât Marie mais il chargea Geoffroi d'une mission familiale :

— Dans deux ou trois jours nous pouvons arriver à Amiens. Et je ne sais pas ce que je vais trouver au château. La dernière nouvelle que j'ai eue, il y a presque une année, m'annonçait que mon frère, le seigneur de nos terres, était malade. Et j'ignore si ma mère est toujours en vie. Je ne veux ni être surpris en arrivant ni que les miens soient troublés par ma réapparition. Alors j'ai décidé de rester ici quelques jours avec Raymond tandis que tu galoperas jusqu'au château pour annoncer mon arrivée prochaine. Sans bagages, tu iras vite et tu reviendras aussi rapidement pour me tenir au courant. Après seulement je rentrerai chez moi.

— Maître, je partirai demain à l'aube et vous pouvez compter sur ma célérité. Puis-je, s'il vous plaît, vous emprunter Blanc ? C'est le meilleur de nos chevaux et je gagnerai du temps. Je ne vous aurais jamais demandé cela s'il s'était agi de Germain...

— Je sais, Geoffroi. Prends Blanc. C'est une bonne bête.

*
* *

Geoffroi et Raymond, qui connaissaient leur seigneur mieux que lui-même, avaient raison. L'image de Marie, longtemps refoulée dans son inconscient, avait subitement resurgi. Maintenant qu'il se rapprochait d'elle, il avait envie de savoir. Avait-elle épousé ce benêt de Limeil ? Oui, naturellement. Était-elle heureuse ? Pourquoi pas. Après tout, ce Bertrand était peut-être mieux qu'il n'avait voulu l'imaginer. Avait-elle des enfants ? Là, il se rendait compte qu'il allait se faire du mal et il essayait de penser à autre chose. La seule question qu'il ne se posait pas, c'était de savoir s'il tenterait de revoir Marie.

Laissant Guillaume à ses réflexions sentimentales, Geoffroi chevaucha sans prendre pratiquement de repos, ne s'arrêtant que pour laisser souffler Blanc et le nourrir. Il retrouva facilement le château où il s'était souvent entraîné aux armes avec Guillaume et questionna un palefrenier qui vaquait à ses occupations dans la cour. L'homme le reconnut :

— N'étais-tu pas avec messire Guillaume à la croisade ? Nous apportes-tu de ses nouvelles ? La Dame est inquiète et guette le retour de son fils toute la journée. Comme s'il allait arriver, sans prévenir...

— Il va arriver, c'est ce que je suis venu dire à sa mère. Conduis-moi tout de suite auprès d'elle et occupe-toi de mon cheval, enfin de celui du chevalier, c'est le sien.

— Il n'a plus Germain ?

— Non, il est mort.

— Misère ! C'était le meilleur des chevaux qui ait existé sur la Terre et le maître a dû le regretter ! Venez, la Dame est comme à l'habitude dans sa chambre, prostrée devant la fenêtre.

La vieille femme emmitouflée dans ses laines se retourna et questionna du regard l'homme couvert de poussière qu'elle ne reconnut pas et qui semblait épuisé.

— Madame, je suis Geoffroi, serviteur et compagnon du seigneur Guillaume dans les mêlées de tournois et dans la croisade. Je viens de sa part vous dire qu'il se porte bien et qu'il sera ici dans quelques jours.

Geoffroi le pilier s'attendait à voir la mère de Guillaume défaillir ou au moins manifester une violente émotion. Elle dit simplement :

— C'est une bonne nouvelle. Cela fait déjà au moins un mois qu'il est parti ! Il va pouvoir s'occuper du château et de nos terres qui ont beaucoup souffert depuis que mon fils aîné s'est croisé il y a deux ans.

La pauvre femme avait visiblement perdu la tête et mélangeait tout sans paraître autrement émue par le retour d'un fils qu'elle croyait parti depuis la veille. Elle remercia Geoffroi comme s'il était un haut homme et s'en retourna derrière sa fenêtre regarder la route qui se perdait au loin dans les brumes.

— La Dame semble ne plus avoir ses esprits ? demanda Geoffroi au palefrenier.

— C'est hélas vrai, mais, à part cela, elle va bien.

— Ah ! Et le frère du chevalier ?

— Il est mort le mois dernier. C'est messire Guillaume qui va devenir le seigneur d'Amiens. N'est-il pas trop éprouvé par cette croisade qui n'en finit pas ? Tous les gens d'ici vont être heureux de son retour.

— Tant mieux ! Je vais manger, dormir et repartirai demain matin.

*
* *

Tandis qu'il galopait vers le Parisis pour rejoindre Clairvaux, Geoffroi réfléchissait. Il n'avait pas de bonnes nouvelles à rapporter à Guillaume. Celui-ci avait toujours dit qu'il bénissait le Ciel d'avoir un frère aîné qui assumait la seigneurie et il allait devoir le remplacer. Et sa mère aimée qui était à moitié folle ! À ses malheurs s'ajouterait sans doute le souvenir lancinant de Marie. On pouvait imaginer que la vie du tournoyeur ne serait pas gaie dans son château qui paraissait lourd et si triste à côté des palais de Constantinople et de Venise. « Pour vrai qu'il va regretter d'être rentré ! » se dit Geoffroi en relançant Blanc

C'est un peu plus loin sur la route que prit forme l'idée qui le taraudait depuis le départ : comment rapporter à Clairvaux des nouvelles de Marie ? Il avait posé quelques questions aux gens du château mais, si l'on se souvenait vaguement d'une certaine jeune fille qui avait cousu la croix sur l'épaule de Guillaume, comme le bruit en avait couru alors, personne ne savait ce qu'elle était devenue ni même qui c'était. Le seul moyen d'apprendre quelque chose sur Marie était d'aller à Lagny, son pays, où elle était connue. Oui, mais Guillaume ne l'avait pas chargé d'une telle mission et il risquait d'être furieux s'il apprenait que son pilier s'était mêlé de ses affaires.

Il en était là de ses réflexions quand il arriva à l'endroit où il fallait s'engager sur une autre route pour rejoindre Lagny et allonger ainsi singulièrement le chemin du retour. Il allait la délaisser quand Blanc buta contre une pierre et fit un écart sur la droite. « C'est un signe ! » dit tout haut Geoffroi qui croyait aux présages. Et il engagea son cheval sur la route de Lagny. Après tout il n'était pas forcé d'avouer à Guillaume qu'il avait fait ce détour, ni même de lui dire ce qu'était devenue Marie s'il réussissait à l'apprendre. « Je ferai selon ! » décida-t-il en encourageant Blanc qui commençait à manifester quelques signes de fatigue.

Geoffroi approchait maintenant de Lagny. Il n'allait évidemment pas frapper à l'huis du drapier Dubard pour lui demander comment allait sa fille. C'est alors qu'il se rappela la maison isolée où logeait la nourrice de Marie et où elle l'avait chargé de donner rendez-vous à Guillaume. La dame à ce moment était déjà âgée mais peut-être était-elle encore en vie ?

Il attacha Blanc à un anneau de la clôture, s'épousseta comme il put et frappa à la porte. Une voix faible lui répondit et la vieille nourrice apparut, frêle, émaciée dans son bliaud de drap :

— Cherchez-vous votre chemin, messire ? questionnat-elle.

— Non, je voudrais savoir ce qu'est devenue une jeune femme que vous avez élevée.

Méfiante, elle demanda :

— Pour quelle raison ? Et laquelle ? J'ai élevé plusieurs filles durant ma vie.

— C'est Marie, la fille du drapier Dubard qui m'intéresse.

— Sur Marie je ne dirai rien. Elle a assez eu de malheurs comme cela !

— Je suis Geoffroi, le serviteur et le compagnon de croisade du seigneur Guillaume d'Amiens qui souhaiterait avoir des nouvelles de celle qui a cousu un jour la croix sur son manteau.

La dame pâlit un peu plus et dit :

— Entrez, je vais vous expliquer.

Et celle qui se promettait de rester muette parla, très vite, comme si elle avait peur de passer avant d'avoir pu s'exprimer :

— Après le départ du chevalier Guillaume, Marie a failli mourir. Elle a refusé de manger pendant des jours parce que son père exigeait qu'elle épouse un certain Bertrand de Limeil, un jeune noble qui n'était même pas chevalier et qu'elle n'aimait pas. Elle voulait attendre le retour de Guillaume, « son tournoyeur », comme elle disait. Après avoir beaucoup lutté et beaucoup pleuré, elle finit la mort dans l'âme par obéir à son père et épouser ce Bertrand. Elle me l'a amené plusieurs fois. Ce n'était pas un mauvais garçon mais il manquait à coup sûr de caractère. À côté du tournoyeur Guillaume, vous pensez !

— Est-elle heureuse ? Que dois-je dire à mon seigneur ?

— Comment ? Vous ne savez pas ?

— Nous arrivons de l'Orient et ne savons rien.

— Eh bien, l'époux de Marie est mort, le pauvre ! À Marseille, d'une mauvaise fièvre, alors qu'il allait embarquer avec d'autres croisés pour Saint-Jean-d'Acre.

— Comment ? Il s'était croisé ?

— Oui, contre le gré de Marie. Il souffrait tellement de la comparaison silencieuse mais qu'il devinait présente dans les propos de sa femme qu'il voulut se montrer pieux et brave. Un sursaut de fierté qui lui a été fatal et qui a beaucoup touché Marie. Je crois qu'elle aurait fini par l'aimer. Surtout que le petit garçon était né...

Cette avalanche de révélations laissait Geoffroi stupéfait.

Il essaya de reconstituer leur enchaînement pour pouvoir les rapporter avec certitude à son maître :

— Si je comprends bien, Marie a épousé contre son gré un certain Bertrand de Limeil. Ils ont eu un enfant et le père est mort en embarquant pour la croisade.

— C'est la vérité. C'est comme cela qu'il faut le dire à messire Guillaume. Si vous êtes là, c'est qu'il doit malgré les années s'intéresser encore à Marie ?

— Il ignore ma démarche mais je peux vous dire qu'il n'a pas oublié Marie.

— Mon Dieu, s'ils pouvaient se retrouver !

— Cela, madame, ne dépend ni de vous ni de moi. Où habite Marie maintenant ?

— Chez ses parents. Le chevalier connaît l'adresse.

Geoffroi remercia, pria la vieille nourrice de lui vendre un picotin d'avoine qu'il paya généreusement le double de son prix, et remonta en selle après avoir nourri son cheval.

— Allons, mon beau, dit-il en flattant l'encolure de Blanc, il va maintenant falloir galoper à s'emballer pour apporter au maître toutes ces nouvelles ! Je ne pense pas qu'il nous en voudra d'avoir allongé la route !

*
* *

En attendant le retour de Geoffroi, Guillaume se morfondait en marchant inlassablement autour des colonnes blanches du cloître de Clairvaux. Quand il était fatigué, il s'asseyait sur un banc de pierre et s'épanchait auprès de Raymond dont la reposante placidité lui faisait du bien :

— Vois-tu, ami, il suffit de toucher le sol natal pour retrouver, en même temps qu'un sentiment de contentement, la sourde menace des soucis, des inquiétudes, des blessures de l'âme. Un jour, à Constantinople, après la prise de la ville, nous parlions, Conon et moi, de notre étrange destinée, de la chance qui nous avait permis sur les mers et les terres hostiles d'échapper à la mort et de goûter sous les eucalyptus du Patriarche la douce insouciance orientale. Je lui ai dit, en outrant à peine ma pensée, que la grande majorité des croisés n'étaient pas poussés par l'irrésistible désir d'aller exterminer les infidèles mais qu'ils étaient ravis de partir loin de chez eux, loin de leur famille et du pays natal. D'ailleurs combien se perdent en route et ne s'approchent jamais du Saint-Sépulcre. À commencer par nous !

— Il y a tout de même le commandement de Dieu derrière l'engagement des croisés !

— Oui, il y a Dieu. Mais toi, Raymond, es-tu certain que c'est pour répondre à son appel et non pour courir l'aventure avec moi que tu nous as rejoints ?

— Pour les deux sûrement !

Guillaume arrêta là son dialogue socratique car Geoffroi arrivait dans le jardin de l'abbaye, tenant en laisse Blanc qui vint frotter sa tête contre le tournoyeur surpris par cette manifestation d'affection.

— Alors ? demanda-t-il. Quels ennuis m'attendent à Amiens ?

— Seigneur...

— Ne m'appelle pas seigneur et parle, bon sang !

— C'est que vous êtes bien seigneur, mon maître. Votre frère est décédé !

— Ah ! Je le craignais. Après ?

— Votre mère est vivante et se porte bien mais elle croit que vous êtes parti de la veille ou que vous allez partir. Elle a perdu l'esprit.

— Pauvre mère. Peut-être que mon retour lui rendra la raison. Est-ce tout ? Je ne vois pas d'ailleurs quel autre chagrin tu pourrais m'annoncer ! Allons ! Nous partirons demain matin à la rencontre de nos soucis !

— Maître, j'ai encore quelque chose à vous apprendre. Mais il s'agit d'une affaire personnelle.

Il jeta un regard à Raymond qui comprit et annonça qu'il allait soigner Blanc.

Intrigué, Guillaume fit asseoir Geoffroi à côté de lui.

— Alors, il y a autre chose ? Pire encore sans doute ?

— Je ne crois pas. Voilà : Marie a épousé le sieur Bertrand de Limeil mais celui-ci est mort à Marseille alors qu'il partait pour les Lieux saints. Et puis, je vous dis tout : Marie a un fils !

Surpris, abasourdi par ces révélations inattendues, le fier

Guillaume pâlit et serra le bras de Geoffroi. Il finit par balbutier :

— Comment as-tu appris tout cela ? Tu as rencontré Marie ?

— Non, j'ai vu sa vieille nourrice. J'espère que vous me pardonnerez le détour que j'ai dû faire.

— Seigneur Dieu ! Tu as fait cela pour moi ! Merci. Jamais je ne te l'aurais demandé. As-tu parlé de moi à la vieille dame ?

— Elle m'a demandé si vous n'aviez pas oublié Marie et je lui ai répondu que non. J'ai cru comprendre que Marie non plus ne vous avait pas oublié. Ai-je bien agi ?

— Tu me sauves de la désolation, mon bon Geoffroi ! Que ferais-je sans toi et Raymond ? Vous allez rester près de moi, j'espère ? Comme au vieux temps des mêlées ?

— Que ferions-nous loin de vous, maître Guillaume ?

*

* *

Le temps s'était mis à la pluie et c'est par une sombre journée que les deux compagnons et leur seigneur arrivèrent, trempés, devant le château d'Amiens. Le pont-levis était baissé, ils pénétrèrent, au pas, dans la cour déserte et boueuse.

— Comme il est agréable de rentrer chez soi ! s'exclama amèrement Guillaume. Allez vite quérir mes gens. S'il en reste !

Geoffroi sauta de cheval et revint avec l'homme qui l'avait accueilli quatre jours auparavant et qu'il pensait être un palefrenier. Celui-ci reconnut Guillaume :

— Seigneur, c'est le Ciel qui vous ramène ! Le château menace ruine et nous ne sommes plus que trois dans ces murs décrépits avec une jeune servante qui s'occupe de Madame votre mère.

— Et les terres ? demanda Guillaume.

— Depuis la mort de votre frère, personne ne dirige la châtellenie et les fermages ne rentrent pas. Vous allez avoir du mal, pour sûr !

— Vous voyez, mes amis, le travail qui nous attend !

Même si ce bon Joseph exagère, il est certain que nous avons du pain sur la planche ! Mais je monte voir ma mère. Elle est dans la chambre chaude ?

— Elle n'en bouge pas. Vous la trouverez devant sa fenêtre.

— Je vous ai vu rentrer, mon fils, dit-elle, alors que Guillaume s'agenouillait devant elle. Mais où donc étiez-vous ? Encore à tournoyer à l'entour sûrement !

Il ne la contredit pas et répondit que maintenant il n'allait plus s'absenter. Mme d'Amiens sourit et dit :

— Tant mieux car j'ai ouï dire qu'il régnait un certain désordre dans le château. Dites à Berthe qu'elle m'apporte mon potage avant de me coucher.

Guillaume retint ses larmes et laissa sa mère vivre une autre vie qui n'était plus celle des autres.

Il soupa, mal, avec ses deux compagnons, ce qui eut l'air d'offusquer Joseph, puis il les conduisit dans une pièce où brûlait un feu de bois et qui était garnie de plusieurs lits :

— Nous allons dormir ici, c'est avec la chambre de ma mère le seul endroit du château où l'on ne grelotte pas. Nous verrons demain à mieux nous organiser. Bonne nuit, les croisés !

Guillaume se dévêtit à peine, s'allongea et s'enroula dans ses couvertures. Il n'avait pas sommeil, il voulait réfléchir. Le château, les terres... Il irait voir le bailli du roi et, avec l'aide de Geoffroi et de Raymond, remettrait de l'ordre dans les affaires. Il rapportait assez d'argent, la rémunération de la république de Venise, pour faire bonne figure dans la province. La vraie question, c'était le retour de Marie dans son univers. Mais était-ce une question ? Les révélations de Geoffroi avaient d'un coup déchiré le voile épais sous lequel il avait cru ensevelir son amour. Durant toutes ces années, il s'était appliqué à oublier une jeune fille, et le sort, soudain, perçait ses défenses et replaçait une femme libre sur son chemin ! Enfin c'est ce que les propos de Geoffroi pouvaient raisonnablement laisser deviner. Dès demain il lui écrirait ! Cette résolution prise, il s'endormit, terrassé par toutes les émotions qui l'avaient assailli durant la journée.

Le lendemain, il était déjà tard quand Raymond vint le réveiller en lui portant un bol de soupe fumante.

— Je me suis occupé de notre subsistance, dit-il. On semble ici se nourrir de naves et de lard ! Nous avons fait en sorte, Geoffroi et moi, que vous puissiez dîner d'une manière décente.

— Et vous aussi peut-être ? railla Guillaume. Que fait Geoffroi ?

— Il s'occupe à loger les chevaux. Les écuries qui faisaient la fierté de vos couleurs sont dans un état déplorable.

— Blanc a-t-il bien supporté ce voyage ? Elle n'est pas mal, cette bête ! Je sens que je pourrai en faire quelque chose.

— Lui apprendre à parler par exemple ?

— Ne sois pas insolent ! Porte-moi de l'eau, du savon et la dernière chemise propre qui doit rester dans mes bagages. Et dis à Geoffroi qu'il se prépare pour porter une lettre urgente à quinze lieues d'ici.

Le lettre à Marie, Guillaume n'attendit pas d'être lavé et habillé pour l'écrire. Dans l'écritoire de son frère il trouva une plume, de l'encre et une feuille de papier ordinaire mais bien blanche. Il songea à débuter par des vers d'Aliénor mais trouva que cela ferait prétentieux alors qu'il voulait être simple, sincère et chaleureux. Au fait, la jeune femme avait-elle appris comme elle le lui avait promis avant son départ les lais de Marie de France ?

Il trouva un moyen plus direct, plus sentimental de lui dire qu'elle était toujours dans ses pensées. Il chercha au fond d'une poche de son manteau un morceau d'étoffe effiloché, déchiré, sale, où l'or passé d'une broderie était devenu verdâtre et qu'il avait pieusement conservé depuis le jour où Marie l'avait cousu sur son épaule. « La seule relique que je rapporte de la croisade », pensa-t-il en regardant ce chiffon chargé d'émotion. Il s'assit et écrivit :

Merci, ma chère Marie, de m'avoir porté chance en brodant cette croix aujourd'hui flétrie, déchiquetée par les flèches, brûlée par les traits de feu de l'ennemi. Je ne m'en suis jamais séparé. Elle m'a sauvé et, revenu au pays, je vous la rends en gage d'affection et de gratitude.

Grâce à mon fidèle Geoffroi qui a questionné votre vieille nourrice, j'ai appris les événements survenus dans votre vie. Vous, vous ne savez rien de ce qu'il est advenu de moi durant ces années. Si vous acceptiez que je vous fasse le récit d'une étonnante et meurtrière croisade à laquelle je n'aurais peut-être pas participé si votre foi ne m'y avait engagé, je serais un chevalier heureux. Geoffroi me rapportera votre réponse. Que Dieu continue de vous protéger.

Votre affectionné, Guillaume le tournoyeur.

Il appela Geoffroi qui finissait de seller son cheval, lui tendit les restes de la croix qu'il avait enveloppés avec sa lettre dans un linge ficelé par un ruban à ses couleurs retrouvé dans un coffre :

— Ai-je besoin de te dire à qui tu vas porter ce paquet ? demanda-t-il.

— Non, maître. Dois-je le déposer au domicile de la personne, c'est-à-dire chez son père le drapier ?

— Tu iras où se trouve Marie et tu lui remettras ma lettre en mains propres. Elle te donnera une réponse.

— Puis-je me permettre, seigneur, de vous dire que je la souhaite favorable ? Le château a besoin d'une châtelaine !

— Tu te mêles, là, de ce qui ne te regarde pas mais comment te le reprocher : tu as une fois de plus ma destinée entre tes mains. Alors, mon bon Geoffroi...

— Alors je file, tel l'éclair, à la rencontre de votre fortune...

Guillaume le regarda tendre la rêne extérieure et ressentit comme s'il était le cheval ses deux jambes presser les flancs. Il avait vu cent fois Geoffroi démarrer ainsi au galop dans les tournois, un geste qu'il était le seul à réussir. Et comme dans un tournoi, Guillaume s'exclama : « Bravo, Geoffroi ! » en le regardant chevaucher. Quand il eut disparu au tournant de la route, le tournoyeur continua tout haut, comme s'il s'adressait à un familier :

— Puisque tout semble devoir recommencer, pourquoi ne pas essayer de retrouver un jour l'ivresse d'un bon tournoi à mêlées ?

Et il lui sembla entendre le familier lui répondre :

— Et maître Foulques ? As-tu oublié ses prêches contre les chevaliers qui préféraient tournoyer plutôt que de se croiser ?

Alors, Guillaume se mit en colère, tout seul :

— Foulques, Foulques, parlez-m'en ! J'ai suivi son ordre, celui du pape, je me suis engagé à aller délivrer le Saint-Sépulcre. Et qu'est-il arrivé ? La croisade est allée se battre contre d'autres chrétiens et s'est fait décimer par les flèches de ce maudit Johannis !

Calmé, il rentra dans la cour du château et, brusquement. sans plus réfléchir, s'adressa à Raymond qui vérifiait en chantonnant les fers des chevaux :

— Cela te dirait, une fois, de reprendre la lance et l'écu dans une mêlée ? Histoire de voir si nous avons gardé le coup d'œil de l'aigle et la force du lion ?

Raymond, stupéfait, regarda Guillaume :

— Maître, vous parlez sérieusement ? Geoffroi et moi n'avons jamais osé aborder ce sujet mais nous ne cessons d'y penser.

— Eh bien, pensez-y ! Il y a des rêves qui finissent quelquefois par se réaliser. Mais il reste beaucoup de choses à régler avant d'aller prendre quelques chevaux au baron Guiscar !

*
* *

Marie était chez elle quand Geoffroi souleva le marteau de bronze de la porte des Dubard. C'est elle qui vint ouvrir et accueillit le cavalier fatigué par sa longue course. Elle demeura sans voix en reconnaissant le compagnon de Guillaume qui, lui, dut faire un effort pour retrouver sur le visage de cette dame les traits juvéniles de la petite Marie.

— Je pense que vous venez de la part du chevalier Guillaume d'Amiens ? finit-elle par dire. Entrez et mettez-vous à l'aise, je vois que vous êtes épuisé.

— Moins que mon cheval ! Un valet peut-il s'en occuper pendant que je vous dirai pourquoi je suis ici ?

Elle sortit pour donner des ordres et pria Geoffroi de s'asseoir dans une pièce où brûlait un feu de bois :

— Dites-moi d'abord comment se porte le chevalier. J'ai appris qu'il était de retour. N'a-t-il pas trop souffert ?

— Il est vivant, madame. C'est déjà remarquable si l'on considère les dangers qu'il a dû vaincre. Et il est en bonne santé. Un long séjour à Venise dans une maison amie lui a permis de retrouver des forces. Mais je ne suis pas là pour vous raconter son histoire. J'ai un paquet à vous remettre. Il contient un objet que vous reconnaîtrez et une lettre du chevalier. Si vous jugez qu'elle mérite une réponse, je la lui rapporterai au château.

Geoffroi, à qui le contact de Guillaume avait enseigné un savoir-vivre qu'auraient pu envier bien des chevaliers, dit qu'il devait aller voir sa monture afin de laisser Marie seule, défaire le ruban bleu et vert de l'envoi de son maître. Quand il revint un peu plus tard, la jeune femme séchait ses larmes avec le pauvre morceau d'étoffe terni et maculé qui n'avait de signification que pour deux êtres au monde : elle et le croisé qui l'avait religieusement conservé durant six années.

— J'écris mieux, dit-elle, que lorsque j'ai rencontré le chevalier mais je suis encore maladroite. Ma réponse sera donc courte. Je vous demande d'y ajouter le témoignage de mon émotion. Dites au chevalier Guillaume l'essentiel : je suis libre et il peut venir quand il le voudra dans la maison de mon père. Je l'attends avec impatience !

Cette réponse n'étonna pas Geoffroi. Il éprouva tout de même du plaisir à la rapporter à son maître et la route qu'il commençait à bien connaître lui parut courte jusqu'au château.

Guillaume savait maîtriser ses sentiments et il ne manifesta sa joie que par un compliment à son messager :

— Merci Geoffroi. Tu es le plus précieux des fidèles et je suis encore ému lorsque je pense à cette flèche blaque qui t'a emporté un morceau d'oreille du côté de Salembrie. Songe que j'aurais pu te perdre ce jour-là !

— Moi je n'oublie pas que ce jour-là vous m'avez sauvé la vie en me poussant violemment de côté avec la croupe de Germain lorsque vous avez vu le Blaque me viser avec son arc. À cet instant, la flèche aurait pu aussi bien vous atteindre.

— Allons, cessons de nous complimenter et raconte-moi...

Geoffroi raconta. Guillaume l'écouta les yeux fermés, en respirant un peu plus vite. Puis il posa des questions :

— Marie a-t-elle beaucoup changé ? Comment est-elle aujourd'hui ?

— Belle, mon maître. Très belle. Le temps et les vicissitudes de l'existence ont gommé sur son visage les traces de l'insouciante jeunesse. Vous avez quitté une demoiselle ignorante de la vie. Vous allez retrouver une femme.

— Je vais retrouver, je vais retrouver... Souhaite-t-elle vraiment me revoir ? Lui as-tu seulement demandé ?

— Je n'ai pas eu besoin de le faire, mon maître. Attendez que je me rappelle ses mots... Voilà : « Le chevalier et moi avons vécu chacun de notre côté une première vie. Je ne rêve que d'en vivre une seconde avec lui ! »

— Elle t'a dit cela ?

— Mais oui.

— Et que lui as-tu répondu ?

— Que le château dont vous êtes devenu le seigneur a besoin d'une châtelaine, ce que je vous ai déjà dit.

Alors, Guillaume prit conscience que son destin l'attendait dans une maison bourgeoise de Limeil.

— Cher Geoffroi, dit-il comme dans un nuage. Nous partirons demain matin au-devant d'une nouvelle vie.

ÉPILOGUE

Bien appuyés sur trois jambes, la quatrième élégamment avancée comme pour saluer les Vénitiens qui les avaient adoptés, les chevaux du doge Dandolo paraissaient installés pour l'éternité sur le portail de la basilique.

Cela faisait plus de cinq cents ans qu'ils régnaient dans leur paisible immobilité sur une place magnifique et une ville lacustre devenue première puissance commerciale du monde. Plus de cinq cents ans qu'ils avaient accompagné Venise dans sa fabuleuse histoire quand, en 1797, un jeune général qui venait de révéler son génie dans une foudroyante campagne contre les troupes austro-piémontaises fut ébloui, comme l'avait été jadis Enrico Dandolo, par les flamboyants destriers.

Si curieux que cela puisse paraître, on relève des parentés entre le Bonaparte de vingt-sept ans au regard d'aigle et le Dandolo nonagénaire aveugle. Chez l'un et l'autre on retrouve la même lucidité, la soif de conquêtes et l'attrait du grandiose. Il n'est pas surprenant qu'à un demi-millénaire de distance, ils aient eu la même réaction de vainqueurs devant les quatre chevaux de bronze : « La place de ce chef-d'œuvre unique est dans mon pays ! »

C'est ainsi qu'après le traité de Campoformio, les chevaux de Saint-Marc changèrent de maître tandis que la République sérénissime perdait son indépendance[1].

---

1. Le traité signé le 17 octobre garantissait à la France Mayence et la rive gauche du Rhin, la Belgique, les îles Ioniennes, et laissait la Dalmatie, l'Istrie et les États vénitiens à l'Autriche, obligée d'autre part à reconnaître en Italie la République cisalpine.

Il ne restait que quelques semaines aux Vénitiens pour lancer en traversant la place un regard affectueux et triste à leurs emblématiques coursiers. Le 13 décembre, les troupes du génie de l'armée française installaient leurs grues au-dessus du portique de la basilique et les descendaient un à un dans le silence affligé de la foule.

Entre des cordons de soldats, les chevaux furent conduits sur des chariots bas jusqu'à la rive et embarqués à destination d'Ancône. Ils allaient refaire en sens inverse, le long de la côte adriatique, le chemin qu'ils avaient parcouru cinq siècles plus tôt. Par Brindisi, Naples, la Sardaigne et la Corse, ils arrivèrent ensuite à Livourne où une frégate déjà chargée d'autres œuvres d'art enlevées à l'Italie attendait leur transbordement pour mettre le cap sur Toulon.

Leur destination, c'était naturellement Paris, seule ville digne, après Venise, d'accueillir les statues venues du fond de l'Antiquité. À Toulon, le butin fut chargé sur une dizaine de bacs qui remontèrent lentement le Rhône, la Saône et les canaux jusqu'à la Seine. La flottille des dépouilles opimes italiennes arriva enfin à Paris le 29 messidor de l'an 6 (17 juillet 1798) et les prises de l'armée furent présentées officiellement dix jours plus tard au peuple parisien.

Le 9 thermidor, un long cortège traversa les rues de Paris, passa les Tuileries et traversa la Seine pour gagner les Invalides où devait être entreposé le trésor de guerre de Bonaparte. Les quatre destriers de bronze doré ouvraient la marche, solidement arrimés sur une plate-forme tirée par six chevaux blancs. Suivaient curieusement quatre chameaux enlevés sans doute dans le parc d'un prince piémontais et une kyrielle de voitures chargées de statues et de pièces rares.

Les chevaux ne demeurèrent dans la cour des Invalides que le temps de construire à leur intention quatre piliers de marbre de chaque côté de la porte principale de la grille des Tuileries. On les laissa rêver en paix à leurs vies antérieures de Rome, Byzance et Venise jusqu'en 1807, l'année où fut achevé l'arc de triomphe du Carrousel destiné à commémorer les victoires remportées par Napoléon en 1805.

Les architectes Percier et Fontaine s'étaient inspirés de l'arc de Septime Sévère, et Denon avait sculpté les bas-reliefs qui évoquaient les grandes batailles de la vertigineuse année impériale. Percier et Fontaine avaient toujours pensé couronner leur œuvre par les chevaux de Saint-Marc attelés à un quadrige doré mené par deux victoires et emportant dans son envolée celui à qui l'arc de triomphe était consacré. Hélas ! L'empereur, qui habituellement appréciait que les sculpteurs éternisent ses traits dans le marbre, ne goûta pas l'œuvre de Lemot et le char resta vide[1].

Le séjour parisien des chevaux était lié pourtant à la fortune de Napoléon. Lorsque l'empereur quitta les champs de bataille et la scène politique en 1815 pour laisser place à la Restauration, le souverain d'Autriche François Ier, qui avait hérité du royaume vénitien, entendit récupérer sans attendre les chevaux de bronze. Dès le 1er octobre, ils furent déboulonnés sous la direction d'ingénieurs autrichiens et anglais. Une présence populaire menaçante obligea à effectuer la déposition en toute hâte. Les deux victoires furent ainsi mutilées et les chevaux quelque peu malmenés avant d'être transportés dans une caserne où ils demeurèrent une quinzaine de jours avant de prendre le chemin du retour.

Les destriers arrivèrent le 7 décembre à Fusina, traversèrent la lagune sur des radeaux et furent conduits directement à l'Arsenal car tous ces déménagements les avaient plus ou moins endommagés[2]. Une semaine plus tard, ils étaient restaurés et pouvaient reprendre leur place au cœur de la Sérénissime.

On possède le procès-verbal détaillé de la cérémonie officielle de l'arrivée des chevaux à San Marco. Il faudrait remonter six siècles auparavant, lors de leur première ascension à la loggia de la basilique, pour retrouver l'éclat d'une telle cérémonie où la pompe officielle le disputait à la ferveur populaire. Le bassin de Saint-Marc était rempli de bateaux de toutes tailles qui accompagnaient le ponton des

---

1. Les historiens italiens, auxquels n'a échappé aucun détail concernant les chevaux de Saint-Marc, se disputent encore à propos de cette statue. Le *dottore* Dall'Aqua Giusti affirme, dans son ouvrage *I quatro cavalli de San Marco*, que ce fut Napoléon qui voulait sa propre statue mais que le projet ne fut pas réalisé.

2. Cité par Anna Guidi Toniato, l'historien Luigi Cicognara assure que l'une des têtes se détacha au cours du transport.

chevaux tirés depuis l'Arsenal par des barques fleuries. L'empereur François Ier d'Autriche et le prince de Metternich présidaient et il y eut un moment d'émotion lorsque le gouverneur des provinces vénitiennes Pietro von Goess remit au podestat Gradenigo les célèbres chevaux amenés sur un char au pied du portail de Saint-Marc.

Venise, silencieuse après les vingt et un coups de canon qui ébranlèrent la lagune, les regarda monter l'un après l'autre jusqu'au balcon d'où Bonaparte les avait délogés. « A l'aide de machines bien conçues par l'ingénieur Salvini », précisera le compte rendu officiel.

Les statues souffrent aussi. Après un siècle d'une tranquillité que ne troublèrent pas les guerres d'indépendance, on s'aperçut que le cheval « B », le deuxième en partant de la gauche lorsqu'on regarde la façade[1], penchait dangereusement vers l'extérieur. La jambe antérieure gauche posée était sur le point de céder. Elle avait tout de même tenu neuf siècles depuis sa traversée difficile à bord de la nef du capitaine Morosini ! Le cheval « B » fut donc descendu, soigné par le maître fondeur Munaretti, et les ouvriers bénéficièrent de deux jours de paie supplémentaires pour que la façade de la basilique retrouve son aspect habituel le 25 avril 1903, jour de la Saint-Marc, où le podestat devait poser la première pierre du nouveau campanile. L'ancienne tour, qui datait du XIIIe siècle, s'était en effet effondrée le 14 juillet de l'année précédente.

Les destriers étaient des chevaux de bataille mais on jugea tout de même plus prudent de soustraire ceux de San Marco aux dangers de la Première Guerre mondiale. En 1915, ils descendirent pour la seconde fois de leur piédestal et furent entreposés dans un magasin du palais ducal avant d'être transportés par le Génie naval jusqu'à l'embouchure du Pô d'où on les fit remonter à Crémone. Ils ne restèrent pas longtemps dans la patrie de Stradivarius et voyagèrent par chemin de fer, c'était pour eux une première, jusqu'à Rome où ils furent mis à l'abri dans les caves du château Saint-

1. Beaucoup de Vénitiens pensent encore aujourd'hui que l'on aurait pu attribuer un nom à chacun des chevaux plutôt que de les désigner par une lettre de l'alphabet.

Ange. Quand on les ramena à Venise, leur soigneur attitré, l'*ingeniere* Munaretti, dut convenir que c'étaient seize jambes qu'il fallait opérer et, les lenteurs administratives aidant, le groupe de bronze ne réintégra son portique que le 11 novembre 1919.

La Seconde Guerre mondiale nécessita une nouvelle descente aux enfers des statues, en l'occurrence les caves du couvent de Praglia près de Padoue, puis les souterrains du palais ducal. Les chevaux volants retrouvèrent enfin leur loggia en août 1945. Ils y sont toujours et attendent votre visite. Dites-leur s'il vous plaît un mot de Guillaume le tournoyeur et du gentil Angelo !

TABLE

Achevé d'imprimer en octobre 2000
sur presse Cameron
*par **Bussière Camedan Imprimeries***
à Saint-Amand-Montrond (Cher)
pour les éditions FLAMMARION

— N° d'édit. : FF793001. — N° d'imp. : 004777/1. —
Dépôt légal : novembre 2000.

Imprimé en France